침묵의 봄
Silent Spring

레이첼 카슨 전집 4

침묵의 봄

개정증보판 1쇄 발행일 2024년 4월 30일   **개정증보판 2쇄 발행일** 2024년 9월 10일

지은이 레이첼 카슨 | **옮긴이** 김은령 | **감수** 홍욱희
펴낸이 박재환 | **편집** 유은재 신기원 | **마케팅** 박용민 | **관리** 조영란
펴낸곳 에코리브르 | **주소** 서울시 마포구 동교로15길 34 3층(04003) | **전화** 702-2530 | **팩스** 702-2532
이메일 ecolivres@hanmail.net | **블로그** http://blog.naver.com/ecolivres
출판등록 2001년 5월 7일 제201-10-2147호
종이 세종페이퍼 | **인쇄·제본** 상지사 P&B

ISBN 978-89-6263-272-9 04300
ISBN 978-89-6263-165-4 세트

책값은 뒤표지에 있습니다.   잘못된 책은 구입한 곳에서 바꿔드립니다.

침묵의 봄

레이첼 카슨

김은령 옮김

홍욱희 감수

에코리브르

"인간은 미래를 예견하고 그 미래를 제어할 수 있는 능력을 상실했다.

지구를 파괴함으로써 그 자신도 멸망할 것이다"라고 말한

알베르트 슈바이처를 기리며.

호수의 풀들이 시들어가고 새의 울음소리는 들리지 않네.

-키츠

나는 인간이라는 종(種)에 관해 비관적인 견해를 갖고 있다.

인간은 제 이익을 위해 너무나도 교묘하게 행동한다.

인간은 자연을 투쟁의 대상이자 굴복시켜야 할 상대로 인식한다.

인간이 이 지구를 무시하고 마구잡이로 대하는 대신

지구에 순응하고 감사하게 생각한다면

우리의 생존 가능성은 조금 더 높아질 것이다.

-E. B. 화이트

차례

서문

샌드라 스타인그래버[•]

생물학자인 레이첼 카슨이 1962년 《침묵의 봄》을 출간했을 때 나는 세 살이었다. 주위 모든 어른이 지니고 다니던 초록색 책. 나에게 《침묵의 봄》은 그렇게 기억된다. 고등학교 교사이던 아버지는 비즈니스 수업의 강의 교재로 《침묵의 봄》을 사용했는데, 매일 오후 집에 돌아오면 서류 가방을 열고 이 책을 꺼내 탁자에 올려놓곤 했다.

초록색 표지. 구불구불한 글자들.

《침묵의 봄》 때문에 아버지는 퇴비 더미를 만들게 되었다. 흥미롭게도, 구멍 뚫린 상자가 우편 주문으로 집에 배달되기 시작했다. 그 안에

[•] Sandra Steingraber: 생물학 박사이자 문예창작학 석사로 '칼을 쥔 시인'이라는 별명답게 시를 쓰는 과학자로 알려져 있다. 미시간 대학교에서 생물학 박사 학위를 받고, 컬럼비아 대학교에서 여러 해 동안 생물학을 가르쳤다. 전문 지식과 시적인 문장을 결합한 글쓰기로 '제2의 레이첼 카슨'이라고 평가받는다. 자신의 암 투병 경험을 바탕으로 환경과 암의 관계를 탐구한 《먹고 마시고 숨쉬는 것들의 반란》은 여러 언론 매체로부터 찬사를 받았다—옮긴이.

는 뒤뜰에서 해충을 사냥하는 포식자 역할을 맡아줄 무당벌레와 사마귀가 들어 있었다. 아버지는 잡초 방제를 위한 멀칭(식물을 심은 곳에 지표면 침식 방지나 잡초 번식을 억제하기 위해 짚이나 톱밥 등을 덮어주는 것—옮긴이)도 했다. 얼마 지나지 않아 언니와 나는 집으로 향하는 찻길 끝에서, 먹고 남은 토마토를 팔았다. **유기농** 토마토를 말이다.

좁게 보면《침묵의 봄》은 19가지 살충제의 독성학적 특성에 관한 책이다. 그중에는 알드린, 디엘드린, 엔드린, DDT, 린데인, 클로르데인, 헵타클로르 같은 물질이 있다. 이런 일련의 화학물질이 지금은 낯설게 들릴지 모르지만, 1962년 당시의 독자들에게는 널리 알려져 있었다. 카슨은 이 책 세 번째 장에서 "너무나도 광범위하게 사용되어서인지 사람들은 DDT를 별 해가 없는 물질로 여긴다"고 썼다.

《침묵의 봄》출판 10년 후, DDT 사용은 미국에서 불법이 되었다. 이 장에 등장하는 6개의 살충제가 차례로 하나씩 같은 운명을 맞이했고, 대부분이 사용 제약을 크게 받았다. 널리 지속적으로 사용한 독성 강한 7가지 유기 염소 화학물질까지 금지했다면《침묵의 봄》은 그 이전이나 이후의 다른 어떤 환경 책보다 더 실질적인 개혁을 완성할 수 있었을 것이다. 그럼에도 이 책은 훨씬 더 많은 부분에서 정당한 인정을 받았다. 살충제가 공중보건과 환경에 미치는 위험에 관한 온갖 증거를 수집한 최초의 책인《침묵의 봄》은 솜씨 좋고 설득력 있는 글로, 주제 그 자체를 뛰어넘어 대중의 관심을 불러일으켰다.

인간과 생태계가 연결되어 있음을 강조하고, 모든 종류의 생태학적 파괴에 대한 대중의 격렬한 반응을 이끌어내는 일.《침묵의 봄》은 현대 미국의 환경주의에 가장 든든한 토대가 되었다. 화학을 통해 더 나은 삶을 사는 시대에, 이 책은 환경 문제를 육체정치학(인간의 육체를 지배하는 사회적·정치적 권력에 관한 담론을 탐구하는 학문 분야—옮긴이)의 범주로 가져왔다. 《침묵의 봄》은 1970년 살충제를 규제하고 식품 안전을 꾀하는 환경보호국(EPA) 설립을 이끌어낸 책이기도 하다. 청정대기법(1963), 야생지역보호법(1964), 국가환경정책법(1969), 청정수법(1972), 멸종위기종보호법(1973) 등 미국의 주요 환경 관련 법안에도 영향을 미쳤다.

책에서 소개한 다양한 화학물질의 문제를 뛰어넘어 《침묵의 봄》은 자연을 정복하고 지배하려는 시도가 어리석은 짓임을 밝혀냈다. 카슨은 인간의 행동이 환경에 큰 영향을 미친다고 주장한다. 그리고 그 환경이 다시 우리에게 영향을 끼친다고 말한다. 화학 독극물을 공중에서 살포해 곤충을 박멸하려는 계획처럼 생물망에 대항해 벌이는 전쟁은 조만간 우리 몸속 세포를 싸움의 무대로 변모시킬 것이다. 카슨이 1963년 상원 소위원회에서 증언한 것처럼 "우리의 부주의하고 파괴적인 행동은 지구의 광대한 순환에 영향을 주고, 시간이 지나면 다시 우리 자신에게 위해를 가한다".

《침묵의 봄》으로 저자는 의회 청문회에 나갔을 뿐 아니라 대통령의 과학 담당 고문을 만나기도 했다. 장르와 분야의 경계를 초월해 과학계와 문학계 모두로부터 명예훈장을 받았다. 1992년 전직 대통령, 대법원 판사, 상원의원을 포함해 22명의 저명한 미국인으로 구성된 심사위원단은 《침묵의 봄》을 지난 50년 동안 가장 영향력 있는 책으로 선정했다. 자주 비교되는 해리엇 비처 스토의 《톰 아저씨의 오두막》처럼 《침묵의 봄》은 역사의 진로를 바꾼 책이다.[1] 제2차 세계대전 참전 용사이자 평생 공화당원이었으며 변치 않는 습관을 가진 나의 아버지로 하여금 살충제 스프레이를 내려놓고 무당벌레를 주문하게 만든 책. 카슨이 만들어놓은 길을 따라가고 있는 생물학자이자 작가인 내게 《침묵의 봄》은 이 한 가지 사실로 특별히 기억되는 책이기도 하다.

17개의 장으로 구성된 《침묵의 봄》은 네 가지 중요한 사실을 알려준다. 첫째, 아무도 허락한 적 없건만 우리 모두는 살충제라는 형태로 유독 화학물질에 원천적으로 오염되고 있다. 이런 화학물질은 1940년대에 주로 전쟁 무기로 등장했는데, 나중에 의도치 않은 목적으로 사용하게 되었다고 카슨은 지적한다. 이와 관련해 가장 유명한 이야기는 질병을 전파하는 이(虱)를 DDT로 방제해 이탈리아 주둔 미국 군대에서 유행한 티푸스를 막았다는 것이다. 전쟁이 끝난 직후 살충제 연구는 기밀에서 해제되었고, 뉴욕 매디슨 애비뉴에 늘어선 광고 대행사의 도움을 받아 '경제적인 독극물'이 가정주부에서 농부에 이르는 일반 시민들에게 판매되기 시작했다. 곤충과 잡초 문제를 해결하려는 수요가 존재했기 때문이 아니라, 전쟁을 통해 갑자기 늘어난 생산 능력이 내수 시장을 필요로 했기 때문이다. 이러한 방식으로 DDT와 그 형제라 할 수 있는 각종 화학물질은 장기적 안전성이나 효능에 대한 아무런 사전 조사 없이 평화 시 임무 수행을 위해 재배치되었다. (적은 비용을 들여 화학물질 살포용으로 개조할 수 있는 구형 비행기와 이런 비행기를 기꺼이 몰겠다는 전직 조종사가 충분하다는 것도 이런 전환에 도움을 주었다.)[2]
　둘째, 살충제는 해충 문제를 해결하는 데 그다지 효과적이지 않다. 매미나방을 박멸하기 위해 롱아일랜드 전체에 살포하든, 집파리를 잡기 위해 부엌 바닥용 왁스에 첨가하든 살충제는 장기적으로 문제를 악화시키는 경향이 있다. 항생제의 무분별한 사용으로 내성을 지닌 박테리아가 퍼져나간 것처럼, 살충제를 일상적으로 사용하면 잡초와 해충 개체군의 저항만 키워준다. 문제 되는 대상을 퇴치하려면 점점 더 많은 양의 화학물질이 필요해진다. 또한 살충제는 거미·새·개구리·말벌 같은 목표 곤충의 천적을 죽이고, 이러한 천적의 부재로 다시 해충이 발생한다. "따라서 화학전에서 결코 승리할 수 없으며, 모든 생명체가 격렬한 포화 속에 휩쓸리고 말 것이다"라고 카슨은 설명한다.

셋째, 독성물질에 대한 동의 없는 노출의 경우, 대중은 적어도 자신들이 처한 위험에 대해 알권리가 있다. 자궁에 착상할 때부터 시작해 평생 계속되는 노출을 알아야 한다. 특히 식량 작물의 살충제 잔류물, 지표수와 지하수의 오염, 대규모 살충제 유포로 예상치 못한 재난을 겪는 각종 새들과 독수리, 물고기를 포함한 야생동물이 겪게 될 위험을 알아야 한다. 이런 모든 문제에 대한 기본적인 알권리가 보장되어야 현실 문제에 발언할 수 있고 도덕적 의무에 따라 행동을 취할 수 있다.

넷째, 인간과 다른 생물종의 건강을 굳이 위험에 빠뜨릴 필요가 없다. 제대로 된 안목과 연구 개발비만 있다면 우아하고 독성 없는 해충 방제 방법을 얼마든지 개발할 수 있다. 해충을 덫으로 이끄는 성적 유인물질, 유충에서 성충으로의 변태를 막는 호르몬 사용, 불임화, 천적의 서식지 활용 등 화학적 접근 대신 생물학적 접근을 통해 다양한 대안을 선택할 수 있다. 해결책에 영감을 얻기 위해서는 석유화학공학에 의지하기보다는 자연계를 살펴보는 것이 좋다.

카슨은 자신의 주장을 뒷받침하기 위해 특정 학술지나 특정 분야에서만 증거를 수집한 것은 아니다. 약리학에서 야생생태학에 이르기까지 다양한 분야에 걸쳐 수백 건의 과학적 연구를 인용한다. 각각의 연구를 마치 퍼즐 조각처럼 다루는데, 개인적 서신을 찾아보면 종종 이런 방식을 언급하고 있다. 단일 연구를 통해 절대적 증거를 보여주는 것이 아니라 수많은 연구를 한데 모아 제대로 배치하면 그동안 위험 속에 방치해온 더 큰 그림을 이해할 수 있다고 카슨은 주장한다. 카슨은 자신의 임무가 재판에 나서는 변호사의 일과 같다고 느꼈다. 농작물 통계, 임업 보고서, 조류학 논문 등 수많은 난해한 증거를 샅샅이 뒤져 세부 사항을 확인하고 데이터를 이야기로 구성해 사례를 만들어갔다.

1962년 9월 출간된 《침묵의 봄》은 출판계에 센세이션을 일으켰다. 베스트셀러 목록의 맨 위로 급상승했고, 몇 달 동안 그 자리를 놓치지 않았다. '이달의 책 클럽'에 뽑혔다. 한 시간 분량의 황금 시간대 다큐멘터리 프로그램인 〈CBS 리포트〉에서 방송해 수백만 명이 시청하기도 했다. 앞으로도 **계속해서** 수백만 부가 팔릴 터였다. 오랫동안 이어진 성공의 비결은 무엇일까. 과학적으로 탁월하고, 글은 아름답고, 전달자가 올바르고, 타이밍도 완벽했다. 그리고 대중의 강력한 옹호가 뒷받침되었다.

과학적 정확성은 《침묵의 봄》의 가장 중요한 핵심이다. 카슨은 1930년대와 1940년대에 미국 어류·야생동물국 공무원으로 일하며 특정 곤충을 박멸하려는 화학물질 살포 프로그램의 예기치 못한 문제를 명확하게 지적한 현장 보고서, 내부 문서, 학술 전문지 등에 접근할 수 있었다. 1950년대 중반에는 DDT 같은 염소계 살충제에 반대하는 과학적 사례를 살펴보며 분명 문제가 있다는 사실을 이해했다. 여러 연구가 이어지면서 살충제로 인해 곤충의 개체수가 폭발적으로 늘어나고 살충제를 먹은 새, 물고기, 포유류가 대량 폐사했다는 사실이 드러나기 시작했다. 우리가 먹은 식량 작물에 남아 있는 살충제는 지용성 물질이고 시간이 지남에 따라 사람들 몸속에 점점 더 많이 쌓여간다. 1950년 유아식에서 살충제 잔류물이 검출되었다. 1951년에는 살충제가 모유를 통해 엄마에게서 아이한테 전달된다는 사실이 알려졌다.

1952년 《우리를 둘러싼 바다》로 베스트셀러 작가가 된 카슨은 일을 그만두고 《바다의 가장자리》(1955)를 포함한 다른 책을 쓰는 일에 집중할 수 있었다. 그러나 정부 기관 내에서 벌어지는 살충제 논쟁을 계속 주시했다. 1958년 다시 이 주제에 대한 탐구를 시작했을 때, 그는 공개되지 않은 중요한 정보를 찾으려면 누구에게 연락해야 하는지 정확히 알고 있었다. 또 현장의 일선 연구원 몇 명과 개인적으로 알고 지냈다.

최종적으로 카슨의 《침묵의 봄》은 참고문헌 목록이 50쪽을 넘었다. 카슨의 연구에 대해 그저 철저하다거나 수많은 자료와 정보를 수집했다고 말하는 것으로는 충분치 않다. 분명 그 이상이었다. 데이터 사이의 간극을 발견했을 때, 카슨에겐 멀리 내다보고 나중에 정확한 것으로 판명 날 예측을 하는 기묘한 능력이 있었다. 예지력을 지녔다는 말이 아니다. 추론하는 방법을 알고 있었다는 뜻이다. 과학 분야 전반에 걸쳐 다양한 자료를 읽고, 상이한 보고서에 나타난 연구 결과 사이의 연관성을 추적할 수 있었다. 그는 더 많은 데이터를 구하고 자신이 내린 결론을 확인하기 위해, 여러 연구의 저자를 찾아 실험실을 방문하거나 전화를 걸거나 편지를 쓰곤 했다. 카슨을 만난 연구원들은 그를 박식하고 호기심 많은 사람으로 기억했으며, 카슨은 자신이 새로운 발견의 최전선에 있다는 사실을 드러나게 좋아했다. 1959년 과학 분야 동료에게 보낸 편지에서 그 내용을 확인할 수 있다.

시토크롬 산화 효소를 방해하는 모든 살충 화학물질의 일람표를 만들고 나니 이제 마음이 환해지는 느낌입니다. 이런 연관성에 관심을 갖고 탐구한 전례를 보지 못했으니까요. ……호흡에서 인산화 과정을 분리하면 같은 결과가 나옵니다. 여기서 인산화를 방해하는 화학물질 목록이 인상적이었습니다. 펜타클로로페놀에 대한 E. C. 와인바크(E. C. Weinbach)의 연구는 (당신이 내게 알려준) 미국화학학회의 최근 회의에서 발표된 논문과 연관이 있는 것 같습니다. ……내가 보기엔 이 모든 게 딱 들어맞습니다.

시대를 앞선 카슨은 살충제가 효소 시스템을 방해해 세포에 종양을 만들어내는 메커니즘의 희미한 빛을 가장 먼저 보았다.

《침묵의 봄》에서 카슨이 살충제 노출과 암 발생의 위험을 연결하며 그 증거를 제시하는 방식을 살펴보자. 먼저 카슨은 제2차 세계대전으로 시작된 합성화학의 시대가 무수히 많은 새로운 발암물질을 만들어냈고, 우리에게는 이런 발암물질에 대해 자연적 방어책이 없다는 사실을 설명한다. 그런 다음 전후 살충제 사용의 증가, 일반적인 생활환경 곳곳에서 발견할 수 있는 화학물질의 존재, 우리에게 이미 익숙한 정기적이고 다양한 노출 경로와 관련한 기록을 보여준다. 그리고 일반인 사이에서 늘어나고 있는 암 발생률을 추적하고 살충제에 노출된 하위 집단 내에서 문제를 일으키는 암 발병 사례(분무기를 사용하는 주부에게서 나타나는 백혈병, 농부에게서 발견되는 골수 변성 등)를 제시한다. 이러한 사례 연구를 뒷받침하기 위해 실험 자료와 수의학 연구 결과를 증거로 들며 (비강에 종양이 생긴 양에게서 확인할 수 있듯이) 살충제에 노출된 실험실 동물과 가축이 그렇지 않은 경우보다 암에 훨씬 더 자주 걸린다는 사실을 제시한다. 그리고 마지막으로 독자를 세포 속 보이지 않는 분자 구조 내부로 안내해 살충제가 어떻게 특정 대사 과정을 방해해 유전적 손상과 악성 세포의 성장을 초래하는지 설명한다.

카슨이 진행해온 일련의 조사와 결론은 시간의 시험을 견뎌냈다. 카슨이 직접 조립한 퍼즐에 더 많은 조각이 추가되었지만, 구할 수 있는 데이터를 기반으로 정확한 추론에 도달하는 그의 능력은 탁월했다. 물론 《침묵의 봄》 출판 당시 분자생물학은 초기 단계였으며, 유전·성장·발달에 대한 DNA의 역할을 이해하게 된 지 채 10년도 지나지 않은 상황이었다. (로절린드 프랭클린의 X선 이미지를 기반으로 한 왓슨과 크릭의 고전적인 이중 나선 논문은 1953년에 출판되었다.) 암 발생에서 DNA의 역할에 대한 지식이 아직 초보 상태였다.

《침묵의 봄》에서 확인할 수 있는 카슨의 과학적 업적을 조금 더 자세히 설명해보자. 당시는 국가 기반 암 등록 자료(1970~1990년)는 물론이고, 돌연변이나 다른 유전적 손상이 없는 상황에서 독성 화학물질이 DNA 활동에 문제를 일으키는 방식을 설명해주는 두 가지 이론인 내분비 교란 모델(1996년경)과 후생유전학 모델(2008년경)이 아직 등장하기 전이었다. 그런데도 카슨은 살충제 노출과 암 발생 위험 사이의 연관을 전문 문서로 입증할 수 있었다. 그가 이 책의 초고를 쓰던 때는 유독물질 노출 시기가 중요하고, 특히 임신기·유아기·아동기 노출이 가장 문제시된다는 독성학의 통찰이 아직 받아들여지지 않았다. 카슨은 지리 정보 시스템(GIS)과 잠재적 암 클러스터의 흥미로운 그림을 만들어내는 컴퓨터 매핑 프로그램, 통계 분석을 위한 시공간 패턴도 사용할 수 없었다. 하지만 조심스럽고 힘든 조사를 통해 자신이 암 확산의 초기 징후를 목도하고 있다고 확신했다. 특히 어린 시절의 화학물질 노출과 소아암의 명백한 증가를 걱정했다. 그리고 결국 그가 옳았다.

《침묵의 봄》은 데이터나 유기 염소 화합물의 구조적 공식(3장에 나온다)이 아니라 서정적인 우화와 뛰어난 내러티브로 시작한다. 스스로 '독물학 책'이라고 일컬은 이 저서를 독자들이 계속해서 책장을 넘기려면 마법을 짜 넣고 과학에 생명을 불어넣어, 생태계에 퍼부어지는 화학물질의 공격만큼이나 생태계의 아름다움에 독자들이 집중하게끔 만들 필요가 있음을 카슨은 알고 있었다. 해로운 화학물질이 어떻게 지하수, 먹이사슬, 혈류, 세포와 염색체로 스며들어가는지 보여주기 위해 카슨은 이미지와 은유에 의지했다. 죽음의 강, 독성 강한 비밀의 약물, 죽은 다람쥐의 말없는 증언. 작가로서 카슨의 눈은 생태계 전체의 광대한 풍경을 포착해, 지하 대수층으로 내려갔다가 농약살포용 비행기와 함께 하늘로 올라갔고 세포 이하 수준의 손상을 확인하기 위해 인체 내부를 샅샅이 살피기도 했다.

생물학에 관심을 갖기 전 젊은 시절의 카슨은 시인이나 소설가가 되기를 바랐는데, 그래서인지 그가 쓴 책은 과학적 통찰력과 더불어 강력한 문학적 상상력을 담고 있다. 카슨의 서술적 내러티브에는 고전비극, 신화, 낭만주의 시 등과 관련한 다양한 암시가 함께 깔려 있다.[3] 《침묵의 봄》을 마무리하기 위해 그는 전국적인 해충 방제와 관련한 끔찍하고 복잡한 상황을 로버트 프로스트의 유명한 시 〈가지 않은 길〉에서 빌려와 기억에 남는 이미지로 보여줌으로써 사람들의 공감을 불러일으켰다.

> 우리가 오랫동안 여행해온 길은 놀라운 진보를 가능케 한 너무나 편안하고 평탄한 고속도로였지만 그 끝에는 재앙이 기다리고 있다. '아직 가지 않은' 다른 길은 지구의 보호라는 궁극적인 목적지에 도달할 수 있는 마지막이자

유일한 기회다.

《침묵의 봄》에서 카슨의 가장 중요한 문학적 성취는 이야기하는 방식, 특히 의도적으로 바꿔 말하는 방식에 있다. 화학물질은 전쟁이 끝나자 영웅 대접을 받으며 귀환해 사람들의 일상으로 들어왔다. 가정의 부엌·학교·병원·직장에서 환영을 받았고, 시민들은 화학물질이 모든 사람의 삶을 더 좋게 만들 것이라고 확신했다. 특히 DDT는 유럽과 태평양 전역에서 연합군의 생명을 구했으며, 그걸 발명한 사람은 노벨의학상을 받았다. 다른 현대적 기술과 함께 기적의 일꾼으로 홍보되기도 했다. DDT는 바람직하지 않은 해충〔가정 전선(戰線)의 새로운 적〕을 겨냥하는 치명적 암살자이고 나방을 막아주는 아기 담요에 사용해도 좋을 만큼 안전한 조력자였다.

이러한 긍정적 연상에 문제를 제기한 카슨은 과학과 자연 그리고 인간이 이 둘과 맺는 관계를 설명해온 강력한 문화적 내러티브를 수정하고 전복했다. 기술 중심의 현대 사회에서 중요하게 여기는 가치와 막연한 추측에 맞서 그는 자연을 대상으로 지휘 통제하는 활동은 문명화한 것도 진보적인 것도 아니며, 그저 잔인하고 무지하며 오만하고 퇴행적인 것이라고 강조했다.

"자연을 통제한다"는 말은 자연이 인간의 편의를 위해 존재한다고 생각하던 생물학과 철학의 네안데르탈 시대에 태어난 오만한 표현이다. ……그렇게 원시적 수준의 과학이 현대적이고 끔찍한 무기로 무장하고 있다는 사실, 곤충을 향해 겨누었다고 생각하는 무기가 사실은 이 지구 전체를 향하고 있다는 사실이야말로 크나큰 불행이 아닐 수 없다.

1952년에 레이첼 카슨은 이미 유명한 베스트셀러 자연 작가였으며 존 버로스 메달과 내셔널 북 어워드를 수상했다. 이런 명성과 과학적 신뢰성 덕에 그는 《침묵의 봄》에 내재한 내러티브, 곧 이전 책에서 시도한 것보다 더 어둡고 상반되는 내러티브를 완벽하게 전달하는 데 필요한 세상의 호의를 확보할 수 있었다.

바다에 관한 초기 3부작 《바닷바람을 맞으며》(1941), 《우리를 둘러싼 바다》(1951), 《바다의 가장자리》(1955)는 인간종이 거의 등장하지 않는 세계를 보여준다. 앞의 두 책은 잠수함 카메라처럼 작동하며 해양학과 해양생물학의 최근 발견을 영화처럼 자세히 보여주었다. '해안 책'이라고도 일컫는 세 번째 책은 해양 생물과 육상 생물 사이의 역동적 경계를 탐구한다. 카슨의 초기 저서는 여러 종이 직간접적으로 상호작용하며 어떻게 복잡한 그물망을 만들고 공동체를 조직하는지에 초점을 맞추었다. 동시대 생태학자들은 그의 이런 초기 저서들이 생태계 기능을 이해하는 핵심 수단인 복잡성 이론을 잘 보여주었다고 인정한다.[4] 새로운 데이터를 통해 특정한 패턴을 읽어내는 카슨의 능력이 잘 드러난 것이다. 당시 카슨은 열을 가두는 온실가스가 눈에 띄게 늘고 있다는 사실까지는 알지 못했지만, 1951년에 이미 기후 변화의 초기 징후를 감지했다. 그는 《우리를 둘러싼 바다》에서 이렇게 썼다.

오늘날에는 세계에서 가장 위쪽에 자리한 지역이 점차 따뜻해지고 있다는 증거를 도처에서 발견할 수 있다. 북부의 빙하가 급속도로 사라지고 있으며, 수많은 자잘한 빙하는 모습을 감춘 지 이미 오래다. 만약 지금과 같은 속도가 이어진다면 남은 빙하가 자취를 감출 날도 머지않을 것이다.[5]

카슨이 쓴 바다에 관한 책에서 환경적 위협이 때때로 느껴지기는 하지만, 환경 문제와 관련해 특별한 대응을 요구한 것은 아니었다. 초기 저서로 살펴볼 수 있는 카슨의 사회 변화 이론이라면—만일 그런 이론이 있다고 한다면—파도 아래의 바다 세계와 다양한 생명체로 가득한 해안 세계, 주체성과 확실한 개성을 지니고 상호작용하는 생물 공동체로 가득한 바다 주변의 풍경을 독자들이 직접 보듯 그려내고 그들의 마음속에 경이로움과 겸양을 심어주는 것이었다. 그는 경이로움과 겸양은 "결코 파괴의 욕구와 나란히 공존할 수 없다"고 믿었다.[6]

공식적으로 언급하지는 않았지만, 《침묵의 봄》 출간 이전에도 그는 드러나지 않게 자연계 파괴에 우려를 표현하곤 했다. 새와 박멸 대상이 아닌 모든 곤충에 해를 끼칠 수 있다는 초기 증거에도 불구하고 DDT의 상업적 유통을 허용하려는 농무부의 계획에 괴로워하던 그는 1945년 〈리더스 다이제스트〉에 그에 관한 원고를 제안했다. 하지만 거절당했다. 매카시즘이 기승을 부리던 1952년 카슨은 미국 어류·야생동물국의 책임자를 친기업 성향 인사로 전격 교체한 데 혐오를 느껴 〈워싱턴 포스트〉 편집자에게 대담한 편지를 보냈다. "우리 시대의 아이러니 중 하나는 외부의 적에 대항해 국가를 방어하는 데는 신경을 쓰면서 내부에서 국가를 파괴하려는 자들에게는 너무도 부주의하다는 것입니다." 1954년 국립공룡화석유적지(Dinosaur National Monument) 안에 댐을 건설하려는 "맹목적이고 고의적인 파괴 행위"에 분노해 마침내 인내의 한계에 도달한 그는 특별히 좋아하던 도로시 프리먼에게 대통령한테 항의 편지 보내는 일에 동참해달라고, 도로시가 참여하는 가든 클럽의 회원들과 함께 행동에 나서달라고 요청하기도 했다. 서신과 다른 자료들을 통해 우리는 훗날 《침묵의 봄》에서 소리 높여 표현할 정부 활동에 대한 반대와 강한 불만의 기미를 발견할 수 있다.

1958년 1월, 정원사이자 조류 관찰자인 올가 오언스 허킨스(Olga Owens Huckins)가 모기 퇴치 캠페인 때문에 대량 폐사한 명금류(鳴禽類)를 매사추세츠주 뒷마당에서 발견하고, 이에 대한 내용을 편지에 자세히 적어 카슨에게 보냈다. DDT로 오염된 수반(水盤) 주변에는 경련을 일으키다 죽은 새들의 사체가 얼어붙은 채 쌓여 있었다. 〈보스턴 헤럴드〉에도 실린 이 글은 조용히 걱정하고 있던 카슨을 행동으로 이끌었다. "내가 무엇을 해야 할지 알게 되었습니다. 계속 침묵한다면 나에게 미래의 평화 같은 것은 없을 듯합니다."[7] 카슨은 1958년 6월 도로시에게 보낸 편지에 이렇게 썼다.

카슨은 《침묵의 봄》 '감사의 글'에서 허킨스의 편지를 책의 출발점으로 인정했지만, 허킨스와 다른 사람들이 깊이 관여한 정치적 조직화에는 훨씬 신중을 기했다. 아마도 나름의 전략이 있었을 것이다. 허킨스는 새를 정말 사랑하는 사람이었고, 오늘날 우리가 풀뿌리환경운동가라 일컫는 사람이기도 했다. 허킨스가 신문사에 보낸 편지는 소송과 항의를 통해 살충제의 공중 살포를 중단시키려는 시민 캠페인의 일환이었다. 허킨스와 몇몇 사람은 '유독물대량살포반대위원회'를 결성해 뉴잉글랜드와 롱아일랜드 지역의 여러 신문에 강경한 내용의 편지를 보냈다. 이들은 살충제를 독극물로 정의하고 예방적 접근을 촉구했다. (누군가 이렇게 말하기도 했다. "야생동물과 인간에게 어떤 영향을 미칠지 모든 생물학적·과학적 증거가 나오기 전까지 독성물질의 살포를 멈춰야 한다.") 더 나아가 이 위원회는 살충제 유포와 관련해 제대로 된 정보 제공이나 동의 과정이 없었다면서 환경 피해에 대한 인권주의적 접근법을 취했는데, 카슨도 이런 주장에 동의했다. 허킨스는 "비인간적이고 비민주적이며 헌법에 어긋난다"며 살충제의 공중 살포를 비난했다. 카슨 역시 《침묵의 봄》에서 이런 주장을 펼쳤다.

> 개인이나 공공 기관이 뿌리는 치명적 독성물질로부터 시민의 안전이 보장되어야 한다는 내용은 권리장전에 포함되어 있지 않다. 놀라운 지혜와 예지력을 갖추었음에도 우리 선조는 이런 문제가 일어나리라고는 전혀 생각지 못했을 것이다.

유독물대량살포반대위원회는 다른 면에서도 중요한 역할을 했다. 그들은 조류학자 로버트 쿠시먼 머피(Robert Cushman Murphy)를 대표 원고로 시민 소송을 제기해 대법원으로 향했다. (절차상 문제로 패소했다.) 그 과정에서 소송 사건이 언론의 관심을 끌었고, 카슨이 살충제에 대한 글을 쓰고 싶다며 〈뉴요커〉에 제안한 일도 별 문제가 되지 않았다. 롱아일랜드 소송의 또 다른 원고이자 유명 소아과 의사 벤저민 스포크(Benjamin Spock)의 여동생 마조리 스포크(Marjorie Spock)는 자료를 보내달라는 카슨의 요청에 엄청나게 많은 보고서와 논문, 재판 기록, 전문가 명단 등을 챙겨주었다. 이런 자료들이 카슨의 연구에 중요한 역할을 했다.

요컨대 1950년대의 환경 관련 캠페인 덕에 당시 문화계에 합성 화학 물질과 이러한 물질이 지닌 잠재적 위험을 분석하는 장(場)이 마련되었고, 출판업계에 환경 관련 저술 분야가 생겨났다. 초기 환경운동이 출판물을 통해 확대된 만큼 《침묵의 봄》 발표 이전에 존재한 정치적 운동에 의해 카슨도 변화했다. 카슨은 현대 환경주의에 영감을 준 글을 쓴

고독한 인물로 칭송받는 것이 당연하지만, 환경운동이 그의 글에 영감을 주고 그러한 활동이 이루어낸 법적 조치 덕분에 주요 연구 자료를 확보할 수 있었다. 카슨 스스로 말했듯 책과 환경운동은 서로 연결되어 영향을 주고받았다.

출판을 위한 《침묵의 봄》 최종 원고가 예정보다 2년이나 늦어져 카슨에게도 답답한 상황이었다. 훗날 도로시에게 고백했듯이, 이렇게 작업이 늦어진 게 사실상 행운이었다고 볼 수 있다. 그는 출간 일정이 늦춰진 편이 훨씬 낫다고 믿었다. 그리고 카슨이 옳았다.

1961년 1월 취임한 케네디 대통령이 《침묵의 봄》 옹호자로 등장했다. 1962년 8월, 살충제의 잠재적 피해에 관해 묻는 기자에게 대통령이 카슨의 책을 언급했고, 이로 인해 대통령 과학자문위원회의 생명과학 토론회 조사가 본격화했다. 최종 보고서는 《침묵의 봄》에 담긴 핵심 주장을 입증했고, 공중보건에 신경 써야 한다는 카슨의 요구를 지지했다. 이 권고안에 의거해 1963년 6월 의회 청문회가 본격 가동되었으며, 카슨은 증인으로 참석했다.

비슷한 시기에 국제적 군비 경쟁이 극심해져 사회 불안이 고조되었고, 지속적인 핵무기 실험으로 인한 방사능 낙진이 공중보건과 사람들의 건강에 미칠 위협에 관심이 높아졌다. 1961년 일련의 보스턴 의사들은 '사회적 책임을 위한 의사들'이란 단체를 설립했다. 한편, 세인트루이스에서는 핵정보위원회(CNI) 연구원들이 어린이의 젖니에 존재하는 방사성 스트론튬에 대해 기록하고 있었다. 이러한 수치는 원자력 시대가 도래하면서 급격하게 치솟았고 진행 중인 원자폭탄 실험 시기에 따라 오르락내리락했다. 핵폭발에 따른 방사능 오염이 대륙 전체에 퍼져 먹이사슬(풀에서 소와 우유에 이르기까지)에 스며들고 어린이의 뼈와 치아에 침투할 수 있다는 사실에 사람들은 불안해했다. 핵전쟁으로 인한 전 세계 파멸의 공포는 그런 불안을 더욱 증폭시켰다.

군비 경쟁의 어리석음과 공포는 카슨이 경건한 어조로 쓴 초기 저서에서 한발 더 나아가 《침묵의 봄》을 통해 강력한 사회의식을 드러내고 훗날 공적인 성명서 발표에 참여하게끔 만든 의미심장한 요소였다. 1958년 2월, 도로시에게 보낸 편지에서 카슨은 자신의 심경 변화를 이렇게 설명한다.

원자핵과학이 확실히 자리 잡으면서 내 사고도 영향을 받기 시작한 것 같습니다. 그동안 몇 가지 생각이 마음에 와닿지 않아 완전히 거부해왔습니다. 시대에 뒤떨어진 생각을 쉽게 고칠 수는 없었으니까요. ……시간이 흐르면 결국 신이 정한 경로로 생명의 물줄기가 흘러갈 것이라고, 이 물줄기의 한 방울에 지나지 않는 인간의 개입은 없을 거라고 생각하면 위로가 되었습니다. 물리적 환경이 생명체에 어떤 영향을 미치든 생명체는 이 세상을 크게 변화시키거나 파괴할 수 없을 것이라고 생각해왔습니다. 오랫동안 이런 생각을 해왔고 그 신념은 나의 일부분이었습니다. 이런 생각이 막연하게 위협받는 것조차 너무 충격적이어서, 앞서 말했듯이 나는 마음을 닫았고 눈앞에 펼쳐지는 것을 인정하지 못했습니다. 그러나 소용없었습니다. 이제 나는 눈을 크게 뜨고 마음도 열었습니다. 보이는 것이 마음에 들지 않을 수도 있지만 그렇다고 무시하는 것도 옳지 않습니다. ……그래서 지금 이 상황을 있는 그대로 진실되게 마주하며 누군가는 생명에 대해 글을 쓸 때가 된 것 같습니다.

카슨은 수사적 전략을 구사했다. 방사능 낙진과 대기에 떠다니는 살충제의 유사점을 분명하게 설명하면서 독자들이 핵 위기와 마찬가지로 살충제 위기의 무모함과 긴급성에 분노와 긴박감을 느끼게 만들었다.[8] 그는 《침묵의 봄》에서 이렇게 썼다. "방사능이 유전적으로 얼마나 심각한 문제를 일으키는지에 관심을 보이면서, 심각성 면에서 이와 비슷한 화학물질에 대해서는 왜 무관심한 것일까?"

1962년 가을로 예정된 《침묵의 봄》 출간을 앞두고, 그해 여름 〈뉴요커〉는 이 책의 긴 요약본을 3회에 걸쳐 연재했다. 이 일로 DDT와 기타 살충제 제조업체가 소송을 걸며 으름장을 놓았지만 〈뉴요커〉는 눈 하나 깜박하지 않았다. 호튼미플린 출판사도 같은 위협을 받았지만 출간 의사를 확고히 했다. 〈CBS 리포트〉에서 《침묵의 봄》에 대한 한 시간짜리 프로그램을 방송했는데, 기업 두 곳이 광고를 철회하겠다고 협박했다. 그리고 실제로 그렇게 했다. 하지만 쇼는 계속 이어졌다. 대담하고 용감한 지지와 더불어, 주머니 두둑하고 대규모 변호인단을 고용한 화학업계에 맞서려는 출판사 발행인, 편집자, 언론 매체의 단호한 의지는 《침묵의 봄》이 전례 없는 성공을 거둔 또 다른 요인이었다.

아메리칸 사이애너미드, 몬산토, 벨시콜이 주도하고 농무부가 합류해 《침묵의 봄》과 그 저자의 신뢰를 떨어뜨리기 위한 캠페인이 벌어졌다. 이 캠페인은 풍부한 자금을 바탕으로 빠르게 진행되었으며, 가차 없고 극히 개인적이었다. 카슨은 감상적이고 히스테리 가득한 인물로 공격받았다. 노처녀라고, 공산주의자라고 불렸다. 과학계의 주변 인물로 거론되었다.[9] 아메리칸 사이애너미드의 직원 로버트 화이트 스티븐스(Robert

White Stevens)는 텔레비전에 출연해 비난을 주도했다. "카슨 양은 자연의 균형이 인간 생존을 위한 가장 중요한 동력이라고 주장한다. 하지만 현대 화학자, 생물학자, 과학자는 인간이 안정적으로 자연을 지배하고 있다고 믿는다." 몬산토는 《침묵의 봄》을 패러디한 출판물 〈황량한 해(The Desolate Year)〉에서 "살충제 박멸로부터 자유로워진" 진드기, 구더기, 이, 딱정벌레, 벌레, 쥐 등이 화학 무기 없는 미국을 장악한 상상 속 모습을 소개했다. 《침묵의 봄》 독자들이 의사에게 살충제가 건강에 미치는 영향을 문의하길 기대하며 화학업계는 미국의학협회를 설득해 미국농약협회의 선전물을 널리 퍼뜨렸다.

이런 상황을 맞닥뜨린 카슨은 각종 데이터를 토대로 확고한 자신감을 보여주었다. 《침묵의 봄》으로 수많은 상과 메달을 받으며 연설할 때마다, 그리고 다양한 공식 석상에서 자신의 주장을 강조하고 《침묵의 봄》 출간 이후 새롭게 등장한 증거를 더해 적대적인 화학업계를 공격했다.

해악의 증거를 집중적으로 조명하던 카슨은 조잡하고 인신공격적인 상대의 전술에 두려움 없이 맞섰고, 그들을 "욕설과 암시의 대가"라고 불렀다. 카슨은 이런 사람들을 대놓고 비꼬았다. "그들에 따르면 나는 새 애호가·고양이 애호가·물고기 애호가이며, 자연을 섬기는 여사제다. 비판자들이 자신은 무관하다고 여기는 우주의 법칙을 숭배하는 신봉자이다." 가장 중요하게, 카슨은 자신이 말하지 않은 것에 대한 공격은 절대 허용하지 않겠다는 걸 분명히 했다. 전국여성언론인협회 연설에서 그는 이렇게 말했다.

나는 화학적 방제의 전면 금지를 주장하는 것이 **아닙니다**. 해충 **방제** 그 자

체가 아니라 방제를 **제대로, 효율적으로 하지 못하고** 그 과정에서 위험한 부
작용을 셀 수 없이 초래하는 오늘날의 화학적 방제 방식을 비판하는 것입
니다. 지금 사용하는 방제법이 낮은 수준의 과학적 사고를 기반으로 하고
있기 때문에 비판하는 것입니다. 문제 해결에 훨씬 더 세련된 방법을 사용
할 수 있습니다.

카슨은 계속해서 화학업계와 과학계 사이의 숨겨진 이해관계와, 점
점 늘어나는 그들의 연계가 대학 연구소(특히 토지 보조금 기관으로 지정된)
와 과학의 진실한 커뮤니케이션을 손상시킨다고 주장했다. 그는 미국
곤충학회가 살충제 제조업체와 화학회사를 '후원사'에 포함시킨 사실을
지적했다.

미국 가든 클럽 연설에서 그는 과학을 대변해 이야기하는 사람은 누
구이며 왜 어떤 이야기를 하는 것인지 물었다.

과학 관련 단체들이 이야기할 때 우리가 듣는 것은 누구의 목소리일까요?
과학의 목소리입니까? 아니면 관련 업계의 목소리입니까? 누가 목소리를
내고 있는지 명확히 식별할 수 있다면 덜 심각한 상황이겠지만, 대중은 과
학계의 목소리를 듣고 있다고 짐작할 것입니다

카슨은 더 깊이 파고들었다. 국립과학아카데미가 살충제의 영향에 대해
안심해도 좋다는 내용의 보고서를 발표했는데, 그 저자는 객관적인 인
물이 결코 아니었다. 아카데미 회원도 아니었다. 카슨이 밝혔듯이 19개
화학회사와 미국농약협회를 포함한 4개 단체의 대표가 저자였다.
1963년 의사와 의료 전문가들이 모인 자리에서 진행한 "우리 환경의

오염" 연설에서 카슨은 화학적 유독물질과 관련해 실행 가능한 대안이 존재하지 않는다는 주장을 일축했다. 더 안전한 대안이 존재하는데 왜 인간에게 해를 끼친다는 압도적인 증거가 있음에도 계속해서 오염을 일으키는 기존 방법을 고수하는지 물었다. 왜 우리는 "과학 지식에 따라 행동하지 않고, 먼지를 깨끗하게 치우는 대신 대충 깔개 밑에 감춰버리는 속담 속 나쁜 가정부처럼" 행동하는 것일까? 이런 수사학적 질문을 던진 뒤 오래되고 해로운 관행을 포기하지 못하는 집단적 망설임의 이유를 세 가지로 설명했다. 첫째, 위험을 평가하는 데 시간을 너무 오래 끈다. 새로운 기술이 등장하고 막대한 경제적·정치적 연계가 맺어지면 이 연계를 끊어내기가 거의 불가능하다. 둘째, 유해한 오염물질에 대해 자연이 예측할 수 없는 방식으로 대응한다는 사실을 인식하지 못하고 있다. 살아 있는 생태계는 구획으로 나뉘어 있지 않기 때문이다. 셋째, 다른 동물이 입는 피해가 인간에게는 적용되지 않는 것처럼 행동한다. 생물학적 조상을 공유하고 있기에 동일한 문제로 피해를 입기 쉬운데도 말이다.

모든 연설에서 인권이라는 주제가 늘 가장 앞에, 가장 중요한 부분에 등장했다. 조금 더 자세히 이야기하자면, 카슨은 일련의 기존 권리에서 다른 권리로 전환할 것을 촉구했다. "다른 유기체와 전쟁을 벌일" 권리, 즉 "특정 생물체 전체를 멸종 위기에 처하게" 할 권리는 "태어나지 않은 세대"를 위해 지구를 훼손할 권리와 함께 폐기되어야 한다는 것이다. 이런 권리를 대신해 유독물질에 중독되지 않고 살아갈 수 있는 "기본적인 인권"과 우리 자신이 화학물질에 노출되었는지 여부에 대해 알 권리를 보장받아야 한다. 하지만 과학계가 화학업계의 최전선 역할을 하면서 이러한 알권리는 근본적으로 훼손되었다.

1992년《침묵의 봄》출간 30주년 직후에 유방암 환자들은 "레이첼 카슨이 옳았다!"고 쓴 피켓과 책을 들고 거리로 나왔다. 최신 연구에 따르면 유방암 발생이 점차 증가하고 있는데, 유방암과 살충제 노출 사이의 새로운 연관성이 드러났다. 1994년 출판된 영향력 있는 보고서에 따르면 1947년에서 1958년 사이 미국에서 태어난 여성은 같은 나이의 증조모 세대에 비해 유방암에 걸린 비율이 거의 3배나 높았다.[10] 많은 사람이 처음으로《침묵의 봄》을 읽었고, 이 시기에 태어난 여성들은 자신이 유아기와 유년기에 지금은 금지된 살충제에 다양한 경로로 노출되었다는 사실을 인식하기 시작했다. 일부는 어린 시절 동네에서 DDT 살포 트럭을 쫓아다니던 기억을 떠올렸다. 그 몇 년 후, 그들은 카슨이 예측한 재난을 제 삶에서 목격했다.

　이 여성들은 예방 가능한 유방암 병인(病因)을 찾아내기 위해 환경을 살피는 일에 더 많은 연구 자금을 투입해야 한다고 주장했다. 이런 요구에 돌아온 응답은 미미한 수준이었다. 매사추세츠주 뉴턴에 자리한 '침묵의 봄 연구소(Silent Spring Institute)'는 케이프코드(Cape Cod)의 유방암 운동가들이 "우리를 위한 실험실이 필요하다"고 요구한 뒤 1994년에 설립되었다. 연구소는 화학물질이 유방 발달과 유방암에 미치는 영향을 독창적으로 연구하고 있으며, 전 세계 연구자들이 사용하는 '유방 관련 발암물질 리뷰 데이터베이스(Mammary Carcinogens Review Database)'를 포함해 두 가지 주요 데이터베이스를 관리한다.[11] 수많은 관련 연구 결과를 보면 카슨의 우려가 현실화했음을 확인할 수 있다. 일례로 캘리포니아에서 1만 5000명의 어머니와 딸을 대상으로 50년 넘게 수행한 연구에 따르면, 자궁에서 높은 수준의 DDT가 검출된 여성은 나중에 유방암에 걸릴 위험이 4배 높았다고 한다.[12]

카슨이 제기한 의문에 따라 과학자들이 더 많은 연구를 진행해보니 환경 보건 관련 퍼즐에 더 많은 조각이 추가되었다. 동물 연구에 따르면 10가지 일반 살충제가 유선 종양의 증가와 관련이 있는 것으로 나타났다.[13] 1990년대 초 살충제에 초점을 두고 진행한 '롱아일랜드 유방암 연구 프로젝트'는 유방암과 대기 오염 노출 사이의 인과관계를 밝혀냈는데, 그 내용은 역학 관련 문서로 잘 정리되어 있다.[14] 내분비학 연구에 따르면 극히 낮은 정도의 염소계 살충제에 노출되어도 호르몬이 활성화하고, 특히 성장 과정에서 남성성 발달(male development)을 저해하는 것으로 드러나 카슨의 관찰을 입증해주었다.

내분비 교란 현상은 결국 《침묵의 봄》의 후속편으로 칭송받는 《도둑맞은 미래》(1996)를 통해 대중의 관심을 끌었고,[15] 이 문제에 대한 과학적 관심이 확대되어갔다. 카슨이 가정한 것처럼, 이제 우리는 몇몇 살충제가 에스트로겐을 완벽하게 흉내 낸다는 사실을 알고 있다. 또 살충제가 남성호르몬을 차단하고 여성호르몬에 대한 세포 민감성을 높이며, 유방 발달에 혼선을 주고, 생리 주기를 방해하는 등 여러 방식으로 호르몬 대사를 방해할 수 있다는 걸 알고 있다. 우리는 내분비 교란 물질에 살충제뿐만 아니라 개인 위생용품, 식품 포장재, 각종 가구류 등에 쓰이는 합성 화학 성분도 포함된다는 것을 알고 있다. 안전한 체내 흡수량 같은 것은 없다는 사실도 알고 있다. 급성 중독을 유발하기에는 불충분하지만, 임신과 사춘기를 포함해 중요한 발달 시기에 호르몬 활성 물질에 아주 소량이라도 노출되면 강력하고 돌이킬 수 없는 문제가 발생하기 때문이다. 이런 물질에 노출되면 생식 관련 호르몬뿐만 아니라, 다른 여러 가지 호르몬 경로가 교란되어 다방면에서 문제가 나타난다는 사실 역시 알고 있다. 내분비 교란 물질이 불임, 선천적 결함, 천

식, 비만, 당뇨병, 학습 장애 등에 영향을 미친다는 강력한 증거가 존재한다.[16]

그중 특히 주목해야 할 점이 있다. 《침묵의 봄》 출간 후 40년이 지나서 역학 전문가들은 DDT가 지닌 내분비 교란 능력 중 인간의 임신 기간을 단축시키는 특징을 발견했다. 임신 중 미량의 DDT에 노출되면 유아 사망과 장애의 주요 원인이라 할 수 있는 조산의 위험이 높아졌다.[17]

1962년 6월, 스크립스 칼리지(Scripps College) 졸업식 연설에서 카슨은 막 집필을 마친 《침묵의 봄》의 내용을 넘어서는 더 광범위하고 실존적인 고민을 드러냈다. 공중보건, 심지어 인류의 존재 자체에 위협을 가한다는 수많은 증거에도 지배와 통제라는 이름으로 자행되는 환경 피해는 왜 계속 이어지는 것일까? 카슨은 "무지로 도피하려는" 경향과 과학 지식의 인도를 "별나게 꺼리는" 성향 때문에 나타나는 반복적인 자기 파괴적 패턴이라고 설명했다. 그 결과 "인간은 자연의 **일부**이며 자연 정복의 대가는 인간 자신의 파멸일 수 있다는 인식이 부족하다"고, 강력하면서도 예언적인 목소리로 말했다. 그리고 《침묵의 봄》 마지막 장에 나오는 미래로 가는 두 갈래 길을 얘기했다. 대부분 사람들은 생태학적 각성이라는 가지 않은 길 대신 폐허로 가는 고속도로를 선택할 거라고 말이다.

환경 문제에 따른 피해 증거가 계속 쌓이고 있으니 카슨이 틀렸다고 말하기는 어렵다. 현재 다양한 형태의 오염으로 매년 900만 명이 죽음을 맞아 전 세계 사망 원인의 16퍼센트를 차지하고 있다. 환경오염은 매년 말라리아, 에이즈, 결핵, 전쟁, 폭력을 합친 것보다 더 많은 생명을 앗아간다.[18] 화석 연료의 연소가 엄청난 인명 손상을 초래하는 것처럼, 살충제를 포함해 화학물질 오염 노출 역시 많은 사람의 사망 원인이 되고 있다.

정복의 대가는 실로 엄청나서 실제 돈으로 따져볼 수 있다. 〈랜싯〉은 환경오염 관련 질병으로 전 세계가 치러야 하는 비용이 연간 4조 6000억 달러로 전 세계 경제 생산량의 6.2퍼센트에 달한다고 추정했다. 이전의 경제 분석에 따르면 살충제로 인한 공중보건 비용이 미국에서만 연간 110억 달러에 이르는 것으로 나타났다.[19]

다시 말해, 카슨이 《침묵의 봄》에서 밝혀낸 놀라운 경향은 지금도 여전히 진행 중이다. 카슨은 1947년부터 1960년까지 미국에서 화학 살충제 생산량이 5배 증가했다고 썼다. 그 이후 살충제 생산량은 다시 4배, 사용량은 2배 증가했다. 현재 세계 시장에 2만 개 이상의 다양한 살충 제품이 출시되고 있다. 《침묵의 봄》 출간 이후 생겨난 환경 단체는 초기에 힘들게 얻은 승리를 잠시 즐겼을지 몰라도 해충 방제와 관련해 화학적 해결책을 생태학적 해결책의 영역으로 옮기는 데는 성공하지 못했다.

우리는 살충제가 화학 무기로 전장에 투입되는 것도 막지 못했다. 제 2차 세계대전 중 미군이 적의 농작물을 파괴하기 위해 개발한 고엽제 '에이전트 오렌지'는 20년 후 베트남전에서 적의 전투원이 숨어 있는 것으로 의심되는 숲을 말려버렸다. 미국재향군인회는 이 전시 고엽제에 노출된 병사들이 14가지 질병으로 고생하는 것으로 추정하고 있다. 여기에는 백혈병, 림프종, 당뇨병, 심장병, 참전 용사 자녀에게서 나타나는 선천적 결함 등이 포함된다.[20]

이후 미국 내에서는 개별 유기 염소 살충제의 사용이 금지되었고, 유기 인산염과 카르밤산염 살충제로 전환되었다. 이런 살충제는 지속성이 덜하지만(토양에 몇 세대가 아니라 몇 달 동안 남아 있음) 독성은 더 강하다. 1980년대부터는 네오니코티노이드라는 신경 독성 살충제가 시장에 나와 빠르게 인기를 얻었다. 네오니코티노이드는 예전의 유기 염소 화학물질과 마찬가지로 물·먼지·토양에 수년 동안 남아 있으며, 일상적으로 소비하는 식품에서 발견되기도 한다. 가루받이를 돕는 각종 곤충에게 행동 이상을 일으키는 것으로 알려진 네오니코티노이드는 꿀벌 군집의 붕괴를 가져온 주된 용의자이기도 하다.

끊임없이 변화하는 살충제는 마치 퍼레이드를 벌이듯 당당하게 활약하며 카슨이 규명한 근원적 문제를 보여주고 있다. 바로 무차별성의 문제다. 살포된 살충제의 99.99퍼센트는 목표로 삼는 해충에 효과를 발휘하지 못한다. 그러면서 새, 물고기, 야생동물, 유익한 곤충과 식물에게 강력한 공격을 퍼붓는다. 살충제 내성 또한 다루기 힘든 문제로 남아 있다. 현재 1000종 이상의 해충이 자신을 독살하려는 화학물질에 아무런 영향을 받지 않으며 생명공학 작물에도 내성을 갖춰가고 있다.[21]

카슨은 1960년 잔류 농약이 전 세계 곳곳으로 퍼져나간다고 말한 바 있다. 이 역시 여전히 진행 중이다. 미국지질조사국은 검사한 모든 하천에 살충제 성분이 존재한다고 보고했다. 살충제는 지구 표면 아래 깊은 곳에서 끌어올린 지하수에서 주변 공기, 집 안 먼지, 비, 안개, 눈송이, 토양, 대기권 상부에 이르기까지 검사를 진행한 모든 환경에서 검출되고 있다. 미국 농무부의 살충제 데이터 프로그램에 따르면 미국에서는 과일과 채소의 70퍼센트 이상, 밀 샘플의 60퍼센트 이상, 우유 샘플의 99퍼센트에서 살충제가 나왔다. 거의 모든 미국 성인과 어린이의 체내에도 살충제 성분이 들어 있다.[22] 미국의 농장 노동자와 그 가족은

직장과 가정에서 지속적으로 고용량 화학물질에 노출되고 있으며, 급성 혹은 만성 살충제 중독 관련 질병이나 신경심리학적 장애로 고통받고 있다.[23] 《침묵의 봄》 덕에 많은 사람이 환경 문제에 관심을 갖고 계속해서 자극을 받고 있지만, 여전히 공공 기관·연구 단체·과학계·정부 등에 대한 기업의 영향력은 정책 결정을 왜곡하고 연구와 개발에서 화학적 방제를 우선시하게 만든다.

2001년 조인하고 2004년에 발효된 국제 조약, 곧 '잔류성 유기 오염물질에 관한 스톡홀름 협약'은 독성이 강하고 오래 지속되는 12가지 화학물질의 전 세계적 생산·사용을 금지했다. 이런 화학물은 증발을 통해 먼 거리를 이동하고, 다시 땅으로 내려와 먹이사슬에 스며들며, 체지방에 축적되고, 생물학적 과정을 손상시키는 것이 특징이다. 이러한 물질은 본질적으로 어떤 규제 시스템을 통해서도 관리하기가 불가능하다고 여겨진다. 그 12가지 중 8가지는 레이첼 카슨이 얘기한 살충제다. 실제로 조약 협상 중 당시 유엔 환경계획 사무총장이던 클라우스 퇴퍼(Klaus Töpfer)는 이 협약을 "아직 끝나지 않은 《침묵의 봄》 사업"이라고 언급했다.

협약 목록에 있는 대부분의 화학물질은 현재 전 세계적으로 사용이 금지되었지만, DDT는 카슨의 권고로 말라리아 관련 비상사태를 대비해 특별 면제를 받았다. 살충제 사용이 금지되면서 우리 몸에 쌓이는 유해물질도 점차 줄어들고 있다. 이러한 금지 정책은 생명을 구하고 고통을 예방한다. 이 역시 《침묵의 봄》이 남긴 유산이다.

동시에 농업생태학과 통합적 해충 관리 분야가 발전하면서 수확량을 늘리기 위해 살충제가 반드시 필요한 것은 아니라는 사실이 입증되었다. 식량을 지키기 위해 곤충을 독살할 필요는 없다. 2009년 유엔 보고서 《교차로에 선 농업(Agriculture at a Crossroads)》은 화학적 해충 방제가 아닌 생태학에 의존하는 소규모 농업이 세계 인구를 먹여 살리는 훨씬 더 지속 가능한 방법이라고 발표했다. 중요한 생태 자원을 보호하는 것이야말로 모든 농업 시스템의 붕괴를 예방하는 유일한 방법이다. 비슷하게, 전 세계 유기농과 일반 농장의 수확량 조사에 따르면, 살충제에 의존하지 않는 생태적 농법을 활용할 경우 더 많은 땅을 경작할 필요 없이 현재 세계 인구를 유지하기에 충분한 식량을 생산할 수 있다고 한다.[24] 또한 살아 있는 유기체로 가득한 무농약 토양은 더 많은 수분을 보유할 수 있고, 회복 탄력성이 훨씬 더 강해 화학 처리된 밭보다 가뭄과 홍수에 더 잘 대응할 수 있다. 이러한 결과와 다른 여러 연구에 비추어, 다수의 유엔 기관은 세계 식량 정책의 초석으로, 또 기후 변화와 이에 수반되는 물 부족 문제를 해결하는 전략으로 살충제 의존을 줄이고 생태적 접근 방식의 해충 관리로 전환할 것을 요구했다. 지금까지 우리가 얻어낸 증거에 따르면, 화학적 방제 대신 생물학적 방제로 해충을 막는 것이 장기적으로 식량 안전성을 확보하는 최상의 방법이다. 생물학적 해결책에 대한 지속적인 요구는 《침묵의 봄》이 남긴 영원한 유산이기도 하다.[25]

카슨은 1960년 《침묵의 봄》 집필 도중 유방암 진단을 받았다. 처음 진단한 의사가 상태의 심각성을 거짓말하며 안심시킨 까닭에, 두 번째 의사에게는 모든 것을 공개해달라고 요청했다. 암은 빠르게 전이되었다. 수술과 방사선 치료 때문에 카슨은 움직이지도 못하고 쉽게 지쳤으며 글을 쓰는 것도 힘들어했다. 협심증, 각종 궤양, 반복적인 안구 감염이 그를 더욱 괴롭혔다. 암이 목뼈에까지 퍼져 글씨를 써야 할 손이 무감각해지고 말았다. 그는 개인 비서 진 데이비스(Jeanne Davis)에게 자료 조사와 타이핑, 편지 작성을 맡겼다. 동시에 인신공격을 자행하는 업계의 적들을 굴복시키고 과학적 객관성을 유지하기 위해 자신의 질병에 대한 공개적 언급을 엄격히 막았다.[26] 엄청난 육체적 고통을 느꼈을 게 확실한데, 도로시에게 보낸 편지에서조차 이런 고통을 자세히 이야기하지 않았다. 삶의 끝자락에서 그는 《침묵의 봄》을 완성했다는 데 안도감을 표했고, 책의 성공이 가져다준 기회를 잡지 못해 낙담했으며, 회복에 대한 불가능한 희망을 품었다.

카슨은 분노와 도덕적 책임감으로 《침묵의 봄》을 쓰기 시작했다. 끔찍한 문제를 목격하고 이해하면서 **무언가**를 해야 한다고 느꼈다. 메스꺼움, 피로, 암 말기에 찾아온 장애를 겪는 와중에 미혼의 몸으로 혼자 조카의 아들을 입양해 키우며 책을 완성했다는 것은 놀라운 일이다. 설령 손을 들어버리거나 포기한다고 해서 그를 탓할 사람은 아무도 없었다. 이 책의 존재 자체가 그의 강인한 성격과 깊은 헌신을 증언해준다. 56세의 나이로 사망하기 몇 달 전, 오듀본 협회 연설에 나선 그는 환경 혁명을 이어가야 한다고 강조했다. 레이첼 카슨은 자신이 알고 있는 것보다 훨씬 더 많이 환경 혁명에 기여한 사람이었다.

그러므로 계속 노력해야만 합니다. 앞으로도 계속 말입니다. 비록 이런 임무가 결코 끝나지 않는 것이라 해도 물러서지 않는 인내심, 장애물을 극복하겠다는 결의, 그토록 대단한 기여를 할 수 있는 것이야말로 우리의 특권이라는 자부심을 갖고 모두가 이 임무를 완수해야만 합니다.

1. 예를 들어 Al Gore, "Rachel Carson and *Silent Spring*," in Peter Matthiessen, ed., *Courage for the Earth: Writers, Scientists, and Activists Celebrate the Life and Writing of Rachel Carson* (Houghton Mifflin, 2007), 63-78 참조.

2. 화학전과 화학 해충 방제 관행의 진화에 대한 자세한 내용은 Edmund Russell, *War and Nature: Fighting Humans and Insects with Chemicals from World War I to* Silent Spring (Cambridge University Press, 2001) 참조.

3. 《침묵의 봄》의 문학적 장치에 대해서는 John Elder, "Withered Sedge and Yellow Wood: Poetry in *Silent Spring*," in Peter Matthiessen, ed., *Courage for the Earth* (Houghton Mifflin, 2007), 79-95 참조.

4. John H. Vandermeer and Ivette Perfecto, *Ecological Complexity and Agroecology* (Routledge, 2018), 8-10.

5. Rachel Carson, *The Sea Around Us* (Oxford University Press, 1951), 143.

6. Rachel Carson, "Speech Accepting the John Burroughs Medal, April 1952," in Linda Lear, ed., *Lost Woods: The Discovered Writing of Rachel Carson* (Beacon Press, 1998), 94.

7. Martha Freeman, ed., *Always, Rachel: The Letters of Rachel Carson and Dorothy Freeman, 1952-1964* (Beacon Press, 1995), 259.

8. 카슨이 살충제 살포의 위험과 방사능 낙진의 위협을 연결한 방식에 대한 자세한 내용은 William Souder, *On a Farther Shore: The Life and Legacy of Rachel Carson* (Crown Publishers, 2012) 참조.

9. 《침묵의 봄》의 신뢰를 흔들기 위한 홍보 캠페인에 대한 심층 분석은 Michael Smith, "'Silence, Miss Carson!': Science, Gender, and the Reception of *Silent Spring*," in Lisa H. Sideris and Kathleen Dean Moore, eds., *Rachel Carson: Legacy and Challenge* (State University of New York Press, 2008), 168-87 참조.

10. Devra Lee Davis et al., "Decreasing Cardiovascular Disease and Increasing Cancer among Whites in the United States from 1973 through 1987: Good

News and Bad News," *Journal of the American Medical Association* 271 (1994): 431-37.

11. 나는 코넬 대학교의 유방암 및 환경 위험 요인에 관한 프로그램과 캘리포니아 유방암 연구 프로그램에서 생물학자로 일했는데, 두 프로그램 모두 《침묵의 봄》이 불러일으킨 관심에서 영향을 받아 만든 간접적인 결과물이다.

12. Barbara A. Cohn et al., "DDT Exposure *in Utero* and Breast Cancer," *Journal of Clinical Endocrinology & Metabolism* 100 (2015): 2865-72.

13. Ruthann A. Rudel et al., "Chemicals Causing Mammary Gland Tumors in Animals Signal New Directions for Epidemiology, Chemicals Testing, and Risk Assessment for Breast Cancer Prevention," *Cancer* 109, S12 (2007): 2635-66.

14. Marilie D. Gammon et al., "Environmental Toxins and Breast Cancer on Long Island: I. Polycyclic Hydrocarbon DNA Adducts," *Cancer Epidemiology, Biomarkers and Prevention* 11 (2002): 677-85; Julia Green Brody and Ruthann A. Rudell, "Environmental Pollutants and Breast Cancer: The Evidence from Animal and Human Studies," *Breast Diseases: A Year Book Quarterly* 19 (2008): 17-19.

15. Theo Colborn, Dianne Dumanoski, and John Preston Myers, *Our Stolen Future: Are We Threatening Our Fertility, Intelligence, and Survival? A Scientific Detective Story*, (Dutton, 1996); Carol F. Kwaitkowski et al., "Twenty-five Years of Endocrine Disruption Science: Remembering Theo Colburn," *Environmental Health Perspectives* 124 (2012): A151-A54; Robert K. Musil, *Rachel Carson and Her Sisters: Remarkable Women Who Have Shaped America's Environment* (Rutgers University Press, 2015), 225-251.

16. R. Thomas Zoeller et al., "Endocrine-Disrupting Chemicals and Public Health Protection: A Statement of Principles from the Endocrine Society," *Endocrinology* 153 (2012): 4097-110.

17. Matthew P. Longnecker et al., "Association between Maternal Serum Concentration of the DDT Metabolite DDE and Preterm and Small-for-Gestational-Age Babies at Birth," *The Lancet* 358 (2001): 110-14.

18. Philip J. Landrigan et al., "The *Lancet* Commission on Pollution and Health," https://www.thelancet.com/journals/lancet/article/PIIS0140-6736(17)32345-0/ abstract.

19. David Pimentel, "Environmental and Economic Costs of the Application of Pesticides Primarily in the United States," *Environment, Development, and Sustainability* 7 (2005): 229-252.

20. Arthur H. Westing, ed., *Herbicides in War: The Long-Term Ecological and Human Consequences* (Stockholm International Peace Research Institute, 1984). Viet Thanh Nguyen and Richard Hughes, "The Forgotten Victims of Agent Orange," *The New York Times*, September 16, 2017도 참조.

21. Bruce E. Tabashnik, "Surge in Insect Resistance to Transgenic Crops and Prospects for Sustainability," *Nature Biotechnology* 35 (2017): 926-35.

22. Julia G. Brody et al., eds., "Identifying Gaps in Breast Cancer Research: Addressing Disparities and Roles of Physical and Social Environment," California Breast Cancer Research Program, Special Research Initiative (2007), www.cbcrp.org/files/other-publications/GAPS_full.pdf.

23. Thomas A. Acury et al., "Lifetime and Current Pesticide Exposure among Latino Farmworkers in Comparison to Other Latino Immigrants," *American Journal of Industrial Medicine* 57 (2014): 776-787; Maria T. Muñoz-Quezada et al., "Chronic Exposure to Organophosphate (OP) Pesticides and Neuropsychological Functioning in Farm Workers: A Review," *International Journal of Occupational and Environmental Health* 22 (2016): 68-79.

24. Catherine Badgley et al., "Organic Agriculture and the Global Food Supply," *Renewable Agriculture and Food Systems* 22 (2007): 86-108.

25. 이 주장은 곤충학자 해리 스콧 스미스(Harry Scott Smith)가 〈경제곤충학회지(Journal of Economic Entomology)〉에 발표한 논문에서 '생물학적 통제'라는 용어를 사용한 1919년 무렵으로 거슬러 올라간다. 당시 캘리포니아 감귤류를 황폐화시킨 캘리포니아감귤깍지벌레 같은 농업 재앙을 해결하기 위해 천적을 도입하거나 도입을 장려하려는 아이디어는 '**가장** 많이 다니는' 길이 될 충분한 태세를 갖추고

있었다. 생물학적 해충 방제에 관한 연구 프로그램이 몇몇 대학과 실험실에서 활발하게 진행되었는데, 특히 캘리포니아 대학교 리버사이드 캠퍼스의 업적이 가장 두드러졌다. 이와 관련한 상업적 생산도 점점 더 늘어나는 듯했다. 그러나 제2차 세계대전 이후 화학 살충제의 대대적인 마케팅이 이뤄지고 사용하기 편하다는 특징이 부각되면서 생태학적 지식이 전제 조건인 생물학적 방제는 별 쓸모없어 보였다. 더 나쁜 것은 살충제가 생물학적 방제법을 완전히 밀어냈다는 점이다. 카슨이 《침묵의 봄》에서 언급한 연구를 실제로 진행한 곤충학자 폴 더바크(Paul DeBach)는 1947년 DDT 잔류물 문제를 경고했다. DDT가 이미 효과적으로 자리 잡은 생물학적 방제를 담당하는 유기체에 해를 끼치고 있었다. 동시에 화학 살충제에 큰 기대를 걸고 있는 은행들은 생물학적 방제 관련 자금 조달을 거부하기 시작했다. 농부들에게 포식곤충과 기생곤충을 공급하던 상업적 곤충업체에 대한 자금 지원도 멈추었다. 잡초와 해충을 안전하고 성공적으로 관리하는 생물학적 방제는 더 이상 사용하지 않게 되었다. 이 이야기에 대한 자세한 내용은 Paul DeBach and David Rosen, *Biological Control by Natural Enemies*, 2nd ed. (Cambridge University Press, 1991); C. B. Huffaker and P. S. Messenger, *Theory and Practice of Biological Control* (Academic Press, 1976); Richard C. Sawyer, *To Make a Spotless Orange: Biological Control in California* (Iowa State University Press, 1996) 참조. 최근 농업생태학과 식량 주권 운동 분야에서 생물학적 해결책에 대한 요구가 등장하고 있다. 농업생태학 실무자들은 천적을 동원해 화학적 독극물을 대체하는 것 외에 윤작, 사이짓기(한 농작물을 심은 이랑 사이에 다른 농작물을 심어 가꾸는 일. '간작'이라고도 한다―옮긴이), 영양분 재활용, 영속 농업, 방목, 유전적 다양성 증진 등 자연 생태계의 종간 복잡성을 활용해 화학물질을 투입할 필요성을 없앤 여러 가지 방법을 활용하고 있다. Peter M. Rosset and Miguel A. Altieri, *Agroecology: Science and Politics* (Fernwood Books, 2017).

26. 암 환자로서 카슨이 겪은 경험은 Linda Lear, *Rachel Carson: Witness for Nature* (Houghton Mifflin, 1997); Sandra Steingraber, *Living Downstream: An Ecologist's Personal Investigation of Cancer and the Environment* (Perseus Books Group, 2010), 17-34 참조.

서문

린다 리어●

1962년 7월 〈뉴욕타임스〉의 머리기사는 당시 미국의 분위기를 이렇게 전하고 있다. "올 여름 《침묵의 봄》이 상당한 소란을 일으키고 있다." 〈뉴요커〉에 몇 차례 연재한 후 그해 9월 《침묵의 봄》을 단행본으로 묶어내기 전까지 레이첼 카슨의 경고는 화학 살충제의 사용, 과학의 책임, 기술 진보의 한계에 관한 전국적인 논란을 불러일으켰다. 이 책 출간 18개월 후인 1964년 봄 카슨이 56세의 나이로 사망했지만, 그는 DDT의 미국 내 제조 금지와 환경보호를 위한 주 정부와 연방 정부 차원의 규제를 요청하는 시민운동을 이끌어냈다. 카슨의 저작은 인간과 자연계의 관계 변화를 불러오고 환경 문제에 대한 각성을 촉구했다.

《침묵의 봄》이 맞이한 당시의 문화적 기상도를 기억하기란, 또 의지

●　Linda Lear: 환경사학자로 다양한 글을 쓰는 작가이다. 조지워싱턴 대학교에서 역사학으로 박사 학위를 받았고, 환경역사학을 가르쳤다. 지은 책으로 10여 년에 걸쳐 취재해서 쓴 《레이첼 카슨 평전》《베아트릭스 포터》 등이 있다―옮긴이.

확고한 저자에게 퍼부은 분노를 이해하기는 쉽지 않다. 환경오염을 초래한 화학 살충제의 오용으로 우리 자신이 서서히 독극물에 중독되고 있다는 카슨의 주장은 오늘날에는 극히 상식적인 이야기이지만, 1962년 《침묵의 봄》이 출간될 당시에는 혁명적이었다. 카슨은 새로운 부가 등장하고 사회적 순종이 강조되던 시기에 이 글을 썼다. 냉전으로 인해 의심과 불관용이 극도에 이른 시대였다. 화학 산업은 전후 기술 발전의 최대 수혜자였고 국가의 부를 이끈 중요한 견인차 중 하나였다. DDT는 농업에서 각종 해충을 박멸했고 해충으로 인한 전염병을 막아주었다. 핵폭탄이 미국의 군사적 주적을 완전히 격멸했듯이 살충제는 인간과 자연 사이 힘의 균형을 극적으로 바꿔놓았다. 빳빳하게 풀 먹인 흰 가운을 입고 실험실에서 일하는 화학자들은 신에 필적하는 지혜를 가졌으리라 대중은 기대했으며 또 확신했다. 화학자들의 연구는 대단한 혜택을 가져다줄 것으로 여겨졌다. 전후 미국 사회에서 과학은 신이었고 또 그 과학은 남성 위주의 영역이었다.

카슨은 과학적으로 탁월한 업적을 거둔 적 없는 아웃사이더였다. 먼저 그는 여성이었고, 그가 선택한 생물학은 핵의 시대에는 별로 인정받지 못한 분야였다. 그의 경력은 기존 관습에서 한참 떨어져 있었다. 특정 학회에 가입하지 않았고 특정 기관의 목소리를 대변하지도 않았다. 그는 몇몇 전문가가 아닌 다수의 일반 대중을 위해 글을 썼다. 그런 독립심 때문에 상당한 손해를 봤다. 하지만 《침묵의 봄》이 출간될 무렵, 아웃사이더이던 카슨의 상태는 확실한 이점으로 작용했다. 과학계는 그를 절대 무시할 수 없다는 것을 깨닫게 되었다.

레이첼 카슨은 자연학습운동에 적극적 동조자이던 어머니 덕분에 어려서부터 자연과 친하게 지냈다. 어린 시절 카슨은 펜실베이니아주 스프링데일의 오염되지 않은 앨러게니강 둑에서 놀곤 했다. 피츠버그 북쪽에 자리한 이 지역의 야생 동물과 식물을 관찰했는데, 특히 새들의 습성에 관심을 가졌다.

가난과 불운한 가정사를 겪었지만 그의 어린 시절은 외롭지만은 않았다. 독서를 좋아했고, 열 살 때 어린이 문학잡지에 처음 글을 발표할 만큼 글쓰기에도 재능이 있었다. 펜실베이니아 여자대학(현재 채텀 대학교)에 입학할 무렵, 그는 영국 낭만주의 문학을 폭넓게 읽으며 자기만의 미션, 자기만의 '놀라운 비전'을 닦아나갔다. 에너지 넘치는 여성 동물학 교수는 영문학보다는 생물학을 전공하도록 카슨을 이끌었고 지적 지평을 넓혀주었다. 그 과정에서 카슨은 과학이 자기 마음을 사로잡을 뿐 아니라 무언가 '글감'을 제공해준다는 사실을 발견했다. 그는 과학 분야에 몸담기로 결정했지만 1930년대 여성은 이 분야에서 활동하기가 쉽지 않음을 깨달았다.

장학금을 받아 우즈홀 생물학연구소에서 연구하는 동안 그는 바다와 사랑에 빠져 여성 연구자가 얼마 되지 않는 존스홉킨스 대학교에서 외롭게 해양생물학을 공부했다. 1932년 동물학 석사 학위를 마친 그에게는 도움을 줄 멘토도, 공부를 계속할 충분한 돈도 없었다. 공중보건대학원에서 연구실 조수로 일하면서 운 좋게도 실험유전학 분야에서 몇 가지 훈련을 받을 수 있었다. 과학 분야에 취직할 기회가 줄어들자 그는 〈볼티모어 선〉에 체서피크만의 자연에 관해 기사를 쓰기 시작했다. 재정적으로나 감정적으로 힘든 시기였음에도 카슨은 과학과 글쓰기 중 하나만을 선택할 필요가 없으며, 자신이 두 가지 모두에 재능이 있음을 깨달았다.

　어려서부터 카슨은 지구의 기나긴 역사에 관심을 가졌다. 지구 역사의 패턴과 리듬, 오랜 역사를 자랑하는 대양, 진화하는 생명체……. 다양한 생명 요소의 교차와 연결에 관심이 있으면서도 생태계 전체를 조망할 줄 안 그는 생태학이 학문적으로 인정받기 전부터 이미 생태학자였다. 앨러게니 언덕을 헤집고 다니던 어린 시절, 그곳에서 발견한 조개 화석으로 한때 이 일대를 뒤덮었던 바다 생명체에 대해 의문을 갖게 되었다. 존스홉킨스 대학교에서는 뱀장어 수조의 염도 변화를 실험하면서 대륙과 이어진 강에서 사르가소해로 이주해온 고대 어류의 생활사 연구에도 열심이었다. 인간의 관점이 아닌 새로운 관점에서 바다를 이해하려는 그의 노력은 첫 번째 책 《바닷바람을 맞으며》의 탄생으로 이어졌다. 이 책에서는 오래된 본능, 조류(潮流)의 변화, 모이 찾기 등 여러 요소에 따라 움직이는 지극히 평범한 바닷새와 세가락도요가 등장해 파타고니아에서부터 북극권으로 긴 여행을 떠난다. 시작부터 카슨은 스스로 '다른 생명체에 친근감'을 갖고 있음을 인정하며 이런 관심사를 독자들에게 전달하기 위해 노력했다.

　카슨은 인생의 주요 시기에 환경오염이라는 문제와 직면하게 된다. 사춘기 무렵, 당시 미국 철강과 제철 산업의 수도이던 피츠버그에 산업혁명의 두 번째 흐름이 몰아닥쳤다. 석탄을 원료로 하는 거대한 두 전기 공장 사이에 자리한 작은 마을 스프링데일은 서서히 어두운 폐허로 변해갔고 대기는 화학 가스 배출로 더럽혀졌으며 강은 공장 폐수로 오염되었다. 카슨은 이런 현실에서 도망갈 수 없었다. 기업체들은 자신의 고향이 어떻게 되든 신경 쓰지 않으며 아무런 책임도 지지 않는다는 사실을 확인했기 때문이다. 이런 경험을 통해 그는 '화학 산업을 통한 발전'에 의문을 갖게 되었고 과학 기술이 늘 더 나은 미래를 만들어주지는 않는다고 믿게 되었다.

1936년 카슨은 볼티모어의 어업국에서 해양 생태계에 관한 시간제 라디오 작가로 일하게 되었다. 또 저녁에는 프리랜서 작가로서 산업 폐기물로 오염된 체서피크만 굴 양식장에 관한 기사를 〈볼티모어 선〉에 기고하기도 했다. 그는 기사에서 굴 양식과 채취 방법의 변화, 폐기물의 해안 투기 규제 등을 강조했다. 기사에 'R. L. 카슨'이라고 서명했는데, 독자들이 필자를 남자로 생각하게 만들기 위해서였다. 그래야 사람들이 자신의 연구 결과를 좀더 심각하게 받아들일 것이기 때문이었다.

1년 뒤 카슨은 어업국의 해양생물학자가 되었다. 당시 여성 학자는 두 명뿐이었고, 1939년에 미국 어류·야생동물국이 된 이 기관에서 서서히 승진을 계속해갔다. 문학적 재능을 널리 인정받아 다른 과학자들의 현장 보고서를 편집하는 일도 맡게 되었는데, 이를 계기로 관련 지식을 넓히고 자연에 더욱 깊은 관심을 갖게 되었으며 과학 정책의 입안 과정을 지켜볼 수 있었다. 1949년까지 카슨은 모든 간행물의 편집장으로서 미국 야생생물의 피난 시스템에 관한 일련의 글을 쓰고, 최신 과학과 기술 분야에 관한 여러 부서의 합동 학회에도 참석했다.

정부 부처에서 일하다 보니 글 쓰는 속도는 느려질 수밖에 없었다. 해양학 관련 최근 연구를 정리하는 데 10년이 걸렸는데, 마침내 그 끈기가 보상을 받았다. 1951년 〈뉴요커〉에 《우리를 둘러싼 바다》를 발표한 뒤 그는 그야말로 하룻밤 사이에 유명인사가 되었다. 이 책은 내셔널 북 어워드 논픽션 부문을 포함해 많은 상을 받았다. 카슨은 과학적 전문성과 광범위한 분야에서 쌓은 업적은 물론 시적이고 아름다운 글로 미국예술문학아카데미 회원으로 선출되었다. 《우리를 둘러싼 바다》

에 이어 발표한 《바다의 가장자리》는 베스트셀러가 되었고, 카슨은 미국 최고의 과학 전문 작가가 되었다. 그는 자연계를 해석하고 이를 전달할 수 있는 작가가 필요하다는 사실을 깨달았다. 전 세계 독자들은 복잡한 과학을 명쾌하게 설명해주는 그의 글과 바다 생명에 대한 관심, 자연의 경이에 대한 사랑에서 위로를 받았다. 확실하게 밝혀지지 않아 수수께끼가 되어버린 세계에 관해 그는 믿을 만한 목소리를 내는 작가였다.

카슨은 대중 앞에서 강연을 할 때면 늘 새롭게 등장한 불길한 징조에 관심을 표명했다. "제 힘에 취해 인류는 자기 자신은 물론 이 세상을 파괴하는 실험으로 한 발씩 더 나아가고 있다." 그는 과학 기술이 인류의 도덕적 책임감보다 훨씬 더 빠르게 움직인다고 걱정했다. 1945년 카슨은 〈리더스 다이제스트〉에 새로운 합성 화학물질인 DDT와 기타 제초제가 환경을 오염시키는 놀라운 증거를 소개했다. 1957년에는 앞으로 화학물질들이 지구 생태계 전체에 심각한 영향을 미칠 거라고 확신했다. 유독성 화학물질의 무분별한 사용으로 말미암은 환경오염은 오만의 결과이자 무지와 탐욕의 산물이라고 믿었고, 이를 정확히 증명할 책임을 느꼈다. 그는 과학과 기술의 산물은 '전체 생명계'의 안전과 이익에 따라 평가되어야 한다고 주장했다. 그는 친구에게 이렇게 편지를 썼다. "계속 침묵한다면 나에게 미래의 평화 같은 것은 없을 듯합니다."

부단한 노력의 산물인 《침묵의 봄》은 결과를 제대로 알지 못한 채 유독성 화학물질을 생태계에 그대로 흘려보내도록 허락한 정부를 향한 과감한 도전이었다. 핵폭탄 낙진에 관한 대중의 지식을 적절히 활용해 카슨은 염화탄화수소계와 유기인산계 살충제가 식물과 동물, 더 나아가 인간의 세포 활동을 어떻게 변화시키는지 모든 사람이 이해할 수 있는 쉬운 글로 설명했다. 또 과학과 기술이 이윤과 시장 점유율에 전념하는 화학업계의 시녀가 되어버렸다고 지적했다. 정부는 잠재적 위험에서 대중을 보호하기는커녕 책임 매커니즘조차 수립하지 않은 채 새로운 화학제품의 발매를 허용했다. 카슨은 물리적으로 피할 수도, 공개적으로 의문을 제기할 수도 없는 화학제품으로부터 대중을 보호하지 않는 정부의 도덕적 권한에 의문을 제기했다. 이런 무감각한 오만은 생명계를 파괴할 것이기 때문이었다. "모든 생물을 위험으로 몰고 가지 않는 적절한 양의 화학물질만 살포된다고 믿는 사람이 있을까. 이런 화학물질은 '살충제'가 아닌 '살생제'라고 해야 할 것이다."

《침묵의 봄》과 나중에 의회 청문회에서 카슨은 매우 기본적인 인간의 권리 중 하나가 "다른 사람이 사용한 독극물의 유입으로부터 안전하게 생활할 권리"라고 말한 바 있다. 무지하고 탐욕스러우며 태만한 정부가 그 폐해를 제대로 알지 못하는 사람들에게 "독성이 있고 생물학적 문제를 일으킬 잠재성을 가진 살충제"의 무차별적 살포를 허용한 셈이었다. 대중이 이에 항의하면 정부는 "절반의 진실만이 담긴 보잘것없는 진정제"를 선택해 책임을 회피하거나 피해 증거를 부인하곤 했다. 카슨은 이런 도덕적 공백에 도전하며 이렇게 썼다. "참아야 하는 것이 우리의 의무라면, 알아야 하는 것은 우리의 권리다."

카슨이 보기에, 오만하게도 자연을 지배하려 한 전후 과학계의 분위기는 이 문제의 철학적 근본이라 할 수 있었다. 인간은 자연을 지배하는 존재가 아니라 그저 자연의 한 부분에 지나지 않는다고 그는 강조했다. 부분이 생존하려면 결국 전체가 건강해야 한다. "인간이 몸담고 있는 환경 전체의 오염"으로 식물, 동물, 인간의 세포 속에 유해물질이 축적되고 유기체의 유전 구조가 변형되는 것이다.

인간의 몸은 외부 물질의 침투에 쉽게 노출되어 있으며 환경 속에 존재하는 유독물질에 취약하다고 카슨은 경고했다. 노출 정도를 조정할 수 있는 것이 아니기에 과학자들은 세포 내 유독물질 축적이 어떤 영향을 미칠지, 화학 혼합물이 인간에게 어떤 영향을 끼칠지 정확히 예견할 수 없다. 우리 몸은 유독 성분을 무해하게 만드는 '자정능력'을 지닌 데다 유독물질에 대한 '문턱'이 존재한다는 업계의 주장을 그는 단호하게 거부했다. 몇몇 암은 살충제 노출과 연관이 있다는 증거를 보여주었는데, 이는 카슨의 저서에서 가장 논란이 되는 부분이었다. 뒤이은 많은 연구자의 연구는 과학과 환경에 관한 가장 심각하고 신랄한 논쟁거리를 제공해주었다.

인체를 생태학적으로 바라본 카슨의 시각은 인간과 자연환경의 관계를 보여주는 사고의 중요 출발점이다. 그는 인간의 건강뿐 아니라 환경 위험에 대한 이해에도 상당한 영향을 미쳤다. 《침묵의 봄》은 우리 몸이 예외가 아님을 확인해주었다. 화학물질 오염은 죽음에 이르게 할 만큼 심각한 영향을 줄 수 있다. 자연계의 다른 생물체와 마찬가지로, 인간 역시 살충제에 취약하고 외부 물질의 침투에도 약하다. 모든 형태의 생명체는 비슷하다.

인간의 건강은 환경 상태의 궁극적인 반영이라고 카슨은 믿었다. 이런 생각은 자연과 과학, 오염을 초래한 기술에 대한 사람들의 반응을 바꿔놓았다. 과학계가 카슨의 이런 주장을 조금씩 인정하는 가운데, 우리 몸을 생태계로 인식하게 된 것은 그가 끼친 매우 중요한 영향 중 하니다.

1962년 수백만 달러를 움직이는 화학업계는 이전 정부 간행물의 편집자이자 박사 학위도 없고 학회의 보호도 받지 못하는 여성 과학자, 바다에 관한 아름다운 책을 쓴 이 여성이 화학제품의 신뢰성을 뒤흔들고 그 신뢰에 의문을 던지도록 내버려두지 않았다. 업계에서 볼 때 카슨은 대수롭지 않은 현실에 문제를 제기하는 히스테릭한 여성에 지나지 않았다. 그는 '새와 토끼를 좋아하고', 고양이를 키우며 사는 여성이었다. 그들이 보기에 카슨은 유전학에 지나치게 관심이 많은 낭만적 경향의 독신녀에 불과했다. 한마디로 통제불능의 여성, 본분을 망각하고 과학 분야에서 도를 넘어선 존재였다. 하지만 그의 주장이 대중의 호응을 얻을 경우를 대비해 화학업계는 25만 달러를 들여 연구의 신빙성을 훼손하고 그를 이상한 사람으로 몰아가려 시도했다. 그들은 카슨이 문제의 한쪽 면에만 치우쳤고 믿을 수 없는 현장조사에 근거해 주장을 편다고 공격했다.

《침묵의 봄》과 관련해 카슨은 또 다른 개인적 도전에 직면하게 되었다. 정부와 기업의 폄하와는 별도로 훨씬 더 강력한 적은 바로 급속도로 번져가는 유방암이었다. 그는 스스로 '온갖 병의 카탈로그'라 일컬은 고통을 참아내며 책을 마칠 때까지 버텨냈다. 자신에 대한 화학업계의 비난에는 면역이 되어 있었으므로 자신이 목격한 진실을 전하기 위해 살아남아야 하는 도전에 모든 에너지를 집중했다. 그는 소란을 일으키고 혼돈을 불어오기 위해 노력했다. 물론 위엄과 신중함을 갖추고 말이다.

《침묵의 봄》이 존 F. 케네디 대통령의 관심을 끈 이후, 카슨 주장의 신빙성을 확인하기 위한 연방 정부와 주 정부 차원의 조사가 이루어졌다. 살충제 공중 살포를 허용한 위원회는 유독성 오염물질 살포에 반대하는 시민 차원의 조직을 만들기 시작했다. 모든 정부 차원에서 이런 눈에 보이지 않는 새로운 유독물 살포를 금지하는 법안을 준비했다. 지식의 '성배'를 주장하던 과학자들은 자신들의 무지를 인정해야 했다. 책 한 권이 자본주의 체제를 바꿀 수는 없지만, 그의 도전에서 과학과 정부가 책임감을 느껴야 한다는 환경운동이 시작되었다. 카슨은 한 개인이 사회를 어떻게 바꿔놓을 수 있는지 보여주는 사례가 되었다. 그는 모든 생명체의 권리를 지키는 혁명적인 대변인이었다. 자연 파괴라는 문제에 과감히 의견을 표명했으며 모든 생명체의 권리에 관한 논쟁의 틀을 만들었다.

레이첼 카슨은 세상을 뜨기 전 자신이 무언가 변화를 만들어냈음을 알았다. 그는 많은 메달과 상을 받았고, 사후인 1981년 대통령 자유 훈장을 받았다. 하지만 그는 자신이 제기한 문제가 빨리 또 쉽게 해결되지 않을 것이며, 부유한 이들이 전체의 이익을 위해 희생하지 않으리라는 것도 알고 있었다. 카슨이 사망하고 6년 뒤 미국은 제1회 지구의 날을 제정했고, 의회는 인간이 저지르는 만행의 완충 구실을 할 환경보호국 설립이 담긴 환경법을 통과시켰다. DDT의 미국 내 제조는 금지되었지만 그 수출은 금지되지 않았으며 지구 대기층과 해양, 강물과 야생의 환경오염은 줄어들지 않았다. DDT는 지구상 모든 해양의 새와 어류의 간에서 발견되며 여성의 모유에서도 발견된다. 환경운동과 인식이 시작된 지 수십 년이 지났고 레이첼 카슨의 묵시록적 경고가 미국인에게 유해 화학물질 문제에 대한 관심을 일깨웠지만, 살충제 사용 줄이기는 환경 시대의 주요 정책 실패 중 하나다. 전 세계적인 오염은 오늘날 우리 삶에서 부정할 수 없는 사실이 되고 말았다.

《침묵의 봄》은 모든 세대에게 자연계와의 관계를 재평가하라고 강조한다. 우리는 여전히 이 책이 제기한 논란 속 세상에 살고 있으며, 공공선을 위해 어떻게 행동할지 또 환경정의를 달성하기 위해 어떻게 해야 할지 해결하지 못한 시대에 살고 있다. 공중위생과 환경, 인간과 자연은 결코 떼려야 뗄 수 없다. 레이첼 카슨은 전문가의 역할이 민주적으로 제한되어야 하고 기술의 위험에 관한 공청회를 허용해야 한다고 주장했다. 알다시피, 과학적 증거란 본질적으로 불완전하고 과학자들은 어쩔 수 없이 해악의 확실한 증거를 부인하게 된다. 시민을 보호해야 하는 정부가 과학의 본질적 문제로 혼란을 겪게 되면 합당한 공공 정책 수립은 어려워질 수밖에 없다.

레이첼 카슨은 자신이 그토록 확신한 생태계의 미래를 끌어안을 뿐 아니라 인간 정신의 고양이라는 유산을 우리에게 남겨주었다. 그는 지구의 화학물질 오염을 대면하라고, 생존을 위해 스스로 탐욕을 조절하라고 주장했다. 혁명적인 태도가 아닐 수 없다. "우주의 경이와 실재에 좀더 확실하게 주의를 기울일수록, 인간 종 자체를 파괴하려는 자멸적 경향은 차츰 줄어들 거라 믿어야 옳을 것이다. 경이로움과 겸양이야말로 건전한 감정이고 결코 파괴의 욕구와 나란히 공존할 수 없다."

경이로움과 겸양은 《침묵의 봄》이 준 선물이다. 다른 모든 생명체와 마찬가지로, 우리는 지구라는 거대한 생태계의 부분이고 거대한 생명 흐름의 일부이다. 이 책은 천천히 음미해가며 읽어야 한다. 인간 본성의 어두운 측면이 아닌 생명이 지닌 가능성의 약속을 위해서.

지은이 주

이 책에 주석을 달아 부담을 주고 싶지 않지만, 더 자세한 내용을 알고 싶어 하는 독자들을 위해 궁금증을 풀 수 있도록 중요한 자료를 책 마지막 부분에 정리해두었다. 참고하길 바란다.

R.C.

감사의 글

1958년, 뭇 생명이 사라져버린 작은 세계에 관한 아픈 경험을 담은 올가 오언스 허킨스의 편지를 읽고, 나는 오랫동안 관심을 가져오던 문제에 대해 다시 한번 주의를 환기하게 되었다. 그리고 이 책을 써야겠다는 절실함을 느꼈다.

지난 수년간 여기서 일일이 그 이름을 거명할 수 없는 많은 사람에게서 도움과 격려를 받았다. 오랜 기간의 경험과 연구 성과를 기꺼이 나누어준 사람들 중에는 미국과 다른 여러 나라의 정부 기관, 대학교, 각종 연구 기관은 물론 많은 전문가들이 포함되어 있다. 귀중한 시간과 생각을 친절하게 제공해준 이 모든 분에게 깊은 감사를 전한다.

덧붙여 이 원고를 읽느라 시간을 내어주고 자신들의 전문 지식에 기초해 여러 좋은 의견과 비평을 들려준 사람들에게도 고마움을 전하고 싶다. 책 내용의 정확성과 신뢰성에 대한 최종 책임은 내게 있지만 메이오 클리닉의 L. G. 바르톨로메오(L. G. Bartholomew) 박사, 텍사스 대학교의 존 J. 비젤(John J. Biesele), 웨스턴온타리오 대학교의 A. W. A.

브라운(A. W. A. Brown), 코네티컷 웨스트포트의 S. 비스킨드(S. Biskind) 박사, 네덜란드 식물보호국의 C. J. 브리예르(C. J. Briejèr), 롭 앤드 베시 웰더 야생동물재단의 클래런스 코탬(Clarence Cottam), 클리블랜드 클리닉의 조지 크릴(George Crile, Jr.) 박사, 코네티컷 노퍽의 프랭크 이글러(Frank Egler), 메이오 클리닉의 맬컴 M. 하그레이브스(Malcolm M. Hargraves) 박사, 미국 국립암연구소의 W. C. 휴퍼(W. C. Hueper) 박사, 캐나다 어류연구위원회의 C. J. 커스윌(C. J. Kerswill), 야생협회의 올라우스 뮈리(Olaus Murie), 캐나다 농무부의 A. D. 피킷(A. D. Pickett), 일리노이 자연사조사(INHS)의 토머스 G. 스콧(Thomas G. Scott), 태프트 위생공학센터의 클래런스 타즈웰(Clarence Tarzwell), 미시간 주립대학교의 조지 J. 월러스(George J. Wallace) 등 여러 전문가의 도움이 없었다면 이 책을 완성할 수 없었을 것이다.

사실을 기반으로 한 책을 쓰는 작가라면 사서의 능력과 도움에 의존하게 마련이다. 나 역시 마찬가지인데, 특히 내무부 도서관의 이다 K. 존스턴(Ida K. Johnston)과 국립보건원 도서관의 텔마 로빈슨(Thelma Robinson)에게 많은 도움을 받았다.

편집자인 폴 브룩스(Paul Brooks)는 수년 동안 나를 꾸준히 격려해주었고 지지부진한 원고 진척 때문에 출간 계획을 계속 조정해야 하는 수고를 맡아주었다. 이런 배려와 그의 능숙한 편집자적 판단에 끝없는 감사를 보낸다.

도로시 앨자이어(Dorothy Algire), 진 데이비스, 베티 해니 더프(Bette Haney Duff)는 헌신적으로 필요한 자료를 조사해주었다. 살림을 맡아준 이다 스프로(Ida Sprow)의 성실한 도움이 없었다면 힘든 상황에서 이 임무를 완성할 수 없었을 것이다.

만물과 공유해야 하는 이 세상을 무모하고 무책임하게 오염시키는 인간의 행위에 가장 먼저 대항하고, 우리를 둘러싼 이 세상에서 결국 이성과 상식의 승리를 위해 수천 곳에서 전투를 벌이는 사람들이 있다. 개인적으로 잘 알지는 못하지만, 이 책이 의미 있는 것이 되도록 중요한 몫을 한 이들에게 크게 빚졌음을 밝힌다.

레이첼 카슨

내일을 위한 우화

미국 한가운데쯤 모든 생물체가 환경과 조화를 이루며 살아가는 한 마을이 있다. 이 마을은 곡식이 자라는 밭과 풍요로운 농장들 사이에 자리 잡고 있는데, 봄이면 과수원의 푸른 밭 위로 흰 구름이 흘러가고 가을이 되면 병풍처럼 둘러쳐진 소나무를 배경으로 불타듯 단풍 든 참나무, 단풍나무, 자작나무가 너울거렸다. 어느 가을날 이른 아침 희미한 안개가 내린 언덕 위에서는 여우 울음소리가 들려왔고, 조용히 밭을 가로질러 달려가는 사슴의 모습도 때때로 눈에 띄었다.

 길가에는 월계수, 가막살나무, 오리나무, 양치식물, 들꽃 들이 연중 그 자태를 뽐내며 지나는 여행객의 눈을 즐겁게 해주었다. 나무 열매와 씨앗을 먹고사는 수많은 새가 눈밭에 내려앉는 겨울철에도 길가는 여전히 아름다웠다. 이 일대는 풍부하고 다양한 새들로 유명했는데, 봄가을에는 이동기를 맞은 철새 무리들이 떼를 지어 날아가는 모습을 보려고 멀리서 사람들이 찾아오곤 했다. 물고기를 잡으려는 사람들은 가까운 시냇가로 향했다. 이 하천은 산에서 내려온 차갑고 맑은 물이 넘쳐 흘렀고 송어가 알을 낳는 그늘진 웅덩이가 군데군데 자리 잡고 있었다. 최초의 이주자가 집을 짓고 우물을 파고 헛간을 세운 이후 이런 풍경은 계속 유지되어왔다.

그런데 어느 날 낯선 병이 이 지역을 뒤덮어버리더니 모든 것이 변하기 시작했다. 어떤 사악한 마술의 주문이 마을을 덮친 듯했다. 닭들이 이상한 질병에 걸렸다. 소 떼와 양 떼가 병에 걸려 시름시름 앓다가 죽고 말았다. 마을 곳곳에 죽음의 그림자가 드리운 듯했다. 농부들의 가족도 앓아누웠다. 병의 정체를 알 수 없는 마을 의사들은 당황하기 시작했다. 원인을 알 수 없는 갑작스러운 죽음이 곳곳에서 들려왔다. 이는 어른들에게만 국한한 일이 아니어서 잘 놀던 어린이들이 갑자기 고통을 호소하다가 몇 시간 만에 사망하는 일도 벌어졌다.

낯선 정적이 감돌았다. 새들은 도대체 어디로 가버린 것일까? 이런 상황에 놀란 마을 사람들은 자취를 감춘 새에 대해 이야기했다. 새들이 모이를 쪼아 먹던 뒷마당은 버림받은 듯 쓸쓸했다. 주위에서 볼 수 있는 몇 마리의 새조차 다 죽어가는 듯 격하게 몸을 떨었고 날지도 못했다. 죽은 듯 고요한 봄이 온 것이다. 전에는 아침이면 울새·개똥지빠귀·비둘기·어치·굴뚝새 등 여러 새의 합창이 울려 퍼지곤 했는데, 이제는 아무런 소리도 들리지 않았다. 들판과 숲과 습지에 오직 침묵만이 감돌았다.

암탉이 알을 품던 농장에서는 그 알을 깨고 튀어나오는 병아리를 찾을 수 없었다. 농부들은 더 이상 돼지를 키울 수 없게 되었다고 불평했다. 새로 태어난 새끼 돼지들이 너무 작아서 채 며칠을 버티지 못하고 죽었기 때문이다.

사과나무에 꽃이 피었지만, 꽃 사이를 윙윙거리며 옮겨 다니는 꿀벌을 볼 수 없으니 가루받이가 이루어지지 않아 열매를 맺지 못했다.

예전에는 그렇게도 멋진 풍경을 자랑하던 길가는 마치 불길이 휩쓸고 지나간 듯, 시들어가는 갈색 이파리만 나무에 매달려 있었다. 생물이란 생물은 모두 떠나버린 듯 너무나도 고요했다. 시냇물마저 생명력을 잃은 지 오래였다. 물고기들이 다 사라져버렸기에 찾아오는 낚시꾼도 없었다.

처마 밑 홈통과 지붕널 사이에는 군데군데 흰 알갱이가 남아 있었다. 몇 주 전 마치 눈처럼 지붕과 잔디밭, 밭과 시냇물에 뿌려진 가루였다.

이렇듯 세상은 비탄에 잠겼다. 그러나 이 땅에 새로운 생명 탄생을 가로막은 것은 사악한 마술도, 악독한 적의 공격도 아니었다. 사람들이 스스로 저지른 일이었다.

이런 마을이 실제로 존재하지는 않지만 미국이나 세계 곳곳 어디에서든 쉽게 찾아볼 수 있다. 지금 말한 것과 같은 엄청난 재앙을 한꺼번에 겪는 마을은 없을지도 모른다. 하지만 이런 각각의 재앙은 어디에선가 실제로 일어나고 있고, 상당수의 마을에서 이미 비슷한 일을 겪은 바 있다. 불길한 망령은 우리가 눈치 채지 못하도록 슬그머니 찾아오며 상상만 하던 비극은 너무나도 쉽게 적나라한 현실이 된다는 것을 우리는 알게 될 것이다.

오늘날 미국의 수많은 마을에서 활기 넘치는 봄의 소리가 들리지 않는 까닭은 무엇일까? 그 이유를 설명하기 위해 이 책을 쓴다.

참아야 하는 의무

지구 생명의 역사는 생명체와 그 환경의 상호작용의 역사라고 할 수 있다. 넓은 의미로, 지구에 서식하는 동식물의 물리적 형태와 특성은 환경에 의해 규정된다. 지구 탄생 이후 전체적인 시간을 고려할 때 그 반대 영향, 즉 생물이 주변 환경에 미치는 영향은 상대적으로 미미했다. 20세기에 들어서 오직 하나의 생물종(種), 즉 인간만이 자신이 속한 세계의 본성을 변화시킬 수 있는 놀라운 위력을 획득했다.

지난 25년간 이 위력은 불안감을 심어줄 만큼 크게 증가했을 뿐 아니라 그 본질에도 변화가 생겼다. 환경에 대한 인간의 공격 중 가장 놀라운 것은 위험하고 때로는 치명적인 유독물질로 공기, 토양, 하천, 바다 등을 오염시킨 일이었다. 이런 피해를 입은 자연은 원상태로 회복이 불가능한데, 그 오염으로 말미암은 해악은 생명체를 유지하는 외부 세계뿐 아니라 생물의 세포와 조직에도 스며들어 돌이킬 수 없는 재난을 불러온다. 보편적 환경오염에서 화학물질은 세상의 근원―생명의 본질마저도―을 변화시키는 방사능의 사악하고 비밀스러운 동반자 구실을 한다. 핵폭발을 통해 공기 중으로 유출되는 스트론튬 90은 빗물에 섞이거나 낙진 형태로 토양에 스며들어 밭에서 자라는 건초, 옥수수, 밀 등에 침투한다. 그 뒤 그것을 먹은 인간의 뼛속에 축적되어 그가 죽을 때까지 체내에 남아 있는다. 이와 유사하게 농경지, 숲, 정원 등에 뿌려진 화학약품들은 토양 속에 머물다가 생체기관 속으로 흡수되면서 각각의 생명체를 독극물 중독과 죽음의 사슬로 연결한다. 그것들은 비밀스럽게 지하수로 침투한 뒤 대기와 햇빛의 조화로 식물을 죽이고 가축을 병들게 한다. 또 예전에는 깨끗했지만 이제는 오염된 우물물을 마신 사람들에게 그 모습을 감춘 채 해를 입히곤 한다. 알베르트 슈바이처가 말한 것처럼 "인간은 자신이 만들어낸 해악을 깨닫지 못한다".

지구상에 사는 생명체가 만들어지는 데는 수억 년이 걸렸다. 마치 영겁처럼 느껴지는 이 기간 동안 생물들은 계속 진화하고 분화해가면서 주변 환경에 적응하고 균형을 이루어나갔다. 그런 생물들을 형상화하고 인도하는 주변 환경에는 도움이 되는 요소뿐 아니라 적대적인 요소가 포함되어 있다. 어떤 암석은 위험한 방사능을 방출한다. 모든 생명체의 에너지원이 되는 태양 빛에도 해로운 방사능이 존재한다. 단지 몇 년이 아니라 수천 년에 이르는 시간 동안 생명체는 환경에 적응하고 그 결과 적절한 균형 상태에 도달한다. 이렇듯 시간은 생명체의 생존에 필수 요소였지만, 오늘날에는 그런 충분한 시간이 존재하지 않는다.

인간의 충동적이고 부주의한 활동으로 말미암아 자연의 신중한 속도와는 비교조차 할 수 없는 빠른 속도로 새로운 변화가 일어난다. 방사능은 암석에서 방출되거나 우주로부터 오기도 하고, 지구상에 생명체가 존재하기 전부터 있던 태양 자외선에도 포함되어 있다. 하지만 이것이 전부는 아니다. 오늘날의 방사능은 원자 조작을 통해 만들어진 인공적인 산물이다. 생물들이 적응해야 할 대상은 칼슘, 규소, 구리를 비롯해 암석으로부터 씻겨 내려와 강을 타고 바다로 흘러가는 광물질만이 아니다. 이제는 인간의 상상력이 고안해내고 실험실에서 만들어진, 그렇기 때문에 자연 상태에서는 어떤 대응 상대도 없는 합성물질에도 적응해야만 한다.

생명체가 화학물질에 적응하려면 자연의 척도에 따라 적절한 시간이 필요하다. 이는 그저 인간이 생각하는 몇 년 정도를 의미하는 것이 아니다. 몇 세대에 이르는 오랜 시간이 필요하다. 설령 기적이 일어나 이런 물질에 쉽게 적응한다고 해도, 실험실에서 계속 새로운 화학물질들이 꼬리를 물고 쏟아져 나올 것이므로 별 성과가 없을 것이다. 미국에서만 매년 500여 종의 화학물질이 등장해 사용된다. 이 놀라운 수치가 암시하는 것은 인간과 동물이 매년 500종의 새로운 화학물질에 적응해야 한다는 사실인데, 이는 생물학적 한계를 넘어서는 일이다.

이런 신물질 중 상당수는 인간이 자연에 대항해 벌이는 전쟁을 위해 만들어진 것이다. 1940년대 중반 이후 '해충'이라는 현대적인 용어로 묘사되는 곤충, 잡초, 설치류, 그 밖의 유기체들을 없애기 위해 200여 종의 기본적인 화학물질이 제조되었고 다시 수천 개의 제품으로 만들어져 팔리고 있다.

스프레이, 분말, 에어로졸 형태의 이런 화학제품들은 농장·정원·숲·가정에서 광범위하게 사용되는데, '해충'은 물론 '익충'까지 모든 곤충을 무차별적으로 죽였고 노래하는 새와 시냇물에서 펄떡거리며 뛰놀던 물고기까지 침묵시켰다. 나뭇잎을 치명적인 유독물질로 도포했고 토양에까지 침투해 들어갔다. 그것들의 원래 목적은 잡초와 해충 몇 종류만 없애는 것이었는데 말이다. 모든 생물을 위험으로 몰고 가지 않는 적절한 양의 화학물질만 살포된다고 믿는 사람이 있을까. 이런 화학물질은 '살충제'가 아닌 '살생제'라고 해야 할 것이다.

살충제 살포 과정은 끝없는 나선형처럼 이어지게 마련이다. DDT의 보편적 사용이 허용된 이래 독성이 더욱 심한 화학물질을 만들어내려는 노력이 계속되었다. 그런데 다윈이 제창한 적자생존론을 증명하듯, 곤충은 살충제에 내성을 지닌 놀라운 종으로 진화해갔다. 그러다 보니 이런 곤충에 사용하기 위한 더욱 강력한 살충제가 나오고 그다음엔 이보다 독성이 더 강한 살충제가 등장하는 악순환이 계속되었다. 나중에 다시 설명하겠지만, 해충은 살충제 살포 후 생존 능력이 더욱 강해져서 그 수가 오히려 이전보다 더 늘었다. 따라서 화학전에서 결코 승리할 수 없으며, 모든 생명체가 격렬한 포화 속에 휩쓸리고 말 것이다.

핵전쟁으로 말미암은 인류의 절멸 가능성과 더불어, 우리 시대의 중요한 문제는 바로 심각한 해악을 불러일으키는 물질들로 인한 인간이 몸담고 있는 환경 전체의 오염이다. 이 물질들은 식물과 동물의 세포조직에 축적되는데, 심할 경우 세포를 뚫고 침입해 유전물질을 변형시키기도 한다.

미래 세계의 건설자를 자처하는 사람들은 언젠가 인위적으로 인간 형질도 바꿀 수 있다고 생각한다. 그러나 우리의 부주의로 방사능을 비롯한 여러 가지 화학물질이 유전자 돌연변이 등의 위험을 초래할 수도 있다. 살충제 선택처럼 사소해 보이는 일이 인간의 미래를 결정하게 되다니 정말 믿기 어려운 일이 아닐 수 없다.

무엇 때문에 우리가 이런 위험을 무릅써야 하는가? 아마 미래의 역사학자들은 우리의 왜곡된 균형감각에 놀랄 것이다. 지성을 갖춘 인간이 원치 않는 몇 종류의 곤충을 없애기 위해 자연환경 전부를 오염시키고 그 자신까지 질병과 죽음으로 몰아가는 길을 선택한 이유를 궁금해할 것이다. 하지만 그것이 바로 우리가 저지른 일이다. 더구나 우리가 그 이유를 살피고 있는 지금 이 순간에도 이런 일은 계속되고 있다. 농산물 생산량을 유지하기 위해서는 광범위한 살충제 사용이 필수적이라는 주장도 있다. 하지만 현실에서 정말 문제가 되는 것은 **과잉 생산**이 아닌가? 미국에서는 경작지를 줄이고 농사를 짓지 **않는다**는 조건으로 농부들에게 보상금을 지급할 정도다. 이렇듯 농작물 생산량이 너무 많아지다 보니 미국 납세자들은 1962년만 해도 10억 달러 이상을 잉여농산물 구입에 지불해야 했다. 1958년, 미국 농무부의 한 부서가 농작물 생산량을 줄이기 위해 노력하는 동안 또 다른 부서에서는 다음과 같은 사실을 발표했다. "토지 관련 규정에 따라 경작지가 감소하고 있다. 단위면적당 농산물 생산량을 최대화하기 위해 화학약품 사용에 대한 관심이 증가할 것으로 보인다."

여기서 말하려는 것은 해충이 아무런 피해를 주지 않는다거나 해충 문제를 그대로 방치해야 한다는 이야기가 결코 아니다. 다만 해충 방제는 상상이 아닌 현실에 기반을 두고 이루어져야 하며 화학약품이 곤충과 더불어 인간을 파멸시켜서는 안 된다고 말하고 싶은 것이다.

문제를 해결하기 위해 시도했다가 결국 재앙만 불러들인 이런 해결책은 우리의 생활방식 변화와 더불어 등장했다. 다양한 종류를 자랑하며 환경적응력이 탁월한 곤충들은 인간이 등장하기 훨씬 전부터 지구상에 살고 있었다. 인간의 출현 이후 식량을 놓고 경쟁을 벌이거나 질병을 옮기는 등 인간의 행복에 갈등을 불러온 것은 50만 종의 곤충 중 아주 적은 비율에 지나지 않는다.

인구가 늘어나면서 병균을 옮기는 곤충이 골칫거리로 등장했는데, 위생상태가 좋지 않거나 자연재해나 전쟁, 극심한 가난과 기근이 닥칠 때에는 문제가 더욱 심각해졌다. 그러다 보니 해충을 제어할 필요가 생겼다. 그러나 화학물질 대량 살포는 별다른 성과를 거두지 못할뿐더러 문제를 더욱 악화시킨다는 사실이 오늘날 더욱 명백해졌다.

원시 농업 시대에 곤충은 농부들에게 별로 고민거리가 아니었다. 곤충으로 인한 문제가 심각해진 것은 농업이 본격화하고 대규모 농지에 단일 작물 재배를 선호하게 되면서부터다. 이런 방식으로 농사를 짓게 되면 특정 곤충의 개체수가 폭발적으로 증가할 수 있는 환경이 조성된다. 단일 작물 경작은 자연의 기본 원칙이라기보다 기술자들이 선호하는 방식이다. 자연은 자연계에 다양성을 선사했는데, 인간은 이를 단순화하는 데 열을 올리고 있다. 특정 영역 내의 생물에 대해 자연이 행사하는 내재적 견제와 균형 체계를 흐트러뜨리려 애쓰는 것이다. 자연의 견제로 각각의 생물들은 저마다 적합한 넓이의 주거지를 확보할 수 있었다. 하지만 단일 작물을 재배할 경우(예를 들어 밀과 다른 작물을 섞어 키우는 대신 밀만 재배하는 경우)에는 다른 작물 때문에 널리 퍼져나갈 수 없던 해충이 급증하게 마련이다.

이와 비슷한 일이 다른 곳에서도 나타난다. 한 세대쯤 전 미국의 상당수 마을이 가로수로 느릅나무를 심은 적이 있다. 사람들은 아름다운 경치를 기대했지만 그 꿈은 산산이 부서졌다. 모처럼 개체수를 불릴 기회를 맞은 해로운 갑충류가 이 나무 저 나무로 옮겨 다니며 병을 퍼뜨려 나무를 죽여버렸으니 말이다. 다양한 수종을 섞어 심었더라면 이런 일은 일어나지 않았을 것이다.

오늘날 해충 문제와 관련해서는 지리학적 배경과 역사적 측면을 고려해야 한다. 수천 종의 각기 다른 유기체가 원래 서식지를 떠나 새로운 영토로 팽창해나가고 있다. 이런 세계적 이주에 관해서는 영국 생태학자 찰스 엘턴(Charles Elton)의 저서 《침략의 생태학(The Ecology of Invasions)》에 자세히 설명되어 있다. 수억만 년 전 백악기에 각 대륙을 연결해주던 육지 연결로를 바다가 끊어버렸고, 생물체들은 엘턴의 표현대로 '자연이 마련한 거대한 격리'를 겪게 되었다. 같은 종의 생물체로부터 지리적으로 고립된 개체들은 전혀 새로운 종으로 변모해갔다. 1500만 년 전, 대륙들이 다시 연결되었을 때 이런 생물체들은 새로운 영토로 이주해 번성했다. 이 과정은 지금도 계속 진행 중이며 인간이 이를 돕고 있다.

오늘날 생물종이 다른 영토로 퍼져나가는 가장 중요한 매개는 식물의 수입이다. 동물은 이런 식물을 따라 옮겨가게 마련인데, 검역이 실시된 것은 최근의 일이고 그나마도 완벽하게 이루어지지 않고 있다. 미국 식물도입국은 전 세계로부터 20만 종의 식물을 들여왔다. 미국의 식물에 해를 입히는 곤충 180여 종 중 절반가량이 이렇게 외국으로부터 우연히 들어온 것으로, 대부분 식물을 수입할 때 무임승차해 미국으로 건너왔다.

원래 살던 곳에서는 천적에 의해 적절히 통제되던 식물이나 동물이 천적의 손길이 미치지 않는 새로운 영토에서는 그 수가 엄청나게 불어날 수 있다. 우리를 괴롭히는 해충 중 상당수가 외국에서 수입된 것이라는 사실은 우연이 아니다.

자연적으로 발생한 것이든 인간의 조력에 힘입은 것이든, 이러한 침입은 앞으로도 계속될 듯하다. 해충을 막기 위한 검역과 농약 대량 살포는 그저 시간을 벌기 위한 극도로 비싼 방법에 지나지 않는다. 우리가 사활을 걸어야 할 문제는 "그저 한두 종의 식물이나 동물을 억제하는 것이 아니다"고 엘턴 박사는 주장한다. 그보다는 "자연계의 균형을 유지하고 병충해의 폭발적 위력과 새로운 공격을 약화시킬 수 있도록" 생명체의 특성, 생명체와 환경의 상관관계에 대한 기초 지식을 갖추어야 한다.

그런 지식을 이미 보유하고 있으면서도 우리는 별로 활용하지 않는다. 대학에서 양성한 생태학자들이 정부의 주요 기관에서 일하고 있지만 그들의 조언을 귀담아듣는 사람은 별로 없다. 아무런 대응책이 없다는 듯 우리는 화학물질이라는 죽음의 비를 수수방관하며 맞고 있다. 하지만 대안은 곳곳에 존재하며 인간이 특유의 지적 능력을 발휘한다면 더 많은 해결책을 찾아낼 것이 틀림없다.

무엇이 옳은지 구분할 수 있는 의지나 예지력을 잃어버린 것일까. 사람들은 효력도 떨어지고 훨씬 해로운 수단을 어쩔 수 없다며 그저 받아들인다. 이런 상황에 관해 생태학자 폴 셰퍼드(Paul Shepard)는 다음과 같이 말한다. "지금의 환경오염은 우리가 물에 완전히 빠질 때까지 거의 몇 인치만 남겨둔 채 머리만 간신히 내밀고 있는 상태와 다름없다. 사람들은 이런 상황을 이상적으로 생각하고 있는 듯하다. ……왜 우리는 유독물질이 들어 있는 음식, 집 주위의 황량한 환경, 언제 해를 끼칠지 모르는 주위 사람들, 정신이상을 불러올 듯한 소음을 참고 살아야만 하는가? 치명적인 위험에서 아슬아슬하게 비껴서 있는 세상에서 살기 원하는 사람은 대체 누구인가?"

하지만 실제로 이런 세상이 다가오고 있다. 많은 전문가와 방역 기관은 화학적 처리를 통해 벌레 없는 세상을 이룩하려는 성스러운 전투에 열광적으로 집착했다. 살충제를 뿌리는 사람들이 무소불위의 권력을 휘두르는 증거가 곳곳에서 발견된다. 코네티컷의 곤충학자 닐리 터너(Neely Turner)는 "해충 박멸을 주장하는 곤충학자들은 …… 검사·판사·배심원에 세금 사정인과 징세관, 그리고 보안관 역할까지 모두 도맡아 하며 자신의 명령을 따르라고 강요한다"고 말했다. 아무런 견제도 받지 않은 채 주 정부와 연방 정부 차원에서 가장 극악한 권력 남용이 이루어지고 있다.

물론 화학 살충제의 전면 금지를 주장하려는 것은 아니다. 내가 지적하려는 것은, 독성이 있고 생물학적 문제를 일으킬 잠재성을 가진 살충제를 그 위험을 제대로 알지 못하는 사람의 손에 쥐어주고 있다는 사실이다. 우리는 수많은 사람에게 이 독성물질을 다루도록 허락했다. 그들에게 어떤 동의를 구하거나, 안전한 사용을 위해 필요한 지식을 알려주지도 않은 채 말이다. 물론 개인이나 공공 기관이 뿌리는 치명적 독성물질로부터 시민의 안전이 보장되어야 한다는 내용은 권리장전에 포함되어 있지 않다. 놀라운 지혜와 예지력을 갖추었음에도 우리 선조는 이런 문제가 일어나리라고는 전혀 생각지 못했을 것이다.

토양, 물, 야생동물과 인간에게 이런 화학물질이 어떤 영향을 미치는지 관련 조사가 이루어지지 않았다는 점도 문제다. 우리 후손들은 생명체를 지지하고 있는 자연계의 존엄성에 관한 우리의 관심 부족을 용서

하지 않을 것이다.

자연에 닥친 위험을 인식하는 사람은 극소수다. 전문가의 시대라고 하지만 각자 제 분야에서만 위험을 인식할 뿐, 그 문제들이 모두 적용되는 훨씬 더 광범위한 상황은 인식하지 못하거나 무시한다. 공업화 시대라서 그런지 어떤 대가를 치르든 이윤을 올리기만 하면 별다른 제재가 가해지지 않는다. 살충제 남용이 빚어낸 문제의 확실한 증거를 목격한 일반 시민들이 항의하면, 책임자들은 절반의 진실만이 담긴 보잘것없는 진정제를 처방하곤 한다. 우리는 이런 잘못된 위안을, 그대로 받아들일 수 없는 사실에 입혀진 당의(糖衣)를 한시라도 빨리 제거해야 한다. 해충 박멸업자들이 야기한 위험을 책임져야 하는 사람은 바로 일반 시민이다. 지금과 같은 방제법을 계속 고집할지 결정하려면 현재 벌어지는 상황과 진실을 제대로 알아야 한다. 장 로스탕(Jean Rostand)은 이렇게 말했다. "참아야 하는 것이 우리의 의무라면, 알아야 하는 것은 우리의 권리다."

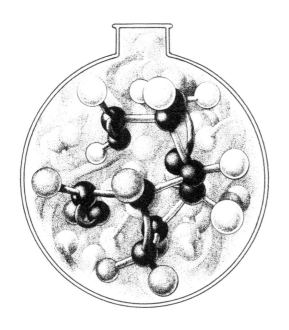

03

죽음의 비술

역사상 처음으로 모든 인류가 탄생에서 죽음에 이르기까지 전 생애 동안 위험한 화학물질과 접촉하게 되었다. 인류가 화학물질을 사용한 지 20여 년이 채 안 되는 동안 합성 살충제는 생물계와 무생물계를 가리지 않고 어디에나 스며들고 있다. 대부분의 강과 하천은 물론 눈에 잘 보이지 않는 땅속으로 흐르는 지하수에서도 살충제 성분이 발견된다. 12년 전 살포된 화학물질이 지금까지 토양 속에 남아 있거나 물고기, 새, 파충류, 가축, 야생동물 들의 몸속에 들어가 축적된 일도 있다. 과학자들이 동물 실험을 통해 밝혀낸 결과에 따르면 그 어떤 생물도 이런 오염에서 완전히 벗어날 수는 없다고 한다. 화학물질은 멀리 떨어진 산속 호수에 사는 물고기, 땅속의 지렁이, 새가 낳은 알, 인간에게서 발견된다. 또 연령과 상관없이 대다수 사람들의 몸속에도 화학물질이 저장되어 있는데, 모유는 물론 태아의 조직에서도 발견될 정도다.

합성 화학 살충제 산업의 급작스러운 부상과 놀랄 만한 확장이 문제의 원인이다. 이 산업은 제2차 세계대전의 산물이다. 화학전에 사용할 약제를 개발하는 과정에서, 몇 종류의 물질은 곤충에 치명적인 것으로 드러났다. 이런 발견은 우연히 이루어진 게 아니다. 인간을 죽음에 이르게 할 약제를 시험하는 데 곤충류를 자주 사용한 때문이었다.

그 결과 합성 살충제가 끊임없이 쏟아졌다. 구성 분자를 조작하거나 원자를 대체하거나 그 배열을 바꾸는 등 인위적 과정을 거치면서 전쟁 전 사용하던 단순한 무기 화합물 살충제와는 전혀 다른 살충제가 등장했다. 새로운 살충제는 비소·구리·납·망간·아연·기타 광물, 말린 국화에서 추출한 제충국, 담배와 비슷한 식물에서 추출한 황산니코틴, 동인도제도의 콩과식물에서 추출한 로테논 등 자연발생적 무기질과 식물 성분을 바탕으로 만들어진다.

새로운 합성 살충제의 특징은 놀라운 생물학적 잠재력에 있다. 이 살충제들은 단지 독성을 지니는 것만이 아니라 생물의 몸속에 침투해 가장 사악하고 치명적인 방식으로 대상을 변화시킨다. 다시 살펴보겠지만, 이런 살충제는 유해물질로부터 신체를 보호해주는 효소를 파괴하고 에너지를 얻는 산화 과정을 방해하며 각종 기관의 정상적 기능을 억제해 불치병을 일으키는 등 점진적이고 돌이킬 수 없는 변화를 유도한다.

여기에 매년 새롭고 독성이 강한 화학물질이 추가되고 새로운 사용법이 등장하면서 전 세계 어디에서든 쉽게 유독물질을 발견할 수 있게 되었다. 미국에서 제조하는 합성 화학물질의 양은 1947년 1억 2425만 9000파운드에서 1960년에는 6억 3766만 6000파운드로 5배 이상 치솟았다. 이런 제품들의 판매가는 2억 5000만 달러 이상에 달한다. 그러나 업계의 계획과 전망에 따르면 이 정도의 엄청난 생산량은 그저 시작에 지나지 않는다고 한다.

따라서 셀 수 없을 만큼 다양한 살충제에 관심을 갖지 않을 수 없다. 우리가 살충제를 먹고 마시고 골수에 축적하며 살 수밖에 없다면, 그 살충제의 근원·특징·위력 등을 잘 알아두는 편이 나을 것이다.

제2차 세계대전을 계기로 무기 화합물 계열의 살충제가 유기탄소계 살충제로 바뀌었지만 구식 살충제 중 아직도 사용하는 것이 있다. 그 중 가장 문제가 되는 것이 비소인데, 상당수의 제초제와 살충제의 기본 요소다. 비소는 독성이 강한 광물로 여러 금속의 원석에 널리 포함되어 있고 화산, 바다, 온천 등지에서도 발견된다. 비소와 인간의 관계는 다양한 양상으로 펼쳐지는데, 그 기원은 한참 전으로 거슬러 올라간다. 비소 혼합물은 아무런 맛이 없기 때문에 로마 시대 보르자 가문에서부터 오늘날에 이르기까지 가장 좋은 독살 수단으로 사용되었다. 굴뚝의 숯검정에서 발견된 비소는 발암물질로 판명된 첫 번째 물질로, 200년 전 영국 의사가 암과의 연관성을 규명했다. 한 지역에서는 마을 사람 전체가 만성 비소 중독에 걸렸다는 기록이 발견되기도 했다. 환경이 비소로 오염되면 말, 젖소, 염소, 돼지, 사슴, 물고기, 꿀벌 등 모두 병에 걸려 결국 죽음을 맞고 만다. 미국 남부의 면화 재배 단지에 비소가 살포되었을 때 이 일대 양봉업은 완전히 무너졌다. 오랫동안 비소 가루를 사용해온 농부들이 만성 중독에 시달렸고, 비소가 함유된 농약이나 제초제 때문에 가축들도 오염되었다. 블루베리 농장에 뿌려진 비소는 이웃 농장으로 퍼졌고 시냇물을 오염시켰으며 꿀벌·소·인간에게도 병을 일으켰다. 환경오염으로 인한 암 발생 문제의 권위자인 미국 국립암연구소 W. C. 휴퍼 박사는 다음과 같이 말했다. "최근 이 나라에 유포된 화학물질 중 비소보다 대중의 건강에 더 심각한 문제를 일으키는 것은 없다. 비소 함유 살충제를 사용하는 장면을 본 사람은 이 독성물질이 얼마나 부주의하게 다뤄지는지 깜짝 놀랄 것이다."

오늘날의 살충제 역시 치명적이긴 마찬가지다. 살충제는 크게 두 그룹으로 나눌 수 있는데, 하나는 DDT로 대표되는 염화탄화수소(탄화수소의 염소치환체) 계열이고 또 다른 그룹은 말라티온과 파라티온으로 대표되는 유기인산 계열이다. 이 모든 화학물질에는 한 가지 공통점이 있다. 앞서 말한 바와 같이 생명계의 뼈대라 할 수 있는 탄소 원자를 기본으로 하고, 그렇기 때문에 '유기물'로 분류된다는 점이다. 이를 이해하려면 먼저 탄소로 어떤 물질이 어떻게 만들어지는지 살펴봐야 한다. 유기물은 모든 생명체의 기본적인 작용과 연관되어 있지만 특별한 변형 과정을 거치게 되면 죽음을 초래하는 유독물질로 바뀌기도 한다.
 탄소는 여러 개가 모여 사슬 모양이나 고리 모양 등 다양한 배열을 만들어내거나 다른 원소와 결합하는 데서 거의 무한한 능력을 발휘한다. 사실 박테리아에서 흰긴수염고래에 이르는 생명체의 놀라운 다양성은 탄소의 특징에 기인한다. 복잡한 단백질 분자의 기본 역시 탄소이며, 지방·탄수화물·효소·비타민 등에도 탄소가 포함되어 있다. 하지만 수많은 무생물에도 탄소가 포함되어 있으므로 탄소를 생명의 상징이라고 말할 수만은 없다.

어떤 유기 화합물은 탄소와 수소의 단순한 화합물이다. 그중 가장 단순한 것은 물속에서 유기체가 박테리아에 의해 분해될 때 자연적으로 발생하는 메탄가스다. 대기와 적당한 비율로 섞이면 메탄은 석탄 탄광에서 발생하는 무서운 '탄갱 내 가스 폭발'을 일으키기도 한다. 탄소 1개와 수소 4개로 이루어진 메탄의 구조는 아름다울 정도로 단순하다.

화학자들은 메탄의 분자 구조에서 수소를 1개 또는 전부를 떼어내고 다른 물질로 대치하는 것이 가능하다는 사실을 알아냈다. 예를 들어 수소 1개를 염소로 대치하면 메틸클로라이드, 즉 염화메틸이 만들어진다.

수소 원자를 3개 떼어내고 그 자리를 모두 염소로 대치하면 마취용 클로로폼이 만들어진다.

수소 원자 4개를 모두 염소로 대치하면 드라이클리닝에 흔히 사용하는 액체인 사염화탄소가 만들어진다.

$$
\begin{array}{ccc}
\text{Cl} & & \text{Cl} \\
 & \diagdown\, C\, \diagup & \\
 & \diagup\ \diagdown & \\
\text{Cl} & & \text{Cl}
\end{array}
$$

아주 간단히 설명하자면, 기본 메탄 분자에 나타나는 변화들은 염화탄화수소가 무엇인지를 잘 보여준다. 하지만 이런 설명만으로는 탄화수소의 화학적 복잡성과 유기화학자들이 만들어내는 물질들에 관한 어떤 단서도 얻을 수 없다. 탄소 원자가 하나밖에 없는 메탄 대신 탄소 원자가 여러 개인 탄화수소를 고리나 사슬 모양으로 배열하고 그 사슬과 가지에 수소나 염소뿐만 아니라 다른 원자나 물질을 화학결합으로 연결하기도 한다. 사소한 변화만으로도 물질의 전체적 특징은 아주 많이 달라진다. 이때 어떤 원소를 결합하는지 또 탄소 원자를 어떤 위치에 놓는지가 역시 상당히 중요한 구실을 한다. 그러한 교묘한 조작만으로도 믿을 수 없을 만큼 놀라운 위력을 지닌 유독물질이 만들어진다.

DDT(dichloro-diphenyl-trichloro-ethane, 다이클로로다이페닐트라이클로로에테인)는 1874년 독일 화학자가 처음 합성했지만 살충제로서 효능을 발견한 것은 1939년이었다. 그 즉시 DDT는 질병을 옮기고 한밤중에 식량을 축내는 해충들에 대항해 승리를 안겨줄 수 있는 수단으로 인정받았다. 발견자인 스위스의 파울 뮐러(Paul Müller)는 노벨상을 받았다.

너무나도 광범위하게 사용해서인지 사람들은 DDT를 별 해가 없는 물질로 여긴다. DDT의 무해성에 관한 신화는 전쟁 중 수천만 명의 군인, 피난민, 포로 들의 몸에서 이를 박멸하는 데 처음 사용하면서부터 시작되었다. 엄청나게 많은 사람에게 뿌린 데다 즉각적으로 어떤 나쁜 문제도 발생하지 않았기 때문에 해가 없는 것으로 생각했다. 다른 염화탄화수소 계열의 물질과 달리 DDT는 피부 속으로 스며들지 않는 **분말형태**여서 사람들이 잘못 생각한 것이다. 일반적으로 DDT는 지방 성분에 녹으면 상당한 독성을 발휘한다. 소화기관이나 폐를 통해 천천히 흡수되는 이 물질은 일단 몸속으로 들어가면 대부분 부신, 고환, 갑상선 등 지방이 풍부한 신체 장기에 축적된다(DDT 자체가 지용성이기 때문이다). 또 상대적으로 많은 양이 간, 신장 그리고 장기를 감싸고 있는 커다란 보호막인 장간막에도 쌓인다.

DDT 축적은 아주 적은 양부터 시작해(상당수의 음식물에는 농약이 남아 있다) 상당 수준에 도달할 때까지 계속된다. 체내에 저장된 지방이 생물학적 증폭기 구실을 하기 때문에, 음식을 먹을 때 DDT를 0.1ppm(100만분의 1)만 흡수해도 100배나 많은 10~15ppm이 체내에 축적된다. ppm 단위는 화학자나 약리학자들에게는 익숙한 말이지만 일반인에게는 낯설 것이다. 1ppm이란 상당히 적은 양이다. 그러나 이런 화학물질은 강력한 효력을 지니기 때문에 극소량이라 해도 인체 내에서 큰 변화를 일으킨다. 동물 실험에 따르면 DDT 3ppm은 심장 근육에 필수적인 효소 작용을 억제하고, 5ppm은 간세포의 괴저 또는 조직 분해를 일으키는 것으로 나타났다. DDT와 비슷한 물질인 디엘드린과 클로르데인은 2.5ppm만으로도 이와 비슷한 결과를 낳았다.

이런 사실은 놀랄 일도 아니다. 인체의 정상적 화학 작용에서는 극미한 원인이 엄청난 결과를 불러온다. 예를 들어, 아이오딘(요오드) 1만분의 2그램 차이가 건강과 질병을 가름하곤 한다. 극소량의 살충제는 점진적으로 축적되고 서서히 배출되기 때문에 만성 중독은 물론 간을 비롯한 다른 인체 기관의 퇴행적 변화를 피할 수 없다.

인간의 몸속에 얼마나 많은 DDT가 축적되는지에 대해 과학자들의 의견이 모두 일치하는 것은 아니다. 미국 식품의약국(FDA)의 수석 약리학자 아널드 리먼(Arnold Lehman) 박사는 DDT가 흡수되지 않는 최저선이나 흡수·비축이 중단되는 최고 한계선이란 존재하지 않는다고 말한다. 이와 반대로 미국 공중보건국의 웨일랜드 헤이스(Wayland Hayes) 박사는 개인마다 DDT 포화점이 있어 그 양을 초과하는 DDT는 몸 밖으로 배출된다고 주장한다. 어떤 주장이 옳은지는 별로 중요하지 않다. 대부분의 사람들 몸속에 건강에 해로운 화학물질이 축적된다는 점이 중요할 뿐이다. 수많은 연구에 따르면 화학물질에 대한 명확한 노출 경험(음식 섭취처럼 피할 수 없는 경우를 제외하고)이 없는 사람의 경우 평균 5.3~7.4ppm이 측정되었다. 농부의 경우 17.1ppm이었고, 살충제 공장 노동자의 경우에는 648ppm이나 되었다! 화학물질 축적치는 이렇듯 상당히 광범위한데, 이보다 더 의미심장한 것은 최소 수치라 해도 간을 비롯한 다른 인체 조직에 해를 입히기에 충분하다는 사실이다.

DDT 또는 관련 살충제의 가장 큰 문제는 먹이사슬을 통해 다른 생물체로 계속 연결되는 현상이다. 이를테면 DDT가 뿌려진 알팔파(자주개자리)를 닭이 먹으면 이 닭이 낳은 알에도 DDT가 함유된다. 7~8ppm의 화학물질이 들어 있는 건초를 여물로 먹은 소에서 짜낸 우유에는 3ppm 정도의 DDT가 포함되어 있지만 이 우유를 농축해 만든 버터에서는 65ppm으로 그 수치가 올라간다. 이런 전이 과정을 통해, 처음에는 매우 적은 농도이던 DDT가 결국 상당히 심각하게 농축된다. 미국 식품의약국에서는 우유에서 살충제 잔류물이 발견될 경우 시장 판매를 금지하지만, 오늘날 농부들은 젖소에게 먹일 무공해 사료를 찾기가 힘들다고 푸념한다.

유독물질은 모체에서 자식 세대로 전해지기도 한다. 미국 식품의약국의 과학자들은 모유 시료에서 살충제 잔류물을 발견했다. 이는 모유를 먹고 자란 아기도 적은 양이지만 지속적으로 화학물질을 흡수한다는 것을 의미한다. 물론 이것이 유독물질에 대한 첫 번째 노출이라고 볼수는 없다. 태아가 어머니의 자궁 속에 있을 때부터 이미 화학물질에 노출되기 때문이다. 동물 실험 결과 염화탄화수소 성분의 살충제는 태아를 해로운 물질로부터 보호하는 방어벽인 태반을 자유롭게 통과하는 것으로 밝혀졌다. 갓난아기가 받아들이는 화학물질의 양이 아주 적다고 해도, 아이들은 성인보다 훨씬 쉽게 독극물로 인해 심각한 피해를 입는다. 오늘날에는 인생을 시작하는 바로 그 순간부터 화학물질들이 몸속에 계속 축적된다.

이렇게 미량이지만 지속적인 독극물 축적, 음식에 들어 있는 유독물질로 인한 간 손상 등을 지켜본 미국 식품의약국의 과학자들은 1950년부터 "DDT의 잠재적 위험성이 과소평가되었다"고 주장해왔다. 의학 역사상 이와 유사한 사례는 일찍이 없었다. 그렇기에 화학물질 남용이 궁극적으로 어떤 결과를 불러올지 아는 사람은 아무도 없다.

염화탄화수소 계열의 또 다른 물질인 클로르데인은 DDT의 모든 해악에 몇 가지 자체적인 문제까지 더해진 경우다. 클로르데인 잔류물은 토양과 음식물을 비롯해 그것이 살포된 대상의 표면에 오랫동안 남아 있다. 하지만 휘발성이기 때문에 흡입을 통해 쉽게 중독되는데, 이때 이 물질을 다루거나 여기에 노출된 사람은 큰 위험에 놓인다. 클로르데인은 피부를 통해 흡수되고, 증기 형태로 들이마실 경우 소화관을 통해 스며드는 등 다양한 방법으로 인체에 침투한다. 다른 염화탄화수소 계열 물질과 마찬가지로 이 성분 역시 우리 몸속에 오랫동안 남아 있는다. 동물 실험에 따르면 클로르데인을 2.5ppm 정도 함유한 식품을 섭취할 경우 지방질 속에는 75ppm이라는 엄청난 양이 축적된다고 한다.

이 문제에 정통한 약리학자 리먼 박사는 1950년에 다음과 같이 말했다. "살충제 중 독성이 가장 강한 클로르데인을 다루는 사람은 누구든 중독될 위험이 있다." 그러나 교외에 사는 사람들이 잔디밭에 클로르데인을 무신경하게 마구 뿌려대는 장면을 보면, 리먼 박사의 경고를 마음속에 새겨두는 사람은 아무도 없다는 생각이 든다. 살충제를 뿌린 직후 심각한 증세를 보이지는 않겠지만 이 독소는 몸속에 잠복해 있다가 몇 개월 또는 몇 년 후에야 문제를 일으키기 때문에 그 원인을 추적하기도 힘들다. 하지만 중독으로 인한 발병 후 사망에 이르기까지는 급속도로 진행된다. 우연한 사고로 농도 25퍼센트 용액을 피부에 쏟은 한 사람은 의료 처치를 받기도 전인 40분 만에 약물 중독으로 사망했다. 적절한 의료 처치가 필요하다는 사실을 깨닫기도 전에 아무런 증상 없이 갑작스럽게 사망한 것이다.

클로르데인 대체물질 중 하나인 헵타클로르는 별도로 제조해 판매된다. 이 물질은 지방에 축적되는 비율이 상당히 높다. 만일 0.1ppm에 해당하는 헵타클로르를 음식물로 섭취하면 몸속에는 그보다 훨씬 더 많은 양이 축적된다. 게다가 이 물질은 헵타클로르에폭사이드라는 또 다른 물질로 쉽게 바뀌는데, 토양은 물론 식물과 동물의 세포조직에서도 이런 전이가 이루어진다. 조류를 대상으로 한 연구에 따르면 이렇게 만들어진 에폭사이드는 헵타클로르(클로르데인보다 4배나 독성이 강한 물질이다)보다 4배나 독성이 강하다고 한다.

1930년대 중반에 이르기까지 탄화수소의 특별한 그룹인 염화나프탈렌을 취급하는 사람 중에서 간염을 비롯해, 드물지만 심각한 간질환으로 고생하는 사람들이 발견되었다. 염화나프탈렌은 전자 산업에서 일하는 노동자들에게 병과 죽음을 선사했다. 농부들은 가축의 원인 모를 치명적 질병도 염화나프탈렌 때문이라고 생각한다. 동일한 그룹에 속하는 세 가지 살충제, 즉 디엘드린·알드린·엔드린이 탄화수소 중 가장 유독하다는 사실을 생각할 때 이런 사례는 별로 놀랄 일이 아니다.

독일 화학자 오토 딜스(Otto Diels)의 이름을 딴 디엘드린은, 흡입했을 때는 DDT보다 5배 정도 유독하지만 용액이 직접 피부에 닿을 경우에는 그 독성이 40배로 강해진다. 이 물질은 순식간에 신경 체계에 영향을 미쳐서 발작을 일으킬 정도로 끔찍한 결과를 나타낸다. 디엘드린에 중독되면 치료가 제대로 이루어지지 않는데 다른 염화탄화수소류와 마찬가지로 간에 심각한 손상을 입힌다. 약효가 오래가고 해충을 죽이는 데 탁월한 효과가 있어서 야생동물계에 심각한 악영향을 미치는데도 디엘드린은 오늘날 가장 널리 사용된다. 메추라기와 꿩을 대상으로 실험한 결과, 디엘드린은 DDT보다 40~50배 독성이 강한 것으로 나타났다.

화학자들이 새로운 살충제를 고안해내는 속도가 유독물질의 영향에 관한 정확한 지식을 습득하는 속도를 훨씬 앞지른다. 그래서 디엘드린이 우리 몸속에 어떻게 축적되고 분배되며 배출되는지 그 일반적 지식에는 허점이 많다. 인간의 몸속에 오랫동안 화학물질이 축적된 것은 확실한데, 휴화산처럼 잠잠히 있다가 비축한 지질을 소모하는 생리학적 스트레스 상황이 닥치면 갑자기 그 작용에 가속이 붙는다. 세계보건기구(WHO)가 펼쳐온 말라리아 박멸 캠페인의 아픈 경험을 통해 우리가 배운 사실이 있다. 말라리아 박멸을 위해 DDT 대신 디엘드린을 사용하는 순간부터(말라리아모기가 DDT에 면역을 보이기 시작했기 때문이다) 방역 담당자들이 중독을 일으켰다. 관련자의 절반 이상이 (사업에 따라 다르지만) 발작을 일으켰고 그중 몇 명은 사망했다. 디엘드린에 노출된 뒤 4개월 동안 발작이 계속된 사람도 있었다.

독자적으로 존재하지만 디엘드린으로 쉽게 변하는 알드린은 신비에 싸인 물질이다. 알드린을 뿌린 밭에서 뽑아낸 홍당무에서 디엘드린이 검출되었다. 이런 변화는 생체 조직과 토양에서도 발견된다. 놀라운 연금술적 변화가 일어나기 때문에 화학자들도 곧잘 실수한다. 밭에 살포한 알드린이 발견되지 않으니 유독 성분이 모두 사라졌다고 오해하는 것이다. 하지만 사실 화학물질은 디엘드린 상태로 남아 있고, 이를 검출하기 위해서는 다른 분석 실험이 필요하다.

디엘드린처럼 알드린 역시 독성이 심각한 물질이다. 간과 신장 기능에 나쁜 영향을 미친다. 아스피린 정제 분량만으로 메추라기 400마리 이상을 죽일 수 있다. 이 물질에 중독된 사례들이 기록에 남아 있는데 그 대부분은 공장에서 사용하다가 생긴 일이었다.

알드린도 다른 살충제와 마찬가지로 미래에 어두운 그림자를 드리운다. 치사량에 조금 못 미치는 알드린을 먹은 꿩은 알을 거의 낳지 못했고 새끼들은 태어나자마자 곧 죽었다. 이런 일은 새에게만 국한된 것이 아니다. 알드린에 노출된 쥐 역시 새끼를 잉태하지 못했고 그나마 어렵게 태어난 새끼들도 허약해서 오래 살지 못했다. 또 알드린 처치를 받은 어미가 낳은 강아지는 3일 이내에 죽고 말았다. 어떤 방식으로든 부모 세대의 중독은 그다음 세대에도 고통을 전해준다. 이런 결과가 인간에게도 나타날지 여부를 아는 사람은 아무도 없다. 그런데도 사람들은 비행기로 이런 유독물질을 근교 농촌과 농장 일대에 무차별적으로 살포하고 있다.

엔드린은 염화탄화수소 중에 가장 독성이 강하다. 화학적으로는 디엘드린에 가깝지만, 살짝 꼬여 있는 분자 구조로 인해 그 독성은 5배나 강하다. 살충제 중 가장 강력한 효과를 내기 때문에 엔드린에 비하면 DDT는 독성이 없어 보일 정도다. 엔드린은 DDT보다 포유류의 경우 15배, 어류에서는 30배, 조류에서는 300배나 강한 독성을 나타낸다.

이 물질을 사용한 지난 10여 년간, 수많은 물고기가 죽었고 이 독극물을 살포한 과수원을 돌아다닌 가축들은 심각한 중독 증상을 보였으며 우물 역시 오염되었다. 마침내 미국의 한 주 보건 담당 부서는 엔드린을 부주의하게 사용할 경우 인간의 생명도 위태롭다고 발표하기에 이르렀다.

엔드린 중독으로 말미암은 다음의 비극적 사건을 살펴보면 사용자의 부주의라고 지적할 만한 내용이 별로 없다. 나름대로 적절하게 주의를 기울였다. 한 미국인 부부가 한 살배기 아기를 데리고 베네수엘라로 이주했다. 이사한 집에 바퀴벌레가 많아서 며칠 뒤 엔드린이 포함된 살충제를 뿌렸다. 아기와 집에서 키우는 강아지는 아침 9시, 살충제를 뿌리기 전에 미리 집 밖으로 피했다. 또 살충제를 뿌린 후에는 마룻바닥을 잘 닦아냈다. 그러고 나서 오후에 아기와 강아지가 집으로 들어갔다. 그런데 한 시간쯤 지나자 강아지가 토하며 발작을 일으키더니 결국 죽었다. 그날 밤 10시경, 아기도 토하기 시작하더니 발작을 일으켰고 의식을 잃었다. 평범하고 건강한 아기가 엔드린 때문에 식물인간이 되어, 보지도 듣지도 못하고 자주 근육 경련을 일으키며 주위와 관계를 끊어 버렸다. 뉴욕의 한 병원에서 몇 달 동안 치료를 받았지만 병세는 나아지지 않았고 희망의 기미도 보이지 않았다. 아기를 담당한 의사는 이렇게 말했다. "제대로 회복할 수 있을지 의심스럽습니다."

살충제로 사용하는 두 번째 그룹인 알킬 또는 유기인산 계열은 세상에서 가장 독성이 강한 물질이다. 살충제를 뿌리다 중독되거나 대기를 떠다니던 에어로졸에 우연히 노출되었을 때, 살충제가 뿌려진 채소를 먹거나 살충제를 담은 용기를 직접 만질 경우 특히 위험하다. 플로리다주에서 두 아이가 빈 포대를 주워서 그네를 고치는 데 사용했다. 곧이어 이 두 아이가 모두 숨졌고, 함께 논 다른 친구 세 명도 앓기 시작했다. 포대에는 유기인산 화합물 중 하나인 파라티온이 들어 있었는데, 조사 결과 아이들은 이 파라티온에 중독된 것으로 나타났다. 위스콘신주에서는 사촌 간인 두 소년이 같은 날 저녁 사망하는 사건이 일어났다. 한 소년은 아버지가 파라티온을 뿌린 감자밭과 접한 마당에서 뛰어놀았고, 다른 소년은 아버지를 따라 헛간에 들어갔다가 농약 분사기를 만진 것으로 밝혀졌다.

이들 살충제의 기원은 상당히 아이러니컬하다. 유기인산계 에스터는 수년 동안 사용되었지만, 살충력을 발견한 이는 1930년대 말 독일 화학자 게르하르트 슈라더(Gerhard Schrader)였다. 독일 정부는 이런 화학물질들이 전쟁에서 새롭고 강력한 무기로 사용될 수 있음을 깨닫고 비밀리에 연구를 계속했다. 그중 몇 종류는 치명적인 신경가스로 만들어졌고, 비슷한 구조를 지닌 다른 화학물질들은 살충제로 사용되었다.

유기인산계 살충제는 특별한 방식으로 생물체에 작용한다. 이들은 우리 몸에서 필수적인 기능을 수행하는 효소를 파괴한다. 곤충이든 온혈동물이든 이 살충제의 궁극적인 목표는 신경계다. 일상적 조건에서 신경세포 사이에 자극이 전해지려면 아세틸콜린이라는 '화학전달체'의 도움이 필요하다. 아세틸콜린은 필요한 기능을 수행한 뒤 즉시 사라져버린다. 사실 덧없다고 느껴질 만큼 아세틸콜린 분비가 금세 끝나버리기 때문에, 의학 연구원들조차 특별한 시료 처리 과정 없이는 아세틸콜린을 채취하기가 쉽지 않다. 화학전달체의 이런 특징은 우리 몸이 정상적으로 기능하기 위해 필수적이다. 만일 아세틸콜린이 신경을 자극한 뒤 바로 사라지지 않는다면 자극은 신경과 신경 사이의 연결망을 계속 오가게 되고 방출되는 화학물질의 강도도 점점 더 높아질 것이다. 그렇게 되면 몸 전체의 움직임이 조화를 잃어 몸이 떨리고 근육이 경련을 일으키며, 발작이 계속되어 결국 죽음에 이르게 된다.

따라서 보호제 구실을 하는 물질이 체내에서 공급된다. 콜린에스테라제라는 이 효소는 화학전달체가 더 이상 필요 없게 되면 즉시 이를 파괴해버린다. 이 효소 덕에 우리 몸은 정확히 균형을 이루며 신체 작용이 위험하지 않도록 아세틸콜린 방출을 조절한다. 그러나 유기인산계 살충제가 체내로 들어오면 이 보호 효소가 파괴되고, 따라서 화학전달체 방출이 증가한다. 유기인산계 화학물질은 독버섯에서 발견되는 유독성 알칼로이드인 무스카린과 흡사하다.

살충제에 반복적으로 노출되면 콜린에스테라제 농도가 낮아지는데, 이후에는 살충제를 아주 조금만 흡수해도 급성 중독에 이른다. 이러한 이유로 방제 작업을 실시하거나 자주 살충제에 노출되는 사람은 정기적으로 혈액검사를 받아야 한다.

유기인산계 살충제 중 가장 널리 사용하는 동시에 가장 강력하고 위험한 살충제는 파라티온이다. 파라티온 살충제를 흡입한 꿀벌은 '심하게 동요해 호전적 성질을 띠며' 미친 듯이 뭔가 청소하는 듯 행동하다가 30분쯤 지나면 결국 죽고 만다. 살충제 흡입이 인간에게 어떤 영향을 미치는지 스스로 확인해보려던 한 화학자가 0.00424온스라는 극소량을 마셨다. 그런데 바로 온몸이 마비되는 바람에 가까운 곳에 놓아둔 해독제를 마시지 못해 죽고 말았다. 핀란드에서는 파라티온이 자살 수단 1위라고 한다. 최근 미국 캘리포니아주에서는 매년 200건 이상의 파라티온 사고가 보고되고 있다. 세계 곳곳에서 벌어진 파라티온 관련 사고의 치사율은 놀랄 정도다. 1958년 인도에서는 100건, 시리아에서는 67건, 일본에서는 매년 평균 336건이 보고되었다.

하지만 오늘날 미국의 밭과 과수원에는 700만 파운드에 이르는 파라티온을 수동식 분무기, 송풍기, 살포기, 비행기 등을 이용해 살포하고 있다. 한 의학 권위자에 따르면 캘리포니아 농장에서 사용하는 파라티온 양만 해도 "전 세계 인구의 5~10배에 달하는 사람들 모두에게 치명적인 문제를 일으킬 수 있는 정도"라고 한다.

이런 상황에서 그나마 우리를 절멸로부터 구해주는 것은 파라티온과 유사 화학물질들이 빠르게 분해된다는 점이다. 이 계열의 살충제는 염화탄화수소 계열보다 비교적 잔류 기간이 짧은 편이다. 그렇다고 해도 위험하긴 마찬가지다. 살충제는 경미한 수준에서 심각한 중독에 이르기까지 다양한 문제를 일으킨다. 캘리포니아주 리버사이드에서 오렌지를 따던 인부 30명 중 11명이 심각한 증세를 나타냈는데 1명을 제외한 10명이 입원했다. 그들은 전형적인 파라티온 중독 증상을 보였다. 두 달 반쯤 전 관목숲에 살포한 파라티온 때문에 구역질을 하고, 눈이 반쯤 멀고, 의식이 희미한 상태가 되었다. 파라티온이 살포 뒤 16~19일 동안 남아 있었던 것이다. 하지만 이것이 파라티온 잔류 기간의 최고 기록이 아니다. 한 달 전에 파라티온을 뿌린 관목숲에서도 비슷한 일이 일어났고, 정해진 양만 뿌린 오렌지 농장에서 6개월 뒤 잔류물이 검출된 일도 있다.

밭, 과수원, 포도밭 등에서 일하는 농부들에게 유기인산계 살충제가 미치는 위험은 상당히 크다. 이 살충제를 사용하는 몇몇 주에서는 살충제 흡입 환자의 진단과 치료를 전문으로 하는 의료시설이 들어서기도 했다. 하지만 의사들 역시 살충제에 중독된 환자를 보살필 때 고무장갑을 끼지 않으면 위험에 빠질 수 있다. 환자의 옷을 세탁하는 사람들도 마찬가지여서 옷에 묻은 파라티온 성분에 주의하지 않으면 안 된다.

또 다른 유기인산계 살충제인 말라티온은 DDT만큼이나 일반인에게 잘 알려진 살충제로, 정원용·실내용·모기 퇴치용으로 사용된다. 플로리다주에서는 지중해과실파리의 공격에서 농작물을 보호하기 위해 100만 에이커에 걸쳐 광범위하게 살포하기도 했다. 말라티온은 같은 계열의 살충제 중 독성이 가장 약하다고 알려져 많은 사람이 별걱정 없이 사용했다. 여기에 광고까지 가세해 사람들은 더욱 편안한 마음으로 말라티온을 뿌려댔다.

그렇지만 말라티온이 '안전'하다고 주장하는 것은 성급한 일로, 이 살충제를 사용한 지 몇 년이 지날 때까지 그 해악은 드러나지 않는다. 놀라운 보호 능력을 갖춘 포유동물의 간 덕분에 말라티온의 독성이 상대적으로 무해하게 느껴지는 것이다. 간에서 작용하는 효소 중 한 가지가 말라티온의 해독 작용을 주도한다. 이 효소가 파괴되거나 그 작용이 방해를 받는 사람의 경우에는 말라티온에 의해 심각한 피해를 입는다.

불행하게도 우리 모두에게 이런 일이 자주 일어나고 있다. 몇 년 전 미국 식품의약국의 과학자들은 말라티온과 다른 유기인산계를 동시에 사용할 경우 심각한 중독 증상을 일으킬 수 있다고 경고했다. 이 두 물질을 섞을 경우 독성이 50배나 증대한다는 것이다. 다른 식으로 표현하면, 각각의 물질을 치사량의 100분의 1만 혼합해도 엄청난 살상력을 갖게 된다는 이야기다.

이런 사실이 발견되자 곧이어 살충제의 혼합이 어떤 문제를 일으키는지에 대한 실험이 이어졌다. 그들의 상호작용으로 독성이 한 단계 강화되기 때문에 오늘날에는 유기인산계 살충제들을 섞어 쓰는 것이 상당히 위험하다고 알려져 있다. 한 가지 살충제의 독성을 해독하는 간의 효소가 다른 살충제에 의해 파괴되기 때문이다. 하지만 이 말은 두 가지 살충제가 반드시 동시에 살포되어야 한다는 의미가 아니다. 한 살충제를 이번 주에 뿌리고 다른 종류를 그다음 주에 뿌린 작업자 역시 위험하며, 이런 살충제가 뿌려진 상품을 구매하는 소비자도 마찬가지다. 일반적으로 채소 샐러드를 만들면 갖가지 채소에 뿌려진 다양한 유기인산계 살충제가 한데 섞이게 마련이다. 그 양이 법적 허용치 이내라고 해도, 이런 상호작용으로 독성이 나타날 수 있다.

화학물질의 위험한 상호작용에 관해서는 별로 알려져 있지 않지만, 실험실에서 놀라운 결과들이 속속 보고되고 있다. 그중 살충제가 아닌 다른 물질과 혼합될 경우에도 유기인산계 살충제의 독성이 증가한다는 보고에 특히 관심이 쏠린다. 예를 들어 말라티온은 특정 가소성 물질과 혼합될 경우 다른 살충제와 섞였을 때보다 훨씬 강한 독성 작용을 일으키는 것으로 알려져 있다. 이렇게 되면 살충제의 독성을 해독하는 간

효소의 활동이 무력화한다.

　우리의 평범한 일상생활에서 화학물질, 특정 약물이 어떤 작용을 하는지에도 관심이 높아지고 있다. 이런 문제에 관해서는 이제 막 조사가 시작되었으나 이미 몇몇 유기인산계 화학물질(파라티온과 말라티온)은 근육이완제로 사용하는 약물의 독성을 증가시키고, 몇 가지 살충제(말라티온을 포함해)는 최면제와 수면제로 사용하는 바르비투르산염 유도체의 약효 지속 시간을 연장하는 것으로 밝혀졌다.

그리스 신화에 등장하는 마법사 메데이아는 남편 이아손의 애정을 가로챈 연적의 등장에 분노를 느낀 나머지, 이 새 신부에게 마법의 약물이 묻은 웨딩드레스를 선물한다. 이 옷을 입은 신부는 고통스러운 죽음을 맞이한다. 이런 간접 살인은 오늘날의 침투성 살충제와 흡사하다. 이 물질은 식물이나 동물체에 흡수되면 메데이아의 옷처럼 강한 독성을 발휘한다. 즉 독이 들어 있는 수액이나 혈액을 곤충이 빨아먹음으로써 박멸될 수 있다.

　이런 살충제가 보여주는 끔찍한 세계는 그림 형제의 동화에 나오는 상상의 세계를 초월한다. 오히려 찰스 애덤스가 그린 무시무시한 만화와 흡사하다. 동화에 나오는 환상의 숲은 나뭇잎을 갉아먹거나 식물의 진액을 빨아먹은 곤충들이 바로 죽음을 맞는 무시무시한 장소로 변해버렸다. 개의 피를 빤 벼룩이 그 피 속에 녹아 있는 독극물 때문에 죽고, 나무에서 흘러나온 향기에 이끌린 곤충은 그 나무에 가까이 가지도 않았는데 죽음을 맞으며, 독이 든 수액을 벌집으로 옮겨간 꿀벌이 독꿀을 만들어내는 그런 무서운 숲이 되었다.

응용곤충학 분야에서 일하는 사람들은 자연에서 힌트를 얻어 침투성 살충제를 꿈꾸기 시작했다. 셀렌산염나트륨 성분을 함유한 토양에서 자라는 밀은 진딧물이나 잎응애의 공격에 면역이 생긴다는 사실을 확인했다. 암석과 토양에 함유되어 있는 셀레늄은 침투성 살충제의 시초라 할 수 있다.

침투성 살충제가 효력을 나타내려면, 화학물질이 식물이나 동물의 조직 속으로 침투해 서서히 독성을 발휘해야 한다. 이런 능력을 지닌 몇몇 염화탄화수소계 화학물질과 유기인산계 화학물질은 인위적으로 합성된 것이지만, 자연계에 존재하는 천연물질 중에도 이런 특징을 지닌 것이 있다. 사실 대부분의 침투성 살충제는 유기인산계인데, 잔류 농약 문제가 비교적 덜 심각하다고 생각했기 때문이다.

침투성 살충제는 미묘한 구실을 한다. 이 살충제에 씨앗을 담그거나 탄소와 결합한 살충제를 도포하면 여기에서 싹튼 식물에 영향을 미쳐서 진딧물이나 그 밖의 식물 수액을 먹는 곤충에 대해 독성을 지니게 된다. 완두콩, 콩, 사탕무 등은 이런 방법으로 해충을 막을 수 있다. 언젠가 캘리포니아주에서 목화씨에 이런 침투성 농약을 도포한 적이 있는데, 1959년 샌와킨계곡에서는 그 종자를 담았던 포대에 목화를 따 담던 농부 25명이 갑작스럽게 고통을 호소하기도 했다.

영국에서는 이런 살충제 처리를 한 식물에서 꿀을 딴 벌이 어떻게 되었는지 알아보기 위한 조사가 이루어졌다. 특정 지역에 시라단이라는 화학물질을 뿌리고 실험을 했다. 꽃이 피기 전 약품을 살포했는데도 이 식물에서 만들어진 꿀에는 독성이 함유되어 있었다. 예견한 대로 이 식물이 만들어낸 꿀은 시라단에 오염되어 있었다.

가축에 해를 입히는 기생충, 주로 소에 기생하는 쇠파리 유충을 없애려 할 때 이런 침투성 약물을 사용한다. 가축이 독극물에 중독되지 않으면서 동시에 그 혈액과 조직에 살충 성분이 남아 있도록 하려면 상당한 주의가 필요하다. 그런 균형을 맞추기가 아주 미묘한데 정부 측 수의학자들의 소견에 따르면, 비록 적은 양이라도 자꾸 주입하면 동물의 몸속에 들어 있는 보호 효소인 콜린에스테라제의 공급에 문제가 생기고 결국 어느 한계에 이르는 순간 아주 적은 양이더라도 추가 투입을 하게 되면 바로 중독을 일으킨다고 한다.

우리 생활 가까이에도 이런 위험들이 도사리고 있다. 사람들은 개의 혈액에 독성을 주입해 개를 문 벼룩을 바로 없애준다는 알약을 사용하기도 한다. 물론 소에서 발생한 문제가 개에게도 적용될 수 있다. 모기 때문에 고생하면서도 체내에 이런 침투성 약물을 사용하려는 사람은 아직 없는 듯하다. 하지만 시간이 조금 더 흐르면 이런 시도도 등장하지 않을까.

지금까지 이 장에서는 인간이 곤충에 대항한 전쟁에서 사용하는 치명적 화학물질에 관해 이야기했다. 그렇다면 이와 동시에 벌어지고 있는 잡초와의 전쟁은 어떠한가?

원치 않는 식물을 빠르고 쉽게 없애려는 열망에서 제초제, 좀더 일반적으로 잡초 제거제라는 이름으로 수많은 화학물질이 등장했다. 이런 화학물질이 어떻게 사용되고 오용되는지는 6장에서 다시 이야기할 것이다. 여기서는 잡초 제거제에 어떤 독성이 있는지, 제초제 사용으로 환경이 오염되지는 않는지 문제를 제기하려 한다.

제초제는 오직 식물에게만 독성이 있고 동물에게는 별 문제가 없다는 생각이 널리 퍼져 있는데, 불행히도 이는 잘못된 생각이다. 제초제에는 식물뿐 아니라 동물의 조직에도 영향을 미치는 다양한 화학 성분이 들어 있다. 생물에 미치는 영향도 매우 다양하다. 어떤 것은 일반적인 독물처럼 작용하고 또 어떤 것은 체내 물질대사에 강력한 자극을 주어 체온을 급상승시키기도 한다. 또 다른 것은 독자적으로 또는 다른 화학물질과 만나 악성종양을 만들며 유전물질에 영향을 미쳐 돌연변이를 일으키기도 한다. 제초제 역시 살충제처럼 심각한 위험을 지닌 화학물질이 들어 있기 때문에 동물에는 '안전'하다는 생각으로 부주의하게 사용할 경우 엄청난 재앙을 맞게 된다.

새로운 화학물질이 넘쳐나 서로 경쟁을 벌이고 있음에도 비소계 화합물은 여전히 살충제(앞에서 언급한 것처럼)와 제초제 성분으로 널리 쓰인다. 주로 비산나트륨 형태로 사용하는데, 사용 사례를 살펴보면 마음이 불안해진다. 이 물질을 길가에 살포하면 소를 비롯해 셀 수 없이 많은 야생동물이 죽는다. 호수와 저수지에 뿌린 연못용 제초제 때문에 그 물은 식수는 물론 수영하기에도 부적합하게 되어버렸다. 감자밭에 뿌린 제초제는 인명과 다른 생물체의 목숨을 앗아갔다.

영국에서는 1951년경 본격적으로 비소를 제초제로 사용했다. 예전에는 황산을 사용해 잡초를 태워버렸는데 황산이 부족해지자 비소로 대체했다. 농무부에서는 비소 성분 제초제를 뿌린 밭에 들어갈 때에는 주의하라고 경고했는데, 소에게는 (물론 야생동물과 새들도) 이런 경고가 아무 소용이 없었고 비소 중독 수치는 높아만 갔다. 결국 비소에 오염된 물 때문에 한 농부의 아내가 사망하자(1959년) 제조업체는 비소 성분 제초제의 생산을 중단했고 공급업자들에게서 이 제초제를 회수했다. 농무부는 사람과 가축에 대한 위험도가 높다는 이유로 비소계 화합물 사용 금지를 발표했다. 1961년 오스트레일리아 정부 역시 이와 비슷한 금지 법안을 발표했다. 그러나 미국에서는 어떤 제한 조치도 없었다.

'다이나이트로' 계열의 화학물질 역시 제초제로 사용된다. 이 물질은 미국에서 사용하는 것 중 매우 위험한 물질 가운데 하나로 평가된다. 다이나이트로페놀은 물질대사를 급격히 촉진해 한때 체중감량제로 사용되었다. 그러나 살을 빼는 데 알맞은 적정량과 중독 또는 죽음에 이르는 치사량 사이의 차이가 아주 미미해서, 몇몇은 사망하고 많은 사람이 만성 중독으로 고통을 겪고 있다.

다이나이트로페놀과 관련 있는 펜타클로로페놀, 또는 '펜타'로 알려진 물질은 살충제뿐 아니라 제초제로도 사용되는데 주로 철로 변이나 공터에 살포된다. 펜타는 박테리아에서 인간에 이르기까지 심각한 독성을 나타냈다. 다이나이트로 화합물처럼 펜타 역시 신체의 에너지 동화 과정을 방해한다. 그 놀라운 위력은 캘리포니아주 보건국에서 발표한 심각한 사고에서 잘 드러난다. 탱크트럭 운전자가 디젤유와 펜타를 섞어 면화 고엽제를 만들고 있었다. 농축 화학물질을 드럼통에서 꺼내다가 실수로 꼭지를 통 속에 빠뜨리자 그는 아무 생각 없이 손을 넣어 꼭지를 꺼냈다. 그 뒤 바로 손을 씻었지만 갑자기 통증이 심해졌고 그다음 날 사망하고 말았다.

비산나트륨이나 페놀제 등의 제초제 오용이 심각한 문제를 가져온다는 것은 확실하지만, 제초제 중에는 문제가 나타날 때까지 잠복기가 긴 것도 있다. 예를 들어 크랜베리 제초제로 사용하는 아미노트라이아졸 또는 아미트롤은 독성이 비교적 낮다고 알려졌다. 하지만 갑상선에 악성종양을 일으킬 위험이 있어, 결국 야생동물과 인간에게 심각한 영향을 미칠 것이다.

제초제 중에는 '돌연변이를 일으키는' 물질로 분류된 것도 있고 유전자를 변형시킬 위험이 있는 것도 있다. 방사능이 유전적으로 얼마나 심각한 문제를 일으키는지에 관심을 보이면서, 심각성 면에서 이와 비슷한 화학물질에는 왜 무관심한 것일까?

04

지표수와 지하수

자연수야말로 우리의 자연자원 중 가장 귀중한 것이 되고 말았다. 지표의 가장 넓은 부분이 넘실거리는 바다일 정도로 물이 풍부한데도 사람들은 물 부족을 이야기한다. 이상한 모순이지만 이렇게 풍부한 바닷물은 염분이 많기 때문에 농사지을 때나 공장 가동할 때 또는 인간이 마시기에 부적합하다. 따라서 지구상의 많은 사람이 물 부족으로 고통을 겪는다. 인간이 자신의 기원을 망각하고 생존에서 가장 중요한 요소가 무엇인지 잊어버리는 순간, 물은 다른 자원과 더불어 무관심의 희생양이 되어버렸다.

살충제로 인한 수질오염은 전체 환경의 오염이라는 넓은 맥락에서 이해해야 한다. 수질을 오염시키는 원인은 원자로·실험실·병원에서 배출되는 방사성 폐기물은 물론, 핵폭발 낙진, 도시와 마을에서 흘려보낸 생활 폐수, 공장에서 나오는 산업 폐기물 등 다양하다. 여기에 농작물과 정원, 숲과 밭에 뿌린 살충제가 더해진다. 이 엄청난 화학물질들의 대부분은 방사능과 흡사한 문제를 일으키는데 정작 이런 화학물질들이 만들어내는 심각한 상호작용과 변형, 그 결과는 연구된 바가 별로 없다.

화학자들이 자연에 존재하지 않는 물질을 인위적으로 만들어낸 이래, 수질 정화에 관한 문제는 더욱 복잡해졌고 그 물을 사용하는 사람에게 미치는 위험도 점점 더 증가해갔다. 지금까지 살펴본 것처럼 대규모 합성 화학물질의 제조는 1940년대부터 시작되었다. 각종 화학 오염물질이 이 나라의 수로로 흘러들고 있다. 생활 폐수와 그 밖의 폐기물이 섞인 상태에서는 화학물질을 검출하기가 힘들다. 대부분의 화학물질은 매우 안정된 상태이기 때문에 일반적 방식으로는 분해하기가 쉽지 않다. 더구나 이런 물질들은 성분 규명조차 제대로 이루어지지 않고 있다. 강에서는 놀라울 만큼 다양한 오염물질이 서로 결합해서, 위생 기사들이 '끈적이(gunk)'라는 속어로 일컫는 침전물이 만들어진다. MIT의 롤프 일라이어슨(Rolf Eliassen) 교수는 의회 위원회에 출석해 이런 화학물질이 어떤 문제를 일으킬지, 그 혼합물로부터 만들어지는 유기물의 실체가 무엇인지 규명하기란 거의 불가능하다고 단언한 바 있다. 일라이어슨 교수는 이렇게 말했다. "도대체 그 정체가 무엇인지 알 수 없습니다. 사람들에게 어떤 영향을 미치느냐고요? 그것도 알 수 없습니다."

곤충, 쥐나 다람쥐 등의 설치류, 귀찮은 잡초 등을 제거하는 데 사용하는 화학약품을 함부로 쓰는 것은 유기 오염물질의 증가를 부채질한다. 수생식물, 곤충의 유충, 성가신 물고기 등을 없애려고 화학약품을 직접 물에 풀어 넣는 일도 있다. 단 한 종의 곤충을 없애기 위해 한 주(州)에서만 200만~300만 에이커에 이르는 넓은 지역에 살충제를 뿌렸다. 이 살충제는 개울물에 바로 떨어지기도 하고 나뭇잎을 타고 숲속 지표면으로 스며들어 바다를 향해 긴 여행을 시작하기도 했다. 또 곤충이나 설치류를 없애려고 농지에 뿌린 수백만 파운드의 농약이 비를 타고 씻겨 내려가 바다로 흘러가기도 했다.

시냇물과 우리가 마시는 물에 화학물질이 포함되어 있다는 증거가 도처에서 발견된다. 펜실베이니아주 과수원 지대의 식수를 실험실로 옮겨 여기에 물고기를 넣어두었더니 불과 4시간 만에 죽을 정도였다. 살충제를 뿌린 목화밭 배수구에서 떠온 물은 정수 처리를 거쳤음에도 물고기들에게 치명적이었다. 목화밭에 염화탄화수소의 일종인 톡사펜을 뿌렸다가 이 유독물질이 빗물을 따라 앨라배마주 테네시강의 15개 지류에 흘러드는 바람에 강에 사는 물고기들이 다 죽은 일도 있었다. 이 지류 중 두 곳은 도시의 수원(水原)이기도 했다. 살충제를 뿌린 지 일주일이 지나도 그 물은 여전히 독성을 지니고 있다는 사실이 하류의 양어장에서 매일 죽어나가는 금붕어들로 증명되었다.

이런 오염을 눈으로 직접 확인하기는 매우 힘들다. 수백 마리 또는 수천 마리의 물고기가 떼죽음당한 현장을 목격하며 유독물질이 존재한다고 확인할 뿐이다. 그러나 확인할 수 없는 경우가 훨씬 더 많다. 수질을 관리하는 화학자들은 유기 오염물질을 확인하기 위한 정기 시험을 실시하지 않을뿐더러 오염물을 제거하는 방법도 찾아내지 못하고 있다. 하지만 그 정체를 추적하든 그렇지 않든 살충제의 유독 성분이 여전히 자연계에 남아 있는 것만은 확실하다. 이런 살충제를 지표면에 대규모로 살포하면 그 독성은 다양한 경로를 거쳐 이동하며, 그 결과 이 나라의 모든 주요 하천에 스며들게 된다.

살충제 때문에 하천이 광범위하게 오염되었다는 말을 믿을 수 없다면, 1960년 미국 어류·야생동물국에서 발표한 보고서를 살펴보면 된다. 이 보고서는 물고기도 온혈동물들처럼 세포조직 내에 살충제를 축적하는지의 여부를 조사한 결과였다. 첫 번째 분석 시료는 가문비나무 해충 방제용으로 DDT를 대량 살포한 미국 서부의 삼림지대에서 운반해왔다. 예상대로 모든 물고기의 조직에 DDT가 함유되어 있었다. 살충제를 살포한 곳으로부터 30마일(약 48킬로미터) 떨어진 샛강과 비교한 결과는 실로 놀라웠다. 이 샛강은 첫 번째 시료를 채취한 곳보다 상류였고 높은 폭포로 어느 정도 격리되어 있었다. 또 여기에는 살충제를 뿌리지 않았다. 하지만 이곳에서 잡은 물고기에도 역시 DDT가 포함되어 있었다. 독극물이 눈에 보이지 않는 지하수를 따라 이 멀리까지 흘러온 것일까? 대기 중에 떠다니다가 개울물의 표면에 내려앉아 녹아든 것일까? 또 다른 연구에 따르면 깊은 샘에서 솟아난 물을 사용하는 양어장 물고기에서도 DDT가 발견되었다고 한다. 이 일대 역시 살충제를 뿌린 적이 없었다. 결국 오염을 일으킨 수단은 지하수라고 추정할 수밖에 없었다.

수질오염에서 가장 문제가 되는 것은 지하수의 광범위한 오염이다. 어디에서든 물에 살충제를 살포하는 것은 결국 모든 수자원을 위협하는 것이나 마찬가지다. 자연의 구성 요소들이 각기 폐쇄적으로 분리되어 작동한다면 이렇게 지구상의 수자원 전체에 문제가 생기는 일도 없을 것이다. 땅에 떨어진 비는 토양과 암석에 난 구멍과 틈을 따라 점점 더 깊은 곳으로 스며들어 마침내 모든 틈을 물로 채운다. 그러다 언덕 밑에 이르러서는 다시 솟아오르고 골짜기 밑으로 더 깊게 가라앉아 지표 밑을 따라 어두운 바다로 흐른다. 지하수는 느리게는 1년에 50피트(약 15미터), 빠르게는 하루에 0.1마일(약 161미터) 정도의 속도로 언제나 움직이고 있다. 이렇게 눈에 보이지 않는 수로를 따라 흐르다가 지표 위 샘으로 분출하거나 우물에 고여 퍼 올려지기도 한다. 하지만 대부분은 시냇물이나 강으로 유입된다. 비가 강으로 직접 내리거나 지면을 따라 바로 시냇물로 흘러드는 경우를 제외하면, 흐르는 물은 대부분 지하수 단계를 거친다. 그렇기 때문에 지하수 오염은 모든 물의 오염을 의미한다.

콜로라도주의 한 공장에서 만들어진 유독물질이 어두운 지하를 따라 몇 마일이나 떨어진 농장 지대로 흘러 들어가 우물을 오염시키고 사람과 가축을 병들게 하며 곡물에 해를 입힌 일이 있었다. 이와 비슷한 사건은 얼마든지 찾아볼 수 있다. 간단히 그 역사를 살펴보자. 1943년 콜로라도주 덴버 근처의 육군화학군단 로키마운틴 병기창에서 전쟁용 무기를 생산했다. 8년 뒤 민간 정유회사가 그 시설을 임대해 살충제를 만들기 시작했다. 그런데 시설 교체를 끝내기도 전에 이상한 보고가 올라왔다. 공장으로부터 몇 마일 떨어진 마을의 가축들이 이유를 알 수 없는 병에 걸렸으며 농작물도 심각한 피해를 입었다는 것이다. 나뭇잎은 누렇게 바랬고 작물들은 열매를 맺지 않았다. 많은 농작물이 완전히 말라죽고 사람들도 질병에 걸렸다.

농장에서 사용하는 관개용수는 인근의 얕은 우물에서 끌어온 것이었다. (1959년 몇 개 주와 연방 기관이 참여한 연구에서) 우물의 수질을 조사했더니 화학성 유독물질이 검출되었다. 로키마운틴 병기창에서는 염화물, 염소산염, 인산염, 불소 화합물, 비소 등을 오수 처리장으로 배출했다. 이 병기창과 농장 사이에는 지하수가 흐르는데, 지난 7~8년간 폐기물이 지하수를 타고 오수 처리장에서 3마일(약 4.8킬로미터) 떨어진 농장으로 흘러 들어간 것이다. 화학물질이 포함된 침출수가 계속 흘러나와 측정할 수 없을 만큼 일대를 심각하게 오염시켰다. 조사관들은 화학물질 오염을 억제하는 방법이나 그 전파를 막을 수 있는 방법을 알아내지 못했다.

그런데 이상하게도 병기창의 우물과 오수 처리장에서 제초제 성분인 2,4-D가 발견되었다. 오염된 물을 사용해 농사를 지었다가 큰 피해를 입었다는 설명은 가능하지만, 한 가지 이상한 점은 이 병기창에서는 2,4-D를 생산한 적이 없다는 사실이었다.

길고 세심한 연구 끝에 공장의 화학자들은 2,4-D가 대기에 직접 노출된 야외의 물웅덩이에서 자연적으로 만들어졌다는 결론을 내렸다. 병기창에서 폐기한 물질들이 인간의 개입 없이 대기·물·태양 빛에 의해 화학 작용을 시작했고, 오수 처리장이 실험실 구실을 하면서 전혀 새로운 물질을 만들어냈다. 이 물질에 닿은 식물들은 모두 생명을 잃을 정도로 피해가 컸다.

콜로라도주의 농장과 농작물이 입은 심각한 피해는 지역적 문제를 초월해 중요한 의미를 지닌다. 이렇게 화학물질들이 공공용수에 침투해 들어간다면 콜로라도뿐 아니라 다른 곳에서도 비슷한 사고가 일어나지 않을까? 호수와 시냇물, 공기와 태양열이 촉매제 구실을 한다면 '무해'하다는 표식이 붙은 화학물질들에서 위험한 독성을 지닌 새로운 화학물질이 만들어질 수도 있지 않을까?

책임 있는 화학자라면 실험실에서는 생겨날 수 없는 화학물질이 강, 호수, 저수지 또는 저녁 식탁 위에 놓인 컵 속의 물에서 얼마든지 만들어질 수도 있다는 점을 인정할 것이다. 바로 이 점이 수질오염에서 가장 눈길을 끄는 문제다. 화학물질들이 서로 뒤섞여 만들어내는 상호작용은 미국 공중보건국의 관리자들을 상당히 괴롭혔다. 그들은 비교적 무독한 화학물질에서 심각한 문제를 일으키는 유독물질이 만들어진다는 점에 우려를 나타냈다. 두 가지 이상의 화학물질이 섞일 경우 강에 방류된 방사성 폐기물과 화학물질 사이에서 상호작용이 일어난다. 방사능물질이 이온화하면 원자의 재배열이 쉬워지는데, 이때 화학물질의 본질이 완전히 변하기 때문에 그 결과를 예측하는 것은 물론이고 결과를 통제하기도 불가능해진다.

물론 오염은 지하수에만 한정된 것이 아니다. 시냇물, 강, 관개용수 등의 지표수 역시 심하게 오염되었다. 캘리포니아주의 툴 호수와 로어클래머스 호수 일대의 국립야생동물보호구역에서 일어난 사건은 지표수 오염의 심각성을 잘 보여준다. 이 보호구역들은 오리건주와 경계를 이루는 어퍼클래머스 호수 보호구역에까지 길게 연결되어 있다. 그러다 보니 어쩔 수 없이 동일한 수자원을 공유하는데, 마치 바다에 떠 있는 작은 섬처럼 보호구역 주위를 넓은 농장지대가 둘러싸고 있었다. 지역 농부들은 원래 새들의 낙원이던 습지와 호수에서 물을 빼내고 물길의 방향을 바꾸어 간척한 뒤 여기에 농장을 일구었다.

보호구역 주변의 농장들은 어퍼클래머스 호수의 물을 끌어다 농사를 지었다. 밭에 쓴 농업용수는 한데 모았다가 펌프를 사용해 툴 호수로 보낸 다음 여기서 다시 로어클래머스 호수로 흘려보냈다. 대표적인 농장 관개용수인 이 두 호수가 바로 야생동물보호구역 일대의 주요 수계를 이루었던 것이다. 얼마 전 일어난 사건을 이해하려면 이런 정황을 알아야 한다.

1960년 여름, 보호구역에서 일하는 직원이 툴 호수와 로어클래머스 호수에서 새들의 사체와 죽어가는 새들을 수백 마리나 발견했다. 대부분이 물고기를 먹이로 하는 왜가리, 펠리컨, 논병아리, 갈매기 등이었다. 자세히 분석한 결과 이 새들에서 톡사펜, DDD, DDE 등의 살충제가 검출되었다. 호수에 사는 물고기들에서도 살충제가 발견되었으며 플랑크톤 역시 마찬가지였다. 보호구역의 관리자는 농경지에 대량 살포한 농약이 관개용수의 순환을 따라 호수로 흘러들었다고 믿고 있었다.

오리 사냥꾼은 물론 저녁 하늘을 가로질러 날아가는 물새들의 모습과 그 노랫소리를 소중히 여기는 사람이라면 수질오염으로 인한 심각한 문제를 쉽게 눈치챌 것이다. 이 특별보호구역은 미국 서부의 물새류 보존 측면에서 매우 중요한 위치를 차지한다. 철새들이 태평양 연안을 따라 이동할 때 마치 깔때기의 좁은 목 부분에 해당하기 때문이다. 가을철 이동기가 되면 베링해 동쪽 해안의 둥지를 박차고 허드슨만을 향해 날아가는 수백만 마리의 야생 오리와 거위 들은 이곳을 거쳐 가야 한다. 가을철이 되면 태평양에 인접한 주들을 향해 남쪽으로 비행하는 물새류의 4분의 3이 이 지역을 거친다. 여름철 물새, 특히 멸종 위기에 처한 미국흰죽지와 붉은꼬리물오리는 이 일대에서 알을 낳는다. 만일 호수와 야생동물보호구역 일대가 심각하게 오염된다면 로키산맥에서 태평양 연안 일대에 걸쳐 물새들이 겪을 피해는 엄청날 것이다.

모든 먹이사슬을 지탱하는 것이 물이라는 관점에서 이 문제를 인식해야 한다. 마치 먼지처럼 작고 가벼운 식물성 플랑크톤에서 물벼룩,

물속의 플랑크톤을 걸러 먹고사는 물고기, 이 물고기를 먹고사는 다른 물고기들과 조류, 밍크, 미국너구리 등 먹이사슬은 한 생명체에서 다른 생명체로 끝없이 이어져 순환하고 있다. 우리가 물속에 흘려보낸 독극물도 이런 자연의 순환을 따라 움직이는 것이 아닐까?

이 질문에 대한 답은 캘리포니아주 클리어 호수의 역사에서 찾아볼 수 있다. 샌프란시스코 북쪽으로 90마일(약 145킬로미터) 떨어진 산간 지대에 자리 잡은 클리어 호수는 낚시꾼들에게 특히 인기가 좋았다. 사실 이 호수는 수심이 얕고 검은 개흙이 표면을 덮고 있어서 이름처럼 물이 맑지는 않았다. 낚시꾼과 해안에 사는 사람들에게는 안 된 일이지만, 이 일대는 카오보루스 아스틱토푸스(Chaoborus astictopus)라는 학명의 작은 각다귀가 살기에 아주 적합했다. 각다귀는 모기와 매우 비슷하지만 피를 빨지도 않고 성충이 되면 아무것도 먹지 않았다. 어쨌든 이 무해한 곤충과 함께 살아야 하는 사람들은 각다귀의 그 엄청난 개체수 때문에 성가셔했다. 각다귀를 없애려는 노력이 계속되었지만, 1940년대 말에 염화탄화수소 성분의 살충제가 등장하기 전까지는 별 효과가 없었다. 이 곤충을 공격하기 위한 새로운 무기는 DDT와 비슷하지만 물고기에는 덜 해로운 DDD였다.

1949년 새로운 방제법이 조심스럽게 계획되었는데, 이때 문제가 생길 거라고 추측한 사람은 별로 없었다. 호수를 면밀히 조사해 필요한 살충제의 양을 추정한 다음 살포 후의 농도가 7000만분의 1가량이 되도록 분량을 조절해 투입했다. 처음에는 이 방제법이 성공적으로 보였으므로, 1954년 농도를 5000만분의 1로 하여 다시 살포했다. 이제 각다귀 방제는 거의 끝난 듯했다.

그런데 이듬해 겨울이 되자 다른 생명체들도 영향을 받았다는 사실이 드러났다. 호수의 논병아리가 타격을 받아 100여 마리나 죽었다는 보고가 올라왔다. 논병아리는 겨울에도 물고기가 풍부한 이곳에 몰려들어 알을 낳는다. 독특한 외양에 특별한 습성을 지닌 이 새는 미국 서부와 캐나다 호숫가 얕은 곳을 찾아 물 위에 둥지를 튼다. 몸을 낮게 구부리고 흰 목과 검게 빛나는 머리는 높게 쳐든 채 잔물결 하나 일으키지 않고 호수 표면을 미끄러지듯 헤엄치는 모습을 보면 '백조처럼 우아하다'는 의미를 알 수 있다. 방금 알에서 깨어난 새끼는 부드러운 회색 털을 지니는데 몇 시간만 지나면 어미 새와 아비 새를 따라 물속에 들어가 부모의 날개 밑에 포근히 안겨 헤엄치기 시작한다.

1957년에는 그때까지 남아 있던 각다귀를 없애기 위한 세 번째 대대적인 공격이 시작되면서 더 많은 논병아리가 사라졌다. 1954년과 마찬가지로 죽은 새들을 조사했지만 어떤 전염병의 증거도 나타나지 않았다. 하지만 논병아리의 지방조직을 분석한 결과 1600ppm이라는 엄청난 DDD 농축이 발견되었다.

호수에 투입한 DDD 최대 농도는 0.02ppm이었다. 그런데 어떻게 논병아리에서 이토록 높은 수치의 화학물질이 검출된 것일까? 물론 이 새들은 물고기를 먹이로 한다. 클리어 호수의 물고기들을 분석하자 그 전체적인 윤곽이 드러났다. 가장 작은 유기체에 함유된 화학물질이 포식자에게 잡아먹히는 과정을 통해 독극물이 점차적으로 축적되었다. 플랑크톤에는 살충제가 5ppm가량 함유되어 있었다(호수의 살충액 농도 최대치보다 25배가량 높다). 물풀을 먹는 물고기들에서는 40~300ppm, 육식성 어류의 경우 가장 농축도가 높았다. 그중 하나인 메기에서는 2500ppm까지 올라갔다. 꼬리에 꼬리를 물고 이어지는 연결처럼 조금 더 큰 물고기가 더 작은 물고기를 잡아먹고, 이 작은 물고기는 초식성 어류를 잡아먹고, 초식성 어류는 플랑크톤을 잡아먹는데, 이 플랑크톤이 물속에 들어 있는 유독물을 흡수한 것이다.

나중에 이보다 더 놀라운 사실이 드러났다. 화학물질을 마지막으로 투입한 직후, 이 물에서는 DDD의 흔적을 찾아볼 수 없었다. 하지만 그렇다고 해서 호수에서 독극물이 완전히 사라진 것은 아니었다. 호수에 살고 있는 생물체의 몸속으로 들어간 것이다. DDD 살포를 중단하고 23개월이 지났지만 플랑크톤에서는 5.3ppm의 DDD가 검출되었다. 거의 2년 가까운 기간 동안 플랑크톤은 끊임없이 새로 태어나고 사라졌지만, 물속에서는 검출되지 않던 유독 성분이 세대를 거듭해 번식한 플랑크톤에서는 계속 발견되었다. 호수에 사는 동물들도 마찬가지였다. 화학물질 투입을 중단한 지 1년 후 실시한 분석에서 물고기, 새, 개구리 등에서도 역시 DDD가 검출되었다. 이 동물들의 체내에서 발견된 화학물질은 물속의 농축도보다 훨씬 더 강했다. DDD를 마지막으로 살포하고 9개월이 지나 부화한 물고기, 논병아리, 캘리포니아갈매기 등에서는 2000ppm까지 올라갔으니 말이다. 살충제를 뿌리기 전 1000여 개이던 논병아리 둥지가 1960년에는 30여 개로 대폭 감소했다. 하지만 이 30여 개의 둥지에서도 부화가 제대로 이루어지지 않았고, 마지막 DDD 살포 이후 태어난 논병아리는 그 수가 거의 눈에 띄지 않을 정도였다.

이런 연쇄적인 중독은 최초로 독극물을 받아들인 작은 식물체에서 비롯한 듯하다. 하지만 먹이사슬의 한쪽 끝에 자리 잡고 있으면서도 일련의 사건이 어떤 결과를 가져올지 모르는 사람들은 그저 낚시 도구를 챙겨 호수로 향한다. 호수에 낚싯줄을 드리워 잡은 물고기를 집으로 가져와 프라이팬에 올려놓고 저녁식사용으로 요리한다. 잔뜩 농축된 DDD나 그 밖의 유독한 화학물질 성분들은 인간에게 어떤 영향을 미칠까?

캘리포니아주 보건국에서는 호수 수질에 문제가 없다고 주장했지만, 1959년 이 호수에 DDD 투여를 중단했다. 화학물질이 지닌 심각한 생물학적 잠재성을 고려할 때, 이런 대응은 최소한의 안전장치로 여겨진다. DDD는 코르틴이라는 호르몬을 분비하는 부신의 일부분, 즉 부신피질이라는 외층 세포를 파괴하기 때문에 특별한 생리학적 문제를 일으킨다. 이런 문제는 1948년에 처음 알려졌는데, 그때는 개에게만 영향을 준다고 생각했다. 원숭이, 쥐, 토끼 등의 동물 실험에서는 별다른 문제가 나타나지 않았기 때문이다. DDD를 주입한 개는 애디슨병에 걸린 사람과 매우 비슷한 증상을 보였다. 최근 의학적 조사에 따르면 DDD가 인간의 부신피질 기능을 매우 억제하는 것으로 나타났다. 그런 세포 파괴력을 이용해 의료진들은 부신에서 발생하는 희귀한 암을 치료하기도 한다.

클리어 호수 사건으로 일반 대중은 의문을 갖게 되었다. 해충 방제를 위해 생리학적 문제를 일으키는 물질, 특히 위험한 화학물질을 물에 직접 살포하는 것이 현명하고 바람직한 일일까? 호수의 자연적 먹이사슬을 통한 폭발적 축적에서 볼 수 있듯이 살충제 농도를 아주 낮추어 사용한다고 해도 아무런 의미가 없다. 클리어 호수는 날로 증가하는 수질오염의 심각성을 보여주는 전형적인 사례로, 확실하고 손쉬운 해결책이라고 생각한 것이 사실 더 큰 문제를 불러온 경우이다. 사람들을 위해 각다귀 문제를 해결하겠다고 했지만 아무 설명이나 이해 없이 살충제를 투여한 결과, 호수에서 식량과 식수를 공급받는 사람들을 위험으로 몰아가는 비싼 대가를 치렀다.

고의적인 독극물 방류가 너무나도 일상적으로 자행된다는 것은 정말 놀라운 일이다. 이런 물을 식수원으로 사용한다는 사실을 생각하면 적절한 조치를 취해야 하는데, 그저 '취미 생활'을 즐기기 위해 이런 일을 저지르는 사람들이 있다. 저수지에서 낚시를 조금 더 쉽게 즐기려는 낚시꾼들은 당국을 설득해 모종의 계획을 실행하곤 한다. 원치 않는 어종을 몰살해 낚시꾼들의 입맛에 맞는 양식장의 물고기들로 대체하기 위해 화학물질을 투입하는 것이다. 이는 《이상한 나라의 앨리스》에나 등장할 법한 기이한 일이다. 저수지는 사람들에게 필요한 물을 공급하려고 만들었지 낚시꾼들을 위한 곳이 아니다. 그런데 낚시꾼들의 이런 계획을 잘 모르는 사람들은 그저 오염된 물을 마시거나 아니면 유독물질을 제거하고 수질을 정화하기 위해 세금을 더 내거나 둘 중 하나를 선택해야만 한다. 하지만 아무리 수질을 정화한다고 해도 유독물질을 완전히 걸러내기란 거의 불가능하다.

지하수와 지표수가 살충제와 기타 화학물질에 오염되어 발암물질까지도 공공용수에 섞여 들어갔다. 미국 국립암연구소의 W. C. 휴퍼 박사는 다음과 같이 경고했다. "앞으로는 오염된 물을 마셔 암에 걸리는 일이 점점 더 늘어날 것이다." 1950년대 초 네덜란드에서 발표한 한 연구는 오염된 상수원이 암을 일으킨다는 주장을 뒷받침해준다. 강에서 식수를 공급받는 도시들은 우물처럼 오염이 덜한 수원에서 물을 공급받는 도시들보다 암으로 인한 사망률이 더 높았다. 가장 널리 알려진 발암물질인 비소가 수질오염을 일으켜 암을 광범위하게 퍼뜨린 역사적 사례가 두 건 있다. 한 건은 광산의 광물 찌꺼기에 포함된 비소였고, 다른 한 건은 비소 함량이 높은 암석이 문제를 일으킨 경우였다. 비소 성분의 살충제를 과다 사용할 경우 이런 일이 되풀이될 수 있다. 살충제를 뿌린 토양에 비소가 남아 있다가 비가 내리면 이 비소 성분이 씻겨 내려가 땅속을 흐르는 지하수뿐 아니라 시냇물, 강, 저수지 등으로 이동하게 된다.

여기서 우리는, 자연을 구성하는 요소들은 그 어떤 것도 독자적으로 존재하지 않는다는 점을 기억해야 한다. 이 세상이 어떻게 오염되는지 좀더 확실하게 알려면 지구상의 또 다른 자원인 토양을 살펴봐야 한다.

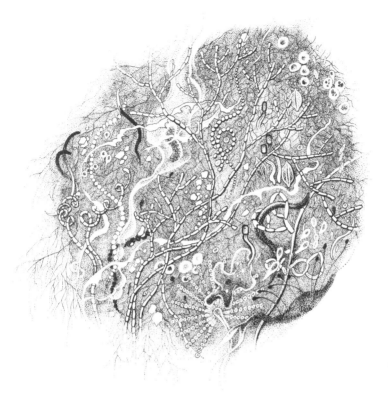

05

토양의 세계

대류의 표면을 덮고 있는 얇은 층인 토양은 인간을 비롯한 지상 모든 생물의 생존을 결정한다. 토양이 없다면 식물이 자라지 못하고 식물이 없으면 동물 역시 살아남을 수 없다.

농업에 기반을 둔 우리 생활이 토양에 의존하는 것처럼, 토양 역시 생명체들에 의존한다. 토양이 만들어지고 그 본질을 유지하는 데에는 식물과 동물이 중요한 몫을 담당한다. 영겁의 시간을 거슬러 올라가 생물과 무생물이 벌인 놀라운 상호작용으로 탄생한 생명체들이 토양을 만들어냈다. 화산이 이글거리는 불길과 함께 용암을 분출했을 때, 물이 가장 단단한 바위인 화강암을 비롯해 대륙의 일부분을 씻어 내렸을 때, 서리와 얼음이 날카로운 끌처럼 바위를 쪼개고 부수었을 때 토양의 모태가 만들어졌다. 그다음에 생물들이 등장해 창조적인 마술을 부리기 시작했다. 마치 죽은 듯 잠잠하던 이 모태가 조금씩 토양으로 변해갔다. 그리고 부서진 지의류 조각과 자그마한 곤충 껍데기, 바다에서 출현하기 시작한 동물군의 잔해들로 형성된 토양을 뚫고 이끼가 자라기 시작했다.

생물은 토양뿐 아니라 그 안에 존재하는 놀랄 만큼 풍부하고 다양한 다른 생물을 만들어냈다. 그렇지 않았더라면 토양은 불모의 상태로 남아 있었을 것이다. 무수히 많은 유기체의 존재와 그들의 활동 덕에 지구를 덮고 있는 푸른 외투가 계속 유지될 수 있었다.

토양은 시작도 끝도 없이 이어지는 순환 속에서 계속 변화를 겪고 있다. 바위 부스러기, 유기체의 부식물, 하늘에서 내리는 비에 섞인 질소와 그 밖의 기체 등 새로운 물질이 토양을 구성하는 데 일조한다. 동시에 토양을 구성하는 어떤 물질은 일시적으로 다른 생명체를 위해 쓰인 뒤 사라지기도 한다. 미묘하지만 중요한 구실을 하는 화학적 변화가 끊임없이 진행되면서, 토양은 대기와 물에서 추출한 원소들을 식물이 사용하기 적합하게 바꾸기도 한다. 이런 변화에서 능동적인 구실을 하는 것은 살아 있는 유기체들이다.

어두운 토양 속에 존재하는 비옥한 존재들 중에서, 정말 흥미롭지만 동시에 별다른 관심을 받지 못한 생명체는 이제까지 별로 연구가 이루어지지 않았다. 우리는 땅속 유기체들의 상호관련성과 그들이 사는 세계, 그 위의 세계에 관해 아는 것이 너무 없다.

토양 속의 생물체 중 가장 중요한 것은 눈에 보이지 않을 만큼 작은 박테리아와 실처럼 미세한 균류이다. 그 개체수는 천문학적 수치에 달할 정도다. 찻숟가락 한 술 정도의 토양에 수십억 마리의 박테리아가 포함되어 있다. 미세한 크기에도 불구하고 1에이커의 비옥한 토양에 들어 있는 박테리아를 모두 합한다면 무게가 1000파운드에 이를 것이다. 기다란 섬유상 형태로 자라는 방선균류는 박테리아보다 개체수는 적지만 무게가 더 많이 나가기 때문에 단위면적당 무게는 비슷하다. 박테리아와 균류는 작은 초록색 세포인 조류(藻類)와 더불어 미세한 토양식물계의 주류를 이룬다.

박테리아, 균류, 조류는 유기물을 썩게 만들어 동식물의 유체를 원래의 구성 원소인 무기물로 환원하는 데 중요한 구실을 한다. 이런 미생물이 없다면 토양, 대기, 살아 있는 생물 들을 통한 탄소와 질소의 순환은 이루어지지 않는다. 예를 들어 질소고정박테리아가 없다면 식물들은 질소로 가득한 대기 속에서 질소 부족으로 굶주려 죽을 것이다. 다른 유기체들이 만들어내는 이산화탄소는 바위를 부식시키는 데 도움을 준다. 토양미생물은 산화와 환원 과정을 거치면서 아연, 망간, 황 등의 무기물을 식물이 사용할 수 있는 형태로 변형시킨다.

응애와 날개 없는 원시 곤충인 톡토기 역시 엄청난 수를 자랑한다. 크기가 작은데도 이 곤충들은 식물의 잔해를 분쇄하고 숲에 떨어진 각종 쓰레기를 토양으로 분해하는 일을 돕는다. 이 미세한 존재들은 믿기 어려울 만큼 대단한 임무를 맡고 있다. 예를 들어 한 응애는 전나무의 뾰족한 잎 속에 숨어살면서 잎의 내부 조직을 소화한다. 응애가 일을 다 마치고 나면 나뭇잎의 겉껍질세포만 간신히 남을 정도다. 땅에 떨어진 많은 나뭇잎을 처리하는 성가신 임무는 토양과 숲길에 살고 있는 작은 곤충들의 몫이다. 이들은 나뭇잎을 부드럽게 만들어 소화하고 그 부패한 물질을 토양과 잘 섞어준다.

이렇게 끊임없이 애쓰는 작은 미생물이나 곤충과 더불어 토양 속에는 다른 생물들도 다양하게 존재한다. 박테리아부터 포유동물에 이르기까지 상당수의 생명체가 토양을 기반으로 생활한다. 그중 어떤 것은 어둠침침한 표면층에서만 생활하는가 하면 어떤 좋은 어두운 토양 속에서 동면을 취하며, 또 어떤 좋은 일생의 대부분을 땅속에서 보낸다. 그런가 하면 어떤 좋은 자신의 굴과 지상 세계를 자유롭게 오간다. 일반적으로 이런 생물들은 토양 속에 공기를 공급하고 식물로 덮인 토양에 물이 잘 투과하도록 돕는다.

토양 속에 사는 다양한 거주자 중 몸집은 미생물이나 곤충보다 조금 더 크지만, 지렁이만큼 중요한 생물은 없다. 75년 전쯤 찰스 다윈은 《지렁이의 활동과 분변토의 형성》이라는 책을 펴냈다. 이 책에서 다윈은 토양의 운반은 물론 지질학적 매개자로 활약하는 지렁이의 역할을 처음으로 널리 알렸다. 지렁이는 바위가 대부분을 차지하는 지표면에 부드러운 토양을 토해내는데, 그렇게 만들어내는 토양의 양은 연간 1에이커당 수톤에 이른다. 동시에 나뭇잎과 풀잎에 포함된 상당량의 유기물〔6개월간 1제곱야드(약 8.4제곱킬로미터)당 20파운드(약 9킬로그램)에 이른다〕을 땅속 굴로 끌고 들어가서 다른 토양과 잘 섞어준다. 다윈의 계산에 따르면 지렁이가 애써서 토양을 만들어낸 결과 10년이 지나면 1~1.5인치(2.54~3.8센티미터)의 토양이 지표면에 쌓이게 된다고 한다. 이게 전부가 아니다. 지렁이가 파놓은 구멍을 통해 토양에 공기가 공급되고 배수도 용이해지며 식물도 뿌리를 자유롭게 뻗는다. 지렁이 덕에 토양 속 박테리아의 질소 화합 능력이 배가되며 토양의 침식도 줄어든다. 유기물은 지렁이의 소화관을 통해 분해되어 배출되는데, 이 분비물 덕분에 토양은 더욱 비옥해진다.

토양은 서로 연결된 생물들로 촘촘하게 짜인 거미줄과도 같다. 생물은 토양에 의지해 살며, 토양 역시 공동체를 구성한 생물들이 번성할 때에만 이 지구상에 존재한다.

그런데 우리는 이런 중요한 문제에 별 관심을 보이지 않는다. 불모지로 만드는 화학약품을 직접 뿌리거나 숲·과수원·밭에 뿌린 살충제가 비에 섞여 토양에 스며들 때 토양을 구성하고 유지하는 이 다양한 생물에게 어떤 일들이 일어날까? 광범위 분광 살충제를 사용하면서 유기물질을 분해하는 데 필수적인 '익충'은 죽이지 않고 농작물을 해치는 토양 속 유충만 죽인다고 생각하는 것이 과연 합리적일까? 비특이적 살진균제를 사용하면서 나무뿌리에 기생해 그 나무가 토양에서 영양 성분을 추출하도록 돕는 곰팡이가 무사하기를 바랄 수 있을까?

과학자들조차 토양 생태계에 중요한 구실을 하는 이런 주인공들을 무시해왔고 방제 담당자들은 완전히 무시했다. 화학물질을 사용하는 해충 방제는 토양이 아무런 반격도 하지 않은 채 독극물을 그대로 수용하리라는 추측을 기반으로 이루어진다. 토양의 본성에 관해서는 아무런 배려도 없이 말이다.

지금까지 발표된 몇몇 연구에 따르면 살충제가 토양에 미치는 영향은 서서히 나타난다고 한다. 그렇다고 연구의 내용들이 늘 일치하는 것은 아니다. 토양의 종류가 다양하기 때문에 어떤 토양에서는 해가 되는 물질이 다른 토양에서는 별다른 문제를 일으키지 않는 것을 생각하면 별로 놀랄 일도 아니다. 비중이 가벼운 모래 토양은 습기가 많은 토양보다 훨씬 더 심각한 문제를 겪는다. 다양한 화학물질을 혼합해 만든 살충제는 각각의 화학물질을 따로 뿌릴 때보다 훨씬 더 심각한 문제를 일으킨다. 이렇게 그 영향이 조금씩 다르다고 해도 토양이 입는 피해는 계속 축적될 수 있기 때문에 과학자들의 우려를 불러일으켰다.

화학물질은 생명들에게 중요한 화학적 변이와 변형 과정에 문제를 일으키기도 한다. 식물이 대기 중에 들어 있는 질소를 고정해 질소를 합성해내는 질소동화가 좋은 예다. 제초제인 2,4-D는 질소동화작용을 일시적으로 방해한다. 최근 플로리다주에서 실시한 한 실험에 따르면 린데인, 헵타클로르, BHC(벤젠헥사클로라이드) 등은 살포 후 2주 만에 질소동화작용의 속도가 감소했다고 한다. BHC와 DDT는 살포한 지 1년이 지나도록 상당히 해로운 영향을 미친다. 또 BHC, 알드린, 린데인, 헵타클로르, DDD는 콩과식물 뿌리에서 자라는 뿌리혹박테리아의 성장을 방해한다. 아직 정확히 규명된 것은 아니지만 서로에게 큰 도움을 주는 균류와 초목들 사이의 관계가 심각한 타격을 입는 것이다.

이런 문제는 자연계가 추구하는 생물종들 사이의 미묘한 균형을 깨뜨리기도 한다. 다른 종들이 살충제 때문에 급속하게 감소하거나 포식자와 피식자의 관계가 방해를 받을 때 토양 속에 사는 특정 유기체가 폭발적으로 증가한다. 이러한 변화는 토양의 대사 활동을 변형시키고 생산성을 떨어뜨린다. 또 잠재적으로 위험성을 지녔지만 자연의 힘에 의해 적절히 통제되던 해로운 유기체가 갑자기 활성화해 각종 문제를 일으키기도 한다.

토양에 뿌리는 살충제와 관련해 꼭 기억해야 할 것은 그 독성이 몇 달 또는 심지어 몇 년까지도 지속된다는 사실이다. 알드린은 살포한 지 4년이 지나도록 검출되는데, 그 자체로 남아 있기도 하지만 대부분은 디엘드린으로 변형된다. 흰개미를 없애기 위해 사용한 톡사펜 성분이 살포 후 10년이 지나 그 모래 토양에서 검출된 적도 있다. 벤젠헥사클로라이드는 최소한 11년간 토양 속에 남아 있다. 헵타클로르 또는 이보다 독성이 더 강한 화학물질은 적어도 9년간 영향을 미친다. 클로르데인은 살포한 지 12년이 지나도 살포량의 15퍼센트가량이 토양에 그대로 남아 있다.

살충제를 아주 조금 사용한다고 해도 몇 년간 반복되면 엄청난 양이 토양 속에 쌓이게 된다. 염화탄화수소는 지속력이 강하고 잔류성이 높기 때문에 이전 살포 때 남아 있던 양에 새롭게 살포한 양이 계속 축적된다. "1에이커당 DDT 1파운드 정도는 해가 없다"는 오래된 전설은 살포가 거듭되는 상황에 이르면 아무런 의미가 없다. 감자밭의 1에이커당 DDT 함유량이 15파운드에 이르렀고, 옥수수밭의 경우는 19파운드에 이르는 것으로 나타났다. 크랜베리 재배지를 조사했더니 DDT가 1에이커당 34.5파운드에 달하기도 했다. 사과 과수원의 토양은 오염의 절정이라 할 수 있다. 매년 살포한 DDT 양이 말 그대로 차곡차곡 축적되었기 때문이다. 사과 과수원에서는 한 철에만 4~5차례 DDT를 뿌린다. 심할 경우 그 잔류량이 30~50파운드에 달한다. 수년간 축적된 살충제 잔류물을 살펴본 결과 나무와 나무 사이의 토양에서는 26~60파운드, 나무 바로 아래 토양에서는 113파운드에 달하는 것으로 조사되었다.

토양의 영구적 오염을 초래하는 고전적인 주범은 비소다. 1940년대 이후 담배 농사에 사용하던 비소는 상당 부분 다른 유기화학 살충제로 대체되었지만, 1932년에서 1952년 사이 **미국에서 재배한 담배에 포함된 비소의 양은 오히려 300퍼센트나 증가했다.** 나중에 발표된 연구에 따르면, 그 증가치는 최고 600퍼센트에 달하는 것으로 나타났다. 비소 중독의 권위자인 헨리 새털리(Henry S. Satterlee) 박사는, 유기 살충제가 비소를 대체했어도 예전에 사용한 중금속성·불용해성 비산납이 담배 농장의 토양에 그대로 남아 있어서 새로 심은 담배가 예전에 뿌린 독극물을 계속 빨아들인 때문이라고 말한다. 그에 따르면 이런 담배 농장의 토양은 '독성이 계속 축적되어 영원한 중독 상태'라는 것이다. 비소 살충제를 사용하지 않는 지중해 동부의 담배 농장에서는 비소 증가가 감지되지 않았다.

여기서 우리는 두 번째 문제를 만나게 된다. 토양에 어떤 문제가 생기는지에만 관심을 가져서는 안 된다는 사실이다. 식물 조직이 오염된 토양에서 흡수한 살충제의 양이 얼마나 되는지도 신경 써야 한다. 그 양은 토양과 작물의 특징, 사용한 살충제의 특징과 농축도에 따라 다르다. 유기물 함량이 높은 토양은 유독 성분을 비교적 잘 배출하는데, 당근은 다른 작물보다 유독 성분을 더 많이 흡수하는 것으로 나타났다. 그래서 린데인을 뿌릴 경우 당근이 토양보다 훨씬 더 높은 농축도를 나타낸다. 앞으로는 농작물을 심기 전에 살충제 사용을 위한 토양 분석이 필요할지도 모를 일이다. 그렇지 않으면 살충제를 뿌리지도 않았는데 농작물이 토양 속에 남아 있던 농약을 빨아들여 시장에 내다 팔 수 없게 될 것이기 때문이다.

이런 오염은 유독성 살충제를 뿌린 과일이나 채소를 어쩔 수 없이 사들여야만 하는 유아식 제조업자에게는 골치 아픈 문제다. 가장 큰 고민거리는 벤젠헥사클로라이드(BHC)다. 이 물질은 식물의 뿌리와 구근을 통해 흡수되는데, 곰팡이 냄새와 맛으로 그 존재를 드러낸다. 유아식 제조업체는 캘리포니아주의 한 농장이 공급한 고구마에서 2년 전 뿌린 BHC의 잔류물이 검출되는 바람에 구매를 취소할 수밖에 없었다. 또 어떤 해에는 필요한 고구마를 사우스캐롤라이나주의 한 회사에서 공급받기로 계약했다가 재배지에서 유독물질이 검출되는 바람에 재정적 손실을 감수하며 시장에서 고구마를 또 사야만 하는 일도 있었다. 이런 식으로 몇 년간 여러 주에서 재배한 다양한 과일과 채소가 구매를 거부 당했다. 그중 가장 다루기 힘든 것이 땅콩이다. 남부 몇몇 주에서는 대부분 땅콩과 면화를 돌려짓기하는데, 이때 BHC를 상당히 많이 사용한다. 이런 토양에서 자란 땅콩은 상당량의 살충제를 흡수한다. 곰팡이 냄새와 맛만으로도 땅콩에 살충제가 섞여 들어갔음을 확인할 수 있다. 하지만 이 화학물질은 땅콩 열매에까지 침투하는데 도저히 제거할 수가 없다. 가공 과정에서도 곰팡이 냄새와 맛이 제거되기는커녕 오히려 유독 성분이 강화될 뿐이다. 따라서 제조업자가 선택할 수 있는 유일한 방법은 BHC를 뿌려 재배했거나 화학물질로 오염된 땅에서 재배한 농작물을 거부하는 길뿐이다.

유독성 화학물질은 농작물에도 큰 문제를 일으킨다. 살충제 오염이 지속되는 한 그 해악은 토양 속에 남아 있게 마련인데, 어떤 살충제는 콩·밀·보리·호밀 등 민감한 작물에 영향을 주어 뿌리의 발달을 저해하거나 씨앗의 생장을 막기도 한다. 위싱턴주와 아이다호주의 홉 재배 농들이 겪은 일이 그 예다. 1955년 봄 동안 이들은 홉 뿌리에 기생하는 딸기뿌리바구미를 제거하기 위해 대규모 방제 사업을 실행했다. 농업 전문가와 살충제 제조업자의 조언에 따라 이들은 방제 약으로 헵타클로르를 선택했다. 헵타클로르를 사용한 지 1년 후 나무줄기가 시들더니 말라죽기 시작했다. 살충제를 뿌리지 않은 밭에는 아무런 문제가 없었다. 살충제를 뿌린 밭과 뿌리지 않은 밭 사이의 경계에서 병의 전파가 멈추었다. 많은 비용을 들여 다시 홉을 심었지만 그다음 해 새로 심은 나무의 뿌리 역시 죽어가기 시작했다. 4년이 지나도 토양 속에 헵타클로르가 남아 있었는데, 과학자들은 이런 유독 성분이 얼마나 오랫동안 남아 있을지 예상할 수 없었고, 상황을 개선하기 위한 어떤 조언도 할 수 없었다. 홉 재배지에 헵타클로르를 뿌려도 안전하다고 발표한 농무부에서는 1959년 3월이 되어서야 뒤늦게 이 농약의 사용 허가를 취소했다. 그러는 동안 홉 재배농들은 배상을 요구하기 위해 법정을 찾았다.

살충제 사용이 멈추지 않고 화학 잔류물이 토양 속에 계속 축적되면서, 우리가 심각한 문제를 향해 달려가고 있음이 확실해졌다. 1960년 시러큐스 대학교에서 만난 일단의 과학자들도 이런 사실에 의견 일치를 보았다. 이들은 화학물질이나 방사능물질처럼 '잠재적으로 위험을 지니며 제대로 알려지지도 않은 수단'의 사용에 관해 다음과 같이 요약했다. "인간이 행하는 몇몇 잘못된 시도는 토양의 생산성을 파괴할 것이며, 결국 절지동물이 이 땅의 주인이 될 것이다."

지구의 녹색 외투

물, 토양 그리고 지구의 녹색 외투라 할 수 있는 식물들 덕분에 지상에서 동물들이 살아갈 수 있다. 현대인들은 이런 사실을 잘 기억하지 못한다. 하지만 태양 에너지를 이용해 우리의 식량을 만들어주는 식물이 없다면, 인간은 존재 자체가 불가능하다. 그런데 이런 식물에 대해 우리는 정말로 편협한 태도를 보인다. 즉각적인 이용 가치가 있다고 생각하면 그 식물을 잘 키우고 보살핀다. 하지만 지금 당장 별로 바람직하지 않거나 관심 없는 거라면 즉시 없애버린다. 인간이나 가축에게 해를 끼치는 식물뿐 아니라 먹을거리를 제공해주는 식물이라고 해도 우리의 좁은 소견으로 볼 때 잘못된 시간, 잘못된 장소에 있다면 바로 제거의 표적이 된다. 사람들이 별로 원치 않는 식물과 연관이 있다는 이유만으로 제거되는 식물도 있다.

식물과 대지, 식물과 식물, 식물과 동물 사이에는 절대 끊을 수 없는 친밀하고 필수적인 관계가 존재한다. 식물 역시 생명계를 구성하는 거대한 네트워크의 일부다. 우리는 가끔 이런 관계를 교란하는 선택을 하는데, 그렇다고 해도 한참 뒤 멀리 떨어진 곳에서 그 결과가 어떻게 나타날지 정신을 바짝 차리고 사려 깊게 생각해야 한다. 하지만 번창하는 '제초제' 산업을 보면 이런 겸손함은 전혀 찾아볼 수 없다. 제초제의 치솟는 판매량과 급증하는 사용량이 오늘날의 상황을 잘 보여준다.

산쑥의 일종인 세이지가 번성한 미국 서부 지역에서 분별없는 생각 때문에 파괴된 풍경의 가장 비극적인 예를 찾아볼 수 있다. 사람들은 넓은 지역에 자라는 세이지를 없애고 대신 여기에 초지를 만들었다. 어떤 일을 계획할 때는 그 주변 역사와 풍토를 고려해야만 한다. 자연 식생은 그 환경을 구성하는 다양한 생물이 벌이는 상호작용의 표현이기 때문이다. 왜 이런 경관을 갖추게 되었는지, 왜 있는 그대로 보존해야 하는지 그 이유가 우리 눈앞에 펼쳐져 있다. 마치 활짝 펼쳐진 책처럼 말이다. 하지만 우리는 그 펼쳐진 페이지조차 읽지 않는다.

세이지는 미국 서부의 고원지대와 그 위로 솟아오른 산등성이에서 자란다. 수백만 년 전 로키산맥의 융기로 생성된 이 지역의 기후는 극단적이다. 겨울이면 산 정상에서 눈보라가 몰아쳐 초원에 눈이 엄청 쌓이고, 여름이면 충분치 않은 비가 열기만 조금 식혀줄 뿐 가뭄으로 땅이 타들어가고 건조한 바람이 나뭇잎과 줄기에서 수분을 훔쳐간다.

자연 식생이 진화하면서 이런 바람 부는 고지대를 서로 차지하려는 식물들은 오랜 기간 시행착오의 과정을 거쳤다. 몇 번의 시도가 차례로 실패했다. 마침내 이런 환경에 적합한 모든 조건을 갖춘 식물 한 종이 등장했다. 키 작은 관목인 세이지는 산등성이와 초원에 자리 잡았는데, 자그마한 회색 잎은 수분을 훔쳐가는 바람을 막아내기에 적합했다. 이는 결코 우연이 아니라 오랫동안 자연이 실험한 결과이며, 그렇기 때문에 서부의 넓은 초원이 세이지로 뒤덮이게 된 것이다.

식물처럼 동물 역시 환경에 맞춰 자리를 잡아나간다. 세이지와 마찬가지로 이런 환경에 완벽하게 적응한 두 종류의 동물이 나타났다. 한 종은 포유류로, 날쌔고 우아한 가지뿔영양이다. 또 다른 종은 뇌조의 일종인 산쑥들꿩으로, 19세기 초반 미국의 미개척지 탐사에 나섰던 유명한 모험가 루이스와 클라크는 이 새를 '평원의 수탉'이라 일컫기도 했다.

세이지와 뇌조는 상부상조하며 사는 듯하다. 이 새의 서식지는 세이지의 생육지와 일치하는데, 세이지가 자라는 땅이 줄어들면서 뇌조의 수 역시 급감했다. 평원에 사는 새에게 세이지는 모든 것을 공급해준다. 산기슭에서 자라는 키 작은 세이지는 새 둥지와 어린 새들을 안전하게 보호해주었고, 조금 더 무성한 세이지 관목숲은 새들이 놀거나 쉴 수 있는 장소가 되었다. 또 세이지는 늘 새들에게 먹이를 공급해주었다. 뇌조 역시 세이지에게 큰 도움을 준다. 이 관계는 쌍방향이다. 뇌조의 짝짓기는 볼 만한 광경인데, 이때 뇌조는 세이지가 뿌리내린 토양과 그 주변 일대를 파헤쳐서 세이지 관목 밑에서 풀들이 안전하게 자랄 수 있도록 돕는다.

영양 역시 세이지의 생태에 맞춰 적응해갔다. 영양은 고원에서 가장 중요한 동물인데, 여름에는 산 위에서 지내다가 겨울에 눈이 내리면 좀

더 낮은 지대로 내려온다. 이곳에서 자라는 세이지는 영양이 겨울을 나는 동안 좋은 먹이가 된다. 겨울이 되면 다른 잎은 모두 떨어지지만 상록수인 세이지의 회녹색 잎―쌉쌀한 맛에 향기가 나며 단백질·지방·필수 무기질이 풍부하다―은 무성한 관목 줄기에 그대로 달려 있다. 눈이 많이 쌓여도 세이지의 윗부분은 눈 위로 드러나며, 또 영양이 앞발의 뾰족한 발굽으로 눈을 헤쳐서 그 잎을 찾아낼 수도 있다. 뇌조 역시 바위 절벽에서 자라거나 영양이 헤쳐놓은 눈 속의 세이지를 먹기도 한다.

다른 생물들 역시 세이지에 의존한다. 뮬사슴(노새사슴)도 자주 세이지를 뜯어먹는다. 겨울을 힘들게 나야 하는 가축들에게 세이지는 절대적인 생존 수단이다. 양들은 순림(純林)이나 다름없는 커다란 세이지 지대에서 겨울을 난다. 세이지는 알팔파보다 훨씬 더 영양분이 풍부해서 양들은 1년 중 절반가량 세이지를 주식으로 한다.

혹독한 고원지대, 세이지가 자라는 보랏빛 황무지, 재빠른 야생 영양, 뇌조는 완벽한 조화를 이루는 자연 체계를 구축했다. 하지만 이 말이 지금도 적용되는 것은 아니다. 적어도 인간이 자연을 개발한 이후에는 광대한 지역에 걸쳐 더욱 그렇다. 진보라는 이름을 내세우고 있지만, 결국 지역개발 담당자들은 더 많은 목초지를 요구하는 탐욕스러운 목축업자들을 만족시킬 뿐이다. 그들이 말하는 목초지란 세이지가 나지 않는 땅을 의미한다. 자연이 선택한 땅에서는 목초와 세이지가 함께 섞여 자라지만 사람들은 세이지를 없애버린 완전한 목초지를 요구한다. 이런 상태의 목초지로 만드는 것이 안정적이고 바람직한 목표인지 질문하는 사람은 별로 없다. 하지만 이 문제에 자연은 좀 다른 대답을 내놓는다. 비가 별로 내리지 않는 지역인지라 목초가 자라기에는 강수량이 충분치 않다. 그렇지만 세이지가 자라는 그늘 밑에서는 다발풀이라는 여러해살이 볏과 초본식물이 자랄 수 있다.

그런데도 상당한 기간 동안 세이지 박멸 사업이 진행되었다. 몇몇 정부 기관은 여기에 적극적으로 참여했다. 목초 종자뿐 아니라 수확, 경작, 파종에 필요한 각종 농기구 시장을 넓히기 위해 산업계 역시 열성적으로 뛰어들었다. 이를 위해 새롭게 추가한 무기가 바로 화학 제초제였다. 수백만 에이커의 세이지 초지에 매년 제초제를 뿌렸다.

그 결과 어떻게 되었을까? 세이지를 모두 없애버리고 목초 종자를 뿌리면 더욱 성공적이라는 기대는 헛물에 지나지 않았다. 오랫동안 농사를 지어본 경험이 있는 사람들에 따르면, 이런 지역에서는 수분을 충분히 함유한 세이지를 제거하고 목초만 심는 것보다 세이지와 함께 심거나 세이지 밑에 심을 때 오히려 목초가 더 잘 자란다고 한다.

인위적 사업을 시행하면 즉각적인 목표는 달성할지 몰라도, 잘 짜여진 생태계 네트워크에 문제가 생긴다. 세이지가 사라지자 영양과 뇌조도 더불어 사라졌다. 사슴도 고난을 겪고 야생의 자연계가 무너져 내리면서 땅도 더욱 척박해졌다. 목초지를 만들어주면 가축도 더 많은 혜택을 누리리라 생각했지만 결과는 정반대였다. 비록 여름에는 푸른 목초가 풍성하지만, 세이지와 장미과 관목 비터브러시(bitterbrush) 등 야생식물이 사라진 뒤 한겨울 눈보라 속에서 가축들은 굶주림에 시달렸다.

이런 결과는 직접 눈으로 확인할 수 있다. 이와 더불어 무차별적으로 자연을 파괴하는 간접적인 영향도 나타났다. 원래 제거 대상이 아니었던 식물도 상당수 사라져버린 것이다. 윌리엄 O. 더글러스 판사는 저서 《나의 황무지: 커타딘의 동쪽(My Wilderness: East to Katahdin)》에서 미국 산림청이 와이오밍주의 브리저국유림에서 벌인 환경 파괴 행위를 생생하게 소개하고 있다. 더 넓은 초지를 요구하는 목축업자들의 압력에 굴복한 산림청은 세이지가 자라는 1만 에이커의 땅에 제초제를 뿌렸다. 계획한 대로 세이지가 모두 사라졌다. 하지만 초원을 가로질러 흐르는 시냇가를 따라 자라던 버드나무마저 죽어버렸다. 북아메리카산 큰사슴인 무스는 버드나무 숲속에 사는데, 버드나무와 무스의 관계는 세이지와 뇌조의 관계와 흡사하다. 비버도 버드나무를 잘라 작은 시냇물을 가로지르는 튼튼한 댐을 만들어 산다. 비버의 수고 덕에 강가나 시냇가에 작은 호수가 만들어진다. 산기슭 시냇가에 사는 송어는 6인치(약 15센티미터) 정도에 지나지 않지만, 이렇게 만들어진 호수에서는 5파운드(약 2.3킬로그램)에 이를 만큼 잘 크곤 했다. 물새 역시 호수로 모여들었다. 버드나무가 있고, 비버가 버드나무로 집을 짓는 이 호수 일대는 낚시와 사냥에 적합한 매혹적인 휴양지였다.

하지만 산림청이 고안해낸 '개발 사업'의 일환으로 제초제를 뿌리자 버드나무도 무차별적으로 희생당했다. 제초제를 뿌린 1959년 이 일대를 방문한 더글러스 판사는 버드나무가 모두 시들어가는 "믿을 수 없을 만큼 심각하고 광범위한 피해"에 깜짝 놀랐다고 한다. 그렇다면 무스는 어떻게 되었을까? 비버와 비버가 건설한 작은 세계는 어떻게 되었을까? 1년 뒤 더글러스 판사는 이 황폐해진 공간으로 돌아와 그 해답을 확인했다. 무스는 사라져버렸고 비버도 마찬가지였다. 솜씨 좋은 건축가인 비버가 더 이상 관심을 보이지 않자 댐도 사라지고 작은 호수마저 말라버렸다. 커다란 송어들도 떠나갔다. 그늘 하나 없이 뜨겁고 헐벗은 대지를 지나가는 시냇물에서는 절대로 살 수 없었기 때문이다.

매년 400만 에이커 이상의 방목지에만 제초제를 뿌린 게 아니라 다른 땅에도 잡초 제거를 위한 잠재적 또는 실질적인 화학 처리를 실시했다. 미국 동부 뉴잉글랜드 지방의 전체 면적보다 더 넓은 5000만 에이커를 공공사업체가 운영하는데, 이 중 상당수가 '밑깎기(brush control)'라는 이름으로 정기적인 처치를 받는다. 콩과 식물인 메스키트를 재배하는 7500만 에이커 상당의 미국 남서부 지역 토지에는 화학 방제가 적극적으로 이루어진다. 정확히 알려지지는 않았지만 침엽수보다 저항성이 약하고 비교적 가벼운 나무들을 '제거'하기 위해 넓은 삼림에 화학약품을 공중 살포하곤 했다. 제초제를 뿌린 농업용지는 1949년 이후 10여 년이 지나는 동안 2배로 늘어나 1959년에는 5300만 에이커에 달할 지경이었다. 제초제를 개인 잔디밭, 공원, 골프장 등에도 뿌리는 것을 감안하면 그 규모는 가히 천문학적이라 할 만하다.

화학 제초제는 새 장난감이나 마찬가지고, 이런 제초제들은 신기한 방식으로 작동한다. 즉 제초제로 사람들은 자연에 경박하게 권위를 행사하고, 제초제 사용과 관련해 장기적 인식과 그 불확실한 효과를 언급하면 '비관론자들의 근거 없는 상상'으로 치부한다. 농약살포기가 농기구를 대신하는 세상에서 '농업기술자'들은 부주의하게 '화학적 영농을 이야기한다. 수천 군데 마을의 촌로들은 길가의 '잡목'을 싼값에 없애준다는 살충제 판매원과 열성적 방제업자들의 이야기에 솔깃한다. 비용이 잔디 깎는 값보다도 싸다는 말 때문이다. 어쩌면 공식 회계장부에는 그 경제적 비용이 깔끔한 수치로 표시될지 모른다. 하지만 진정한 비용은 돈으로만 환산한 것이 아니라 실질적으로 고려할 가치가 있는 숨은 비용도 포함한 것이어야 한다. 장기적 안목에서 볼 때, 화학물질을 대규모로 살포하면 주변 환경은 물론 이 환경에 의지하는 생물들의 건강도 심각한 손상을 입으므로 그 금전적 비용은 훨씬 더 비싸질 것이다.

이 나라 모든 시골 마을의 주민들이 관심을 갖는 관광객들의 호감도를 예로 들어보자. 예전에는 보기 좋던 도로가 화학 살충제 때문에 흉하게 변하고, 양치류와 들꽃, 꽃과 나무열매로 아름답던 자생 관목숲은 누렇게 시들어가는 모습을 보고 분노의 소리가 점점 더 높아지고 있다. 뉴잉글랜드 지방의 한 성난 여성은 신문에 다음과 같은 글을 기고했다. "길가에는 더럽고 누렇게 시들어 거의 말라죽은 흉한 덤불만 남아 있다. 아름다운 경치를 광고하기 위해 당국은 많은 돈을 들이지만, 이는 관광객들이 원하는 풍경은 아닐 것이다."

1960년 여름, 미국 각지의 환경보호론자들이 메인주의 평화로운 섬에 모여들었다. 소유주인 밀리센트 토드 빙엄(Millicent Todd Bingham)이 섬을 자연보호단체인 오듀본 협회에 기증하는 장면을 지켜보기 위해서였다. 이날의 주요한 관심사는 자연환경의 보호와 미생물에서 인간에 이르기까지 서로 긴밀하게 연결된 복잡한 생명 네트워크의 보전이었다. 하지만 방문객들은 이 섬으로 오는 도중에 목격한 도로변의 풍경에 분개해 많은 이야기를 나누었다. 예전에는 상록수가 우거진 숲 사이로 소귀나무, 소귀나뭇과 관목, 오리나무, 허클베리(진달랫과의 관목―옮긴이) 들이 죽 늘어선 길을 보며 즐거움을 만끽하곤 했다. 그런데 모든 것이 황폐해져 있었다. 한 환경보호론자는 메인주를 향해 떠난 8월 순례 길에 대해 이렇게 적었다. "메인주에서 돌아오는 길에 황폐해진 길가를 바라보며 분노를 느꼈다. 예전에는 들꽃과 매혹적인 관목으로 무성하던 곳이 이제는 몇 마일이고 죽은 식물만 계속 이어지는 상처투성이가 되어버렸다. ……경제적 측면에서 관광객들에게 외면당한 이 상황을 메인주는 어떻게 받아들일 것인가?"

메인주의 아름다운 풍경을 사랑하는 우리에게는 정말 슬픈 일이지만, 도로 주변에서 확인한 장면은 이 나라 전체에서 도로변 잡목 제거라는 미명 아래 이뤄지는 분별없는 파괴 행위 중 하나에 지나지 않는다.

코네티컷수목원의 식물학자들은 아름다운 자생 관목과 들꽃을 없애 버리는 것이 '도로변 위기'를 초래했다고 천명했다. 진달래, 칼미아, 블루베리, 허클베리, 가막살나무, 미국산딸나무, 소귀나무, 소귀나뭇과 관목, 채진목, 미국낙상홍, 초크체리 등이 화학약품 공격에 죽어가고 있다. 풍경에 우아함과 아름다움을 더해주던 데이지, 검은눈천인국, 야생 당근, 미역취, 가을과꽃도 마찬가지였다.

제초제 살포와 관련해 제대로 된 계획이 없었을뿐더러 실행 과정도 형편없었다. 뉴잉글랜드 남부의 한 마을에서는 막 작업을 끝낸 일꾼의 탱크 속에 제초제가 약간 남아 있었다. 그는 탱크에 든 약물을 제초제 살포가 금지된 길가에 몰래 버렸다. 그 결과 이 마을은 가을이면 길가를 푸른색과 황금색으로 물들이던 멋진 경치, 과꽃과 미역취가 만들어내는 장관과 영영 이별하게 되었다. 또 다른 마을에서는 인부가 도로관리 담당자에게 아예 알리지도 않은 채 제초제 살포 규정을 바꾸어, 4피트(약 1.2미터) 미만 초목에만 뿌리도록 되어 있는 제초제를 8피트(약 2.4미터) 높이의 식물에까지 뿌렸다. 그 결과 이 일대 초목과 나무들이 연이어 누렇게 말라죽었다. 또 매사추세츠주의 한 마을에서는 열성적인 화학약품 판매원에게 제초제를 구입했는데, 여기에 비소 성분이 함유되어 있다는 사실을 미처 알지 못한 주민들이 이 약품을 길가에 뿌리는 바람에 소 20여 마리가 비소 중독으로 죽는 일이 발생했다.

1957년 코네티컷수목원 자연보호구역 내 나무들은 워터포드 마을에서 길가에 화학 제초제를 뿌리는 바람에 심각하게 훼손되었다. 제초제 세례를 직접 받지 않은 키 큰 나무들도 피해를 입었다. 계절이 봄이라 한창 자랄 때인 참나무 잎은 끝이 돌돌 말리며 갈색으로 변했다. 새순이 돋더니 비정상적인 속도로 자라 길게 늘어질 지경에까지 이르렀다. 가을 무렵이 되자 나무의 긴 가지들이 다 죽어버리고 어떤 가지는 아예 잎이 나지도 않았으며, 그 형태가 일그러지더니 나뭇가지 전체가 축 늘어져버렸다.

오리나무, 가막살나무, 소귀나뭇과 관목, 노간주나무가 계절마다 아름다운 꽃을 피우고 가을이 되면 보석 같은 열매를 주렁주렁 매달던 아름다운 풍경이 기억에 선하다. 자동차가 많이 지나다니지 않는 이런 길에는 나무가 운전자의 시야를 방해하는 급커브길이나 교차로가 거의 없었다. 하지만 제초제를 뿌리는 사람들이 들이닥치면서 몇 마일이나 되는 이 길에 대한 재빠른 검토가 이루어졌고, 그 결과 화학기사 멋대로 만들어낸 불모의 무서운 세계가 등장했다. 하지만 이 과정에서 당국이 여기저기서 잠시 주춤했고 우연찮게 실수를 저지르는 바람에 그나마 몇 군데는 가혹하고 엄격한 제초제 세례를 피할 수 있었다. 그렇게 남은 아름다운 길 덕분에 도로 대부분에서 벌어진 신성모독의 참상이 그나마 조금 참을 만하게 되었다. 흰꽃토끼풀이나 자주색꽃살갈퀴의 꽃무더기, 타오르는 듯 화려하게 피어 있는 붉은백합을 보면 누구나 기분이 좋아진다.

하지만 화학약품을 팔거나 살포하는 사람들에게는 이런 식물이 그저 '잡초'일 뿐이다. 이제는 상설기구가 된 잡초방제협의회에서는 《대응》이라는 소책자를 발행하는데, 여기에 제초제 사용에 관한 언급이 담겨 있다. 저자는 "문제가 되는 식물과 함께 있어서 어쩔 수 없다"며 유익한 식물을 죽이는 행위를 옹호했다. 그는 길가의 들꽃을 없애버린다고 불평하는 사람들을 보면 "길 잃은 개의 생명이 어린아이의 목숨보다 더 소중하다"고 주장하는 생체해부반대론자들이 떠오른다고 밝혔다.

이 보고서를 펴낸 저자는 의심의 여지없이 환경보호에 관심이 많은 사람을 성격이상자로 생각할 것이다. 그들이 불에 탄 듯 그을린 길가 풍경과 바스라질 듯 누렇게 변한 관목숲, 한때는 레이스처럼 우아한 모습을 자랑하던 양치류 식물들이 시들어 축 늘어진 풍경보다 삵갈퀴·토끼풀·붉은백합이 보여주는 미묘하고 덧없는 아름다움을 더 좋아하기 때문이다. '잡초'를 참아낼 수 있고, 잡초 제거 장면을 보며 마음 아파하고, 인간이 사악한 자연에 대항해 승리를 거두었다며 목소리를 높이지 않는다는 이유로 그 책의 저자는 우리를 유약한 사람이라고 판정한다.

시민들이 세이지 숲의 무차별 농약 살포에 항의하자 연방 정부 차원의 담당자들이 모여 토론을 벌였다. 이 회합에 참가한 더글러스 판사가 그날 오고간 이야기를 들려주었다. 정부 담당자들은 들꽃에 피해를 주어서는 안 된다며 살충제 살포를 반대한 한 노부인의 이야기를 하면서 '터무니없고 우스운 일'이라며 비웃었다고 한다. "그러나 목축업자에게 초원을 찾아다닐 권리가 있고 나무꾼에게 벌목할 권리가 있듯이, 이 노인에게는 들꽃을 즐기는 것이 도저히 포기할 수 없는 권리이기도 하다." 인도적이고 지각 있는 법조인에게 물어보라. "야생의 자연 생태계가 지닌 심미적 가치는 산기슭에 묻힌 구리나 금맥 또는 우거진 숲만큼이나 우리가 물려받아 보호해야 하는 유산이다."

물론, 길가의 식생을 보전해야 하는 이유가 단지 심미적 측면 때문만은 아니다. 자연의 경제 체제에서 식물은 필수적인 위치를 차지한다. 도로변에 심거나 농경지의 경계를 이루는 산울타리는 새들에게 식량·은신처·둥지 등을 제공하고, 다른 작은 동물들에게도 좋은 집의 구실을 한다. 미국 동부 몇 개 주의 길가에 서식하는 관목 70여 종과 덩굴 식물 65종은 야생동물의 중요한 먹이가 된다.

이런 식물들은 야생벌을 비롯해 꽃가루를 날라주는 곤충들의 생활 근거지이기도 하다. 인간은 생각보다 훨씬 더 많이 이런 곤충들에게 의존한다. 농부들도 야생벌의 가치를 제대로 이해하지 못하기 때문에 그들이 주는 혜택을 놓쳐버린다. 농작물과 야생식물의 가루받이를 부분적으로 또는 전적으로 책임지는 것은 곤충이다. 몇 백 종류의 야생벌이 농작물의 가루받이에 참여하는데, 알팔파 꽃만 찾아다니는 벌만 해도 100여 종에 이른다. 곤충이 가루받이를 돕지 않는다면, 야생초원의 토양을 유지하는 것은 물론 그 토양을 비옥하게 만들어주는 식물이 죽어갈 것이고, 지역 전체의 생태계에도 상당히 심각한 영향을 미칠 것이다. 초원, 관목숲, 삼림이 계속 번성하기 위해서는 곤충들의 도움이 필요하다. 이런 식물들이 없으면 야생동물과 목장의 가축 역시 먹이를 찾기 어려워질 것이다. 잡초가 없는 농지를 만들기 위해 화학물질을 사용해 산울타리와 잡초를 제거하면서 꽃가루를 옮겨주는 곤충의 마지막 성역이 파괴되고 생명과 생명을 연결해주는 결합도 깨지고 말았다.

누구나 알고 있듯 농업과 경관 면에서 필수불가결한 존재인 곤충은, 지각없는 서식지 파괴 그 이상의 대접을 받을 가치가 충분하다. 꿀벌과 야생벌은 미역취, 겨자, 민들레 같은 '잡초'의 꽃가루를 어린 새끼들의 먹이로 삼는다. 살갈퀴는 이른 봄 알팔파가 활짝 피어나 꽃가루를 딸 준비가 되기 전까지 벌들의 중요한 먹이다. 다른 먹이를 발견할 수 없는 가을철이 되면 벌들은 월동 준비를 위해 미역취 꽃가루를 모은다. 자연이 스스로 결정한 이런 정확하고 섬세한 타이밍에 따라 어떤 야생벌은 버드나무 꽃이 피기 시작하는 바로 그날 등장한다. 이런 사실을 이해하는 사람이 없지는 않겠지만, 화학물질의 무차별 살포를 명령하는 사람이 그러한 사실을 모른다는 것이 문제다.

야생동물을 보호하기 위한 적절한 서식지의 필요성을 이해하는 사람은 어디로 갔을까? 그들 중 너무 많은 사람이, 제초제가 야생동물에게 '무해하다'고 주장한다. 제초제가 살충제보다 독성이 덜하다고 생각하기 때문이다. 하지만 제초제가 비처럼 숲과 밭, 습지와 목장에 쏟아져 내리면 엄청난 변화가 일어나고 야생동물 서식지는 영구적으로 파괴된다. 야생동물의 보금자리와 먹이를 파괴하는 것은 장기적으로 보면 이런 동물을 죽이는 것보다 훨씬 더 나쁜 일일 수 있다.

도로와 철로 변에 화학약품이 집중 살포되면서 어이없는 일이 이중으로 일어났다. 문제를 해결한다면서 그 문제를 영속화했기 때문이다. 경험을 통해 이미 확인한 것처럼, 제초제를 아무리 흠뻑 뿌려도 도로변의 '잡목'을 영구히 제거할 수는 없으며, 그러다 보니 제초제 살포가 해마다 거듭되게 마련이다. 더 어이없는 일은 장기적으로 식물 개체군을 조절할 수 있으며 제초제의 무차별 살포를 막을 수 있는 **선택적** 살포라는 안전한 방식이 존재하는데도 이를 무시한다는 사실이다.

도로와 철로 변의 잡목을 제거한다며 모든 식물을 없애는 것은 옳지 않다. 키가 너무 자라서 운전자의 시야를 가리거나 철로 주변의 전선에 방해가 되는 식물을 제거하는 것이 방제의 목적이다. 여기서 말하는 식물이란 결국 '나무'를 의미하는데, 대부분의 잡목은 아무런 위험이 되지 않을 정도로 키가 작다. 양치류나 들꽃 역시 마찬가지다.

선택적 살포는 프랭크 이글러 박사가 미국자연사박물관에서 '철로 주변 부지 관목 억제 권고 위원회' 책임자로 있을 때 개발했다. 즉 자연의 고유한 복원력을 바탕으로, 대부분의 관목이 다른 나무의 침입에 강하게 저항한다는 사실을 이용한 것이다. 반면에 목초만 자라는 초원은 나무 씨앗이 날아오면 비교적 쉽게 굴복한다. 선택적 살포란 도로와 철로 변을 풀밭으로 만드는 것이 아니라 직접 처치를 통해 키 큰 나무만 제거하고 다른 식생은 보존하는 것이다. 저항성이 강한 종이라면 특별한 후속 조치가 필요하겠지만 대부분의 경우 한 번으로 충분하다. 관목이 터를 잡은 곳에서는 다른 나무들이 자랄 수 없다. 식물 생장을 조절하는 최선의 방법이자 최고로 안전한 방법은 화학약품을 뿌리는 것이 아니라 이렇게 다른 식물을 이용하는 것이다.

미국 동부 전역의 연구소에서 이 방법을 검증하기 위한 실험이 실시되었다. 이 방식을 적절하게 사용하면 지역 생태계가 안정되고, **적어도 20년간 화학물질을 뿌릴 필요가 없다**는 사실이 알려졌다. 선택적 살포를 할 경우 사람이 배낭식 분무기를 메고 걸어다니기 때문에 꼭 필요한 곳에만 약제를 살포할 수 있다. 압축펌프를 트럭에 싣고 다니며 살포할 때도 있는데 그렇다고 무작정 뿌려댄다는 말은 아니다. 없애야 할 교목이나 키가 너무 큰 관목에만 약품을 뿌린다. 따라서 환경을 보호할 수 있고 중요한 야생동물 서식지를 손상하지 않으며 관목·양치류·들꽃의 아름다움을 희생할 걱정도 없다.

곳곳에서 이런 선택적 살포 방식을 수용하고 있다. 하지만 대부분 한 번 굳어진 습관은 바꾸기가 쉽지 않다. 그래서 대규모 제초제 살포가 계속 이루어지고, 납세자들은 그 엄청난 비용을 책임져야 하며, 거미줄처럼 얽힌 생태학적 연결에 문제가 생긴다. 이런 사실이 잘 알려지지 않았기에 약물의 무차별 살포가 계속 번성한다. 만일 사람들이 마을 도로변에 제초제를 매년 한 번씩 뿌리는 대신 20~30년에 한 번만 뿌려도 된다는 사실을 알게 된다면, 분개한 납세자들은 분명히 들고일어나 제초 방법의 변화를 요구할 것이다.

선택적 살포의 이점 중 하나는 화학약품을 최소로 사용한다는 것이다. 화학약품을 나무 전체에 광범위하게 살포하는 것이 아니라 밑동에 집중적으로 뿌리기 때문이다. 따라서 야생동물에 대한 잠재적 위험도 최소화할 수 있다.

가장 널리 사용하는 제초제로는 2,4-D, 2,4,5-T 그리고 이와 유사한 합성 화학물질들이 있다. 이런 물질이 정말 유독한지 아닌지는 논쟁의 여지가 있다. 잔디밭에 2,4-D를 뿌리다가 약물에 젖은 사람들은 심각한 신경염이나 심지어 마비로 고생한다. 이런 사고가 흔치 않다고 해도 의료 전문가들은 제초제를 사용할 때 조심하라고 권고한다. 2,4-D 사용에는 좀더 모호한 기타 위험이 도사리고 있다. 실험 결과를 보면 이 물질은 세포 내 호흡의 생리학적 과정을 교란하고 X선처럼 염색체를 손상시키는 것으로 나타났다. 최근의 연구에 따르면 이 화학물질이나 기타 제초제들은 비록 치사량에 훨씬 못 미치는 양이라 해도 새의 번식 작용에 심각한 영향을 미치는 것으로 밝혀졌다.

유독물질로 인한 직접적인 문제와는 별개로, 특정 종류의 제초제는 간접적인 문제를 일으킨다. 초식동물이나 가축이 보통 때는 먹지 않던 풀을 살충제 살포 후에는 먹으려 달려드는 일이 심심찮게 보고된다. 이 제초제에 비소처럼 강한 독성이 들어 있을 경우 심각한 재앙을 초래한다. 제초제의 독성이 그리 심하지 않다고 해도 풀에 독성이 있거나 가시가 있을 경우 치명적인 결과가 나타난다. 제초제 살포 직후, 가축들은 독성이 있는 목초에 끌리게 되고 이 이상한 식욕 때문에 결국 죽음에 이른다. 수의학 문헌에는 이와 비슷한 사례가 무수히 많다. 제초제를 뒤집어쓴 도꼬마리를 먹은 돼지가 심각한 병에 걸리고, 제초제가 묻은 엉겅퀴를 먹은 양과 꽃이 핀 뒤 약품을 살포한 겨자에서 가루받이를 한 꿀벌이 중독되는 일도 생겼다. 잎에 독성이 있는 양벚나무에 2,4-D 를 살포할 경우 가축들에게 치명적인 문제가 발생한다. 제초제 세례 이후 서서히 시들어가는 잎사귀는 동물들에게 더할 나위 없이 먹음직스러운 먹이로 보인다. 금불초도 유사한 예를 보여준다. 겨울 끝자락이나 이른 봄처럼 먹이 구하기가 힘든 때가 아니라면 가축들은 일반적으로 이 식물을 먹지 않는다. 하지만 2,4-D 살포 뒤 금불초는 가축들에게 좋은 먹이로 비친다.

이런 문제가 일어나는 것은 화학약품이 식물의 대사 작용을 변화시키기 때문이다. 화학약품이 식물의 당분을 일시적으로 증가시켜 동물들에게 먹음직스럽게 보이도록 하는 것이다.

2,4-D의 기이한 효과는 가축과 야생동물은 물론 인간에게도 심각한 영향을 끼친다. 10여 년 전 수행한 실험에 따르면, 이 화학약품을 뿌리고 나면 옥수수와 사탕무의 질산염 함량이 급격히 증가하는 것으로 나타났다. 비슷한 상황이 수수, 해바라기, 자주달개비, 명아주, 쇠비름, 버들여뀌 등에서도 일어난다. 가축들은 이런 식물을 잘 먹지 않지만 2,4-D를 뿌리고 난 다음에는 상황이 달라진다. 한 농업 전문가에 따르면 제초제를 뒤집어쓴 잡초를 먹고 죽는 가축이 상당수에 이른다고 한다. 질산염의 증가는 상당한 위험을 초래하는데, 특히 반추동물의 경우에는 생리적 특징 때문에 더욱 심각한 문제를 겪게 된다. 반추동물의 소화기관은 생각보다 훨씬 더 복잡해서, 위장이 네 부분으로 나뉘어 있다. 섬유소를 소화하려면 4개의 위장 중 첫 번째 위인 유위에 미생물이 살고 있어야 한다. 그런데 만일 질산염 함량이 비정상적으로 높은 식물을 먹으면 유위에 사는 박테리아가 이 물질을 독성 높은 아질산염

으로 바꿔놓아 심각한 연쇄반응이 일어난다. 아질산염은 혈액색소에 작용해 산소와 강하게 결합하는 초콜릿색 물질을 만들어내고, 그 결과 폐에서 세포로 산소가 전해지지 않아 호흡에 문제가 생긴다. 그러다 보면 산소 결핍이나 산소 부족으로 몇 시간 내에 죽음에 이르게 된다. 2,4-D가 도포된 잡초를 먹고 죽은 가축에 관한 다양한 보고에는 논리적인 근거가 있다. 반추동물에 속하는 사슴, 영양, 양, 염소 등의 야생동물에서도 이런 위험이 도사리고 있다.

극도로 건조한 기후 등으로 질산염의 함량이 증가하기도 하지만 2,4-D의 치솟는 판매량과 살포량도 무시할 수 없다. "2,4-D 때문에 말라죽은 식물에서는 질산염 함량이 높게 나타났다"는 1957년 위스콘신 대학교 농업시험장의 조사 결과를 심각하게 받아들여야 한다. 이런 위험은 동물뿐 아니라 인간에게도 확대되는데, 최근 들어 부쩍 늘어난 '사일로(silo) 사고사'가 대표적인 사례다. 질산염을 많이 함유한 옥수수, 귀리, 수수를 곡식창고인 사일로에 오래 보관하면 독성이 있는 산화질소를 내뿜게 되어 사일로에 들어가는 사람에게 심각한 해를 입힌다. 이 가스를 몇 모금만 들이마셔도 폐에 염증이 생긴다. 미네소타 대학교 의과대학의 조사에 따르면 사일로 사고 중 한 건을 제외하곤 모두 사망에 이르렀다고 한다.

"인간은 도자기 진열실에 들어간 코끼리처럼 자연을 짓밟고 있다." 최근의 현상을 잘 이해하는 네덜란드 과학자 C. J. 브리예르는 제초제 사용 문제를 다음과 같이 요약해 말한다. "우리는 너무 많은 것을 당연하게 여긴다. 곡식 사이에 자라는 잡초들이 모두 해로운지, 혹시 그중 어떤 것은 도움이 되지는 않는지 잘 알지 못한다."

　잡초와 토양 사이에는 과연 어떤 관계가 있을까? 이런 궁금증을 갖는 사람은 거의 없다. 그러나 자기 자신에게만 관심을 갖는 우리의 편협한 시각에서도 이 관계는 왠지 유용한 듯하다. 지금까지 살펴본 대로 토양과 그 속 또는 그 위에 살고 있는 생명체 사이에는 상호의존적이고 상호이익을 주는 관계가 존재한다. 추측건대 잡초는 토양에서 무언가를 취하고 대신 토양에 무언가 도움을 줄 것이다. 네덜란드 한 도시의 공원에 심어놓은 장미에 심각한 문제가 생겼다. 공원의 토양을 살펴보니 작은 선충이 발견되었다. 네덜란드 식물보호국의 과학자들은 화학 살충제를 뿌리거나 토양에 약물을 살포하는 대신 장미나무 사이에 메리골드를 심으라고 제안했다. 순수원예주의자들이 잡초로 취급하는 메리골드의 뿌리에서는 토양선충을 죽이는 물질이 분비된다. 공원 측은 이 충고를 받아들여 어떤 장미꽃밭에는 메리골드를 심고, 몇 군데는 그대로 두었다. 결과는 놀라웠다. 메리골드의 도움으로 장미는 다시 건강하게 번성했다. 그런데 메리골드를 심지 않은 꽃밭의 장미는 이미 시들었다가 점차 죽어갔다. 오늘날 선충류를 해결하는 데 메리골드가 널리 사용되고 있다.

　아직 잘 알려지지 않았지만, 우리가 마구 없애버리는 식물들은 사실 건강한 토양을 유지하는 데 필수적인 기능을 담당한다. 흔히 '잡초'라는 오명을 쓴 이런 자연적 식물 군락은 토양 상태를 나타내주는 지표 구실을 한다. 그런데 화학 제초제를 사용하면 이런 유용한 기능이 상실되게 마련이다.

　모든 문제를 제초제로 해결하려는 사람들은 과학적으로 중요한 의미를 지니는 식생 보존의 필요성을 간과한다. 인간의 행위가 자연에 어떤 변화를 초래하는지 측정하는 기준으로 삼으려면 이런 식물들이 필요하다. 또 곤충과 다른 유기체에 생명을 보존할 수 있는 서식처를 제공하기 위해 식물의 존재는 필수적이다. 16장에서 다시 설명하겠지만, 살충제에 내성이 생기면서 곤충과 기타 생물종들의 유전인자에 변화가 생겼다. 한 과학자는 곤충과 응애 등의 유전자 조합이 더 변하기 전에 이들의 원형을 보존할 수 있는 일종의 '동물원'을 만들어야 한다고 제안하기도 했다.

몇몇 전문가는 제초제 남용으로 일어나는 미묘하지만 심각한 식생 변화를 경고한다. 2,4-D와 같은 화학물질은 활엽식물을 말려 죽이고, 그로 인해 생존 경쟁이 조금 완화된 풀들은 훨씬 더 번성한다. 그러다 보니 최근 들어서는 몇 종의 잔디가 '잡초'가 되어버렸고, 이 문젯거리를 제거해야 하는 일이 되풀이되고 있다. 이런 이상한 상황이 농업 전문 학술지에 등장한 바 있다. "잡초를 없애기 위해 2,4-D를 광범위하게 사용했지만, 또 다른 잡초가 갑자기 늘어나 옥수수와 콩에 상당한 위협이 되고 있다."

자연을 제어하려는 노력이 부메랑처럼 원점으로 되돌아온 대표적인 사례가 바로 건초열의 원인이 되는 돼지풀이다. 돼지풀을 제거한다는 미명 아래 도로변에 수천 갤런의 화학약품을 살포했다. 하지만 무차별 살포로 돼지풀이 오히려 더 증가하는 불행한 일이 일어났다. 돼지풀은 한해살이풀이다. 매년 이 풀이 다시 종자를 퍼뜨리려면 아무것도 자라지 않는 대지가 필요하다. 그러므로 돼지풀을 없애려면 관목, 양치류, 기타 여러해살이식물 들을 빽빽이 심는 것이 최선의 방책이다. 제초제를 자주 뿌리면 이런 보호 역할을 하는 식물도 죽어버리고, 그러다 보면 아무것도 나지 않은 넓은 땅을 돼지풀이 재빨리 차지하게 된다. 대기 중에 날아다니는 꽃가루의 원인은 길가가 아닌 도시의 빈터나 휴경지에서 자라는 돼지풀이다.

'잡초'의 한 종류인 바랭이를 없애주는 화학 제초제 판매율의 급상승은 바람직하지 않은 방법이 인기를 얻는 현 상황을 잘 보여준다. 바랭이를 없애려면 화학 제초제보다 훨씬 싸고 더 효과적인 방법이 있다. 여러 식물을 함께 심어 생존 경쟁을 시키는 것이다. 바랭이는 시들어가는 잔디밭에서만 자란다. 바랭이의 번성은 그 자체로 병이 아니라 병의 징후에 지나지 않는다. 비옥한 토양을 공급해주고 잔디가 제대로 잘 자랄 수 있도록 해주면 바랭이는 자랄 수 없다. 이 잡초가 매년 씨를 퍼뜨리려면 다른 식물이 자라지 않는 넓은 땅이 필요하기 때문이다.

근원적인 대책을 고려하는 대신, 교외 지역 거주자들은 화학물질 제조업자들에게 조언을 들은 종묘상들의 입김에 따라 매년 바랭이를 없애기 위해 마당에 엄청난 제초제를 뿌린다. 상표 이름만으로는 성분을 절대로 짐작할 수 없는 이런 화학물질들에는 수은, 비소, 클로르데인 등이 포함되어 있다. 권고대로 실시하면 잔디밭에는 엄청난 양의 제초제가 뿌려진다. 한 가지 제품만 사용하는 사람들이 지침을 따른다면 1에이커당 60파운드의 클로르데인이 살포되는데, 만일 이 사람들이 여러 가지 제품을 사용한다면 1에이커당 175파운드의 금속성 비소가 유포되는 셈이다. 8장에서 살펴보겠지만, 이 때문에 죽은 새의 수는 놀랄 정도로 많다. 이런 독성 잔디가 인간에게 얼마나 치명적일지 아직 잘 알려지지 않았다.

몇몇 도로변에서 선택적 살포가 성공을 거둔 것을 보면 농장, 숲, 목장 등에서도 생태적으로 건전한 방법을 사용할 수 있다는 희망을 발견하게 된다. 이 방식은 특정 생물을 파괴하는 것이 아니라 전체 식생을 살아 있는 공동체로 인식하는 것이다.

그 밖에 다른 몇 가지 성과들을 통해 앞으로 우리가 무엇을 할 수 있는지 확인할 수 있다. 생물학적 방제법은 원치 않는 식생을 조절하는 데 괄목할 만한 성공을 거두었다. 오늘날 우리를 괴롭히는 많은 문제는 자연이 이미 대면한 것이고 또 자연은 그런 문제를 나름의 방식으로 잘 해결했다. 인간이 자연을 관찰하고 열심히 따라할 만큼 영리하다면 성공적인 결과를 얻을 수 있을 것이다.

원치 않는 식물을 제거한 가장 놀라운 예는 캘리포니아의 클래머스(Klamath) 제거법이다. 클래머스, 즉 고추나물은 유럽이 원산지로 그곳에서는 세인트존스워트(St. John's wort)라고 일컫는다. 고추나물은 서부로 향하는 이주민을 따라 미국으로 건너왔는데, 1793년 펜실베이니아주의 랭커스터에서 처음으로 발견되었다. 1900년에는 캘리포니아주의 클래머스강 근처에까지 퍼졌는데, 여기서 그 이름이 유래했다. 1929년에 목장 일대 10만 에이커에 퍼졌고, 1952년에는 250만 에이커를 점유하게 되었다.

세이지 같은 토착식물과 달리, 고추나물은 이 지역 생태계의 원래 구성원이 아니었고 이 식물을 필요로 하는 동물이나 다른 식물도 존재하지 않았다. 이렇게 고추나물이 나타나는 곳에서는 가축들이 이 독풀을 먹고 '몸에 딱지가 생기고 입 주변에 염증이 나며 성장에 문제를 일으켰기 때문에' 그 일대 땅값이 급락하곤 했다.

유럽에서 고추나물, 즉 세인트존스워트는 별 문제가 되지 않았다. 이 식물을 먹고사는 곤충들이 존재했기 때문이다. 고추나물을 엄청나게 먹어치우는 곤충들은 고추나물의 개체수를 적절하게 조절해주었다. 특히 완두콩만 한 크기에 금속처럼 반짝이는 외피를 지닌 프랑스 남부의 딱정벌레 두 종류는 고추나물을 먹지 않으면 살아갈 수도, 번식할 수도 없었다.

1944년 이 딱정벌레를 미국으로 들어온 것은 역사적인 일이었다. 해로운 식물을 조절하기 위해 그 식물을 먹이로 삼는 곤충을 이용한 북아메리카 최초의 시도였기 때문이다. 1948년, 이 두 곤충은 낯선 나라에 자리를 잘 잡았고 더 이상 수입이 필요하지 않을 정도가 되었다. 원산지에서 이 곤충을 잡아다 매년 수백만 마리씩 풀어놓는 방식을 실시했다. 좁은 지역이라 딱정벌레는 잘 퍼져나갔고 고추나물이 사라지자 계속 다른 지역으로 정확하게 이동하며 자리를 잡았다. 딱정벌레들이 이 잡초를 먹어치우자 사라졌던 목초와 이로운 식물들이 다시 나타나기 시작했다.

그 10년간의 노력을 담은 보고서가 1959년에 발표되었는데, 고추나물을 조절하기 위한 이런 방식의 접근은 '기대한 것보다도 훨씬 더 효율적인 것으로' 밝혀졌다. 고추나물이 예전의 1퍼센트대로 감소했기 때문이다. 이 방식은 별다른 해를 끼치지 않았고 나중에 잡초가 다시 증가할 경우를 대비해 적절한 딱정벌레 개체수를 유지하는 데에도 도움이 되었다.

기대 이상으로 성공적이고 경제적인 잡초 억제 사례를 오스트레일리아에서도 찾아볼 수 있다. 식민지를 건설할 때는 본국에서 새로운 나라로 식물이나 동물을 데려가게 마련인지라, 1787년 아서 필립 선장은 염료 생산을 위해 연지벌레(코치닐) 사육에 필요한 선인장을 오스트레일리아로 들여갔다. 그중 노팔선인장(또는 부채선인장)을 비롯한 몇 종이 정원에서 빠져나갔고 1925년이 되자 야생 상태에서 20여 종의 변종이 발견되었다. 이 새로운 땅에는 자연적인 억제 수단이 없었다. 선인장은 맹렬하게 퍼져나가 결국 6000만 에이커에 이르는 땅을 점령해버렸다. 국토 절반이 필요 없는 선인장으로 뒤덮인 것이다.

1920년 오스트레일리아의 곤충학자들은 선인장의 원산지인 남북 아메리카로 그 곤충의 천적을 찾아 나섰다. 몇 종류의 곤충을 시도한 끝에, 1930년 아르헨티나 나방의 알 30억 개를 오스트레일리아 전역에 뿌렸다. 7년 뒤 선인장이 점점 줄어들기 시작하더니 아무것도 자라지 않던 불모의 땅에 다시 생명이 등장했고 풀이 나기 시작했다. 이 과정에 쓴 비용은 1에이커당 1페니에도 못 미친다. 이와 달리 만족스럽지도 않은 화학 방제의 경우 1에이커당 약 10파운드의 비용이 든다.

바람직하지 않은 식물을 방제하는 가장 효과적인 방법은 특정 식물을 먹이로 하는 곤충을 이용하는 것이다. 하지만 목초지 관리에서 이런 가능성은 대체로 무시되었다. 곤충들은 자신이 원하는 식물만 먹이로 삼는데, 그런 제한적인 식성을 잘 이용한다면 우리에게 상당한 이익으로 돌아올 것이다.

07

불필요한 파괴

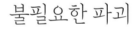

인간은 자연을 정복하겠다는 목표를 달성하기 위해 자신이 살고 있는 대지뿐 아니라 다른 생물들까지 마구잡이로 살상했다. 최근 몇 세기 동안의 역사를 살펴보면 서부 평원에 사는 버펄로의 도살, 시장에 내다 팔려는 사냥꾼들의 섭금류 남획, 깃털을 얻기 위한 왜가리 포획 등의 사례가 보여주듯 어두운 길을 걸어왔다. 그런데 여기에 무차별적으로 대지에 뿌려대는 화학 살충제에 의한 새, 포유류, 물고기, 모든 종류의 야생동물 살해라는 새로운 국면의 위협이 추가되고 있다.

오늘날 사람들은 자연의 그 어떤 존재도 농약살포기를 든 인간을 가로막을 수 없다는 철학을 지닌 듯하다. 곤충을 완전 박멸하는 성스러운 전쟁에서 우연한 희생자는 대수롭지 않게 취급된다. 방제 대상인 곤충과 우연히 같은 지역에 살게 된 울새, 꿩, 미국너구리, 고양이, 심지어 가축이 약물의 세례를 받아도 그 누구도 항의하지 않는다.

야생동물의 죽음을 공정하게 판단하려는 시민들이 이러지도 저러지도 못하는 딜레마에 빠져 있다. 환경보호론자들과 야생동물을 연구하는 생물학자들은 화학약품 살포가 심각한 손실과 엄청난 재앙을 초래한다고 단언한다. 다른 한편에서 방제회사들은 별다른 손실은 없으며, 설령 그런 피해가 있다 해도 별로 심각하지 않다고 단호하게 말한다. 어떤 의견을 따라야 할까?

여기서 가장 중요한 것은 증인들의 신빙성이다. 현장 연구를 하는 전문 야생생태학자는 야생동물 세계의 피해를 확인하고 해석하는 데 가장 적합한 증인이다. 곤충학자는 그리 적절하다고 말할 수 없는데, 심리적으로 곤충 방제 사업의 부작용을 지적하는 데 썩 내켜하지 않기 때문이다. 화학물질 제조업자들을 비롯해 정부 기관의 방제 담당자는 생물학자들이 보고한 사실을 부정하며 화학물질이 야생생물에게 해가 된다는 그 어떤 증거도 발견하지 못했다고 선언한다. 성서에 나오는 사제와 레위인들처럼, 이들은 아무것도 보지 못했다고 주장하는 쪽을 선택했다. 너그러움을 발휘해, 그들이 진실을 외면하는 것은 전문가와 특정 이해관계에 연루된 사람 특유의 단편적 시각 때문이라고 이해할 수 있을지 몰라도 이들을 합당한 증인으로 받아들이기는 힘들다.

판단을 내리는 데 가장 좋은 방법은 방제 사업 중 몇 가지를 조사하고 야생생물을 잘 이해하며 화학물질에 대한 편견에 사로잡히지 않은 관찰자로부터 하늘에서 내린 유독물질이 어떤 문제를 일으키는지 배우는 것이다.

조류 관찰자, 정원에서 즐거움을 찾는 교외 거주자, 낚시나 사냥을 즐기는 사람들, 야생동물 보호주의자들에게서 단 1년일지라도 탐조 활동의 즐거움을 빼앗는 것은 그가 지닌 합법적 기쁨을 박탈하는 것과 마찬가지다. 이는 충분히 근거 있는 시각이다. 새, 포유류, 물고기 중 어떤 종은 한 번 정도의 살충제 살포는 견딜 수 있다고 해도 사실 속으로는 엄청난 피해를 입고 있다.

생물들의 자기 복원은 상당히 힘들다. 야생생물이 살충제에 한 번이라도 노출된다면 원래 상태로 완전히 회복되기란 거의 불가능하다. 일반적으로 독극물로 인한 환경오염은 그곳에 사는 생물들에게만 해를 입히는 것이 아니라 철새 등 이주성 동물에게도 치명적인 덫이 된다. 살충제 살포 지역이 넓을수록 생물의 기본적인 안전을 지켜주는 오아시스가 없어지기 때문에 피해는 더욱 심각해진다. 수천 또는 수백만 에이커 단위로 살충제를 뿌리는 곤충 방제 사업이 실시된 지난 10여 년 동안, 개인 또는 집단 살포는 계속 증가했고 미국 야생동식물의 치사율은 기록적인 수치에 도달했다. 이런 화학 방제 사업으로 어떤 일들이 일어나고 있는지 확인해보자.

1959년 가을, 디트로이트시 인근 지역을 포함하는 미시간주 남동부 2만 7000에이커 상공에 염화탄화수소계 화합물 중 가장 위험한 알드린이 살포되었다. 이 사업은 미시간주 농무부가 미국 농무부의 협조를 얻어 실시한 것이었는데, 공식적인 이유는 '왜콩풍뎅이 방제'였다.

이렇게 급진적이고 위험한 행사를 벌일 필요는 없었다. 미시간주에서 가장 유명하고 현명한 자연주의자이며, 해마다 여름이면 남부 미시간 들판에서 많은 시간을 보내는 월터 P. 니켈(Walter P. Nickell)은 다음과 같이 말했다. "내가 기억하기로 30년 이상 디트로이트에 등장한 왜콩풍뎅이는 매우 적은 수였다. 몇 년 동안 그 수는 눈에 띌 만한 변화가 없었다. (1959년) 정부가 디트로이트 곳곳에 설치한 채집망에 걸린 몇 마리를 제외하고는 왜콩풍뎅이를 볼 수 없었다. ……모든 것이 비밀에 붙여졌고 그 늘어난 수치와 관련해 별다른 정보를 얻을 수 없었다."

주 정부에서 발표한 공식 자료에 따르면 풍뎅이가 나타났기 때문에 살충제를 살포했다고 한다. 정당성을 제대로 갖추지 못한 채 사업이 시작되었는데, 주에서는 관련 인력을 제공했고 방제 사업을 감독했으며 연방 정부는 장비와 그 밖의 인력을 제공했고 지역공동체가 살충제 비용을 댔다.

반짝이는 녹색의 왜콩풍뎅이가 처음 발견된 것은 1916년 뉴저지주 리버턴 근처의 양묘장에서였다. 처음에 눈에 띄지 않던 이 풍뎅이는 일본 본토에서 흔히 볼 수 있는 곤충이었다. 이 곤충은 1912년 관련 규정이 제정되기 이전 수입 묘목에 묻어 들어온 것이 틀림없었다.

처음 소개된 이후 왜콩풍뎅이는 미시시피강 동부의 여러 주에 널리 퍼졌는데, 이 지역은 온도와 강우량이 풍뎅이 서식에 적합했기에 서식지는 매년 조금씩 넓어져갔다. 풍뎅이가 가장 오랫동안 머무른 동부 지역에서는 자연 방제를 실시했고 그 결과 풍뎅이의 개체수는 비교적 적은 수준으로 유지되었다.

동부 지역이 비교적 합리적인 풍뎅이 방제에 나섰음에도 중서부 일대의 몇몇 주에서는 이 풍뎅이를 성가신 해충 정도가 아니라 인간에게 가장 위험한 적으로 받아들였다. 그래서 왜콩풍뎅이를 없애기 위해 많은 사람, 가축, 야생동물 들을 위험에 빠뜨릴 수도 있는 가장 유독한 화학물질을 사용했다. 그 결과 왜콩풍뎅이 방제 사업은 각종 동물의 끔찍한 절멸을 불러왔고, 부정할 수 없는 위험으로 인간을 내몰았다. 미시간, 켄터키, 아이오와, 인디애나, 일리노이, 미주리 주 등 여러 지역에서 풍뎅이를 없앤다는 미명 아래 화학약품 세례가 이어졌다.

풍뎅이 방제를 위한 대규모 공중 살포가 처음 이루어진 곳은 미시간 주 일대였다. 모든 화학약품 중 독성이 가장 강한 알드린을 선택한 것은 풍뎅이 방제에 적합해서가 아니라 돈을 아끼기 위해서였다. 알드린은 가격이 가장 싼 화학물질이다. 언론에 배포한 보도자료에서 주 정부는 알드린을 '독극물'이라고 인정하면서도, 이 살충제가 인구밀집 지역에 뿌려질 경우 사람들에게는 별 해가 되지 않는다고 암시했다. "(특별히 주의를 기울여야 할 점은 없습니까?"라는 질문에 대한 공식 답변은 "별다른 주의를 할 필요가 없습니다"였다.) 나중에 현지 언론이 인용한 내용에 따르면 미국 연방항공국 담당자는 "이는 안전한 조치이다"고 말했으며, 디트로이트 공원·휴양지 관리부의 대표는 "살충제는, 인간은 물론 식물이나 반려동물에도 해가 없다"고 덧붙였다. 알드린이 지닌 독성에 관해 이런 말을 한 것을 보면, 미국 공중보건국과 어류·야생동물국의 보고서는 물론 다른 관계 자료들을 참고하지 않았음이 틀림없다.

토지 소유자에게 고지하지도 않고 동의도 얻지 않은 채 미시간주 방제법은 무차별 살포를 허용했다. 그리고 곧 비행기들이 저공비행을 하며 디트로이트 일대에 살충제를 뿌려대기 시작했다. 그러자 시 당국과 미국 연방항공국에는 시민들의 걱정 어린 전화가 빗발쳤다. 〈디트로이트 뉴스〉에 따르면, 한 시간 동안 800여 통의 전화를 받고 난 뒤 경찰은 라디오, 텔레비전 방송국, 신문사 등에 "지금 보고 있는 것은 아무런 해가 없다"는 점을 전해달라고 요청했다고 한다. 미국 연방항공국의 안전관리 담당자는 "비행기가 주의해서 날고 있고, 당국에서 저공비행을 허락했다"고 강조했다. 시민의 공포를 진정시키기 위해 그는 비행기에 비상 밸브가 달려 있어 문제가 생기면 싣고 있는 살충제를 한번에 배출할 수 있다고 덧붙였다. 다행히 그런 일은 일어나지 않았지만 비행기가 계속 방제 작업을 하면서 살충제가 마구잡이로 풍뎅이와 인간에게 살포되었고, 쇼핑을 하거나 일터로 나가거나 점심시간을 맞아 학교에서 나오던 아이들은 '아무런 해가 없는' 독극물 세례를 받게 되었다. 주부들은 현관문과 도로에 떨어진 '흰 눈 같은' 분말을 쓸어냈다. 미시간주의 오듀본 협회는 이 일을 나중에 이렇게 설명했다. "지붕널 사이, 처마 밑 홈통, 나무껍질과 나뭇가지에 핀의 머리보다 작은 하얀 알드린 가루가 수북이 쌓였다. ……눈과 비가 내리면 진흙 웅덩이는 죽음의 용액이 되어버렸다."

살포가 끝나고 며칠 뒤 디트로이트 오듀본 협회는 새들의 안위에 관한 전화를 받기 시작했다. 이 협회의 간사 앤 보이스에 따르면 다음과 같다. "일요일 아침 걸려온 한 통의 전화로 살충제 살포 후 사람들이 느낀 근심을 확인할 수 있었다. 전화에 따르면 교회에 다녀와 보니 수많은 새가 죽어 있었다고 한다. 목요일에 살충제를 뿌린 곳이었다. 이 지역에는 날아다니는 새가 한 마리도 없고 뒷마당에서 죽은 새 12마리가 발견되었는데, 이웃 주민은 죽은 다람쥐도 발견했다고 한다." 그날 보이스 부인이 받은 다른 전화들도 "새들이 너무 많이 죽어 있고, 살아 있는 새는 한 마리도 보이지 않는다. 새를 기르던 사람들도 사육장에서 새를 볼 수 없을 정도"라는 내용이었다. 죽어가는 새들은 살충제 중독의 전형적인 증세를 보였는데, 몸을 떨고 날지 못하며 경련과 발작을 일으켰다.

문제는 새들에 그치지 않았다. 갑자기 아픈 개와 고양이를 데려온 사람들로 지역 수의사의 진료실은 발 디딜 틈도 없었다. 쉴 새 없이 털을 고르며 계속해서 발톱을 핥는 고양이의 피해가 가장 심한 듯했다. 고양이들은 심각한 설사, 구토, 경련 등으로 고통스러워했다. 수의사들이 해줄 수 있는 충고란 꼭 필요한 경우가 아니라면 고양이를 밖에 내보내지 말고, 만일 밖에 나갔다 들어왔다면 빨리 발을 씻어주라는 것이 전부였다. (하지만 과일이나 채소에 묻은 염화탄화수소계는 물로 씻어낼 수 없으므로 별다른 예방책이 없었다.)

시·카운티 보건국장은 새들의 죽음은 '다른 물질' 때문이며 알드린에 노출되었을 때 느끼는 목과 가슴의 통증도 '다른 원인' 때문이라고 주장했다. 그러나 이 지역 보건국은 끊임없는 불평에 시달려야 했다. 디트로이트시의 저명한 내과의사는 비행기가 살충제를 뿌리는 광경을 지켜본 지 한 시간쯤 지나 네 명의 환자가 방문했다고 말했다. 이들 모두 메스꺼움, 구토, 오한, 열, 극심한 피로감, 기침 등 동일한 증상을 호소했다.

디트로이트의 이런 상황이 다른 많은 지역에서도 나타났지만, 화학약품으로 왜콩풍뎅이를 없애야 한다는 압력은 여전히 계속되었다. 일리노이주의 블루아일랜드에서는 이미 죽은 새와 죽어가는 새가 수백 마리나 발견되었다. 새에 인식표를 달아주는 조류 감시인이 모아온 자료에 따르면 명금류의 80퍼센트가 희생되었다고 한다. 1959년 일리노이주 졸리엣에서는 3000에이커의 땅에 헵타클로르가 살포되었다. 이 지역의 수렵·낚시 클럽에 따르면 살충제가 뿌려진 지역의 조류는 "사실상 절멸했다"고 한다. 토끼·사향쥐·주머니쥐·물고기 들이 숱하게 죽었고, 한 지역 학교에서는 살충제에 중독된 조류를 모아오는 것이 과학시간 과제가 될 정도였다.

풍뎅이를 없애기 위해 가장 큰 희생을 치른 곳은 일리노이주 동부의 셸던과 이로쿼이 카운티 인근 지역이었다. 1954년 미국 농무부와 일리노이주 농무부는 집중적인 살포로 일리노이주를 향해 진격해오는 왜콩풍뎅이를 제거할 수 있다는 희망과 확신에 가득 차 있었다. 첫 번째 '박멸'은 그해에 이루어졌는데, 공중에서 1400에이커에 이르는 땅에 디엘드린을 살포했다. 1955년에는 2600에이커에 이르는 땅에 이와 유사한 살충제를 뿌리면서 임무가 완수된 듯했다. 하지만 계속 더 많은 화학약품이 필요해졌고, 1961년 말에는 무려 13만 1000에이커에 살충제를 뿌렸다. 방제 사업을 실시한 첫해에 야생동물과 가축이 심한 피해를 입었다. 미국 어류·야생동물국이나 일리노이주 수렵관리과와 아무런 상의도 없이 화학 방제는 계속되었다. (1960년 봄, 연방 농무부 관리들은 의회 위원회에 출석해 살충제 살포를 사전 협의할 것을 의무화하는 법안의 제정에 반대 의사를 표시했다. 상호 협조와 협의가 '상시적'으로 이루어지기 때문에 이 법안은 필요 없다고 침착하게 말했다. 그들은 '정부 차원'의 상호 협조가 이루어지지 않은 상황들을 기억하지 못했다. 이 청문회에서 농무부 관리들은 주 정부의 어류·수렵 부서와 협의하는 데 거부감을 드러냈다.)

화학 방제를 위한 기금은 그칠 줄 모르고 이어졌지만, 화학 살충제로 인한 야생생물계의 피해를 측정하려는 일리노이 자연사조사의 생물학자들은 적은 돈으로 재정을 꾸려야 했다. 1954년 현장조사원을 고용하는 데 필요한 1100달러도 겨우 확보했는데, 1955년에는 아무런 특별 기금도 지급받지 못했다. 이런 어려움 속에서도 생물학자들은 방제 사업이 시작되자마자 미증유의 야생동물 파괴를 보여주는 전체적 그림을 구성하는 각각의 증거들을 모았다.

독극물의 직간접적 영향으로 곤충을 먹는 새들이 중독을 일으켰다.

셸던에서 실시한 초기 사업에서는 1에이커당 3파운드의 디엘드린이 살포되었다. 이런 양이 새에게 미치는 영향을 이해하기 위해서는 메추라기를 대상으로 실시한 실험을 살펴보면 된다. 디엘드린은 DDT의 50배나 되는 독성을 나타냈다. 따라서 셸던 전역에 뿌려진 양은 1에이커당 DDT 150파운드에 해당했다. 밭과 밭 경계 부분에서는 살포가 겹치는 것을 감안하면 이는 최소한의 추정치라고 볼 수 있다.

화학약품이 토양 속으로 침투해 들어가면 약품에 중독된 왜콩풍뎅이의 애벌레들이 대지 표면으로 기어 나와 며칠간 머무른다. 이 애벌레들은 새에게 매력적인 먹이다. 방제가 이루어진 지 2주일 동안 이미 죽었거나 막 죽어가는 곤충들이 자주 발견되었다. 이런 곤충이 조류의 개체수에 어떤 영향을 미칠지 추측하기란 어렵지 않다. 갈색개똥지빠귀, 찌르레기, 들종다리, 긴꼬리검은찌르레기사촌속, 꿩 등이 눈에 띄게 줄어들었다. 생물학자들의 보고에 따르면 울새는 '거의 절멸'했다고 한다. 비가 내린 다음에는 죽은 지렁이들이 눈에 많이 띄었다. 아마도 울새는 이런 지렁이를 먹었을 것이다. 다른 새들 역시, 한때는 큰 혜택을 가져다주던 비가 그들의 세계로 독극물을 끌어들인 사악한 세력, 파멸의 중계자가 되어버렸다. 살충제가 뿌려지고 며칠 뒤 비가 내렸는데, 웅덩이에 고인 빗물을 마시거나 그 물로 목욕한 새들은 심각한 운명에 놓였다.

살아남은 새들은 새끼를 낳지 못했다. 살충제 살포 지역에서 둥지가 몇 개 발견되었고 그 안에 새알이 몇 개 들어 있었지만 부화한 것은 하나도 없었다.

포유류 중에는 들다람쥐가 자취를 감추었다. 그 사체에서는 독극물 중독의 특징이 나타났다. 살포 지역에서는 죽은 사향쥐와 토끼가 발견되었다. 예전에는 비교적 흔하게 볼 수 있던 여우다람쥐도 살충제 살포 후 자취를 감췄다.

풍뎅이와 전쟁을 벌이기 시작한 이래 셸던에서 고양이를 키우는 농장을 찾아보기가 거의 불가능해졌다. 이 지역 농장에서 키우는 고양이의 90퍼센트가 디엘드린의 첫 번째 살포 후 희생되고 말았다. 다른 지역에서 이 독극물이 보여준 암울한 기록과 마찬가지로 이런 사태는 예견된 바였다. 고양이는 모든 종류의 살충제, 특히 그중에서도 디엘드린에 민감하다. 세계보건기구가 인도네시아 자바섬 서부 지역에서 말라리아 박멸 사업을 실행하는 동안 많은 고양이가 죽었다는 보고가 있었다. 자바 중부에서는 고양이가 너무 많이 죽는 바람에 고양이 가격이 2배로 뛰기도 했다. 세계보건기구는 베네수엘라에서도 비슷한 방제 작업을 실시했는데, 그 결과 고양이가 희귀동물이 되었다.

셸던에서 해충 박멸 계획으로 희생된 것은 야생생물이나 반려동물뿐만이 아니었다. 양 떼와 소들도 중독으로 죽어갔다. 자연사조사의 보고서에는 다음과 같은 일화가 등장한다.

5월 6일, 양들은 디엘드린이 뿌려진 들판을 벗어나 조약돌이 깔린 길을 따라 살충제가 뿌려지지 않은 자그마한 푸른 초원으로 이동해갔다. 하지만 살충제의 일부가 그 길을 건너 초원으로 날아온 것이 확실했다. 양들이 일시에 독극물 중독 증상을 보이기 시작했다. ……식욕을 잃었고 극도로 무기력해졌으며 목초지의 울타리를 따라가며 계속 빠져나갈 문을 찾아다녔다. ……양들은 애타게 물을 찾았다. 양 두 마리가 목장을 가로질러 시냇가를 찾아갔다가 그곳에서 죽은 채로 발견되었고, 나머지 양들도 필사적으로 시냇가로 가려고 발버둥쳤다. 몇 마리는 시냇가에서 강제로 끌려와야 할 정도였다. 결국 양 세 마리가 죽었다. 나머지도 그저 겉모습으로만 회복된 듯 보일 뿐이었다.

이것이 1955년 말의 모습이다. 화학전이 그다음 해에도 계속되었지만 아슬아슬하던 연구 기금은 마침내 완전히 바닥나고 말았다. 자연사 조사는 일리노이주 의회에 야생동물·살충제 연구 기금을 요청했지만 바로 거부당했다. 현장조사원 한 사람을 고용하는 데 필요한 돈이 지급된 것은 1960년이었는데, 그 조사원은 네 사람 몫을 해내야만 했다.

1955년 생물학자들이 잠시 중단된 연구를 다시 시작했을 때에도 야생생물계가 입은 심각한 피해에는 거의 변화가 없었다. 그러는 동안 이 화학물질은 더욱 독성이 강한 알드린으로 변환되었는데 메추라기를 대상으로 실험한 결과 그 독성은 DDT의 100~300배에 이르렀다. 1960년까지 이 지역에 살던 모든 야생 포유류는 심각할 정도로 줄어들었다. 조류의 경우는 더욱 심각했다. 도노반이라는 작은 마을에서는 울새가 완전히 사라져버렸고, 긴꼬리검은찌르레기사촌속·찌르레기·갈색개똥지빠귀 역시 마찬가지였다. 이런 새들을 비롯해 다른 조류도 눈에 띄게 감소했다. 꿩 사냥꾼들이 풍뎅이 방제의 영향을 가장 확실하게 감지했다. 방제 약품이 뿌려진 지역에서는 새끼의 수도 감소했다. 이전에는 성황을 이루던 꿩 사냥을 완전히 포기해야만 했다.

왜콩풍뎅이를 제거한다는 명목으로 엄청난 파괴가 자행되었음에도, 이로쿼이 카운티에서는 8년 동안 10만 에이커에 걸쳐 방제가 이루어졌다. 하지만 일시적으로만 억제되었을 뿐 풍뎅이들은 계속 서쪽으로 이동해갔다. 이 사업이 거둔 변변치 못한 성과는 제대로 알려지지 않았는데, 일리노이주 생물학자들의 추정치는 최소 수준을 넘지 못했다. 만일 재정적 보조가 충분히 이루어졌더라면 연구 사업에 대한 놀랄 만한 규모의 생태계 파괴 실상이 밝혀졌을 것이다. 8년에 걸쳐 방제 사업이 실시되는 동안 생물학적 연구조사에 들어간 금액은 거우 6000달러에 지나지 않았다. 반면 연방 정부가 방제 사업에 쓴 금액은 37만 5000달러였고, 해당 주에서는 추가로 수천 달러를 지불했다. 따라서 연구조사에 쓴 금액은 화학 방제 사업에 지출한 금액의 1퍼센트가량에 지나지 않았다.

미국 중서부 지역에서 실시한 방제 사업들은 위기의식 때문에 시도한 것이었다. 왜콩풍뎅이의 진격은 극도의 공포를 불러일으켰고 방제 수단을 정당화해주는 듯했다. 물론 이는 왜곡된 사실이다. 화학약품의 세례를 참아내야 했던 마을들이 왜콩풍뎅이의 미국 유입 역사를 잘 알았더라면 정부와 방제업자들의 말을 곧이곧대로 다 믿지는 않았을 것이다.

합성 살충제가 발명되기 전 왜콩풍뎅이의 공격을 받은 동부의 주들은 운이 좋은 편이었다. 이들은 풍뎅이의 공격을 잘 견뎌냈을 뿐 아니라 다른 생물에게 위험이 되지 않는 방법으로 이 곤충을 잘 통제할 수 있었다. 디트로이트나 셸던에서 이뤄진 살충제 살포는 동부 지역에서는 일어나지 않았다. 자연의 힘을 이용하는 방법은 환경보호에서 여러 모로 이롭다.

원산지에서처럼 그 수를 억제해줄 천적이 없던 왜콩풍뎅이는 미국에 들어온 첫 10여 년 동안 급속도로 증가했다. 하지만 1945년이 되자 이 풍뎅이의 피해는 그리 심각하지 않은 수준으로 유지되었다. 극동 지역에서 기생곤충이 수입되어 풍뎅이에 치명적인 병을 일으키면서부터 그 수가 감소했기 때문이다.

1920년과 1933년 사이에 이 풍뎅이의 서식지를 조사한 전문가들은 자연 방제를 가능케 해줄 포식곤충과 기생곤충 34종을 동양으로부터 수입했다. 그중 5종이 미국 동부 지역에서 성공적으로 적응했다. 가장 효과적이고 광범위하게 배포된 것은 한국과 중국에서 들여온 티피아 베르날리스(*Tiphia vernalis*, 봄굼벵이벌)라는 기생말벌이었다. 티피아말벌 암컷은 토양 속의 풍뎅이 애벌레를 찾아내 마비를 일으키는 분비액을 주입하고 애벌레의 살 속에 알 하나를 낳았다. 말벌 유충은 이 애벌레를 먹이로 삼아 자랐다. 각 주와 연방 정부의 협력 사업을 통해 25년 사이에 이 티피아말벌이 동부의 14개 주에 널리 퍼졌다. 생물학자들에 따르면 이 말벌은 풍뎅이 개체수를 조절하는 데 상당히 중요한 몫을 떠맡았다고 한다.

　　풍뎅이과 곤충에 영향을 미치는 박테리아성 병원균은 이보다 더 중요한 구실을 했다. 이 박테리아는 다른 곤충은 절대로 공격하지 않을뿐더러 지렁이, 온혈동물, 식물에도 해를 끼치지 않는 특이한 생명체다. 이 박테리아 포자는 토양 속에서 발견되었다. 먹이를 찾는 풍뎅이 유충에 의해 체내에 흡수되는데, 그 혈액 속에서 무한대로 증식해 유충을 흰색으로 변화시켰다. 그래서 일명 '유화병(乳化病, milky disease)'이라고 일컫는다.

　　유화병은 1933년 뉴저지주에서 발견되었고, 1938년까지 왜콩풍뎅이가 기승을 부리던 전역으로 번져갔다. 1939년 이 병을 확산시켜 해충을 방제하는 사업이 시작되었다. 병원체를 인공 배양하는 방법이 개발되지는 않았지만, 만족할 만한 대체물을 찾아냈다. 감염된 풍뎅이 유충을 파내어 말린 뒤 호분을 섞으면 이 혼합물 1그램에 1억 개의 포자가 자랐다. 1939~1953년 동부 14개 주 9만 4000에이커에서 연방 정부와 각

주가 합동 방제 사업을 실시했다. 다른 국유지에서도 이런 방제를 진행했다. 정확한 규모는 알려지지 않았지만 상당한 공공용지와 개인용 토지에 적용했다. 1945년까지 유화병은 코네티컷, 뉴욕, 뉴저지, 델라웨어, 메릴랜드 주 등으로 전파되었다. 실험 결과 몇몇 곳에서는 풍뎅이 유충의 감염률이 94퍼센트에 이르렀다. 유화병 유포 계획은 1953년 이후 정부 차원에서는 더 이상 이뤄지지 않았고, 민간 연구소 차원에서만 실행되어 개인·가든 클럽·시민단체·풍뎅이 방제에 관심 있는 모든 사람에게 제공되었다.

이 사업을 실시한 동부 지역에서는 자연 방제법의 이점을 충분히 누렸다. 박테리아는 몇 년 동안 잠복해 있으면서 거의 영구적으로 토양 속에 정착했고, 자연 매개체를 통해 번져가면서 그 효율성도 증가했다. 그렇다면 화학 방제를 선택한 일리노이주를 비롯한 다른 중서부 일대에서는 이런 성공적인 방법을 왜 거부했을까?

유화병 포자를 주입하는 것이 '너무 비싸다'는 이유에서였다. 1940년대에 동부의 14개 주에서는 아무도 이의를 달지 않았다. 도대체 어떤 방법으로 계산했기에 '너무 비싸다'는 결론에 도달한 것일까? 셸던에서처럼 화학물질 살포로 말미암은 총체적 파괴라는 진짜 비용을 고려하지 않은 것이다. 또 이러한 판단은 포자 배양은 단 한 번이면 족하고, 초기 투자가 필요한 비용의 전부라는 사실을 무시한 결론임이 틀림없었다.

왜콩풍뎅이 유충이 토양 속에 **이미** 자리 잡은 곳에서만 유화병이 퍼지기 때문에 풍뎅이의 분포 지역 주변에는 적용되지 않는다는 주장도 있다. 그러나 이 주장 역시 살충제 사용을 지지하는 많은 다른 의견처럼 의문을 가질 필요가 있다. 유화병을 유발하는 박테리아는 적어도

40여 종의 다른 풍뎅이에도 감염되는 것으로 나타났기에 왜콩풍뎅이의 수가 적거나 존재하지 않는 곳에도 널리 퍼질 수 있다. 더 나아가서 토양 속에 포자들이 오래 생존할 수 있으므로 풍뎅이 유충이 존재하지 않는다고 해도 미리 풍뎅이가 번식할 수 있는 곳에 뿌려놓고 풍뎅이의 이동을 기다리면 된다.

비용이 얼마가 들든 즉각적인 결과를 원하는 사람들은 의문의 여지 없이 화학 살충제를 사용할 것이다. 해충이 저절로 없어지길 바라는 현대인은 자주 되풀이해야 하고 거듭해서 비싼 비용을 들여야만 하는 무제한적 화학 방제를 계속 시도할 것이다.

다른 한편에는 한두 계절을 기다리더라도 유화병을 이용한 조금 더 확실한 자연 방제법을 선택하는 사람들이 있다. 이들은 효과가 더 좋으면 좋았지 못하지는 않으며, 시간이 갈수록 더욱 효율적이고 지속적인 결과를 얻을 것이다.

일리노이주 피오리아의 농무부 실험실에서는 인공 배양체를 이용해 유화병 병원체를 키우는 연구가 진행 중이다. 이 방식이 성공한다면 방제 비용이 큰 폭으로 줄어들 것이고, 방제법도 더욱 널리 사용될 것이다. 수년간의 연구 끝에, 몇몇 성공 사례가 보고되고 있다. 이 '놀라운 발전'이 확고하게 자리 잡으면 온전하고 균형감 있는 방제가 가능해질 테고 파괴 행위의 정점에서 진행된 중서부의 악몽도 정당화될 수 없을 것이다.

일리노이주 동부에서 자행된 살충제 유포 사건은 과학적 문제뿐 아니라 도덕적 의문을 불러일으켰다. 생명을 파괴하지 않고, 또 스스로 자부심에 상처를 입히지 않으면서 생명에 대한 잔인한 전쟁을 수행하는 문명이 과연 존재할 수 있을까.

살충제는 대부분 비선택적이다. 없애려는 특정한 종만을 제거하지는 않는다. 그럼에도 맹독성이라는 단순한 이유 하나만으로 그 살충제를 사용한다. 따라서 이런 살충제와 접촉하는 모든 생물, 가족들의 사랑을 받는 고양이, 농부가 키우는 가축, 들판에서 뛰노는 토끼, 하늘 높이 날아가는 종달새가 모두 위험에 빠진다. 이런 동물은 인간에게 아무런 해를 끼치지 않는다. 사실 동물들과 그 주변 환경의 존재 덕에 인간의 삶이 더욱 즐거워진다. 그러나 인간은 그 보답으로 갑작스럽고 무시무시한 죽음을 선사한다. 셸던의 자연 관찰자들은 죽음에 이른 종달새의 증상을 다음과 같이 설명했다. "근육 조절이 안 되어 날거나 설 수 없음에도 새들은 옆으로 드러누워 계속 날갯짓을 했다. 발톱을 오그리고 부리는 반쯤 벌린 채 힘들게 숨을 쉬고 있었다." 이보다 더 불쌍한 것은 들다람쥐였다. "죽음에 이른 들다람쥐의 모습은 특별하다. 몸을 웅크린 채 발가락을 오므린 앞발을 가슴께로 끌어당기고 있었다. ……머리와 목은 축 늘어지고 입에는 더러운 흙이 들어 있었는데, 불쌍한 다람쥐가 죽어가면서 땅을 물어뜯기라도 할 듯 몸부림쳤음을 알려준다."

살아 있는 생물에게 고통을 주는 행위를 묵인하는 우리가 과연 인간으로서 권위를 주장할 수 있을까?

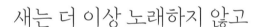

o8

새는 더 이상 노래하지 않고

봄을 알리는 철새들의 소리를 더 이상 들을 수 없는 지역이 점점 늘어나고 있다. 한때 새들의 아름다운 노랫소리로 가득 찼던 아침을 맞는 것은 어색한 고요뿐이다. 노래하던 새들은 갑작스럽게 사라졌고, 그들이 우리에게 가져다주던 화려한 생기와 아름다움과 감흥도 우리가 모르는 사이에 너무도 빨리 사라져버렸다. 아직 이런 일이 일어나지 않은 마을은 그런 사실조차 알아차리지 못하고 있다.

일리노이주 힌스데일에 사는 한 주부는 세계적인 조류학자이자 미국자연사박물관의 명예 조류 큐레이터 로버트 커시먼 머피에게 다음과 같은 절망적인 편지를 썼다.

우리 마을 사람들은 꽤 오랫동안〔그가 이 편지를 쓴 것은 1958년이었다〕 느릅나무에 농약을 뿌렸습니다. 6년 전 우리가 이곳으로 이사왔을 때만 해도 새들이 아주 많았습니다. 겨울이면 제가 달아놓은 모이통에 홍관조·박새·다우니·동고비 들이 날아들었고, 여름에는 홍관조와 박새가 새끼들을 데리고 날아오곤 했습니다.

그러나 몇 년 동안 DDT를 살포한 후, 울새와 찌르레기의 모습을 거의 볼 수 없게 되었습니다. 게다가 박새는 2년 전부터 모이통을 찾아오지 않았고, 올해에는 홍관조마저 사라졌습니다. 집 근처에서 발견할 수 있는 새라고는 한 쌍의 비둘기와 지빠귀 가족이 전부입니다.

연방법으로 새를 죽이거나 포획하는 행위가 금지되어 있다고 배운 아이들에게 새들이 사라진 이유를 설명하기란 쉬운 일이 아닙니다. 아이들은 제게 묻곤 합니다. "새들이 다시 돌아올까요?" 하지만 전 대답할 수가 없습니다. 지금 이 순간 느릅나무는 서서히 죽어가고 있고, 새들 역시 죽어갑니다. 무슨 일이 **일어나고 있는 걸까요?** 이런 상황을 어떻게 **대응해야 할까요? 제가** 할 수 있는 일이 있을까요?

1년 후, 연방 정부가 불개미 퇴치를 위해 대규모 농약 살포 계획을 세우자 앨라배마에 사는 또 한 여성이 다음과 같은 편지를 썼다. "반세기가 넘도록 제가 사는 마을은 말 그대로 조류보호구역이었습니다. 지난 7월, 사람들은 '어느 해보다 많은 새를 볼 수 있다'고 떠들어댔습니다. 그런데 8월 둘째 주, 그 새들이 한순간에 사라져버렸습니다. 아끼는 암말과 망아지를 돌보기 위해 일찍 일어난 어느 날 아침, 저는 지저

귀는 새를 단 한 마리도 발견하지 못했습니다. 기괴하고 두렵기까지 한 일이었습니다. 완벽하고 아름다운 이 세상에 인간은 무슨 일을 저지른 것일까요? 결국 5개월이 지나서야 어치와 굴뚝새 한 마리가 다시 나타났습니다."

이런 일이 벌어진 그해 가을, 남쪽 지역에서 또 다른 암울한 소식이 전해졌다. 오듀본 협회와 미국 어류·야생동물국에서 계간으로 발행하는 〈현장 보고서〉에 따르면 미시시피, 루이지애나, 앨라배마 주 들에 "사실상 새가 존재하지 않는 것이나 다름없는 이상한 지역"이 나타났다고 한다. 이 보고서는 특정 지역에서 오랫동안 관측하며 그곳의 조류 생태에 대해 탁월한 지식을 갖고 있는 전문가들이 작성한 것이다. 한 관측자는 그해 가을 미시시피주 남부 지역을 돌아다니는 동안 "드넓은 지역에서 단 한 마리의 새도 볼 수 없었다"고 보고했다. 배턴루지 지역의 관측자는 직접 설치한 모이통에서 '몇 주 내내' 아무런 흔적을 찾아볼 수 없었으며, 예전 같으면 깨끗이 없어졌을 나무열매들이 여전히 남아 있다고 전해왔다. 다른 관측자는 "예전에는 창밖으로 홍관조 40~50마리가 마치 붉은 물감을 흩뿌려놓은 듯 장관을 이루었고 다른 새들도 셀 수 없이 많았지만, 이제는 한두 마리 보기도 힘들어졌다"고 말했다. 또 애팔래치아 지역 조류에 관한 권위자인 웨스트버지니아 대학교의 모리스 브룩스(Maurice Brooks) 교수는 웨스트버지니아 일대에서 조류 수가 믿을 수 없을 만큼 감소했다고 전했다.

새들에게 닥쳐올 비극적인 운명을 잘 말해주는 몇 가지 사례가 있다. 몇몇 종에 불어닥친 운명은 이제 모든 새를 위협하고 있다. 그중 대표적인 것이 우리에게 친숙한 울새 이야기다. 수많은 미국인에게 울새의 출현은 기나긴 겨울에서 벗어났음을 의미한다. 이 새의 등장은 뉴스를 통해 보도될 정도이고, 사람들은 아침 식탁에서 울새 이야기를 하느라 정신이 없다. 울새의 수가 점점 증가하고, 숲에 처음으로 녹색 안개가 피어오르기 시작하면 사람들은 아침 햇살 사이로 울려 퍼지는 새들의 노랫소리를 들으며 새로운 봄날을 맞는다. 그러나 이런 이야기들은 모두 지나간 옛일이 되어버렸고, 언젠가부터 사람들은 새가 돌아오지 않는 것을 당연시 여기게 되었다.

울새는 물론 다른 새들의 생존은 나무와 숙명적으로 연결되어 있다. 대서양에서 로키산맥에 이르는 수많은 도시의 거리, 광장, 대학 캠퍼스 등에 웅장한 녹색 아치를 만들어주는 느릅나무는 오랜 세월 사람들과 함께해왔다. 그러나 곳곳에 퍼져 있는 느릅나무 대부분이 병충해 때문에 고통받고 있다. 병이 너무 심각해서 전문가들은 느릅나무를 구하려는 노력이 결국 수포로 돌아갈 것이라고 믿을 정도다. 느릅나무를 잃는 것도 슬픈 일이지만, 더욱 비극적인 것은 많은 새들도 함께 어둠 속으로 사라지리라는 점이다.

네덜란드느릅나무병은 1930년경 합판을 만들기 위해 유럽에서 들여온 느릅나무 목재에 숨어서 미국으로 건너왔다. 이 병은 균류 때문에 발생하는데, 나무의 수관에 침투한 병원균이 수액을 타고 나무 전체로 퍼진다. 병원균은 나무에 물리적 장애를 유발함과 동시에 독성물질을 분비해 가지를 시들게 하여 결국 죽게 만든다. 느릅나무껍질딱정벌레는 이 병을 다른 나무에 옮긴다. 딱정벌레가 죽은 나무껍질 밑에 만든 통로에는 병원균 포자가 우글거리는데, 이 포자는 딱정벌레의 몸에 붙어서 딱정벌레가 날아가는 곳마다 함께 이동하게 된다. 느릅나무병을 막기 위해 매개체인 딱정벌레를 없애는 방법이 자주 사용되었다. 특히 느릅나무가 번성하는 중서부 지역에서 뉴잉글랜드에 이르는 지역에서는 화학약제의 집중 살포가 일상화했다.

살충제가 조류, 특히 울새에게 어떤 의미인지 처음으로 규명한 사람은 미시간 주립대학교의 조류학자 조지 월러스와 그의 제자 존 메너(John Mehner)였다. 1954년 메너는 울새의 개체수와 관련해 학위 논문을 쓰기 시작했다. 당시에는 울새가 위험에 놓여 있다고 의심하는 사람이 아무도 없었기에 이 시도는 우연이라고 할 수 있었다. 하지만 메너가 연구를 시작하자마자 연구 대상이 사라져버렸고, 그는 논문을 위해 다른 소재를 찾아야 했다.

네덜란드느릅나무병의 방제는 1954년 대학 구내에서 소규모로 시작되었다. 이듬해에는 대학이 위치한 이스트랜싱시가 참여하여 살포 범위가 확대되었다. 또 이 일대에서 매미나방과 모기 박멸 계획이 시행되자 각종 화학약품이 폭우처럼 쏟아졌다.

적은 양을 살포한 1954년에는 별 문제가 없어 보였다. 이듬해 봄, 울새들은 여느 해와 다름없이 캠퍼스로 돌아왔다. 톰린슨의 매혹적인 에세이 〈잃어버린 숲〉에 등장하는 장면처럼 새들은 '불행을 전혀 예상치 못한 채' 자신들에게 익숙한 곳으로 다시 날아왔다. 그러나 곧 무언가 잘못되었음을 분명히 알 수 있었다. 죽어가는 울새가 서서히 발견되기 시작한 것이다. 정상적으로 먹이를 찾아다니거나 떼를 지어 모여 있는 새들의 모습은 거의 찾아볼 수 없었다. 둥지도, 어린 새끼들도 마찬가지였다. 이 현상은 다음 해, 또 그다음 해를 거치며 계속 반복되었다. 화학물질을 살포한 지역은 치명적인 함정이 되어, 그곳을 찾아온 울새들은 일주일 뒤 모두 죽고 말았다. 그리고 다시 한 무리의 새가 날아왔지만 그들 역시 죽음에 앞서 찾아오는 최후의 고통에 몸부림치며 캠퍼스에서 운명을 다한 다른 새들의 뒤를 따를 뿐이었다.

"봄에 새로운 둥지를 틀려고 찾아온 울새들에게 캠퍼스는 거대한 무덤이 되고 말았습니다." 월러스 교수는 이렇게 말했다. 하지만 왜일까? 처음에 그는 새의 신경 계통에 이상한 질병이 발생했을 것이라고 의심했다. 그러나 곧 그 이유가 밝혀졌다. "살충제를 뿌리는 사람들은 그 약품이 '새에게는 무해하다'고 강조했지만 울새들은 바로 그 약품의 독성 때문에 죽어갔다. 새들은 평형감각 상실 증세를 보이더니 몸을 떨기 시작했고, 그러고는 심한 경련과 함께 죽었다."

여러모로 판단해볼 때, 울새들은 살충제와 직접 접촉했다기보다 지렁이를 먹음으로써 간접적으로 중독되었다는 것을 알 수 있었다. 연구를 위해 학교에서 지렁이를 잡아 가재에게 먹이로 주었는데, 가재들이 모두 즉사하고 말았다. 연구실 우리에 있던 뱀도 지렁이를 먹은 후 극심한 경련을 일으키며 죽었다. 봄철에 울새가 주로 먹는 것이 바로 지렁이였다.

울새의 암울한 운명이라는 수수께끼 퍼즐의 중요한 조각을 찾아낸 사람은 어배너에 있는 일리노이 자연사조사의 로이 바커(Roy Barker) 박사였다. 1958년 펴낸 연구서에서 바커 박사는 울새가 지렁이를 통해 느릅나무병과 어떻게 연결되는지 그 복잡한 경로를 추적해냈다. 사람들은 봄철에 살충제를 뿌리고〔대개 50피트(약 15미터) 높이의 나무마다 2~5파운드의 DDT를 뿌리는데, 느릅나무가 무성한 곳에서는 **1에이커당 23파운드를 뿌린다**〕, 7월에 다시 그 절반가량을 뿌리곤 했다. 키 큰 나무의 구석구석에까지 유독 약품을 쏘아 올릴 수 있는 강력한 농약살포기는 해충인 껍질딱정벌레뿐 아니라 가루받이를 돕는 곤충, 포식성 거미, 다른 딱정벌레 등 모든 곤충을 죽인다. 유독 약품은 나뭇잎과 나무껍질에 좀처럼 벗겨지지 않는 얇은 막을 형성하는데, 빗물에도 씻겨 내려가지 않는다. 가을이 되어 땅에 떨어져 축축해진 낙엽은 아주 천천히 분해된다. 지렁이들은 가장 좋아하는 느릅나무 썩은 잎을 먹어치워 이 과정을 돕는다. 그런데 나뭇잎을 먹은 지렁이들은 어쩔 수 없이 살충제까지 흡수하게 되고, 체내에 그 살충제가 축적되고 농축된다. 바커 박사는 지렁이의 소화관, 혈관, 신경조직, 체벽에서 DDT 성분을 발견했다. 물론 많은 지렁이가 죽었지만, 살아남은 지렁이들은 독극물의 '생물학적 증폭기' 구실을 했다. 그리고 다시 봄이 되면 이런 순환 경로의 한 고리를 연결할 울새들이 날아온다. 큰 지렁이 11마리면 울새에게 치명적인 양의 DDT를 공급하기에 충분하다. 1분에 한 마리씩 지렁이를 먹어치우는 새들에게 지렁이 11마리는 별로 대단치 않은 양이다.

치명적인 중독만 일어나는 것이 아니다. 울새를 멸종으로 이끄는 또 다른 요인이 있다. 불임이라는 어두운 그림자가 모든 새에게 드리웠다. 불임은 농약과 잠재적 접촉 범위 내에 있는 모든 생물에게로 확대되고 있다. 약품 살포 이전에는 어림잡아 370마리의 성체가 관찰되었지만, 살포 뒤 185에이커에 이르는 미시간 주립대학교의 캠퍼스에서 발견된 울새 수는 20~30마리에 그쳤다. 1954년 메너가 관찰한 대부분의 둥지에서 새끼 울새를 볼 수 있었다고 한다. 1957년 6월 말, 농약 살포 이전이라면 적어도 370마리의 어린 새(이제 곧 어미 새가 될)가 캠퍼스를 돌아다니며 먹이를 찾을 시기였지만, 메너가 발견한 **어린 울새는 단 한 마리뿐이었다.** 1년 후 월러스 교수는 다음과 같이 보고했다. "〔1958년〕 봄과 여름 내내 캠퍼스의 어디에서도 새끼 울새를 볼 수 없었으며, 지금까지 새끼 울새를 봤다는 사람도 만나지 못했다."

물론 이렇게 번식이 이루어지지 않은 것은 울새 암수 중 한 쪽, 또는 모두가 새끼를 낳기 전에 죽기 때문이기도 하다. 그러나 월러스 교수는 더욱 불길하고 의미심장한 증언을 했다. 새들의 번식력 자체에 심각한 문제가 생겼음을 지적한 것이다. 예를 들어 그는 1960년 의회 위원회에서 이렇게 말했다. "울새와 다른 새들은 둥지를 틀었지만 알을 낳지 못하거나, 알을 낳아 품었더라도 부화시키지는 못했습니다. 어떤 울새는 21일 동안이나 알을 품었으나 결국 부화시키지 못했지요. 정상적인 부화 기간은 13일인데 말입니다. ……조사한 바에 따르면 짝짓기를 한 새들의 고환과 난소에서 다량의 DDT가 검출되었다고 합니다. 수컷 10마리의 고환에서는 30~109ppm의 DDT가 발견되었고, 암컷 2마리의 난소에서는 각각 151ppm과 211ppm의 DDT가 검출되었습니다."

다른 지역에서도 참담한 사실들이 발견되었다. 위스콘신 대학교의 조지프 히키(Joseph Hickey) 교수는 농약 살포 지역과 비살포 지역을 세밀히 비교 연구한 뒤 울새의 치사율이 최소 86~88퍼센트나 된다고 보고했다. 1956년 미시간주 블룸필드힐스에 위치한 크랜브룩 과학연구소는 약제 살포로 인한 조류 피해를 조사하기 위해 DDT에 중독된 새들을 연구소로 보내달라고 요청했다. 그 결과 예상을 뛰어넘는 반응을 얻었다. 단 몇 주 만에 연구소 냉동저장실이 가득 차서 다른 표본을 사양할 수밖에 없었다. 1959년까지 이 지역에서만 1000마리의 중독된 새가 보고되었다. 주로 울새가 희생되었지만(한 여성은 자기 집 뜰에 울새 12마리가 죽어 있다고 연구소로 전화했다), 연구소 조사에 따르면 63종이나 되는 새가 죽었다고 한다.

이 사건은 우리의 토양을 독극물로 뒤덮는 수많은 농약 살포 사례의 일부에 불과하며, 울새의 죽음 역시 농약으로 인한 연쇄적 파괴의 일부분에 지나지 않는다. 농촌 사람들과 자연주의자들에게 가장 친숙한 새를 비롯해 90여 종의 조류가 대량으로 죽었다. 약제를 살포한 한 지역에서는 90퍼센트나 감소했다. 땅 위를 돌아다니는 새, 나무 상층부에서 먹이를 구하는 새, 나무껍질에서 먹이를 찾는 새, 그리고 포식성 조류에 이르기까지 우리가 알고 있는 모든 종류의 새가 농약 피해를 입었다.

지렁이처럼 땅속에 서식하는 생물을 먹이로 삼는 조류와 포유류 들이 울새와 비슷한 운명에 놓여 있음은 자명한 일이다. 45종가량의 새가 지렁이를 먹고산다. 그중 멧도요가 있는데, 최근 이들이 겨울을 나는 남쪽 지방에 헵타클로르 성분을 함유한 농약이 대량으로 살포되었다. 그러자 멧도요에게서 두 가지 현상이 나타났다. 뉴브런즈윅 지역의 번식률이 급격히 떨어졌고, 해부한 새에서는 DDT와 헵타클로르 잔류물이 다량으로 검출되었다.

놀랍게도 땅에서 먹이를 구하는 새 중 20종 이상이 대량으로 죽었다는 보고가 있었다. 그들의 먹이는 지렁이·개미·애벌레 등 토양생물인데, 이들 모두가 살충제에 중독되어 있었다. 아름다운 소리로 노래하는 올리브등지빠귀, 숲지빠귀, 붉은꼬리지빠귀 등 세 종의 개똥지빠귀류도 중독되었다. 무성한 관목 사이를 헤치며 날아다니다 낙엽 위에 내려앉아 바스락거리면서 먹이를 찾는 멧종다리, 흰목참새도 농약에 희생되고 말았다.

포유류 역시 직간접적으로 이런 순환 경로 속으로 휩쓸리고 만다. 미국너구리는 지렁이를 즐겨 먹으며 주머니쥐도 봄과 가을에 지렁이를 먹는다. 뒤쥐와 두더지처럼 땅속에 굴을 파고 사는 동물들도 상당량의 지렁이를 잡아먹으며, 그 독극물이 비명올빼미와 외양간올빼미 같은 육식 조류로 옮겨가는 것으로 추측된다. 봄철에 많은 비가 내린 뒤, 위스콘신주에서는 지렁이를 먹고 중독되어 죽기 직전에 이른 비명올빼미 몇 마리가 발견되었다. 또 미국수리부엉이, 비명올빼미, 붉은어깨말

똥가리, 새매, 잿빛개구리매 등 맹금류가 심한 경련을 일으키는 모습이 관찰되었다. 간을 비롯한 여러 신체기관에 살충제가 축적된 새나 쥐를 잡아먹음으로써 발생한 2차 중독 현상으로 보인다.

느릅나무에 살포한 약제 때문에 위협받는 것은 땅 위에서 먹이를 구하거나 또는 그들을 먹이로 삼는 새만이 아니다. 잎에 붙어 있는 곤충을 찾아다니는 새들도 자취를 감춰버렸다. 그중에는 숲의 요정 붉은관상모솔새와 노랑관상모솔새, 모기잡이새, 봄이 되면 떼 지어 돌아와서 나무 사이마다 다양한 생명의 색채를 퍼뜨리는 휘파람새가 있다. 1956년, 늦은 봄으로 인해 약제 살포가 미뤄졌다. 그러다 보니 살포 시기가 휘파람새 무리가 돌아오는 때와 일치하고 말았다. 결국 이 지역으로 돌아온 모든 휘파람새가 떼죽음을 당했다. 위스콘신주 화이트피시베이에 1000마리가 넘게 돌아오던 휘파람새가 느릅나무에 약제를 뿌린 후인 1958년에는 겨우 2마리만 발견되었다. 여러 지역을 살펴보면 이런 상황에 놓인 새의 종류가 더욱 증가하는데, 농약으로 죽어간 휘파람새 중에는 사람들에게 친숙하고 매우 아름다운 종류들이 포함되어 있다. 흑백아메리카솔새, 황금솔새, 마그놀리아미국벌새, 붉은뺨솔새, 5월 숲에서 울부짖는 가마새, 불타오르는 날개를 가진 블랙번솔새, 밤색옆구리솔새, 캐나다솔새, 검은목녹색솔새 등 휘파람새의 종류는 셀 수도 없이 다양하다. 나무 위에 사는 휘파람새는 중독된 곤충을 먹음으로써 직접적으로 중독되기도 하고, 먹이 부족이라는 간접적인 영향을 받기도 한다.

청어가 플랑크톤을 걸러 먹듯이 하늘을 빙빙 돌다가 걸리는 곤충을 잡아먹는 제비들도 먹이 부족으로 엄청난 타격을 입었다. 위스콘신주의 한 자연주의자는 다음과 같이 알려왔다. "제비들이 심한 타격을 받았습니다. 모든 사람이 4~5년 전에 비해 새가 너무 줄었다고 한탄합니다. 우리 지역의 하늘은 4년 전만 해도 제비들로 가득 찼지만, 지금은 거의 볼 수 없는 형편입니다. ……아마도 농약으로 인한 벌레 감소와 중독된 벌레들 때문인 듯합니다.”

이 관측자는 다른 새의 상황도 언급했다. “새가 급격히 줄었습니다. 딱새는 아주 가끔씩이라도 볼 수 있지만, 피비딱새는 눈에 띄지 않습니다. 이번 봄에 단 한 마리만 목격했는데, 지난봄에도 한 마리밖에 보지 못했습니다. 위스콘신주에 있는 다른 조류 관찰자들도 똑같은 푸념을 합니다. 예전에는 대여섯 쌍의 홍관조를 볼 수 있었지만 지금은 한 마리도 관찰할 수 없습니다. 굴뚝새·울새·비명올빼미 들이 매년 우리 정원에 둥지를 틀곤 했지만, 지금은 하나도 없습니다. 이제 여름날 아침에는 새의 노랫소리가 들리지 않습니다. 남은 새라고는 그저 비둘기, 찌르레기, 참새뿐. 참기 어려운 비극이 일어나고 있습니다.”

가을이 되면 느릅나무 껍질 사이의 작은 틈으로 살충제 잔류물이 스며나오는데, 박새·동고비·관박새·딱따구리·나무발바리가 급격히 감소한 원인도 이 때문으로 보인다. 1957~1958년 겨울, 월러스 교수는 자신이 설치한 모이통에 날아드는 박새와 동고비를 처음으로 볼 수 없었다고 했다. 그 후 그가 발견한 동고비 세 마리는 슬프게도 농약 중독의 상황을 단계별로 설명해주는 듯했다. 한 마리는 느릅나무에 앉아 먹이를 먹고 있었고, 다른 한 마리는 DDT 중독의 전형적인 증세를 보였으며, 나머지 한 마리는 죽어 있었다. 죽어가던 동고비를 검사한 결과 체내 조직에서 DDT 226ppm이 검출되었다.

오염된 먹이를 먹은 새들이 살충제에 유달리 취약해져 죽어가는 것과는 별도로 경제적인 측면에서도 통탄스러운 문제가 일어났다. 예를 들어 흰가슴동고비와 나무발바리는 여름철에 나무에 해를 끼치는 벌레들의 알, 유충, 성충 등을 먹고산다. 박새가 잡아먹는 먹이 가운데 약 4분의 3은 벌레를 포함한 각종 동물이다. 박새의 먹이 활동은 아서 C. 벤트(Arthur C. Bent)의 북아메리카 조류에 관한 기념비적인 저서 《생명의 역사(Life Histories)》에 잘 묘사되어 있다. "무리 지어 날아온 새들은 나무껍질, 큰 가지, 작은 가지를 옮겨 다니며 줄기차게 아주 작은 먹이(거미의 알, 고치, 동면 중인 벌레)들을 찾아 먹는다."

많은 연구를 통해 해충 억제 측면에서 새들이 여러모로 중요하다는 사실이 밝혀졌다. 딱따구리는 엥겔만가문비나무큰나무좀의 수를 45~98퍼센트 감소시킬 정도로 천적이며, 사과 과수원의 코들링나방 억제에도 중요한 구실을 한다. 박새와 겨울 철새는 자벌레를 잡아먹어 과수원을 보호해준다.

그러나 이러한 자연의 조절 능력은 화학약품에 흠뻑 젖은 현대사회에서는 더 이상 기대할 수 없게 되었다. 살충제가 해충뿐 아니라 그 천적인 새들도 함께 죽이기 때문이다. 살충제를 뿌리고 얼마 후에는 벌레들이 다시 돌아온다. 그러나 벌레의 수를 조절해줄 새들이 없다. 밀워키 공립박물관의 조류 큐레이터 오언 J. 그롬(Owen J. Gromme)은 〈밀워키 저널(Milwaukee Journal)〉에 다음과 같은 글을 썼다. "곤충의 최대 적은 다른 포식곤충·조류·작은 포유류 등이지만, DDT는 자연이 내려준 이런 천적들과 아름다운 경치를 무차별적으로 파괴한다. ……우리는 발전이라는 미명 아래 잠깐 편안함을 누릴 뿐 결국에는 벌레를 없애지도 못하면서 사악한 해충 방제의 희생물이 되어가는 것은 아닌지. 해충의 천적들이 농약 때문에 사라진다면, 새로운 해충이 등장해 느릅나무뿐 아니라 다른 나무들을 공격할 것이다. 앞으로 어떤 방법으로 통제할 것인가?"

그룹은 위스콘신주에 살충제를 뿌린 이후 죽은 새에 대한 전화와 편지가 꾸준히 증가하고 있다고 말했다. 연구 결과, 새들이 죽은 지역에서는 농약의 살포와 분무가 이루어졌음을 알 수 있었다.

미시간주 크랜브룩 과학연구소, 일리노이 자연사조사, 위스콘신 대학교의 많은 연구소에 속해 있던 조류학자와 환경보호론자 들도 그룹과 견해를 같이했다. 신문의 독자 투고란만 보더라도 농약을 살포한 거의 전 지역 주민들은 이 문제에 분개했을 뿐만 아니라 농약 살포를 지시한 관리들보다 그 위험성과 모순에 대해 훨씬 더 날카로운 통찰력을 보였음을 알 수 있다. 밀워키에 사는 한 여성은 이렇게 썼다. "머지않아 집 뒤뜰의 아름다운 새들이 모두 죽는 날이 올까봐 두렵다. 슬프고도 가슴이 메는 일이다. 그러나 나를 더욱 좌절시키고 화나게 만드는 것은 도살자들이 목표로 한 일이 실패로 돌아갔다는 점이다. 긴 안목으로 볼 때, 새가 죽는다면 나무는 과연 살 수 있을까? 자연의 섭리에 맡겨두면 새와 나무가 서로를 살리지 않을까? 자연의 균형을 파괴하는 것이 아니라 도와주는 일은 불가능할까?"

웅장한 그늘을 만들어주긴 하지만 느릅나무가 '절대 손댈 수 없는 신성불가침의 대상'은 아니며, 이 나무를 살리기 위해 다른 생명체를 파괴하는 일이 정당화될 수 없다는 생각이 편지에 잘 표현되어 있다. 위스콘신주에 사는 한 여성은 이렇게 썼다. "나는 주변 풍경의 상징이 된 느릅나무를 늘 좋아했다. 하지만 그 외에도 나무는 많다. 느릅나무를 구하기 위해 새를 다 죽여서는 안 된다. 새도 보호해야 한다. 울새의 노랫소리가 들리지 않는 봄철보다 더 우울하고 적막한 것은 없으니까."

그 선택이 간단하고 분명한 흑백논리로 보일지 모른다. 새를 구할 것인가, 아니면 느릅나무를 구할 것인가? 이 결정은 쉬운 일이 아니다. 만약 잘 닦인 길로 수월하게 달려가기만을 고집한다면 화학약품 방제의 모순 때문에 둘 다 살리지 못할 것이다. 살충제는 새를 죽이지만, 그렇다고 느릅나무를 살리지도 못한다. 느릅나무의 생존 여부가 살포기 노즐에 달려 있다는 망상은 위험하기 이를 데 없다. 이는 별다른 효과도 거두지 못한 채 비용 과잉 지출로 몰아가는 도깨비불에 불과하다. 10년 동안 정기적으로 농약을 뿌린 코네티컷주 그리니치에 가뭄이 들면서 딱정벌레가 살기에 알맞은 환경이 조성되었는데, 그 결과 느릅나무 고사율이 1000퍼센트나 증가했다. 일리노이 대학교가 위치한 일리노이주 어배너에서는 1951년에 네덜란드느릅나무병이 처음 발생했다. 그래서 1953년부터 농약을 뿌리기 시작했다. 그렇게 1959년까지 6년 동안 살포했음에도 대학 캠퍼스의 느릅나무 86퍼센트가 죽었는데, 죽은 나무의 절반은 애써 방제하려던 그 네덜란드느릅나무병 때문인 것으로 나타났다.

　오하이오주 톨레도에서도 유사한 현상이 발생했다. 삼림감독관 조지 프 A. 스위니(Joseph A. Sweeney)의 연구를 보면 농약 살포의 결과를 현실적으로 인식하게 된다. 이 지역은 1953년에 살충제 사용을 시작해 1959년까지 계속되었다. 하지만 스위니는 그 기간 동안 '책과 전문가'의 지시대로 농약을 뿌린 도시에서 솜깍지벌레가 전보다 더욱 만연했다는 사실을 발견했다. 그는 혼자서 네덜란드느릅나무병 방제 결과를 다시 분석했고, 그 결과에 스스로도 놀랐다. 다음과 같은 일이 벌어진 것이다. "질병이 전파되지 않은 유일한 지역은 병에 걸린 나무를 제거하는 응급 처방을 한 곳이었다. 살충제에 의존한 지역에서는 병을 통제할 수 없었다. 오히려 아무런 조치도 취하지 않은 교외 지역에서 도시

지역보다 병이 퍼지는 속도가 느렸다. 살충제가 천적들마저 없앴기 때문이다."

"그래서 최근에는 네덜란드느릅나무병에 대한 농약 살포를 중단하라고 권하는 중이다. 미국 농무부의 권고를 지지하는 여러 사람과 분쟁이 생기겠지만, 이는 사실이고 그것을 고수할 것이다."

느릅나무병이 발생한 중서부 도시들이, 왜 이미 오래전에 이 문제를 겪은 다른 지역의 사례들을 차근차근 조사하지 않고 주저 없이 거창하고도 값비싼 농약 살포를 시도했는지 이해하기 힘들다. 1930년경 이 병에 걸린 목재가 뉴욕항을 통해 미국으로 들어왔다는 점을 생각해보면 뉴욕주는 가장 오랫동안 네덜란드느릅나무병에 시달려온 지역임이 틀림없다. 그런데 뉴욕주가 병의 확산을 막는 데 가장 탁월한 능력을 보여왔다. 무엇보다 뉴욕주의 농업기술센터(agricultural extension service)가 약제 살포를 권장하지 않았다는 점이 중요하다.

그러면 뉴욕주는 어떻게 이 병의 확산을 차단한 것일까? 느릅나무를 살리려는 전쟁이 시작된 초기부터 현재까지 뉴욕주는 엄격한 환경 관리에 중점을 두었고, 병에 걸렸거나 감염된 나무들은 신속히 옮기거나 제거했다. 이미 병에 걸린 나무뿐 아니라 딱정벌레가 번식할 수 있는 모든 목재를 없애야 한다는 사실을 몰랐기 때문에 처음에는 다소 실망스러웠다. 봄이 되기 전에 이런 목재는 모두 태워야 한다. 장작용으로 쌓아놓은 느릅나무 목재에 병균을 옮기는 딱정벌레들이 알을 까기 때문이다. 4월 말이나 5월이 되면 딱정벌레 성충이 동면에서 깨어나 네덜란드느릅나무병을 전파한다. 뉴욕주 곤충학자들은 딱정벌레 번식을 자극하는 주요인이 무엇인지 경험으로 알게 되었다. 그들은 위험 요소들을 집중적으로 관리함으로써 좋은 결과를 얻었을 뿐 아니라 경비를 적정 수준으로 유지할 수 있었다. 1950년이 되자 뉴욕시의 네덜란드느릅나무병 발생률은 전체 5만 5000그루 중 0.2퍼센트에 불과했다. 1942년부터 이와 비슷한 사업을 실시한 웨스트체스터 카운티에서는 그 후 14년 동안 느릅나무의 치사율이 연평균 0.2퍼센트에 머물렀다. 18만 5000그루의 느릅나무가 자라는 버펄로 지역은 적절한 관리를 통해 최근 들어 연간 총 치사율이 0.3퍼센트라는 놀라운 수치를 보이고 있다. 이 비율대로라면 버펄로 지역의 느릅나무가 모두 사라지는 데 300년이 걸리는 것으로 추정된다.

시러큐스 지역은 더욱 인상적이다. 그곳에서는 1957년까지 어떤 실효성 있는 대책도 수립하지 못했다. 1951~1956년에 시러큐스는 3000여 그루의 느릅나무를 잃었다. 그 후 뉴욕 주립대학교 임업대학의 하워드 C. 밀러(Howard C. Miller)의 관리 하에 병에 걸린 모든 느릅나무와 딱정벌레가 자랄 수 있는 목재를 모조리 없앤 결과, 치사율이 연간 1퍼센트 미만으로 떨어졌다.

뉴욕의 전문가들은 이런 방식으로 느릅나무병을 관리하는 것이 훨씬 경제적이라고 강조했다. 뉴욕 주립대학교 농업대학의 J. G. 매티스(J. G. Matthysse)는 다음과 같이 말했다. "대부분의 경우 이 방제법이 가져다주는 이익에 비해 투입되는 실질 비용은 그리 많지 않다. 만약 죽거나 부러진 가지가 있다면 사람들은 앞으로 발생할지도 모를 손실이나 피해를 방지하기 위해 이 가지를 꺾어버리게 마련이다. 또 땔감용 나무라면 봄이 되기 전에 사용하든지, 껍질을 벗겨버리든지, 아니면 습기가 없는 곳에 저장할 것이다. 네덜란드느릅나무병의 확산을 막기 위해 죽어가는 나무를 신속히 없애는 비용이 차후 필요한 비용에 비해 훨씬 적다. 도시에 있는 대부분의 죽은 나무는 결국에는 제거해야 할 것이기 때문이다."

　이런 점들을 볼 때, 세심하고 현명한 방식을 채택한다면 네덜란드느릅나무병 방제가 그리 불가능한 일만은 아니다. 이 질병을 완전히 근절하기는 어려울 테지만, 화학약품을 살포해 아무런 효과도 없이 조류를 비극적으로 죽이는 대신 환경을 개선한다면 병의 확산을 억제할 수는 있을 것이다. 병에 저항력이 있는 느릅나무를 개발하는 삼림유전학적 접근법도 우리에게 희망을 준다. 워싱턴에는 질병에 저항력이 높은 유럽느릅나무들이 자라고 있다. 도심의 느릅나무들이 질병에 걸려 고생하는 동안 유럽느릅나무는 단 한 그루도 병에 걸리지 않았다.

　병 때문에 느릅나무가 사라진 지역에서는 신속하게 묘목을 심어서 죽은 나무를 대체하려는 계획을 실행하고 있다. 이는 매우 중요한 일이다. 저항력 강한 유럽느릅나무를 심는 것은 물론이고, 동시에 종의 다양성을 중시해야 전염병으로 나무들을 잃는 일이 더 이상 없을 것이다. 동식물 집단을 건강하게 유지하는 열쇠는 영국의 생태학자 찰스 엘턴 (Charles Elton)이 말한 "종 다양성 유지"에 있다. 지난 세대에 일어난 일들은 현재에 이르기까지 생물학적 영향을 끼친다. 겨우 한 세대 전만 해도 넓은 지역에 한 종류의 나무를 심는 것이 커다란 재앙을 몰고 오리라고 생각한 사람은 없었다. 따라서 모든 도시의 거리에 느릅나무를 심었고 도시의 공원에도 똑같은 나무들이 점찍듯이 들어찼다. 그러나 오늘날 느릅나무들이 죽어가고 있으며, 새들도 함께 죽어가고 있다.

울새와 마찬가지로 또 다른 미국 새도 멸종 위기에 놓였다. 미국의 상징인 독수리다. 독수리의 개체수는 지난 10년 동안 놀랄 만큼 감소했다. 이는 독수리의 번식능력을 치명적으로 파괴하는 일이 벌어지고 있음을 암시한다. 그 이유가 무엇인지 아직까지 정확히 밝혀지지는 않았지만, 살충제와 연관이 있다는 여러 증거가 나오고 있다.

북아메리카에 서식하는 독수리 중 플로리다주 서해안의 탬파에서 포트마이어스에 걸쳐 뻗어 있는 해안에 둥지를 트는 수리의 연구가 가장 자세히 이루어졌다. 위니펙 출신의 은퇴한 은행가 찰스 브롤리(Charles Broley)는 1939~1949년에 1000마리 이상의 어린 흰머리독수리에 표식을 달아줌으로써 조류학사에 큰 업적을 남겼다. (그 이전까지 표식을 단 독수리는 통틀어 겨우 166마리에 불과했다.) 겨울 동안 브롤리는 어린 독수리들이 둥지를 떠나기 전에 표식을 달았다. 표식을 단 새들을 관찰한 결과, 별로 이동하지 않는다고 여겨지던 플로리다 태생의 독수리가 캐나다 해안을 따라 북쪽으로 올라가서 프린스에드워드섬까지 날아간다는 사실이 밝혀졌다. 가을이 되면 이 새들은 다시 남쪽으로 돌아오는데, 펜실베이니아주 동부의 호크산 등지에서 그 이동을 잘 관찰할 수 있다.

표식을 달던 초기, 브롤리는 연구 대상이던 해안 일대에서 1년에 125개의 둥지를 발견했고 150여 마리에 표식을 달아주었다. 그러나 1947년부터 태어나는 새끼의 수가 줄기 시작했다. 알이 없는 둥지도 있었고, 알은 있으나 부화에 실패한 둥지도 있었다. 1952~1957년에는 약 80퍼센트의 둥지에서 새끼가 태어나지 못했다. 1957년 독수리가 사용하는 둥지는 겨우 43개였다. 그중 7개에서만 8마리의 새끼가 태어났고, 23개에는 알이 있었지만 부화에 실패했으며, 나머지 13개는 알이 없이 어미 새들이 먹이를 먹는 장소로 쓰일 뿐이었다. 1958년 브롤리는 100마일(약 161킬로미터) 넘게 해안 지대를 찾아 헤맨 끝에 겨우 새끼 1마리를 발견해 표식을 달아주었다. 1957년에 43개의 둥지를 찾았지만 어미 새를 보기가 훨씬 더 힘들어졌고, 거우 10개의 둥지에서만 독수리를 관찰할 수 있었다.

1959년 브롤리의 사망으로 오랫동안 지속되어온 이 귀중한 관찰이 중단되었지만, 뉴저지와 펜실베이니아 주는 물론 플로리다 오듀본 협회의 보고를 살펴보면 미국의 상징이 바뀌는 것은 아닐까 하는 생각이 든다. 호크산 보호구역 관리자 모리스 브룬(Maurice Broun)의 보고는 특히 의미심장하다. 펜실베이니아 남동부, 서풍이 해안 평원으로 떨어지기 전 마지막으로 거치는 장애물인 애팔래치아산맥의 동쪽 끝자락에 위치한 아름다운 봉우리가 호크산이다. 이곳에서 산맥에 부딪힌 바람은 위로 숫구치기 때문에 가을철이 되면 지속적인 상승기류가 형성되고, 큰 날개를 지닌 매와 독수리는 이 바람을 타고 편안하게 하루에도 수마일 씩 남쪽으로 이동한다. 호크산은 여러 산줄기가 하나로 모이는 지점인 동시에 하늘의 도로들이 만나는 곳이기도 하다. 넓게 펼쳐진 인근 지역에서 모여든 새들은 이 병목 구간을 통과해 북쪽으로 날아간다.

수십 년 동안 이 보호구역의 관리자로 일한 모리스 브룬은 다른 누구보다 열심히 매와 독수리를 관찰해 그 결과를 목록으로 작성했다. 흰머리독수리의 이동은 8월 말에서 9월 초에 절정을 맞는다. 이들은 북쪽에서 여름을 나고 고향으로 돌아오는 플로리다 지역의 독수리로 판단된다. (늦가을과 이른 봄에도 큰 독수리 몇 마리가 이 지점을 통과하기는 하는데, 북쪽에 사는 것으로 보이는 이 새들은 잘 알려지지 않은 겨울 서식지를 향하는 것으로 추정된다.) 보호구역이 설정되고 몇 년 후인 1935~1939년에 관찰한 흰머리독수리 중 40퍼센트는 1년 미만의 어린 새들이었는데, 그 검은 깃털 덕분에 쉽게 알아볼 수 있었다. 그러나 최근에는 어린 새가 드물어졌다. 1955~1959년에는 전체의 20퍼센트밖에 되지 않았고, 1957년에는 어미 새 32마리당 어린 새 1마리뿐이었다.

　다른 지역도 호크산의 상황과 비슷했다. 일리노이주 자연자원위원회에 근무하는 엘턴 폭스(Elton Fawks)의 보고를 살펴보자. 독수리들은(대개 북쪽 지역에 둥지를 트는 독수리들) 미시시피강과 일리노이강 유역에서 겨울을 나는데, 1958년 폭스는 59마리의 독수리 가운데 새끼는 1마리밖에 없었다고 보고했다. 세계에서 유일한 독수리 보호구역인 서스쿼해나강의 마운트존슨섬에서도 흰머리독수리들이 사라지고 있다는 징후가 포착되었다. 이 섬은 코노윙고 댐에서 8마일(약 12.9킬로미터) 위쪽, 랭커스터 카운티 해안에서 겨우 0.5마일(약 800미터) 떨어져 있음에도 훼손되지 않은 자연을 그대로 간직하고 있다. 1934년부터 랭커스터 지역에서 독수리 둥지를 관찰해온 조류학자이자 보호구역 관리자인 허버트 H. 베크(Herbert H. Beck) 교수에 따르면 1935~1947년에는 새끼들이 늘 부화했는데, 1947년 이후 양상이 달라졌다고 한다.

　마운트존슨섬에도 플로리다와 유사한 현상이 나타났다. 어미 새만 있거나 어미 새와 알이 있는 둥지는 눈에 띄었지만 부화한 새끼가 있는 둥지는 거의 없었다. 이 현상을 설명하는 데는 단 하나의 해석만이 가능하다. 어떤 환경 요인 때문에 번식능력이 떨어져서 종족 유지에 필요한 어린 개체들이 태어나지 못한 것이다.

　미국 어류·야생동물국의 제임스 디윗(James DeWitt) 박사를 비롯한 여러 학자가 실험을 통해 이와 유사한 상황을 인위적으로 만들어냈다. 계속적인 살충제 사용이 메추라기와 꿩에 미치는 영향에 대한 디윗 박사의 연구는 지금도 인정받고 있는데, 그는 DDT나 그 밖의 비슷한 화학약품에 노출된 어미 새들이 외관상 문제가 없다고 해도 번식능력에 치명적인 영향을 입는다는 사실을 밝혀냈다. 살충제가 미치는 영향은 다양하지만, 결국 그 마지막 귀착점은 언제나 하나다. 번식기 내내 DDT를 투여한 메추라기는 죽지 않았고 정상적인 수의 알을 낳았다. 하지만 알들은 부화하지 못했다. "초기에는 정상적으로 부화하는 듯했지만, 알을 깨는 시기가 되면 죽고 말았다"고 디윗 박사는 말했다. 부화에 성공한 새끼들도 5일 이내에 반 이상이 죽었다. 꿩과 메추라기를 이용한 또 다른 실험에서 1년 내내 살충제가 포함된 먹이를 먹은 어미 새들은 단 한 개의 알도 낳지 못했다. 캘리포니아 대학교의 로버트 러드(Robert Rudd) 박사와 리처드 제널리(Richard Genelly) 박사도 이와 비슷한 연구 결과를 발표했다. 살충제의 일종인 디엘드린을 흡수한 꿩은 "낳는 알의 수가 현저히 줄었으며, 새끼의 생존율도 매우 낮았다". 학자들에 따르면 알 노른자위에 저장된 디엘드린은 부화기나 또는 알에서 깨어난 어린 새들에게 서서히 흡수되어 느리지만 치명적인 영향을 미친다고 한다.

이 주장은 월러스 박사와 그의 제자 리처드 F. 버나드(Richard F. Bernard)가 미시간 주립대학교 캠퍼스의 울새에서 고농축 DDT를 발견함으로써 많은 지지를 받았다. 그들이 조사한 울새 수컷의 고환, 성장 중인 난포, 암컷의 난소, 알, 난관, 외딴 둥지에 있는 부화하지 않은 알, 알 속의 배아, 부화한 지 얼마 지나지 않아 죽은 어린 새 등에서 모두 유독물질이 검출되었다.

이런 연구를 통해 유독물질은 살충제와 직접 접촉하지 않은 새들의 다음 세대에까지 전달된다는 사실이 밝혀졌다. 배아의 성장에 필요한 영양분을 공급하는 노른자위에 축적된 독성물질은 사망증명서나 다름없으며, 왜 그렇게 많은 디윗의 새가 부화하지 못하는지 또는 부화한 지 며칠 만에 죽어버리는지 잘 설명해준다.

이러한 실험실 연구를 야생의 독수리들에게 그대로 적용하기는 어렵지만, 독수리의 번식력을 떨어뜨리는 원인을 찾고자 플로리다와 뉴저지 주를 비롯한 여러 곳에서 현재 연구가 진행 중이다. 지금까지 정황으로 볼 때, 살충제가 가장 중요한 원인으로 지목되고 있다. 물고기가 풍부한 곳에서는 이 물고기들이 독수리의 주된 먹이가 된다(알래스카에서는 약 65퍼센트, 체서피크만에서는 약 52퍼센트를 차지한다). 브롤리가 오랫동안 연구한 독수리들도 의심할 나위 없이 물고기를 먹었다. 1945년 이후 이 특별한 해안 지역은 DDT에 지속적으로 노출되었다. 약제 살포의 목표는 늪지에 서식하는 모기였는데, 모기는 독수리가 먹이를 사냥하는 늪지와 해안에 주로 서식했다. 살충제 살포로 엄청난 수의 물고기와 게가 죽었다. 실험실에서 그들의 조직을 분석한 결과, 46ppm이라는 고농도의 DDT가 농축되어 있었다. 호수의 물고기를 먹어 체내에 살충제가 농축되었던 클리어 호수의 논병아리처럼, 독수리의 체내 조직에도 많은 DDT가 축적되었던 것이다. 논병아리·꿩·메추라기·울새 들처럼 독수리 새끼도 점점 줄어들고 있으며, 종의 연속성을 유지하기가 힘들어지고 있다.

위험에 처한 새들의 울음소리가 전 세계에서 들려오고 있다. 자세한 내용은 서로 다르겠지만, 살충제로 인해 야생생물이 잇달아 죽음을 맞게 되었다는 점에서는 같다. 프랑스에서는 포도나무 그루터기에 비소를 함유한 살충제를 뿌린 뒤 수백 마리의 새가 죽었으며, 벨기에에서는 하늘을 날아다니던 자고새가 주변 농지에 살포한 살충제로 인해 자취를 감췄다.

영국에서는 특수한 문제가 등장했는데, 종자를 뿌리기 전에 살충제 처리를 하는 관행과 연관된 것이다. 종자에 약을 뿌리는 것이 새로운 방식은 아니지만, 예전에 주로 사용하던 화학약품은 살균제였기에 새들에게 그다지 큰 영향을 끼치지 않았다. 그러다 1956년경부터 토양 속에 서식하는 곤충을 퇴치하기 위해 살균제에 디엘드린, 알드린, 헵타클로르를 첨가했다. 그 후 상황이 더욱 악화되었다.

1960년 봄, 영국조류학협회(BTO)·왕립조류보호협회(RSPB)·수렵조류협회 등과 같은 영국의 야생동물 관계 당국에 죽은 새들에 대한 보고가 쇄도했다. 노퍽의 한 지주는 이렇게 썼다. "이곳은 마치 전쟁터 같다. 토지관리인이 죽은 새들을 셀 수 없을 만큼 많이 발견했는데, 푸른머리되새·방울새·홍방울새·바위종다리·집참새 같은 작은 새들이 다량으로 죽어 있었다. ……야생생물이 사라져가는 것은 정말 가슴 아픈 일이다." 또한 사냥터지기는 이렇게 썼다. "내가 관리하는 곳에서 자고새가 살충제에 오염된 곡식을 먹고 모두 죽었으며, 꿩과 다른 새들도 수백 마리씩 죽었다. ……평생 사냥터를 지키면서 살아온 내겐 괴로운 경험이다. 자고새 한 쌍이 함께 죽어 있는 모습을 보는 것은 견디기 힘든 일이다."

영국조류학협회, 왕립조류보호협회, 수렵조류협회가 공동으로 작성한 보고서에는 67건의 죽은 새 이야기가 담겨 있다. (이 수치는 1960년 봄을 기준으로 한 것으로, 죽은 새의 전체 수에는 턱없이 모자란다.) 67마리 중 59마리는 농약이 묻은 씨앗을 먹고 죽었고, 나머지 8마리는 유독성 화학약품 살포로 죽었다.

그다음 해에도 유독성 화학약품 중독 사례는 물결처럼 퍼져나갔다. 노퍽 지역의 경작지 한 구역에서만 600마리의 새가 죽었다는 소식이 영국 상원으로 전해졌고, 북부 에식스의 한 농장에서는 꿩 100마리가 죽었다. 1960년보다 더 많은 지역에서 문제가 발생했음이 곧 분명해졌다(23곳에서 34곳으로). 농업이 중심인 링컨셔 지방의 피해가 가장 컸는데, 무려 1만 마리의 새가 희생되었다. 하지만 링컨셔뿐 아니라 북쪽의 앵거스에서 남쪽의 콘월까지, 서쪽의 앵글시에서 동쪽 노퍽에 이르기까지 농업지대가 있는 곳이면 영국 어디에서나 이러한 다량 살상이 일어났다.

1961년 봄, 우려가 정점에 이르자 영국 하원의 특별위원회가 조사를 벌였고, 농부·지주·농무부 관계자·야생동물 관련 여러 정부와 비정부 기구의 관계자들에게서 증언을 들었다.

"죽은 비둘기들이 갑자기 하늘에서 떨어졌습니다." 한 증인은 이렇게 말했고, 다른 증인은 "런던 외곽을 100마일, 또는 200마일을 이동해 봐도 황조롱이 한 마리 볼 수 없습니다"라고 밝혔다. 국제자연보호협회(The Nature Conservancy)의 관리는 "20세기, 아니 내가 알고 있는 그 어떤 시대에도 이런 일은 없었습니다. 〔이것은〕 이 땅에서 일어난 일 중에서 야생동물과 사냥용 짐승들에게 가장 거대한 위협입니다"라고 증언했다.

희생된 새들을 대상으로 화학분석을 할 수 있는 시설도 없었고, 그런 일을 할 수 있는 영국의 화학자라고는 고작 두 명뿐이었다(한 명은 정부 기관 소속의 화학자였고, 다른 한 명은 왕립조류보호협회 소속이었다). 사람들은 주로 큰불을 피워 새의 사체를 소각했는데, 몇몇 사람의 노력과 도움으로 아직 소각하지 않은 검사용 사체를 수거했다. 분석 결과 단 한 마리를 제외한 모든 사체에서 살충제 잔류물이 검출되었으며, 유일하게 유독물질이 검출되지 않은 사체는 씨앗을 먹지 않는 도요새였다.

새들과 함께 여우도 피해를 입었는데, 아마도 중독된 쥐나 새를 먹고 간접적으로 영향을 받은 듯하다. 토끼의 번식 과다 문제로 골치가 아픈 영국에서는 여우가 중요한 포식자 역할을 한다. 그러나 1959년 11월부터 1960년 4월 사이에 적어도 1300마리의 여우가 죽고 말았다. 여우가 가장 많이 죽은 지역은 새매와 황조롱이를 비롯한 맹금류가 급격히 사라진 지역과 일치했다. 살충제의 독성이 씨앗을 먹는 새들에서 포유류나 육식 조류로 이어지는 먹이사슬을 따라 퍼졌기 때문으로 보인다. 죽어가는 여우들의 모습은 염화탄화수소 살충제에 중독된 동물과 비슷했다. 주위를 빙빙 돌다가 눈이 흐릿해지고 눈꺼풀이 반쯤 감기더니 심한 경련을 일으키며 죽었다.

여러 증언을 듣고 난 의회 위원회는 야생동물이 '극도로 위험한 상태'에 놓여 있음을 확신했으며, 따라서 그들은 하원에 다음과 같이 권고했다. "농무부 장관과 스코틀랜드 국무장관은 디엘드린, 알드린, 헵타클로르, 그 밖에 이와 유사한 독성을 지닌 화학약품을 포함하는 약품들로 종자를 처리하는 행위를 즉각 금지시켜야 합니다." 또 위원회는 한층 엄격한 관리를 통해 이런 종류의 화학약품이 시장에 출시되기 전에 연구실은 물론 야외에서 충분한 실험을 거쳐야 한다고 권고했다. 이는 매우 중요한 내용으로 수많은 살충제 실험의 맹점 중 하나를 지적하는 것이기도 하다. 화학약품 제조업체가 실행하는 실험은 쥐, 개, 기니피그 같은 일반 실험동물을 대상으로 할 뿐 야생생물종은 포함되어 있지 않다. 대부분의 경우 새와 물고기에 대해서는 실험이 이뤄지지 않으며, 그나마 시행하는 실험도 통제된 인위적 환경에서만 이루어진다. 이런 실험 결과를 자연 속의 야생동물에게 적용하는 것은 터무니없는 일이다.

약품 처리한 종자로부터 새를 보호하는 문제에 직면한 곳이 비단 영국만이 아니다. 미국의 캘리포니아주와 남부 일대의 벼 재배 지역도 이 문제로 고민하고 있다. 몇 년 동안 캘리포니아의 벼 재배농들은 어린 벼에 해를 입히는 미국투구새우와 청소풍뎅이로부터 종자를 보호하기 위해 DDT를 뿌렸다. 캘리포니아의 사냥 애호가들은 그곳을 사냥의 최적지로 여겼는데, 벼가 자라는 주변으로 물새와 꿩들이 많이 모여들었기 때문이다. 그러나 지난 10년간 이 일대에서 꿩, 오리, 검은지빠귀를 비롯한 새들의 수가 줄고 있다는 소식이 전해졌다. 특히 '꿩 질병'은 널리 알려졌는데, 한 사람이 목격한 바에 따르면 "물을 찾다가 온몸이 마비되어 도랑둑이나 논둑에서 심하게 떨고 있는 꿩을 보았다"고 한다. 이 병은 논에 종자를 뿌리는 시기인 봄철에 주로 발생한다. 논에 사용해 꿩의 체내에 농축된 DDT의 양은 다 자란 꿩을 죽일 수 있는 양의 몇 배에 달한다.

몇 년이 흐른 뒤, 훨씬 유독한 살충제들이 개발되자 약품 처리 종자의 위험성은 가중되었다. DDT보다 100배나 강한 독성을 지닌 알드린은 현재 종자 소독에 널리 쓰이고 있다. 텍사스주 동부의 벼 재배 지역에서 이 방식을 사용하면서 맥시코 연안에 서식하는 거위처럼 생긴 황갈색유구오리 개체수가 심각하게 감소했다. 이런 점들을 보면 벼 재배농이 살충제를 사용하는 데는 두 가지 목적이 있음을 알 수 있다. 귀찮은 검은지빠귀를 해충과 함께 없애버리려는 것이다. 이로 인해 벼가 자라는 곳에 사는 조류가 위험해지는 것에는 별로 신경 쓰지 않는다. 우리를 성가시게 하거나 불편하게 만드는 생물이라고 생각하면 '박멸하는' 습성이 점점 더 널리 퍼지고 있다. 그러면서 새들은 독극물의 부수적 목표가 아닌 직접적인 목표가 되어버렸다. 농부들은 달갑지 않은 새를 쫓기 위해 파라티온 같은 치명적인 화학물질을 살포한다. 이것의 심각성을 우려한 어류·야생동물국은 "파라티온은 인간, 가축, 야생동물에게 심각한 잠재적 위험을 안겨주고 있다"고 지적했다. 이를테면 1959년 여름 인디애나주 남부에서는 농부 몇 명이 농약살포용 비행기를 공동으로 불러 강변의 저지대에 파라티온을 살포했다. 이곳은 주변 옥수수밭에서 먹이를 찾는 검은지빠귀 수천 마리가 모여드는 곳이었다. 새가 쉽게 이삭을 따먹지 못하는 옥수수 종자를 뿌리면 문제가 간단했을 것을, 농부들은 독극물로 새들을 없애버리기만 하면 된다는 용이성에 현혹되어 죽음의 사명을 띤 비행기를 띄웠다.

농부들은 그 결과에 만족했을지 모르지만, 독극물에 희생된 동물 목록에 6만 5000마리의 붉은날개검은새와 찌르레기가 새로 포함되었다. 미처 기록하지 못한 동물이 얼마나 되는지는 알려지지 않았다. 파라티온은 검은지빠귀뿐 아니라 모든 생물을 함께 죽이는 물질이다. 강가 저지대를 돌아다니긴 해도 옥수수밭에는 들어가지 않았을 토끼, 미국너구리, 주머니쥐 등이 그들의 안위는커녕 존재조차 모르는 재판관이자 배심원에 의해 생을 마감하고 말았다.

그렇다면 인간은 어떠한가? 파라티온을 살포한 캘리포니아주의 과수원에서는 **한 달** 전에 살충제를 뿌린 나뭇잎을 손질하던 인부들이 쓰러져 쇼크 상태에 빠졌으나 능숙한 응급 치료 덕분에 겨우 목숨을 건졌다. 인디애나주의 숲이나 들판을 휘젓고 돌아다니며 강가를 탐험하는 아이들이 아직도 있지 않을까? 만약 그렇다면 훼손되지 않은 자연을 찾아다니다 길을 잘못 든 사람들이 오염 지역에 발을 들이는 것은 누가 막을 것인가? 잠시도 주의를 게을리하지 않고 감시하다가 아무것도 모르는 채 산책을 즐기는 사람을 발견하면 "지금 발을 내딛는 지역은 모든 초목이 치명적인 약품에 뒤덮인, 극히 위험한 지역"이라고 말해줄 수 있는 사람은 과연 누구인가? 하지만 이런 무서울 정도의 위험 속에서도 농부들은 누구의 제지도 받지 않은 채 검은지빠귀와 전쟁을 벌여 왔다.

이런 상황에서 우리는, 정작 중요한 문제는 그냥 넘기고 말았다. 즉 고요한 연못에 돌을 던지면 잔물결이 일듯이, 유독물질의 연쇄 작용을 일으켜 죽음의 물결을 퍼뜨리는 사람은 누구인가? 한쪽 접시에는 딱정벌레들이 갉아먹은 나뭇잎을 올려놓고, 다른 쪽 접시에는 유독성 살충제가 무차별적으로 휘두르는 몽둥이에 스러져간 새들의 잔해와 다양한 빛깔의 가련한 깃털들을 올려놓은 채 저울질한 사람은 누구인가? 많은 사람의 생각과는 달리, 하늘을 나는 새들의 부드러운 날개가 모두 사라져버린 황폐한 세상이 되더라도 벌레 없는 세상을 만드는 일이 더 중요하다고 결정한 사람은 누구인가? 설령 그런 사람이 존재한다고 해도 그에게 결정을 내릴 **권리**가 있는가? 결정을 내리는 사람은 우리가 잠시 권력을 맡긴 관리들이다. 이들은 아름다움과 자연의 질서가 깊고도 엄연한 의미를 갖는다고 믿는 수많은 사람이 잠깐 소홀한 틈을 타 위험한 결정을 내리고 말았다.

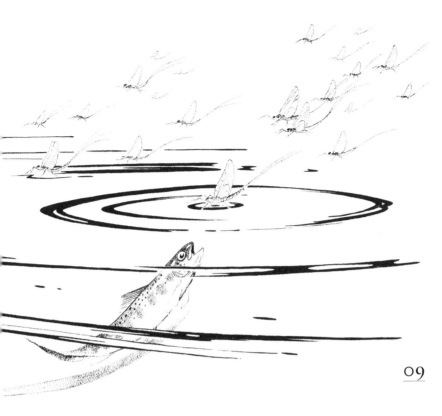

09

죽음의 강

대서양 연안 깊은 바닷속에는 해안 쪽을 향해 많은 바닷길이 열려 있다. 물고기들은 보이지 않는 무형의 길을 따라 이동하는데, 이 길은 해안으로 흘러 들어오는 강물과 연결되어 있다. 오랜 세월 동안 연어들은 자신들을 다시 강으로 인도해줄 좁고 긴 길의 존재를 알고 있었으며, 그 길을 따라 자신이 태어나고 자란 지류로 돌아갔다. 1953년의 여름과 가을, 캐나다 뉴브런즈윅 해안의 미러미시강 출생 연어들은 대서양에서 자신이 태어난 강을 찾아가는 여정을 시작했다. 그리고 그해 가을 미러미시강 상류, 그늘이 드리운 시냇가를 따라 올라가 차가운 급류 밑 강바닥 자갈 사이에 알을 낳았다. 가문비나무와 발삼나무, 솔송나무와 소나무 등 거대한 침엽수림이 잘 어우러진 강 유역은 새끼 연어들이 살아남기 위해 필요한 환경을 제공했다.

오랜 세월 동안 반복되어온 이 연중행사 덕에 미러미시강은 북아메리카 대륙에서 회귀하는 연어들을 볼 수 있는 매우 멋진 곳 중 하나가 되었다. 그러나 늘 지켜지던 이 자연의 규칙이 깨지고 말았다.

크고 두꺼운 껍질에 싸인 연어 알은 강 속, 자갈 사이의 틈, 어미 연어가 강바닥에 파놓은 작은 구덩이 등에서 가을과 겨울을 났다. 추운 겨울 동안 새끼들은 본능에 따라 알 속에서 서서히 성장해갔다. 마침내 봄이 되어 숲의 강물이 녹아 흐르기 시작하면 어린 연어들은 알을 깨고 나왔다. 0.5인치(1.27센티미터) 크기의 새끼 연어들이 가장 먼저 한 일은 강바닥의 작은 돌들 사이에 숨는 것이었다. 그들은 먹이 대신 난황에서 영양을 공급받았다. 영양분을 전부 흡수한 다음에야 비로소 작은 곤충들을 찾아 하천을 돌아다니기 시작했다.

1954년 봄 미러미시강에서는 갓 부화한 새끼 연어와 줄무늬나 불그스레한 반점이 화려한 1년생, 또는 2년생 연어들을 볼 수 있었다. 이 어린 연어들은 식욕이 왕성하여 하천에 사는 갖가지 벌레들을 찾아다녔다.

하지만 여름이 다가오면서 모든 것이 바뀌고 말았다. 그해 캐나다 정부는 미러미시강 북서쪽 수계에서 가문비나무새싹벌레를 제거하기 위해 대규모 약제를 살포했다. 이 벌레는 여러 종류의 상록수에 해를 입히는 토착곤충이었다. 캐나다 동부에서는 약 35년 주기로 이 곤충이 번창했는데, 1950년대 초에도 급증했다. 이 벌레들을 박멸하기 위해 초기에는 적은 양의 DDT를 살포했지만, 1953년부터는 갑자기 그

양을 늘렸다. 펄프와 제지 산업에서 가장 중요한 발삼나무를 보호하기 위해 기존의 수천 에이커가 아닌 수백만 에이커의 숲에 약제를 살포한 것이다.

1954년 6월, 미러미시강 북서쪽으로 날아온 농약살포용 비행기들을 따라 하늘에 만들어진 격자무늬의 하얀 구름이 안개처럼 서서히 땅으로 내려앉았다. 1에이커당 0.5파운드 분량의 DDT가 발삼나무숲에 스며들었고 그중 일부는 나대지와 강물로 떨어졌다. 주어진 임무에만 관심 있던 조종사들은 강 위를 비행할 때도 농약 분사구를 닫지 않았다. 물론 그런 노력을 기울였더라도, 유독물질은 아주 약한 바람에도 멀리 날아가기 때문에 결과는 별로 다르지 않았을 것이다.

약제 살포가 끝난 뒤, 이곳의 모든 상황이 좋지 않다는 것이 분명해졌다. 이틀 뒤 강둑을 따라 새끼 연어들을 비롯해 이미 죽었거나 죽기 직전의 물고기들이 발견되었다. 강에는 죽은 송어들이 떠올랐으며 길과 숲에서는 죽어가는 새들이 발견되었다. 하천 주변의 동물들 역시 고요함 속에 파묻혔다. 농약을 뿌리기 전에는 잎·줄기·작은 돌멩이 등을 제 분비물로 뭉쳐 집을 지어 사는 날도래 유충, 급류가 흐르는 바위에 붙어 있는 강도래 무리, 물살 빠른 곳의 돌 가장자리나 강물이 흐르는 경사진 바위에 붙어사는 흑파리 유충 등 연어와 송어의 먹이가 되는 이런 수중생물이 풍부했다. 그러나 이제 수중곤충은 그곳에 없었다. DDT 때문에 몰살해서다. 그러다 보니 어린 연어들이 먹을 것은 하나도 남지 않았다.

어린 연어는 이런 죽음과 파괴 상황을 헤쳐나올 수 없었다. 그해 봄 강바닥에서 부화한 연어 중 8월까지 살아남은 것은 단 한 마리도 없었다. 1년 동안의 산란 과정이 모두 허사가 된 것이다. 1년 전이나 또는 그 훨씬 전에 부화한 조금 큰 연어들은 그래도 상황이 나은 편이었다. 농약살포용 비행기가 날아올 때 먹이를 찾아 하천을 헤엄쳐다니던 '1953년생 부화 연어'는 6마리당 1마리꼴로 살아남았으며, 거의 바다로 돌아갈 준비가 된 '1952년생 부화 연어'는 3분의 2가 살아남았다.

이러한 사실은 1950년부터 미러미시강 북서쪽에 사는 연어들을 연구하던 캐나다수산연구위원회의 연구자들에 의해 밝혀졌다. 그들은 매년 강 유역에 사는 연어의 수를 기록했다. 생물학자들이 작성한 이 기록에는 산란을 위해 강으로 올라오는 연어의 수, 현재 그곳에 살고 있는 어린 연어의 수, 그리고 그곳에 서식하는 다른 물고기의 정상적인 개체수가 포함되어 있었다. 살충제를 뿌리기 전의 환경을 정확히 표기한 이런 기록을 통해 살충제가 야기한 피해를 다른 어떤 경우보다 정확히 측정할 수 있었다.

이런 조사 덕분에 어린 물고기들의 죽음 이상의 사실, 즉 하천 자체의 심각한 변화가 알려졌다. 약제 살포가 계속되면서 하천 환경이 완전히 변해서 연어와 송어의 먹이가 되는 수중곤충이 사라졌다. 살충제를 단 한 번만 뿌렸다고 해도 연어의 개체수가 정상적으로 돌아오고 수중곤충이 다시 자리 잡기까지는 오랜 세월이 걸린다. 몇 개월이 아니라 몇 년이 필요한 일이다.

각다귀와 흑파리처럼 작은 종일수록 회복이 빠르다. 이 곤충들은 태어난 지 몇 달 안 된 연어 치어의 좋은 먹이가 된다. 그러나 2~3년생 연어의 먹이가 되는 조금 더 큰 수중곤충인 날도래, 강도래, 하루살이 유충은 그렇게 빠르게 회복하지 못한다. DDT가 강물에 뿌려진 이듬해, 이따금씩 보이는 작은 날도래를 제외하곤 새끼 연어의 먹이는 거의 없었다. 그곳에는 날도래, 강도래, 하루살이가 없었다. 캐나다 사람들은 곤충이 사라진 미러미시강 유역의 연어들에게 먹이를 공급하기 위한 노력의 일환으로 다른 하천에서 날도래를 비롯한 수중곤충들을 옮겨오려 했다. 물론 이렇게 옮겨진 곤충들도 반복되는 농약 살포로 모두 죽었다.

줄어들 거라는 기대와 달리 가문비나무새싹벌레는 살충제에 별다른 영향을 받지 않은 것으로 판명되었다. 1955~1957년에는 뉴브런즈윅과 퀘벡 곳곳에 살충제를 살포했는데, 몇몇 지역엔 그 양이 다른 지역보다 3배나 많았다. 1957년에 이르러서는 거의 1500만 에이커에 달하는 지역에 농약을 뿌렸다. 그 후 약제 살포를 일시 중단했지만, 갑자기 가문비나무새싹벌레의 수가 증가하자 1960년과 1961년에 농약 살포를 재개했다. 그러나 해충을 억제하기 위한 화학약품이 단순한 미봉책 이상(몇 년에 걸친 해충 피해로 잎이 모두 떨어져 죽는 나무를 구하기 위한)이라는 증거는 어디에도 없었으며, 농약 살포를 계속하는 한 불행을 초래하는 그 역효과가 지속될 것임은 확실했다. 캐나다 정부의 임업 담당자들은 물고기의 희생을 줄이려는 수산연구위원회의 권고에 따라 1에이커당 DDT 살포량을 기존 0.5파운드에서 0.25파운드로 줄였다. (그러나 미국에서는 아직도 많은 곳에서 매우 치명적인 수준인 표준량을 살포하고 있다.) 이처럼 수년에 걸쳐 농약 살포가 계속된다면 연어잡이를 생업으로 하는 사람들이 심각한 상황에 놓일 것이 틀림없다.

매우 드문 일이지만, 복합적 환경 요인들로 인해 미러미시강 북서쪽의 지류를 오르내리는 연어들은 죽음을 피할 수 있었다. 100년에 한 번 올까말까 하는 행운이라고 할 수 있다. 무슨 일이 일어나 그들이 살아남았는지 아는 것은 매우 중요하다.

이미 아는 것처럼 1954년 미러미시강 지류에 화학물질을 살포했다.

그 이후 1956년에 이르러 살충제를 뿌린 기존의 지역을 제외한 이 지류의 분수계 위쪽은 농약 살포 지역에서 제외했다. 또 1954년에는 미러미시 연어들에게 큰 행운이라 할 수 있는 열대성 폭풍우가 몰아쳤다. 북쪽 종착지를 향해 맹렬히 불어오던 허리케인 에드나는 뉴잉글랜드와 캐나다 해안 지역 일대에 폭우를 쏟아부었다. 그 결과 홍수가 나면서 민물을 바다 먼 곳까지 밀어내 많은 수의 연어를 불러들였다. 그래서 그해에는 연어들이 산란 장소로 이용하던 하천의 자갈 바닥에 다른 어느 해보다 많은 알이 들어찼다. 1955년 봄, 미러미시강 북서쪽에서 부화한 새끼 연어들은 이상적인 서식 환경에서 자라게 되었다. 1년전 DDT가 모든 수중곤충을 제거해버렸지만, 가장 작은 곤충인 각다귀와 흑파리 유충이 다시 등장했다. 이들은 갓 태어난 연어들의 일상적인 먹이였기에 그해에 태어난 치어들은 풍부한 먹이를 구할 수 있었다. 게다가 그들에게는 먹이 경쟁자도 거의 없었다. 그 전에 태어난 연어들이 1954년의 농약 살포로 모두 죽은, 잔인한 이유 때문이었다. 1955년에 태어난 치어들은 매우 빠르게 성장했고, 예외적으로 많은 수가 살아남았다. 그들은 강에서 성장기를 보내고 일찍 바다로 갔다. 1959년 그중 많은 연어가 알을 낳기 위해 자신이 태어난 하천으로 돌아왔다.

만약 미러미시강의 북서쪽으로 올라가는 연어들이 다른 곳에 비해 상대적으로 많았다면 그것은 살충제를 뿌린 기간이 단 1년뿐이었기 때문이다. 지속적으로 약제를 살포한 다른 지류에서 서식하는 연어의 수는 이전에 비해 크게 감소했다.

방제 사업이 이루어진 모든 지류에서는 어린 연어를 거의 찾아볼 수 없었다. 갓 부화한 치어들은 "거의 절멸 수준"이라고 생물학자들은 말했다. 1956년과 1957년에 약제를 살포한 미러미시강의 남서쪽 지류에서는 1959년에 이르자 연어 어획량이 10년간 최저 수준을 기록했다. 강으로 회귀한 연어 중 가장 어린, 처음으로 알을 낳는 어미 연어가 극단적으로 줄었다고 어부들은 말했다. 1959년에는 조사를 위해 미러미시강 어귀에 그물을 설치했는데, 여기에 걸려든 첫 산란을 하는 연어의 수가 전년의 4분의 1에 불과했다. 이때 미러미시 분수계 전체에서 관찰한 2년생 연어(바다로 내려가는 어린 연어)도 60만 마리에 지나지 않았다. 이는 지난 3년간 강으로 돌아온 연어의 3분의 1보다도 적은 수다.

이런 상황을 고려한다면 뉴브런즈윅 지역에서 연어잡이의 미래는, 숲이 흠뻑 젖을 만큼 뿌려대는 DDT를 대체할 방법을 찾는 데 달려 있다고 할 수 있다.

산림 살포 범위에서 약간씩 차이가 나고 구체적 관련 자료가 비교적 적다는 점을 제외하곤 다른 지역들도 캐나다 동부 지역의 이런 상황과 별로 다르지 않다. 가문비나무와 발삼나무 숲이 있는 미국 메인주 역시 해충을 통제하는 일로 골머리를 앓고 있다. 메인주에도 강을 거슬러 올라가는 연어 떼가 많다. 지난날 장관을 연출하던 연어 떼에 비한다면 보잘것없지만, 산업 폐기물로 뒤덮이고 통나무들로 가득 찬 하천 서식지를 보존하려 노력한 몇몇 생물학자와 환경보호론자가 없었다면 그나마도 살아남지 못했을 것이다. 메인주에서도 가문비나무새싹벌레에 대항하기 위해 살충제를 사용했지만, 오염 지역이 상대적으로 적어 아직까지는 연어의 주요 산란지인 지류들이 살충제의 영향을 덜 받고 있다.

그러나 메인주 내수면어업·수렵부의 하천 물고기 관찰 결과를 보면 앞으로 다가올 일들을 짐작할 수 있다.

내수면어업·수렵부는 이렇게 보고했다. "1958년의 약제 살포 직후, 빅고다드 하천에서 죽어가는 서커라는 물고기들을 발견했다. 이 물고기는 전형적인 DDT 중독 증상을 보였는데, 불규칙적으로 헤엄을 치다가 수면 위로 올라와 헐떡거리며 몸을 떨거나 경련을 일으켰다. 살충제가 뿌려진 지 닷새가 지나자 그물 2개에 죽은 서커 668마리가 걸렸다. 리틀고다드, 캐리, 올더, 블레이크 등 하천에서도 많은 피라미와 서커가 죽었다. 힘없이 죽어가는 물고기들이 수면 위로 떠오르는 모습이 자주 눈에 띄었다. 농약을 살포한 지 일주일 뒤에는 눈이 먼 채 죽어가는 송어들이 아무런 힘도 쓰지 못하고 강을 따라 떠내려가는 모습도 여러 번 관찰되었다."

〔DDT가 어류의 시력 상실을 유발한다는 사실은 여러 연구에서 확인되었다. 1957년 밴쿠버섬 북부에서 농약 살포를 연구하던 캐나다의 한 생물학자는 새끼 송어들이 너무나도 무기력하게 움직이는 것을 발견했다. 도망칠 생각조차 하지 않아 물속에 손을 넣어 그냥 잡을 수 있을 정도였다. 조사 결과, 물고기들의 눈에 불투명한 흰 막이 덮여 있어서 시력이 손상되었거나 상실된 듯했다. 캐나다 수산부의 조사에 따르면, 3ppm이라는 낮은 농도의 DDT에 노출된 물고기(은연어)는 비록 죽지는 않지만 거의 전부 수정체가 불투명해져서 시력을 상실한 것으로 나타났다고 한다.〕

거대한 삼림 지역에서 실시하는 현대적인 곤충 방제는 숲속을 가로지르는 하천에 사는 물고기들에게도 큰 위협이 되었다. 물고기의 떼죽음에 대해 가장 널리 알려진 사례는 1955년 미국에서 일어난 사건이다. 원인은 옐로스톤 국립공원 안과 그 주변에 뿌린 살충제였다. 그해 가을, 죽은 물고기가 옐로스톤강에서 대거 발견되자 낚시꾼과 몬태나주의 어업·수렵 관리자들은 크게 놀랐다. 약 90마일(약 145킬로미터)의 하천 유역이 오염되었는데, 거의 300야드(약 274미터)의 강기슭을 따라 브라운 송어·흰송어·서커 등 죽어가는 물고기 600여 마리가 발견되었다. 송어의 먹이인 수중곤충도 자취를 감췄다.

산림청 관리들은 "1에이커당 1파운드의 DDT는 안전하다"는 조언을 따랐을 뿐이라고 밝혔다. 그러나 약제 살포 결과는 그 조언이 사실과 거리가 멀다는 것을 증명해주었다. 1956년 몬태나주 어류·수렵부, 어류·야생동물국, 산림청의 공동 조사가 시작되었다. 그해 몬태나에서 살충제를 뿌린 지역은 90만 에이커에 달했으며, 1957년에는 다시 80만 에이커에 걸쳐 소독이 이루어졌다. 따라서 생물학자들은 어렵지 않게 조사 지역을 선정할 수 있었다.

늘 그렇듯이, 이런 죽음에는 일정한 양식이 있게 마련이다. 숲에서는 DDT 냄새가 진동하고 수면 위에는 기름막이 형성되며, 강기슭을 따라 죽은 송어들이 떠오른다. 조사 대상 물고기들은 생사 여부에 관계없이 조직 내에서 DDT가 검출되었다. 캐나다 동부 지역과 마찬가지로 이곳에서도 물고기 먹이가 되는 생물들이 심각하게 감소했다. 이 문제는 살충제로 인한 피해 중 가장 심각한 것이다. 많은 조사 지역에서 수중곤충을 비롯해 하천 밑바닥에 사는 동물군의 개체수가 평상시의 10분의 1 수준으로 감소했다. 송어의 생존에 필수적인 곤충은 한번 크게 감소하면 그 개체수를 회복하기까지 많은 시일이 걸린다. 살충제를 뿌리고 두 번째 여름이 찾아왔을 때, 다시 모습을 드러낸 수중곤충은 매우 적었다. 한때 갖가지 생명체들이 서식하던 한 지류에서는 거의 아무것도 찾아볼 수 없었다. 이곳은 낚시가 가능한 물고기의 수가 80퍼센트나 감소했다.

모든 물고기가 단시간 내에 바로 죽는 것은 아니다. 시간이 지나면서 서서히 죽어가는 경우가 단기간 내에 죽는 경우보다 많은데, 몬태나주의 생물학자들은 낚시 철이 지난 후에는 죽은 물고기의 수가 제대로 보고되지 않는다고 말한다. 조사에 따르면, 가을철 산란기에 브라운송어, 흰송어 등이 특히 많이 죽었다고 한다. 그다지 놀랄 일이 아니다. 생리학적으로 스트레스 상태에 있을 때, 사람이든 물고기든 유기체는 에너지를 얻기 위해 저장된 지방을 이용한다. 이런 작용으로 인해 지방조직 내에 축적된 DDT가 혈액 속으로 스며나와 치명적인 영향을 발휘하게 된다.

이런 사실로 미루어볼 때, 1에이커당 1파운드 비율로 뿌린 살충제가 하천에 서식하는 물고기들에게 심각한 위협이 된다는 것은 자명한 사실이다. 게다가 가문비나무새싹벌레가 제대로 퇴치되지 않아 많은 지역에서 재살포를 계획했다. 그러자 몬태나주 어류·수렵부는 "필요성과 성공 여부가 의문시되는 사업으로 어자원에 손상을 입히지 않겠다"며 더 이상의 살충제 살포에 강한 반대를 표명했다. 그러나 "역효과를 최소화하는 방법을 찾기 위해" 산림청과는 계속 협력하겠다고 밝혔다.

하지만 그런 협력만으로 물고기를 살릴 수 있을까? 캐나다 브리티시컬럼비아주의 사례는 이 문제에 대해 많은 것을 알려준다. 몇 년 전 이곳에서 검은머리새싹벌레가 창궐했다. 다음해에도 이렇게 계속 잎이 떨어진다면 나무가 다 죽을 거라고 우려한 산림청 관리들은 1957년 대응책을 마련했다. 강을 찾아올 연어들을 걱정하던 수렵부와 협의를 거쳐 삼림생물학 담당 부서는 살충제의 피해를 줄이는 방제 계획을 세웠고, 물고기에 미치는 위험을 줄이기 위해 노력했다.

그러나 이런 예방 조치와 진지한 노력에도, **최소 4개의 주요 지류에서**

거의 모든 연어가 죽었다.

어떤 곳에서는 강을 거슬러 오르던 은연어 4만 마리가 거의 절멸했다. 스틸헤드송어를 비롯한 여러 종류의 새끼 송어도 수천 마리나 죽었다. 은연어는 3년을 주기로 회유하는데, 강을 오르는 연어 떼는 거의 비슷한 나이대였다. 다른 종류의 연어와 마찬가지로 이 연어도 자신이 태어난 지류를 찾아가는 회귀본능이 강하기 때문에 다른 지류에서 태어난 연어가 옮겨오는 일은 거의 없다. 따라서 앞으로 양식(養殖)이나 다른 방법을 사용하지 않는다면 3년 주기로 이루어지는 이 의미 있는 방문을 되돌리기는 거의 불가능하다.

삼림을 보존하면서 동시에 물고기를 살리는 방법이 분명히 존재한다. 모든 강이 죽음의 강으로 변하는 걸 막을 수 없다고 생각하는 것은 자포자기적 태도에 지나지 않는다. 지금까지 알려져 있는 대안들을 좀 더 폭넓게 활용하고, 지식과 자원을 총동원해 새로운 대안을 개발해나가야 한다. 가문비나무새싹벌레의 억제에는 기생곤충을 활용하는 방법이 살충제보다 효과적이라는 사례가 기록으로 남아 있다. 이런 자연 방제를 최대한 사용할 필요가 있다. 물론 독성이 약한 살충제를 이용하는 방법도 있지만, 그보다는 산림 생물 전체에는 해를 끼치지 않으면서 해충만 없애는 미생물을 활용하는 편이 낫다. 그런 대안으로 어떤 것이 있고, 그런 방식으로 무엇을 얻을 수 있는지는 차후에 살펴보기로 하자. 지금 이 시점에서 중요한 것은 해충을 없애는 데 화학약품 살포만이 유일한 해결책이 아니며, 또한 최선의 방법도 아니라는 점을 깨닫는 것이다.

물고기에 가해지는 살충제의 위험은 세 가지로 나누어볼 수 있다. 하나는 미국 북부 삼림지대의 강에 사는 물고기들이 보여주는 것과 유사한 문제로, DDT로 인한 피해에 한정된다. 다른 하나는 이 나라 도처의 호수와 강에 살고 있는 배스, 북아메리카산 민물고기인 선피시, 크래피, 서커, 그 밖의 어류 등이 겪는 문제다. 여기에는 현재 농업적 목적으로 사용하는 모든 살충제가 등장하는데, 엔드린·톡사펜·디엘드린·헵타클로르 같은 주요 유독성 화학약품의 이름을 흔히 들을 수 있다. 마지막으로 염습지, 만, 강어귀에 서식하는 물고기들과 관련한 문제다. 여기에 대해서는 관련 연구를 시작한 지 얼마 되지 않아, 미래에 벌어질 일들을 그저 논리적으로 추론하는 수밖에 없다.

유기 살충제 사용이 확대된 후 물고기들에게 막대한 피해가 발생한 것은 어찌 보면 당연한 일이다. 물고기들은 현재 살충제의 주종을 이루는 염화탄화수소류에 극도로 민감하기 때문이다. 수백만 톤의 유독성 물질이 지표에 뿌려지는 것을 볼 때, 약품의 일부가 육지와 바다를 오가는 끊임없는 순환 속으로 들어가는 것도 불가피하다.

막대한 수의 물고기 떼죽음이 자주 보고되자 미국 공중보건국은 새로운 부서를 신설해 수질오염의 지표로 삼기 위한 사례들을 모았다. 이 문제는 수많은 사람들과 관련이 있다. 2500만 명의 미국인이 여가 시간에 낚시를 즐기며, 1500만 명은 가끔씩 낚시를 하러 간다. 입어료, 낚시 도구, 배, 캠핑 장비, 연료, 숙박료 등에 쓰는 비용이 연간 30억 달러에 이른다. 이 사람들이 오락거리를 잃는다면 그 파급 효과 때문에 여러 측면에서 경제적 손실이 발생할 것이다. 어업이 대표적인 경우이지만, 이보다 더욱 중요한 것은 식량 문제다. (근해 어업을 제외한) 내수와 연안 어업의 어획량은 연간 30억 파운드 규모로 추산된다. 그러나 우리가 알고 있듯이 개울, 호수, 강, 만에 퍼진 살충제는 취미 낚시와 상업적 낚시 모두를 크게 위협하고 있다.

농작물에 다량 살포하거나 소량으로 뿌린 살충제 때문에 죽은 물고기는 어디에서나 쉽게 발견된다. 캘리포니아주에서 벼잎물가파리를 퇴치하기 위해 디엘드린을 뿌린 후 블루길과 선피시가 주종을 이루던 6만 마리의 낚시용 물고기가 죽었다. 루이지애나주에서는 사탕수수밭에 뿌린 엔드린 때문에 한 해(1960년) 동안에만 30건 이상의 물고기가 떼죽음을 당했으며, 펜실베이니아주에서도 쥐를 잡기 위해 과수원에 뿌린 엔드린으로 물고기가 몰살했다. 서부 평원지대에서는 메뚜기를 죽이기 위해 클로르데인을 사용한 결과 많은 하천 물고기가 죽고 말았다.

그러나 가장 대규모로 이루어진 농약 살포 계획은 미국 남부에서 불개미를 퇴치하기 위해 수백만 에이커나 되는 지역에 살충제를 뿌린 사건이었다. 농약의 주성분인 헵타클로르는 DDT 못지않게 물고기에게 유독한 물질이다. 또 다른 불개미 살충제로 쓰는 디엘드린도 오래전부터 많은 문헌에 나와 있듯이 수중생물에게 극히 위험하다. 디엘드린보다 더 독한 살충제로는 엔드린과 톡사펜 정도뿐이다.

헵타클로르를 사용했든 디엘드린을 사용했든 불개미 방제가 이루어진 모든 지역에서는 수중생물에게 재앙이 일어났다는 보고가 밀려들었다. 생물학자의 보고서에 실린 다음과 같은 문구들을 살펴보면 그 피해 정도를 가늠해볼 수 있다. 텍사스주에서는 "수로를 보호하려는 노력에도 불구하고 발생한 수중생물의 떼죽음" "죽은 물고기들은 …… 살충제에 노출된 모든 강과 하천에서 발견되었다" "물고기의 대량 폐사는 3주 이상 지속되었다"는 보고가 들어왔다. 앨라배마주에서는 "살충제를 뿌린 뒤 며칠 지나지 않아 윌콕스 카운티의 물고기가 전부 죽었다" "일시적으로 생긴 물웅덩이와 작은 지류에 사는 물고기들은 절멸한 것으로 보인다"는 보고가 전해졌다.

농장 연못에 살던 물고기들이 죽자 루이지애나주의 농부들은 한숨을 내쉬었다. 0.25마일(약 402미터)이 채 안 되는 지역에 걸쳐 있는 수로 주변에는 500마리 이상의 죽은 물고기가 물 위에 떠 있거나 둑 가장자리로 밀려 올라와 있었다. 다른 지역에서는 선피시가 150마리당 4마리꼴로 살아남았다. 5종의 다른 물고기는 완전히 절멸하고 말았다.

플로리다주에서는 살충제를 뿌린 지역의 연못에 사는 물고기들에서 헵타클로르 잔류물과 전이물질인 헵타클로르에폭사이드가 검출되었다. 희생된 물고기 중에는 낚시꾼들이 좋아하고 저녁 식탁에 자주 오르는 선피시와 배스도 포함되었는데, 이런 물고기의 몸속에는 화학물질이 들어 있었다. 미국 식품의약국은 사람들이 이런 화학물질을 극소량이라도 섭취할 경우 매우 위험하다고 밝힌 바 있다.

물고기와 개구리를 비롯한 각종 수중생물의 죽음이 끊임없이 보고되자 어류·파충류·양서류를 전문적으로 연구하는 명성 있는 학자들의 모임인 미국 어류·파충류학회는 1958년 결의안을 발표해 농무부와 각주 관련 기관에 "돌이킬 수 없는 피해가 닥치기 전에 헵타클로르와 디엘드린, 또는 그에 상응하는 물질의 공중 살포 중지"를 요구했다. 아울러 다른 곳에서는 발견되지 않는 희귀종을 비롯해 미국의 남동부 지역에 서식하는 수많은 물고기와 동물에 관심을 가져줄 것도 요청했다. 과학자들은 다음과 같이 경고했다. "이런 동물 중 상당수는 매우 한정된 지역에서 살기 때문에 쉽게 멸종될 수 있다."

미국 남부에 서식하는 물고기들도 목화 해충을 죽이는 살충제 때문에 크게 고통받고 있다. 1950년 여름, 앨라배마주 북부의 목화 재배 지역에서 재앙이 일어났다. 그해 전까지는 목화바구미를 죽이는 유기 살충제를 매우 제한적으로 사용했다. 그러나 1950년 온화한 기후가 계속되어 바구미가 들끓자 농부들의 80~95퍼센트가 지역 당국을 압박해 살충제를 살포했다. 농부들에게 가장 인기 있는 살충제는 물고기에게 매우 큰 해를 입히는 약품 중 하나인 톡사펜이었다.

그해에는 비가 자주 내렸고 강우량 역시 많았다. 비에 씻겨 내린 화학약품이 하천으로 흘러 들어가자 농부들은 다시 농약을 뿌렸다. 그해 1에이커의 목화밭에 뿌린 톡사펜의 양은 63파운드나 되었다. 어떤 농부는 1에이커에 200파운드를 뿌리기도 했고, 지나치게 열성을 보인 지역에서는 1에이커당 250킬로그램(약 551파운드)이나 뿌리기도 했다.

누구나 그 결과를 쉽게 예측할 수 있었다. 휠러 저수지로 들어가기 전 앨라배마주의 목화 재배 지역을 50마일(80킬로미터)이나 관통하는 플린트크릭강에서 일어난 일이 그 상황을 대변해주었다. 8월 1일, 플린트크릭강 상류 지역에 집중호우가 내렸다. 작은 시내는 개울이 되더니 결국 큰 홍수를 일으켰고 범람한 물이 땅을 휩쓸었다. 플린트크릭의 수위가 6인치(약 15센티미터)나 높아졌다. 이튿날 아침, 빗물 외에 많은 것이 하천으로 유입됐음이 명백해졌다. 물고기들이 수면 가까이에서 의미 없이 원을 그리며 헤엄쳤다. 가끔 물 밖으로 튀어나와 둑으로 올라오는 녀석들도 있었다. 물고기를 쉽게 잡을 수 있었기에 한 농부는 여러 마리를 건져 작은 샘물 웅덩이로 옮겨주었다. 이런 물고기 몇 마리는 깨끗한 물속에서 회복했다. 하지만 하천에는 죽은 물고기들이 하루 종일 떠내려갔다. 이것은 서곡에 불과했다. 그 뒤로 비가 내릴 때마다 더 많은 살충제가 강으로 흘러들었고 더 많은 물고기가 죽었다. 8월 10일에 내린 비 때문에 강 전역에서 수많은 물고기가 죽었는데, 여기서 살아남은 물고기는 8월 15일 또다시 강으로 흘러 들어온 독극물에 희생되었

다. 강에 격자막을 설치하고 실험실에서 키우던 금붕어들을 그 안에 놓
아두었더니 모두 하루 만에 죽었다. 이로써 강물 속에 치명적인 화학약
품이 들어 있다는 사실이 밝혀졌다.

　플린트크릭강에서 죽은 물고기 중에는 낚시꾼들 사이에서 인기가 좋
은 크래피가 포함되어 있었다. 이 강이 흘러 들어가는 휠러 저수지에
많이 서식하는 배스와 선피시 사체들도 발견되었다. 또 그 유역에 사는
잉어, 버펄로피시, 민어과의 드럼피시, 모래주머니전어, 메기 등 비교적
상품 가치가 낮은 물고기들도 피해를 면치 못했다. 특이한 질병의 징후
가 나타나지는 않았다. 단지 죽기 전에 이상 행동을 보였고, 아가미가
이상하리만치 짙은 암적색으로 변했을 뿐이었다.

　근처에 살충제를 살포하자 따뜻한 물이 고여 있던 농장 연못의 상황
도 물고기에게 치명적일 만큼 악화되었다. 많은 사례에서 볼 수 있듯
이, 독극물은 토지에 섞여 있다가 빗물에 실려 하천과 호수로 옮겨간
다. 물론 호수가 오염되는 것은 빗물 때문만은 아니다. 비행기를 타고
농약을 살포하던 조종사가 깜빡 잊고 분사기 작동을 멈추지 않을 때에
도 농약에 노출된다. 이렇게 복잡한 경우가 아니더라도, 일상적으로 사
용하는 살충제만으로도 물고기들은 치사량 이상의 화학약품을 접촉하
게 된다. 다른 말로 하면, 살충제를 아주 조금 뿌린다고 해도 여전히
물고기들에게는 치명적이라는 뜻이다. 일반적으로 1에이커당 0.1파운
드 이상의 살충제를 뿌린 호수는 상당히 위험한 상황으로 간주된다. 한
번 흘러 들어온 독극물은 쉽게 제거되지 않는다. 원치 않는 잉어과의
샤이너를 없애기 위해 DDT를 뿌린 한 호수에서는 반복되는 배수와 세
척에도 독극물이 없어지지 않아, 그 후에 연못에 집어넣은 선피시 중
94퍼센트가 죽었다. 화학물질이 연못 바닥의 진흙 속에 남아 있었던 것

이다.

　현대적인 살충제를 사용하기 시작한 후에도 상황은 전혀 나아지지 않았다. 1961년 오클라호마 야생동물보호부는 적어도 일주일에 한 번씩 농장 연못과 작은 호수에서 죽은 물고기들의 상황을 보고받았는데, 이런 사건이 점차 증가했다고 한다. 오클라호마주에서 발생한 물고기의 떼죽음은 오랜 세월 동안 반복되어온 익숙한 과정을 밟는 듯했다. 즉 농작물에 살충제를 뿌리고 많은 비가 내리면 독극물은 호수로 흘러 들어갔다.

　지구상 어디든 양식 어류는 없어서는 안 될 식량 자원이다. 그런 곳에서 물고기에게 미치는 영향을 고려하지 않고 살충제를 사용하면 즉각적인 문제가 발생한다. 예를 들어 로디지아(짐바브웨의 전 이름—옮긴이)의 중요한 식량인 카푸에도미 새끼는 0.04ppm 농도의 DDT에만 노출되어도 죽는다. 다른 살충제는 더 적은 양으로도 치명적인 결과를 초래한다. 이 물고기는 얕은 물가에 사는데, 이곳은 모기가 자라기 좋은 장소이기도 하다. 모기를 퇴치하는 동시에 중앙아프리카 사람들의 중요한 식량원을 보존해야 하는 문제와 관련해 아직까지는 만족할 만한 해결책을 찾지 못했다.

　필리핀, 중국, 베트남, 태국, 인도네시아, 인도 등에서 양식하는 어종인 갯농어도 같은 문제에 직면해 있다. 이 물고기는 해안을 따라 위치한 얕은 연못에서 양식한다. 사람들은 근해에 나타난(어디서 오는지는 아무도 모른다) 치어 떼를 그물로 퍼 올려 양식장으로 옮긴 뒤 그곳에서 다 자랄 때까지 키운다. 쌀을 주식으로 하는 동남아시아와 인도 사람들에게 동물성 단백질을 공급해주는 중요한 어류로서 태평양과학회의는 이 물고기를 대량으로 양식하기 위해 국제적인 노력을 기울였다. 그리고 지금까지 알려지지 않은 녀석들의 산란 장소를 찾아 나섰다. 그러나 살충제 살포가 시행되자 양식장에 살던 물고기들이 떼죽음을 당했다. 모기 퇴치를 위해 살충제를 뿌린 필리핀에서는 양식업자들이 값비싼 희생을 치러야 했다. 갯농어 12만 마리가 자라는 연못 위를 농약살포용 비행기가 지나간 뒤 절반 이상의 물고기가 죽었다. 계속 새로운 물을 공급해 독성을 희석하려 한 주인의 필사적인 노력에도 말이다.

최근에 벌어진 물고기 집단 폐사 중 가장 규모가 큰 사건은 1961년 텍사스주 오스틴 근처의 콜로라도강에서 일어났다. 1월 15일 일요일 아침, 동이 튼 지 얼마 되지 않아 오스틴에 새로 생긴 타운 호수와 그 호수에서 5마일(약 8킬로미터) 정도 아래쪽에 위치한 강에 죽은 물고기들이 떠올랐다. 이전에는 전혀 볼 수 없던 광경이었다. 월요일이 되자 50마일(약 80킬로미터) 아래의 하류에서도 죽은 물고기가 발견되었다. 이쯤 되자 유독물질이 강물을 따라 내려가고 있다는 사실이 분명해졌다. 1월 21일에는 라그레인지에서 100마일(약 161킬로미터) 떨어진 하류 지역의 물고기들이 죽었고, 일주일 뒤에는 오스틴에서 200마일(약 322킬로미터)이나 떨어진 곳에서도 물고기들이 화학물질로 인해 치명적인 타격을 입었다. 1월 마지막 한 주 동안에는 오염된 물을 매타고다만 대신 멕시코만으로 향하게 하기 위해 인트라코스털 수로의 수문을 모두 잠가야 할 정도였다.

오스틴의 조사관들은 하천의 물에서 클로르데인과 톡사펜 냄새가 난다는 사실에 주목했다. 특히 한 빗물 하수구에서 흘러나오는 물에서 악취가 났다. 이 하수구는 예전에도 산업 폐기물 문제를 일으킨 곳이었다. 텍사스 수렵·어류위원회의 관리들이 이 하수구를 따라 거슬러 올라가자 한 화학공장에서 길게 뻗어 내린 배출구에서 벤젠헥사클로라이드 냄새가 심하게 풍겼다. 이 공장은 주로 DDT·벤젠헥사클로라이드·클로르데인·톡사펜을 생산했고, 다른 살충제도 소량 생산하고 있었다. 공장 관리자는 최근 상당량의 살충제 분말이 빗물 하수구로 흘러 들어갔다고 시인했다. 하지만 더 중요한 사실은 지난 10년 동안 살충제가 묻은 폐기물과 그 잔류물 처리를 이런 식으로 했다고 인정한 것이다.

조사를 더 해본 결과, 다른 공장들에서도 살충제가 빗물이나 세척수에 섞여 하수로 유입되었을 가능성이 높다는 것이 드러났다. 이런 연쇄작용의 마지막 고리가 밝혀졌다. 호수와 강의 물고기가 치명적인 피해를 입기 며칠 전, 이 공장에서 하수찌꺼기를 청소하기 위해 배수용 하수로 전체에 수백만 갤런의 물을 고압으로 방류한 것이다. 그런 급격한 방류로 가라앉은 자갈·모래·돌멩이 위에 쌓여 있던 살충제 성분이 요동치면서 강으로 흘러 들어간 것이다. 나중에 진행한 화학분석으로 이 사실이 확인되었다.

콜로라도강을 따라 많은 양의 독극물이 흘러드는 곳마다 죽음이 펼쳐졌다. 호수에서 140마일(약 225킬로미터) 떨어진 지점에서는 거의 모든 물고기가 절멸했는데, 혹시 살아남은 물고기가 있는지 알아보기 위해 예인망을 설치했지만 걸려든 물고기는 한 마리도 없었다. 27종의 죽은 물고기가 발견되었고, 1000파운드에 이르는 사체가 강둑을 따라 1마일(약 1.6킬로미터)이나 이어졌다. 여기에는 강의 주요 낚시감인 얼룩메기, 푸른메기, 넓적머리메기, 황소머리메기, 선피시 4종, 샤이너, 황어, 잉어과의 스톤롤러, 큰입우럭, 잉어, 숭어, 서커가 있었다. 또 장어, 조기어류과, 잉어, 강잉어, 모래주머니전어, 버펄로피시 등이 모두 죽었다. 죽은 물고기 중에는 강에서 오랜 세월 살아온 것들도 있었는데, 그 크기를 보면 물고기의 나이를 짐작할 수 있었다. 많은 수의 넓적머리메기는 무게가 25파운드 이상이 나갔는데, 그중에는 지역 주민들이 강을 따라 걷다가 건져 올렸다는 60파운드짜리도 있었다. 무게가 84파운드나 되는 거대한 푸른메기의 기록도 남아 있다.

수렵·어류위원회는 더 이상 수질오염이 없다 하더라도 이 강에 서식하는 어류 생태계는 점차 변할 것이라고 전망했다. 서식 환경이 한계에 다다른 몇몇 어종은 조만간 사라질 테고, 다른 종들도 주 정부의 대규모 인공 방사 없이는 예전의 모습을 되찾을 수 없으리라는 것이다.

이렇게 수많은 물고기가 죽은 오스틴의 재앙이 잘 알려져 있지만, 그 속편도 틀림없이 존재했을 것이다. 오염된 강물은 200마일(약 322킬로미터)이나 떨어진 하류로 흘러가는 동안 여전히 치명적인 위력을 지니고 있었다. 이 강물이 굴 양식장과 새우 어장이 있는 매타고다만으로 흘러 들어가면 심각한 문제를 불러일으킬 게 뻔하므로 유독물질을 바다로 탁 트인 멕시코만으로 유도했다. 어떤 결과가 발생했을까? 똑같이 치명적인 오염물질이 흘러갔을 수많은 다른 강들의 경우는 어떠했을까?

현재로서는 그 답을 어림잡아 짐작할 수밖에 없지만, 살충제로 인해 강어귀·염습지·만을 비롯한 해안 수역의 오염이 점차 증가하는 것도 사실이다. 강을 타고 흘러든 오염물질이 이 지역에 유입되기도 하지만, 이 주위에서는 너무도 일상적으로 모기와 그 밖의 곤충을 퇴치하기 위해 살충제를 뿌리곤 한다.

살충제가 염습지와 하구 퇴적지를 비롯해 바다에 접한 한적한 장소에 사는 생물체에 미친 영향을 살펴보려 할 때 인디언강이 흐르는 플로리다 동부 해안 지역보다 더 적합한 곳도 없다. 1955년 봄, 세인트루시 카운티의 염습지 2000에이커에 흡혈곤충인 모래파리 유충을 박멸하기 위해 디엘드린을 뿌렸다. 사용한 살충제에는 1에이커당 1파운드의 유효 성분이 들어 있었다. 그 때문에 수중생물에게는 참담한 결과가 발생했다. 살충제 살포로 발생한 대학살을 조사한 주 보건국 산하 곤충학연구소 과학자들은 물고기들이 "사실상 절멸했다"고 보고했다. 해안 어디에나 죽은 물고기가 어지러이 널려 있었다. 상공에서 보면 무기력하게 죽어가는 물고기를 잡아먹으려고 몰려드는 상어 떼를 볼 수 있었다. 어떤 종도 예외가 되지 못했다. 숭어, 농어과의 스눅, 게레치, 모기고기 등이 죽어갔다.

> 습지에서 죽은 물고기의 총수는 인디언강 기슭을 제외한 지역을 대상으로 할 때 최소 30종에 걸쳐 20~30톤이나 되는데, 이는 약 117만 5000마리에 해당한다〔조사단의 R. W. 해링턴(R. W. Harrington, Jr)과 W. L. 비들링마이어(W. L. Bidlingmayer)의 보고〕.
>
> 연체동물은 디엘드린 피해를 입지 않은 듯하지만, 이 지역 내의 갑각류는 거의 절멸했다. 수중에 사는 모든 종류의 게는 눈에 띄게 감소했는데, 민물게는 살충제가 운 좋게 비껴간 아주 좁은 지역에서만 일시적으로 살아남았다.
>
> 몸집이 큰 낚시용 물고기와 식용 물고기가 가장 먼저 죽었다. ……죽어가는 물고기에 달라붙어 살을 뜯어먹은 게들도 이튿날 죽었다. 달팽이들은 끊임없이 물고기 사체를 먹어치웠고, 2주가 지나자 죽은 물고기의 잔해는 아무것도 남지 않았다.

플로리다 해안 반대편 탬파만에서 관찰한 허버트 R. 밀스(Herbert R.

Mills) 박사의 보고에서도 이런 비참한 광경이 잘 나타나 있다. 오듀본 협회는 위스키스텀프케이섬 일대를 바다새 보호구역으로 지정했다. 그런데 아이러니컬하게도 이 보호구역은 지역 보건 당국이 염습지에 사는 모기들을 박멸하기 위해 방제 사업을 벌인 뒤 초라한 피난처가 되고 말았다. 또다시 물고기와 게가 큰 피해를 입었다. 풀을 뜯는 소 떼처럼 무리를 지어 진흙 개펄이나 모래밭을 돌아다니는 작고 아름다운 농게는 살충제에 아무런 저항도 할 수 없었다. 밀스 박사는 여름과 가을 내내 방역이 계속된 뒤(어떤 지역에서는 16차례나 살포가 이루어졌다) 농게가 처한 상황을 다음과 같이 요약했다. "날이 갈수록 농게가 사라지고 있다. 그날(10월 12일)과 같은 조류(潮流)와 기후 조건일 때, 예전이라면 농게가 10만 마리는 등장했겠지만 이젠 어느 해변에서도 채 100마리도 발견할 수 없다. 그나마도 모두 죽거나 병들었고, 몸을 떨거나 경련을 일으키거나 비틀거렸으며 거의 기지도 못하는 것들뿐이었다. 살충제를 뿌리지 않은 인근 지역 해변은 농게로 뒤덮였다."

생태 환경에서 매우 중요한 위치를 차지하는 농게는 다른 종으로 쉽게 대체될 수 없다. 이 게는 많은 동물의 먹이가 된다. 해안에 사는 미국너구리가 이 게를 먹고살며, 긴부리뜸부기처럼 습지에 서식하는 새나 섭금류, 심지어 바닷새들도 마찬가지다. DDT를 뿌린 한 뉴저지의 염습지에서는 몇 주 만에 웃는갈매기가 평소보다 85퍼센트나 감소했는데, 그 원인은 살충제를 뿌린 뒤 충분한 먹이를 구할 수 없었기 때문으로 보인다. 습지의 농게는 다른 이유에서도 중요한 의미를 지닌다. 유능한 청소부 역할을 하는 동시에 끊임없이 굴을 파서 습지 진흙에 공기를 공급하는 역할을 담당한다. 또 낚시꾼에게는 좋은 미끼이기도 하다.

간석지와 강어귀에 사는 생물 중 살충제에 위협받는 것은 농게만이 아니다. 인간에게 더욱 중요한 생물들이 위험에 처해 있다. 체서피크만과 대서양 연안 지방에 서식하는 유명한 미국 꽃게 블루크랩이 대표적인 예다. 이 게는 살충제에 아주 민감해서 간석지의 개울, 도랑, 웅덩이 등에 살충제를 뿌릴 때마다 대부분 몰살당했다. 이 지역에 서식하는 게들만 죽은 것이 아니라 바다에 살다가 오염 지역으로 온 게들도 남아 있는 독성 때문에 죽었다. 또 게들은 가끔 간접적인 중독으로 희생되기도 하는데, 인디언강 근처 습지에서처럼 동물 사체를 처리하는 게들은 죽은 물고기를 뜯어먹은 뒤 곧 중독되어 죽었다. 바닷가재들이 처한 위험은 잘 알려져 있지 않지만, 꽃게처럼 절지동물이고 본질적으로 생리적인 면이 비슷하기 때문에 같은 상황이라고 짐작된다. 또 지역 주민들의 식량이 되기도 하고 경제적으로도 매우 중요한 바위게를 비롯한 여러 갑각류에도 적용된다.

민물과 바닷물이 만나는 만, 하구, 강어귀, 간석지 들은 매우 중요한 생태학적 지형이다. 이런 곳은 어류·연체동물·갑각류 들의 생존과 아주 밀접하게, 그리고 불가결하게 연결되어 있다. 그렇기 때문에 만약 여기서 생물이 살 수 없게 된다면 이내 우리 식탁에서 바다 식량이 사라지고 말 것이다.

연안 지역에 넓게 분포하는 어류 중 상당수는 민물과 바닷물이 만나는 이런 안전한 지역에서 알을 낳고 새끼를 기른다. 타폰이라는 은색 물고기는 플로리다 서부 해안을 삼등분했을 때 맨 아래쪽 지역, 맹그로브가 우거진 하천과 내륙 수로에서 많이 서식한다. 대서양 연안에 사는 바다송어·동갈민어과의 크로커·점민어·드럼피시 등은 섬과 섬 사이, 또는 뉴욕 남쪽 해안처럼 안전핀 모양으로 위치한 둑 사이의 입구 모래톱에 알을 낳는다. 알에서 깨어난 어린 물고기들은 조수를 따라 하천 입구로 들어온다. 커리턱, 팜리코, 보그 등의 만과 하구에서는 어린 물고기들이 풍족한 먹이를 먹고 빠르게 성장한다. 따뜻하고 안전하며 먹이가 풍부한 이런 서식지가 없다면 물고기들은 물론이고 다른 여러 생물의 수도 유지될 수 없다. 그런데도 우리는 강이나 인접 습지에 살충제를 흘려보내곤 한다. 이곳에 살고 있는 새끼 물고기들은 성어보다 더 빠르게 화학약품에 중독된다.

새우도 육지 가까운 곳에서 먹이를 먹으며 어린 시기를 보낸다. 수가 많고 광범위하게 분포하는 새우의 한 종은 대서양 남부 연안과 멕시코만 인근 주의 전체 어획량 중 상당 부분을 차지한다. 이 새우의 산란은 바다에서 이루어지지만, 부화한 지 몇 주 안 된 어린 새우들은 강어귀와 만으로 올라와 탈피를 거듭하며 모습을 바꾸어나간다. 5월이나 6월에서부터 가을까지 이곳에 머무르면서 강바닥에 가라앉은 물질을 먹으며 살아간다. 새우가 육지 가까이 머무르는 기간 동안, 관련 산업이나 어업이 번성하려면 좋은 서식 환경이 절대적으로 필요하다.

살충제가 새우 어업에 위협을 끼쳐 경제적인 악영향을 미칠 수 있을까? 이에 대한 답은 상업수산국이 실시한 실험에서 찾아볼 수 있다. 조사 대상은 유생기를 막 지난 새끼 새우인데, 그들의 살충제 허용치는 흔히 사용하는 ppm(100만분의 1) 단위가 아니라 **10억분의 1**을 기본단위로 하는 ppb로 측정해야 할 만큼 극히 낮다. 예를 들어 한 실험에서는 겨우 15ppb밖에 되지 않는 디엘드린 때문에 새우의 절반이 죽었다. 다른 화학약품은 독성이 더욱 강하다. 매우 치명적인 살충제 중 하나인 엔드린은 불과 **0.5ppb**로도 새우의 반을 죽게 만들었다.

굴과 조개에 미치는 위협은 더욱 복합적이다. 다른 어종들과 마찬가지로 이들도 어린 시기일 때가 살충제에 가장 약하다. 조개류는 뉴잉글랜드에서 텍사스에 이르는 만, 하구, 감조하천과 태평양 연안 보호구역의 바닥에 붙어 살아간다. 다 자란 후에는 고착생활을 하지만 산란은 바다에서 하며, 어린 새끼들은 몇 주 동안 바다를 이리저리 떠돌아다닌다. 어느 여름날 간격이 아주 촘촘한 작은 그물을 보트 뒤에 매달아 끌고 다니면 그 그물에 플랑크톤 등 다른 부유생물들과 함께 극히 작고 부서지기 쉬운 굴과 조개 유생이 걸려드는 것을 볼 수 있다. 먼지 입자보다 작은 투명한 유생들은 수면 근처를 자유롭게 떠다니며 식물성 플랑크톤을 먹는다. 그런데 이런 미세한 해양식물이 줄어들면 조개류 유생들은 배를 채우지 못한다. 살충제는 이런 플랑크톤을 상당수 파괴한다. 잔디밭, 경작지, 도로변, 심지어 연안 습지에까지 널리 사용하는 제초제는 연체동물 유생의 먹이가 되는 식물성 플랑크톤에 대해 대단한 독성을 지니고 있는데, 종류에 따라서는 몇 ppb라는 지극히 낮은 농도도 위험하다.

대부분의 살충제는 매우 적은 양으로도 연약한 유생들을 죽일 수 있다. 치사량보다 적은 양에 노출되었다 하더라도 유생은 결국 죽음에 이르는데, 그 원인은 필연적인 성장률 둔화다. 유생들이 유독성 플랑크톤을 먹으며 사는 기간이 길어지면 성체로 자라날 확률은 그만큼 줄어든다.

연체동물들이 다 자라면 적어도 몇 종류의 살충제에는 직접 중독될 위험성이 눈에 띄게 줄어든다. 그렇다고 안심할 정도는 아니다. 굴과 조개의 소화기관을 비롯한 각종 조직에는 이런 유독물질들이 축적되어 있다. 사람들은 이런 굴과 조개를 통째로, 가끔은 날로 먹기도 한다. 상업수산국의 필립 버틀러(Philip Butler) 박사는 우리가 울새와 마찬가지로 불길한 운명에 빠질 수 있음을 지적했다. 울새는 직접적인 DDT 살포 때문에 죽은 것이 아니라 살충제 성분이 농축된 지렁이를 먹은 뒤 죽었다.

몇몇 하천과 호수에서 일어난 수많은 물고기와 갑각류의 갑작스런 죽음은 해충 퇴치 사업의 비극적이고 놀라운 면모를 드러냈다. 하천의 지류와 강물에 섞여 간접적으로 강어귀로 흘러든, 보이지 않는 살충제의 피해는 아직까지 잘 알려지지 않았고 측정하기도 쉽지 않지만 결국에는 더 큰 재앙을 불러올 것이다. 여러 문제가 발생했지만 아직까지는 만족할 만한 해결책이 없다. 우리는 농장과 삼림에 뿌린 살충제가 상당수, 아니 아마도 모든 주요 강을 따라 바다로 들어간다는 사실을 알고 있다. 그러나 그 화학약품들이 정확히 무엇이고 총량은 얼마나 되는지 알지 못하며, 지금으로서는 바다로 흘러들어 희석되어버린 물질을 밝혀낼 수 있는 좋은 검사 방법도 없는 상태다. 이 물질이 이동하면서 그 성분에 모종의 변화가 일어난다는 사실은 알지만, 그렇게 변화한 화학물질이 원래의 물질보다 독성이 더 강한지, 아니면 약한지 모른다. 아직 밝혀지지 않은 또 다른 문제는 여러 화학물질 간의 상호작용이다. 특히 이런 화학물질이 각종 무기물과 쉽게 혼합되는 바닷속으로 유입될 경우 중대한 문제가 발생할 수 있다. 이런 질문에 답하려면 광범위한 연구가 필요하지만 정작 연구를 위한 기금은 애처로울 정도로 적다.

　근해 어업과 원양 어업을 통해 수많은 사람은 매우 중요한 천연자원을 공급받는다. 이러한 자원들이 물속으로 흘러든 화학약품 때문에 위협받는다는 사실에는 의심의 여지가 없다. 더 강력한 독성을 지닌 약제를 만드는 데 매년 지출하는 비용의 아주 일부분만이라도 건설적인 연구비로 전환할 수 있다면, 이런 화학물질들을 더 안전하게 사용하는 방법을 찾아낼 수 있고 또 그런 독극물이 수로에 흘러 들어가는 것을 막을 수도 있을 것이다. 언제쯤이면 세상 사람들이 이런 사실을 충분히 깨닫고 그에 상응하는 조치를 요구하게 될까?

공중에서 무차별적으로

농지와 숲을 대상으로 시작한 화학물질의 공중 살포 범위가 점차 확대되었고, 그 양도 급속도로 증가해 이제는 한 영국 생태학자의 말처럼 '놀라운 죽음의 비'가 지구 표면에 내리고 있다. 또 독극물에 대한 우리의 태도도 미묘하게 변화했다. 한때 독극물은 해골과 엇갈린 뼈가 그려진 용기에 담겨 있었고, "부득이하게 사용할 때에는 극도로 주의해야 하며 사용 목적 이외의 대상에는 절대 접촉해서는 안 된다"는 경고도 함께 표기되었다. 그러나 제2차 세계대전이 끝난 뒤 새로운 유기 살충제가 개발되고 비행기들이 남아돌자, 이런 경고는 사람들의 뇌리 속에서 잊히고 말았다. 현재 사용하는 독극물은 예전 그 어떤 것보다 위험한데, 놀랍게도 공중에서 무차별적으로 뿌려지고 있다. 게다가 구제 목표인 곤충이나 식물뿐 아니라 화학약품을 뿌린 지역에 사는 인간마저 예기치 못한 재앙처럼 독극물과 접촉하게 되었다. 숲과 경작지뿐만 아니라 마을과 도시에도 유독물질이 살포되고 있다.

많은 사람이 공중 살포를 통해 수백만 에이커의 땅에 뿌려지는 치명적 화학약품에 회의를 느끼기 시작했다. 1950년대 후반에 시행한 두 건의 대규모 약제 살포 사업이 이러한 회의적 시각을 확대하는 데 한몫했다. 바로 북동부 지역에서 시행한 매미나방 퇴치 사업과 남부에서 시행한 불개미 퇴치 사업이다. 외래종인 이 곤충들이 미국에 소개된 지는 오래되었지만 극단적 조치가 필요할 정도는 아니었다. 그러나 목적은 수단을 정당화한다는 철학에 힘입어 농무부의 방제 관련 부서는 갑자기 매우 과격한 조치를 취하기 시작했다.

매미나방 퇴치 사업은 부분적 살포와 절제된 관리 대신에 무분별한 대규모 살포가 얼마나 막대한 피해를 불러오는지 잘 보여주었다. 불개미 퇴치 사업도 방제의 필요성을 과장한 전형적 사례로서, 해충 박멸에 필요한 독극물 양과 다른 생물에 미치는 영향에 관한 아무런 과학적 지식 없이 서투르게 시행되었다. 결국 두 사업 모두 목적을 달성하지 못했다.

유럽산 매미나방이 미국으로 건너온 것은 거의 100년 전이다. 1869년 프랑스의 과학자 레오폴드 트루블로트(Leopold Trouvelot)가 매사추세츠주 메드퍼드의 연구실에서 매미나방과 누에의 교배 연구를 하던 중 실수로 나방 몇 마리가 외부로 날아갔고 뉴잉글랜드 전역으로 퍼져나갔다. 나방을 전파시킨 주요 매개체는 바람이었다. 태어난 지 얼마 안 된 유충이나 조금 자란 유충은 매우 가벼워서 바람에 의해 상당히 높이 올라가고 아주 멀리까지 퍼질 수 있다. 나방의 알이 붙어 있는 식물이 운송될 때도 나방의 확산이 이루어지는데, 나방들은 알 껍질 안에서 겨울을 난다. 애벌레로 지내는 몇 주 동안 참나무를 비롯한 몇몇 활엽수 잎을 갉아먹는 이 매미나방은 현재 뉴잉글랜드주 전역에 서식하고 있다. 1911년 네덜란드에서 선적되어 전해진 가문비나무에 붙어 뉴저지주에 유입된 나방은 아직 그 경로가 밝혀지지 않았지만, 미시간주에서도 산발적으로 발견된다. 또 1938년에는 뉴잉글랜드 지방에 불어닥친 허리케인을 타고 펜실베이니아주와 뉴욕주 일대로 퍼졌으나, 애디론댁산맥(미국 동북부와 중서부 지역의 경계를 이루는 산맥—옮긴이) 덕에 나방이 서쪽으로 더는 확산하지 않았다. 그들이 별로 좋아하지 않는 나무들이 주종을 이뤄 자연스럽게 장벽 구실을 한 것이다.

매미나방의 분포 지역을 미국의 북동부 구석으로 한정하려는 계획이 실효를 거두었다. 나방이 북아메리카 대륙으로 건너온 지 거의 100년이 되었는데, 그동안 애팔래치아산맥 남부의 광대한 활엽수림을 침범하는 일은 일어나지 않았다. 외국에서 들여온 13종의 기생충과 포식자는 뉴잉글랜드 지역에 성공적으로 정착했으며, 그 덕에 매미나방의 발생과 피해 정도가 눈에 띄게 감소하자 농무부도 이 방식에 믿음을 갖게 되었다. 이런 자연적 관리와 더불어 병충해 발생 지역을 봉쇄하고 부분적 약제 살포를 시행하자, 1955년 농무부가 공표한 것처럼 '확산 범위와 피해 정도를 현저히 제한'하는 데 성공했다. 그런데 만족할 만한 상황이라고 밝힌 지 겨우 1년 뒤 농무부의 농경지 해충 박멸 담당 부서는 매미나방을 궁극적으로 '완전히 박멸하겠다'는 취지를 표명하며 수백만 에이커에 전면적인 농약 살포를 실시했다. ('박멸'은 한 종을 분포 범위 내에서 완전히 사멸하거나 없애버리는 것을 뜻한다. 그러나 그 계획은 연속적으로 실패했고, 농무부는 같은 지역에서 같은 종을 '박멸'하겠다고 두세 번 되풀이해서 공표해야 했다.)

총력을 다한 농무부의 매미나방과의 전쟁은 거창한 규모로 시작되었다. 1956년 펜실베이니아, 뉴저지, 미시간, 뉴욕 주 등 여러 주에서 거의 100만 에이커에 달하는 지역에 살충제를 뿌렸다. 살포 지역 주민들은 살충제 피해에 대해 많은 불만을 털어놓았다. 광활한 지역에 대한 방제가 일상화하자 환경보호론자들은 점차 동요하기 시작했고, 1957년 300만 에이커에 살충제를 살포하는 계획이 발표되자 저항은 더욱 거세졌다. 하지만 주 정부와 연방 정부의 농무부 담당자들은 어깨를 한번 으쓱하고는 이런 불평을 무시하고 말았다.

1957년 좁은 바다를 사이에 두고 뉴욕과 마주한 롱아일랜드의 인구 밀집 지역과 주택 지역, 그리고 염습지에 인접한 몇몇 해안 지역에서 매미나방 방제가 이루어졌다. 나소 카운티와 롱아일랜드는 뉴욕시를 제외하고 뉴욕주에서 인구밀도가 가장 높은 지역이다. 여기서 모순의 극치가 발견된다. 해충 방제를 실시해야 하는 이유로 '뉴욕시 중심 지역으로 전파될 위험'을 언급한 것이다. 매미나방은 숲속에 사는 곤충이지 도시에 서식하는 곤충이 아니다. 또한 목초지, 경작지, 정원, 습지 등에서도 살지 않는다. 그럼에도 1957년 미국 농무부와 뉴욕주 농무통상부는 비행기를 임대해 미리 용해해둔 DDT를 무차별적으로 쏟아부었다. 비행기들은 채소밭, 목장, 양어장, 해안 습지에도 살충제를 뿌렸다. 도시 근교의 작은 꽃밭과 정원에도 살충제를 뿌려댔다. 굉음을 내는 비행기가 다가오기 전에 정원의 꽃나무에 덮개를 씌우려던 한 주부는 미처 비행기를 피하지 못해 살충제에 흠뻑 젖었고, 놀던 아이들과 기차역에 서 있던 통근자들도 살충제 세례를 받았다. 비행기가 세타우켓평원에 약제를 뿌리고 지나간 뒤 들판에 놓여 있던 여물통의 물을 마신 말이 10시간 후 죽었다. 하늘에서 쏟아진 화학물질 때문에 자동차는 기름 혼합물로 얼룩졌고, 꽃과 관목은 못쓰게 되었다. 새, 물고기, 게, 익충 들도 죽고 말았다.

세계적으로 유명한 조류학자 로버트 커시먼 머피가 이끄는 롱아일랜드 주민들은 1957년의 약제 살포를 저지하기 위해 법원에 금지 명령을 신청했다. 그렇지만 그 신청은 거부되었고, 반대운동을 벌이던 주민들은 그동안 DDT에 흠뻑 젖어 지내야 했다. 그 후 시민들은 약제 살포 금지 명령을 받아내기 위해 끈질기게 노력했다. 하지만 약제 살포가 이미 이루어졌다는 이유로 법원은 "논란의 여지가 있다"는 정도의 판결을 내리고 말았다. 사람들은 즉시 대법원으로 달려갔으나 대법원은 이를 받아들이지 않았다. 기각에 대해 강력하게 이의를 제기한 윌리엄 O. 더글러스 판사는 "많은 전문가와 신뢰할 만한 관리가 DDT의 위험성에 대해 제기한 경고를 고려할 때 이 사건의 사회적 중요성을 인식해야 한다"고 말했다.

롱아일랜드 지역 주민들이 제기한 소송은 살충제의 대량 살포에 대한 일반인의 경각심을 불러일으켰고, 사람들은 개인의 재산권을 무시하는 방제 당국의 권위와 압력에 경계심을 갖게 되었다.

매미나방 퇴치 과정에서 일어난 낙농 제품과 농산물의 오염은 많은 사람에게 놀라움과 불쾌감을 불러일으켰다. 뉴욕주 북부 웨스트체스터 카운티에 있는 200에이커의 월러 농장에서 벌어진 일이 대표적인 사례다. 목초지를 피해 숲에만 살충제를 뿌리기란 불가능하다고 생각한 윌러 부인은 농무부 관계자들에게 자신의 땅에는 살충제를 뿌리지 말라고 확실히 요청했다. 그는 매미나방 분포 지역을 확인해 그 지역에만 살충제를 뿌려야 한다는 의견을 제시했다. 관계 당국의 다짐을 받았음에도 윌러 부인의 사유지는 두 번이나 직접 살충제 세례를 받았으며, 다른 곳에서 날아온 살충제 때문에 두 차례나 문제를 겪었다. 48시간 뒤, 윌러 농장의 순종 젖소에서 추출한 우유 표본에는 14ppm의 DDT가 들어 있었다. 물론 방목지에서 채집한 목초 시료들도 오염되어 있었다. 이런 내용을 지역 보건국에 보고했음에도 오염된 우유의 시장 유통을 금지하는 훈령은 내려지지 않았다. 소비자 보호에 대한 무관심을 보여주는 전형적인 사례다. 미국 식품의약국은 우유 속 살충제 잔류물 검출을 엄격히 금지하고 있지만, 감시가 제대로 이뤄지지 않을뿐더러 이 규정은 우유를 다른 주로 운송할 때에만 적용되었다. 각 주와 지역 단체들은 지역 법규가 강제하지 않는 한 연방 정부의 살충제 허용 기준을 따를 의무가 없으며 좀처럼 따르지도 않았다.

채소 재배농들도 고통을 받았다. 농작물 중 일부는 시장에 출하할 수 없을 만큼 잎이 타버리거나 얼룩이 생겼으며, 나머지도 다량의 살충제 잔류물을 함유하고 있었다. 코넬 대학교의 농업시험장에서 분석한 완두콩 표본에서는 법정 최고 허용치인 7ppm을 넘어서는 14~20ppm의 DDT가 검출되었다. 재배농들은 많은 손해를 감수하거나 규정치를 초과하는 농작물을 판매하거나 양자택일을 할 수밖에 없는 처지에 놓였다. 그들 중 일부는 손해배상을 청구해 받아내기도 했다.

DDT 공중 살포가 늘어나자 법정 소송도 증가했다. 그중에는 뉴욕주의 양봉업자들이 제기한 소송도 포함되었다. 양봉업자들은 1957년 약제 살포가 시행되기 이전부터 과수원에서 사용하는 DDT 때문에 이미 막대한 피해를 입고 있었다. 그중 한 사람이 씁쓸하게 말했다. "1953년까지는 농무부와 농과대학의 이야기를 마치 복음인 양 전적으로 신뢰했습니다." 그러나 그해 5월, 주 정부가 넓은 지역에 살충제를 뿌린 뒤 이 양봉업자는 벌통 800개를 잃었다. 피해 범위가 넓고 정도도 심각하자 그를 비롯해 양봉업자 14명은 25만 달러의 피해 보상금을 요구하는 소송을 제기했다. 1957년에 뿌린 살충제 때문에 벌통 400개를 잃은 또 다른 양봉업자는 삼림 지역으로 날아간 일벌(과즙과 꽃가루를 모아 벌통으로 가져오는 벌)이 모조리 죽었으며, 이보다 적은 양의 살충제를 뿌린 경작지로 날아간 일벌들도 절반 정도가 죽었다고 말했다. 그는 이렇게 썼다. "5월이 되었는데도 뜰에서 윙윙거리는 소리를 들을 수 없다니 너무 비참했다."

매미나방 퇴치 계획은 여러 면에서 무책임했다. 농약살포용 비행기에 1에이커(면적 단위, 약 4047제곱미터)가 아닌 1갤런(부피 단위, 약 3.8리터)당 비용을 지불했기 때문에 환경에 대한 고려는 전혀 이루어지지 않았고, 농경지에 한 번이 아닌 여러 번 살포했다. 살포를 담당한 회사는 이 지역이 아닌 다른 주에 기반을 둔 회사였으므로, 주 정부에 등록해 법적 책임의 범위를 명확히 밝히게 되어 있는 규정을 따르지 않아도 괜찮았다. 이렇듯 주변 상황이 애매해서 직접적인 금전 손실을 입은 사과 재배농이나 양봉업자들은 소송을 제기할 명확한 상대를 찾을 수 없었다.

1957년 거대한 재앙처럼 실시한 살충제 살포는 지난 작업을 '평가'하고 대체 살충제를 시험한다는 모호한 발표와 함께 한순간 갑자기 축소되었다. 1957년 350만 에이커에 살충제를 뿌렸는데 1958년에 50만 에이커로 줄었고, 1959년·1960년·1961년에는 10만여 에이커까지 줄어들었다. 이 기간에 방역 당국은 롱아일랜드에서 걱정스러운 소식을 전해 들었다. 매미나방이 다시 모습을 드러낸 것이다. 매미나방을 영원히 없애려던 농무부는 이 일로 대중의 신뢰와 호의를 잃었을 뿐 아니라 상당히 값비싼 비용을 치르고도 실제로는 아무것도 이루지 못했다.

농무부 식물해충방제 팀이 한동안 매미나방 문제를 잊고 지낸 적이 있었다. 남부에서 더욱 거창한 계획을 세우고 실행하느라 바빠서였다. 또다시 농무부의 등사기에서 '박멸'이라는 단어를 쉽게 볼 수 있게 되었다. 이번 박멸 대상은 불개미였다.

쏘이면 불에 덴 것처럼 아프다고 해서 이런 이름이 붙은 불개미는 남아메리카로부터 앨라배마주 모빌 항구를 경유해 미국에 들어온 것으로 보인다. 제1차 세계대전이 끝나고 얼마 지나지 않아 발견되었다. 1928년경 모빌 교외 지역으로 퍼져나갔고, 그 후 계속 번식해 현재는 미국 남부 지역 대부분에 분포하고 있다.

미국에 들어온 뒤 40여 년 동안 불개미는 세인의 관심을 끌지 못했다. 개미가 가장 많이 퍼진 주에서도 그저 1피트(약 30센티미터)가 넘는 큰 집이나 흙무더기를 만드는 성가신 존재로 여겨졌을 뿐이다. 이런 흙무더기는 농기구를 사용할 때 방해가 되었다. 그러나 불개미가 20개 주요 해충 목록에 포함된 것은 겨우 2개 주뿐이었고, 그나마 목록의 거의 마지막에 등장할 정도였다. 관리나 일반인 모두 불개미가 농작물이나 가축에 위협적인 존재라고 생각하지 않는 듯했다.

그런데 치명적인 위력을 지닌 화학약품의 개발과 함께 불개미를 향한 정부의 태도도 급변했다. 1957년 미국 농무부는 역사상 가장 주목할 만한 캠페인에 착수했다. 정부간행물과 영화 등에서 불개미가 갑자기 집중적인 공격 대상이 되어 남부 농업의 파괴자이자 조류, 가축, 인간을 죽이는 존재로 묘사되었다. 그 후 엄청난 규모의 방제 계획이 발표되었다. 피해를 입었다는 주 정부들의 협조를 받아 연방 정부가 9개 주에서 2000만 에이커에 살충제를 뿌리는 것이었다.

"미국 농무부가 실시하는 광범위한 해충 구제 계획이 늘어남에 따라 미국의 살충제 제조업체들은 노다지를 캔 것처럼 보였다." 불개미 퇴치 계획이 진행 중이던 1958년 한 잡지는 이렇게 보도했다.

'노다지'의 수혜자들을 제외한 거의 모든 사람은 맹렬히, 그리고 당연히 불개미 퇴치 계획을 비난했다. 이 계획은 충분치 못한 준비와 서투른 시행을 보여주는 전형적인 사례이며, 해충 방제에 관한 극히 해로운 실험인 동시에 막대한 비용과 다른 동물들의 죽음, 농무부의 신뢰 추락이라는 값비싼 희생을 치르게 한 실험이었다. 이런 일에 엄청난 정부 예산을 투입한다는 걸 이해할 수 없다.

처음에는 의회도 몇몇 진정서에 나타난 내용을 근거로 이 방제 사업을 지지했다. 농작물을 해쳐 남부 지역의 농업을 위협하고 땅에 둥지를 트는 어린 새들을 공격해 동물에게도 위협이 되는 존재로 불개미가 묘사되었기 때문이다. 또 많은 인쇄물에서 불개미에 물리면 인간의 건강에도 심각한 위험이 닥친다고 표현했다. 하지만 이런 진정서의 진위성은 나중에 의심받게 되었다.

이런 주장들은 얼마나 신빙성 있는 것일까? 의회의 예산 지출 승인을 받기 위해 증언에 나선 농무부 관계자의 말은 농무부의 주요 간행물에 포함된 내용과 일치하지 않았다. 1957년 고시한 〈작물과 가축에 피해를 입히는 곤충을 억제하기 위한 …… 살충제 권고 사항〉에는 불개미가 별로 언급되지 않았다. 농무부의 선전 내용과는 들어맞지 않으니 이상한 오류가 아닐 수 없었다. 게다가 농무부가 발간한 1952년 해충 관련 백과사전적 《연감》에는 50만 단어 분량의 내용 중 불개미에 관한 것이라고는 단 한 줄짜리 짧은 문장이 전부였다.

이렇듯 구체적으로 문서화한 자료도 없으면서 불개미가 작물에 해를 입히고 가축을 공격한다고 주장하는 농무부와 달리, 이 곤충과 밀접한 관련이 있는 앨라배마주 농업시험장에서는 상당히 자세한 연구가 실시되었다. 앨라배마의 한 과학자는 "불개미가 작물에 끼치는 피해는 대개 극히 미미하다"고 말했다. 또 앨라배마 폴리테크닉 대학(현재 오번 대학교—옮긴이)의 곤충학자이자 1961년 미국 곤충학회 회장을 지낸 F. S. 애런트(F. S. Arant) 박사는 "지난 5년간 개미로 인한 농작물 피해는 단 한 건도 보고되지 않았으며 …… 가축에 대한 피해도 발견되지 않았다"고 말했다. 실제로 야외와 실험실에서 관찰해온 사람들은 불개미가 주로 다른 곤충을 먹이로 삼는데, 그 곤충들 대부분은 인간에게 해를 입히는 것들이라고 말했다. 불개미가 목화에 붙어 있는 목화바구미 유충을 먹는 모습도 목격되었다. 불개미가 만드는 흙무더기는 토양에 공기를 공급하고 배수를 원활하게 도와주는 긍정적인 기능을 했다. 앨라배마주에서 이루어진 연구들은 미시시피 주립대학교의 조사를 통해 다시 한번 검증되었는데, 이 연구들은 불개미와 다른 개미를 혼동하는 농부들의 말이나 오래전 연구에 기반을 둔 듯한 농무부의 증언에 비해 훨씬 의미 있어 보인다. 몇몇 곤충학자는 불개미의 경우 먹이가 풍부해지면서 활동 형태도 변하기 때문에, 몇 십 년 전의 관찰은 현재에 이르러 별로 가치가 없다고 생각한다.

불개미가 인간의 건강과 생명에 위협을 가한다는 주장 역시 상당히 수정되었다. 농무부는 불개미가 사람을 무는 장면이 들어 있는 홍보 영화(자신들이 벌이는 사업의 지지를 얻기 위한)의 제작을 지원했다. 물론 불개미에 물리는 것은 고통스러운 경험이다. 사람들이 말벌이나 벌에 쏘이지 않으려고 주의하는 것처럼 불개미에 물리지 않도록 주의할 필요는 있다. 예민한 사람은 가끔 심각한 반응을 일으키기도 하며, 명확한 것은 아니지만 몇몇 의학서에는 불개미에 물려 죽을 수도 있다고 적혀 있다. 인구동태통계국 기록에는 1959년에만 33명이 벌이나 말벌에 쏘여 사망했다고 나와 있다. 그러나 어느 누구도 이 곤충을 '박멸'하자고 제안하지 않는다. 지역적 증거 자료들이 이런 주장을 뒷받침해준다. 불개미가 앨라배마주에서 40년 동안 서식해왔고, 이 지역에서 가장 번성했음에도 앨라배마주 보건 당국은 "앨라배마주에서 외래종인 불개미에 물려 사망한 기록은 없다"고 공표했으며, 불개미에게 물리는 사고도 '우연히 발생한' 것으로 여기고 있다. 잔디밭이나 놀이터에 있는 개미집 때문에 아이들이 가끔 개미에게 물리기도 하지만, 그것이 몇 백만 에이커의 땅에 독극물을 뿌려대는 행위에 대한 변명이 될 수는 없다. 아이들이 물리는 상황을 예방하려면 그저 개인적으로 개미집을 없애면 된다.

불개미가 사냥감 조류들에 위협이 된다는 주장에도 명확한 근거가 없다. 앨라배마주 오번에서 야생동물연구소를 이끌고 있는 모리스 F. 베이커(Maurice F. Baker) 박사는 이 문제에 의견을 제시할 자격이 있는 전문가다. 오랫동안 이 지역에서 연구해온 베이커 박사는 농무부의 주장과 정반대되는 의견을 내놓았다. 그는 자신의 생각을 다음과 같이 분명히 밝혔다. "앨라배마주 남부와 플로리다주 북서부 지역에서는 멋진 사냥을 즐길 수 있는데, 이곳의 콜린메추라기들은 수많은 외래종 불개미와 공존하고 있다. ……앨라배마주 남부 지역에 불개미가 들어온 지 40년이 지났지만 수렵동물의 수는 실질적으로 꾸준히 증가해왔다. 만약 외래종 불개미가 야생동물에게 심각한 위협이었다면 이런 환경은 조성되지 못했을 것이다."

하지만 불개미를 없애려고 사용한 살충제는 야생동물에게 심각한 문제를 일으켰다. 사용한 화학약품은 디엘드린과 헵타클로르로, 두 가지 모두 비교적 새로운 약품이었다. 야외에서 사용한 경우가 드물었기 때문에 이런 약품을 대규모로 살포했을 때 야생조류, 물고기, 포유류에게 어떤 영향을 미칠지 그 누구도 알지 못했다. 그러나 두 물질이 DDT보다 몇 배나 독성이 강하다는 것은 이미 알려져 있었다. 그 이전까지 거의 10년 동안 사용하던 DDT는 1에이커당 1파운드만으로도 수많은 새와 물고기를 죽였다. 디엘드린과 헵타클로르의 투여량은 이보다 더 많았는데, 대개 1에이커당 2파운드, 넓은코바구미를 퇴치할 때는 3파운드의 디엘드린을 사용했다. 새들에 대한 영향을 환산해보면 헵타클로르의 규정량은 DDT 20파운드와 맞먹고, 디엘드린의 규정량은 DDT 120파운드에 달했다!

이에 대해 미국 각 주의 자연보호 관련 부서, 연방 정부의 자연보호 관계 당국, 생태학자, 심지어 곤충학자까지 당시 농무부 장관이던 에즈라 벤슨(Ezra Benson)에게 긴급 항의서를 보냈다. 최소한 헵타클로르와 디엘드린이 야생동물과 가축들에게 미치는 영향, 불개미 퇴치를 위한 살충제 적정량 등이 밝혀질 때까지만이라도 계획을 연기해달라는 것이었다. 그러나 이런 항의는 무시되었고 1958년 살충제를 뿌렸다. 첫해에 100만 에이커에 약제를 살포했다. 결국 살충제 관련 연구는 사후 검사의 성격을 띨 수밖에 없었다.

방제 사업이 진행되면서 각 주와 연방 정부의 야생동물 보호 기관과 몇몇 대학의 생물학자가 중요한 사실들을 밝혀냈다. 이 연구들에 따르면 살충제를 뿌린 지역에서 몇몇 야생동물이 완전히 사라졌다고 한다. 가금류, 가축, 반려동물도 죽었다. 농무부는 이런 피해의 증거를 과장하고 오도한 것이라고 일축했다.

하지만 진실이 속속 드러났다. 텍사스주의 하딘 카운티에서는 화학약품 살포 후 주머니쥐, 아르마딜로, 미국너구리가 급속도로 줄어들었다. 살충제를 뿌린 지 2년 뒤 겨울에는 아예 이런 동물을 찾기가 힘들어졌다. 이 지역에 남아 있던 몇몇 미국너구리의 조직에서는 화학물질 잔류물이 발견되었다.

농약 살포 지역에서 발견된 죽은 새는 불개미를 없애는 데 사용한 유독물질을 흡입하거나 삼킨 것으로 밝혀졌는데, 그 조직을 화학분석한 결과 사실임이 확인되었다. (살아남은 유일한 새는 집참새였는데, 다른 지역에서도 마찬가지였다. 집참새는 살충제에 어느 정도 면역성이 있는 것으로 생각되었다.) 1959년 살충제 살포 때 새의 절반이 죽었다. 땅 위에 살거나 키 작은 관목에 사는 새는 거의 100퍼센트 죽었다. 살포 1년이 지나도 새의 수는 계속 줄어들었고, 텅 빈 부화지에서는 어떤 노랫소리도 들리지 않았다. 텍사스의 새 둥지에서는 죽은 검은지빠귀·검은가슴홍관조·들종다리 등이 발견되었을 뿐, 그 외 대부분의 둥지는 텅 빈 채 버려졌다. 어류·야생동물국에서 텍사스, 루이지애나, 앨라배마, 조지아, 플로리다주 등에서 죽은 새를 검사한 결과 90퍼센트 이상에서 38ppm에 이르는 디엘드린 또는 헵타클로르 형태의 잔류물이 발견되었다.

루이지애나주에서 겨울을 나지만 북쪽에서 알을 낳는 멧도요의 몸속에도 불개미 살충제의 흔적이 남아 있었다. 원인이 무엇인지는 분명하다. 멧도요는 긴 부리로 지렁이를 잡아먹는다. 루이지애나주에 농약을 살포한 지 6~10개월 뒤에도 살아남은 지렁이에서 20ppm의 헵타클로르가 검출되었다. 1년 후 그 수치는 10ppm에 이르렀다. 완전 절멸까지는 이르지 않았지만 불개미 방제를 시작한 바로 다음 철에 조사한 바에 따르면 멧도요 새끼의 수가 급감했다고 한다.

미국 서부 지역 사냥꾼들이 가장 분개하는 소식은 콜린메추라기에 관한 것이었다. 땅에 집을 짓고 사는 이 새가 농약을 뿌린 일대에서 모두 사라져버렸다. 예를 들어 앨라배마주 공동야생동물연구소의 생물학자들이 농약을 살포할 예정인 3600에이커의 지역에서 메추라기의 예비 개체수 조사를 실시했는데, 13종 121마리가 분포해 있었다. 농약을 뿌리고 2주일 뒤에는 죽은 메추라기만 발견되었다. 어류·야생동물국에서 검사한 바에 따르면 새들을 죽음에 이르게 할 만큼 치명적인 농약이 발견되었다고 한다. 앨라배마주의 상황은 2500에이커에 헵타클로르를 뿌린 텍사스주에서도 되풀이되었다. 메추라기를 비롯해 명금류의 90퍼센트가 죽었다. 역시 죽은 새의 조직에서 헵타클로르의 존재가 확인되었다.

메추라기와 함께 야생칠면조도 이전 방제 사업으로 크게 줄어들었다. 헵타클로르를 살포하기 전 앨라배마주 윌콕스 카운티에서 80마리의 칠면조가 발견되었는데, 농약 살포 후 첫 번째 맞은 여름에는 아직 깨어나지 않은 알과 죽은 새 한 마리를 제외하곤 전혀 찾아볼 수 없었다. 야생칠면조가 형제라 할 수 있는 사육용 칠면조와 비슷한 운명을 겪은 것으로 보인다. 농약을 살포한 농장에서 키우던 칠면조는 새끼를 별로 낳지 못했다. 부화한 알도 거의 없었고 새끼 칠면조 역시 대부분 살아

남지 못했다. 농약을 뿌리지 않은 인근 지역에서는 이런 일이 일어나지 않았다.

칠면조만 이런 운명을 겪은 것은 아니다. 미국에서 가장 저명하고 존경받는 야생동물학자 클래런스 코탬은 유독물질 피해를 입은 한 농가를 방문했다. '작은 새들이 모두 사라져버렸고' 집에서 키우던 가축, 가금류, 반려동물도 죽었다는 사실이 밝혀졌다. 한 농부는 '농약을 살포한 사람들에게 심하게 화를 냈다'며 코탬 박사는 이렇게 썼다. "그 농부는 농약 때문에 죽은 소 19마리를 파묻거나 폐기 처분해야 했다. 게다가 비슷한 종류의 농약 살포로 서너 마리가 더 죽었다. 태어나서 먹은 것이라고는 어미 소의 젖밖에 없는 송아지들도 죽어나갔다고 한다."

코탬 박사가 만난 사람들은 농약을 살포한 뒤 몇 달 사이에 일어난 일 때문에 당황해 어쩔 줄 몰라했다. 한 여성은 농약 살포 후 "집에서 기르던 암탉이 낳은 알 중 부화한 게 거의 없고, 설령 부화했다고 해도 병아리가 바로 죽어버렸는데 그 이유를 이해하지 못하겠다"고 말했다. 또 다른 농부에 관한 이야기도 있다. "돼지를 키우던 한 농부는 농약을 뿌린 지 9개월이 지나도록 새끼 돼지를 거의 찾아볼 수 없었다. 돼지가 죽은 채로 태어나거나 태어나자마자 바로 죽어버렸기 때문이다." 이와 비슷한 사례가 또 보고되었는데, 250마리로 예상한 새끼 돼지 출산이 37마리에 그쳤고 그중 살아남은 것은 31마리에 불과했다고 한다. 또 그는 농약을 뿌린 뒤 이 일대에서 닭을 키우는 것이 아예 불가능해졌다고도 했다.

농무부는 불개미 방제 사업과 관련한 가축 피해를 계속 부정해왔다. 동물 치료를 부탁하는 전화를 많이 받았다는 조지아주 베인브리지의 수의사 오티스 L. 포이트빈트(Otis L. Poitevint) 박사는 살충제로 인한 동물의 죽음을 이렇게 설명했다. 불개미 방제용 약제를 뿌린 지 2주에서 몇 달이 지나자 소, 염소, 말, 닭, 새, 그 밖의 야생동물들까지 신경계에 치명적인 문제가 발생해 거의 죽음에 이르렀다. 이는 오염된 먹이나 물에 노출된 동물에 국한한 것으로, 마구간이나 사육장에서 키운 동물은 별 문제가 없었다. 이런 일들은 불개미 방제를 실시한 지역에서 일어난 일이었다. 실험실의 연구 결과도 그리 좋지 않았다. 포이트빈트 박사와 다른 수의사들이 지켜본 바에 따르면 이런 증세는 수의학 교과서에 실려 있는 디엘드린이나 헵타클로르 중독과 일치했다고 한다.

포이트빈트 박사는 헵타클로르 중독 증세를 보여주는 생후 2개월 된 송아지의 예를 들려주었다. 이 송아지는 연구실에서 꽤 철저한 분석 실험을 거쳐야 했다. 그 결과 지방층에서 79ppm의 헵타클로르가 발견되었다. 하지만 그때는 농약을 뿌린 지 5개월이 지난 뒤였다. 그렇다면 이 송아지는 목초지에서 직접 유독물질을 섭취했거나 어미젖을 통해 간접적으로 섭취했을 수도 있다. 포이트빈트 박사는 이런 질문을 던진다. "만약 이 송아지들이 어미젖을 먹고 유독물질에 중독되었다면, 그 지역 착유장에서 수거한 우유를 마시는 우리 아이들을 보호하기 위해 특별한 주의를 기울여야 하는 것은 아닐까?"

포이트빈트 박사는 오염된 우유에 관한 의미심장한 문제를 제기했다. 불개미 방제가 이루어진 일대는 밭과 농경지다. 여기서 자라는 젖소는 어떻게 될까? 농약을 살포한 지역의 목초에는 헵타클로르 잔류물이 남아 있는데, 만일 소가 이 목초를 먹는다면 우유에도 독성이 전해지게 된다. 이런 직접적인 전이는 1955년, 이 방제 사업을 실시하기 훨씬 전 헵타클로르를 대상으로 한 실험에서도 증명된 바 있다. 불개미 방제에 사용하는 또 다른 물질인 디엘드린에 관해서도 이와 비슷한 결과가 보고되었다.

농무부의《연감》에 따르면, 이제 낙농과 식육용 소를 위한 목초에 사용할 수 없는 화학약품 목록에 헵타클로르와 디엘드린을 포함했다고 한다. 그런데도 농무부의 방제 담당 부서는 헵타클로르와 디엘드린을 남부에 살포하는 사업을 추진하고 있다. 소비자들이 우유에서 디엘드린이나 헵타클로르 잔류물을 발견하지 않도록 신경 쓰는 사람은 누구인가? 목초지에 농약을 뿌린 뒤 30~90일은 젖소의 접근을 막아야 한다고 농무부는 낙농업자들에게 충고한다. 하지만 농장 대부분은 소규모이고 방제 사업은 비행기를 이용한 대규모 살포라는 사실을 고려한다면, 그 충고가 제대로 이행될지 의문이다. 또 농작물에 뿌린 화학물질이 오래도록 남아 있다는 점을 생각할 때 여기서 제안한 기간이 적합한지도 의문이다.

우유에 존재하는 잔류 농약에 눈살을 찌푸리는 미국 식품의약국도 이런 상황에 별다른 권위를 행사할 수 없다. 불개미 방제를 실시하는 주들은 낙농업 규모가 그리 크지 않고, 낙농 제품은 주로 주 내에서 생산과 소비가 이루어진다. 연방 정부의 방제 사업 때문에 우유에 문제가 생긴다고 해도 이를 막고 보호하는 일은 각 주의 책임으로 남는 것이다. 앨라배마·루이지애나·텍사스 주의 보건 담당자와 기타 관련자들에게 질문해본 결과, 오염된 우유를 테스트한 적이 없을뿐더러 우유가 살충제에 오염되었다는 사실조차 모르고 있었다.

방제 사업을 시작하기 전이 아닌 실시 후에야 비로소 헵타클로르의 특성에 대한 연구가 시작되었다. 아니, 이미 발표된 연구를 다시 살펴본 것이라고 말하는 편이 더 정확하겠다. 연방 정부가 취한 이런 조치가 몇 년 전 이루어졌다면 방제 사업에도 어느 정도 영향을 미쳤을 것이다. 동물이나 식물의 조직, 또는 토양에 머무르던 헵타클로르는 독성이 더욱 강한 헵타클로르에폭사이드로 바뀐다. 일반적으로 에폭사이드는 풍화 작용으로 만들어지는 '산화물질'로 알려져 있다. 이런 과정이 밝혀진 것은 1952년 이후의 일인데, 미국 식품의약국 실험 결과 암컷 쥐에 30ppm의 헵타클로르를 먹이고 2주 뒤 검사해보니 독성이 훨씬 강한 에폭사이드 165ppm이 검출되었다고 한다.

1959년 미국 식품의약국이 식품에서 헵타클로르와 에폭사이드계 잔류물의 검출을 금지하면서 이런 사실이 생물학 문헌에 본격적으로 등장하게 되었다. 그 뒤 살충제 살포 사업은 일시적으로 위축되었다. 농무부가 매년 불개미 방제를 해야 한다고 압력을 넣었지만, 살충제가 묻어 있는 농작물 판매가 법적으로 금지되어 각 지역 농업국은 농부들에게 화학물질 사용을 권할 수 없었다.

간단히 말해서, 농무부는 살충제를 살포하면서 이미 발표된 기초적인 사실조차 살펴보지 않았고, 알고 있다고 해도 그 결과를 무시했다. 해충 방제라는 목적을 달성하는 데 필요한 화학물질의 최소량을 알아보려고도 하지 않았다. 3년간 너무 많은 화학물질을 살포한 뒤, 1959년 갑자기 헵타클로르의 양을 1에이커당 2파운드에서 1.25파운드로 줄였다. 나중에는 1에이커당 0.5파운드를, 그것도 절반씩 나누어서 3~6개월 간격을 두고 살포했다. 농무부 담당자는 '공격적 살포 방식의 개선'으로 소량 살포로도 효력을 발휘하게 되었다고 설명했다. 이런 정보를 방제 사업 실시 전에 미리 알았더라면 엄청난 손실도 피할 수 있고, 납세자들의 세금도 절약할 수 있었을 것이다.

방제 사업에 대한 불만이 점점 커지자, 1959년 농무부는 관련 피해에 대해 연방 정부·주 정부·지방 정부에 책임을 묻지 않겠다고 서명한 텍사스주 지주들에게 농약을 무상으로 공급했다. 같은 해 앨라배마주는 농약으로 인한 피해에 놀라고 분개하여 이 계획에 필요한 비용 지원을 거부했다. 그중 한 관계자는 다음과 같이 말했다. "이 방제 사업은 제대로 준비하지 않은 채 서둘러 고안했고 형편없이 실행했으며 책임을 공공 기관과 개별 기관에게 전가해버린 가장 대표적인 사례다." 주의 후원금이 끊겼음에도 연방 정부의 자금이 계속 앨라배마주로 들어왔고, 1961년 소규모 살포 계획 법안이 다시 의회에서 통과되었다. 그러는 동안 루이지애나주 농부들은 이 방제 계획을 점점 더 꺼리게 되었다. 불개미를 없애기 위해 사용한 화학물질 때문에 오히려 사탕수수에 치명적인 해충이 늘어났기 때문이다. 더구나 이 사업의 혜택이라곤 아무것도 없는 듯했다. 1962년 루이지애나 주립대학교 농업시험장의 곤충 연구 책임자인 L. D. 뉴섬(L. D. Newsom)은 이런 혼란을 다음과 같이 요약해 설명했다. "주 정부와 연방 정부의 불개미 방제 사업은 완전히 실패했다. 루이지애나주에서는 이 사업이 시작되기 전보다 훨씬 더 넓은 농경지가 피해를 입고 있다."

그러자 좀더 정상적이고 보수적인 방식을 시도하기 시작했다. 플로리다주는 "방제 사업 실시 이전보다 오히려 불개미가 더 늘어났다"며 기존 대규모 방제 사업을 포기하고 대신 지역 방제에 나설 것이라고 말했다.

지역 방제의 효율성과 경제성은 지난 몇 년간 널리 알려져왔다. 흙을 쌓아올리는 불개미의 습성을 고려해 각각의 흙무더기마다 화학약품을 살포하는 것이 훨씬 더 효과적이고 수월하다. 이런 방제에 필요한 비용은 1에이커당 1달러 정도다. 흙무더기가 너무 많다면 기계적 방식을 도입할 수 있는데, 먼저 보습으로 땅을 갈아엎은 뒤 화학물질을 뿌리는 방식이 미시시피주 농업시험장에서 개발되었다. 이 방법으로 불개미의 90~95퍼센트를 방제할 수 있다. 비용은 1에이커당 0.23달러에 지나지 않는다. 농무부의 대량 방제 사업은 1에이커당 3.50달러가량으로, 가장 비싸고 가장 피해가 큰데 효과는 가장 작다.

II

보르자 가문의 꿈을 넘어서

환경오염을 일으키는 중요한 요인은 살충제의 대규모 살포만이 아니다. 사실 우리 대부분에게 더욱 중요한 것은 소규모이지만 매일 또는 매년 지속적으로 화학물질에 노출되는 일이다. 계속해서 떨어지는 물방울이 마침내 단단한 바위에 구멍을 뚫는 것처럼, 태어나서 죽을 때까지 위험한 화학물질과 접촉하다 보면 결국 우리에게 심각한 문제가 일어나게 마련이다. 아무리 그 양이 미미하다 해도 거듭될 경우 몸속에 화학물질이 축적되어 마침내 중독을 일으킨다. 세상에서 완전히 고립된 사람을 제외하고 이런 오염원으로부터 자유로울 수 있는 사람은 없다. 평범한 시민이라면 우아한 판매 기술과 얼굴 없는 설득자에게 속아 넘어가 우리 주변을 둘러싼 죽음의 물질을 인식할 수 없게 된다. 아마 스스로 이런 물질을 사용하고 있다는 사실조차 잘 인식하지 못할 것이다.

바로 옆의 약국에서 약을 살 때에도 '독극물 장부'에 서명해야 하는데, 상점에 걸어 들어가 훨씬 더 치명적인 성분의 물질을 구할 때에는 아무런 질문도 받지 않는다. 바야흐로 심각한 독극물 시대가 왔다고 할 수 있다. 화학물질에 관한 기초 지식이 없어도, 인근 슈퍼마켓을 몇 분만 돌아다니면 아무리 대담한 소비자라도 깜짝 놀랄 것이다.

살충제 관련 코너에 커다란 해골과 엇갈린 뼈다귀 표시가 그려져 있다면 소비자는 적어도 이곳이 독극물과 관련한 물건을 다룬다는 사실을 떠올릴 것이다. 하지만 살충제는 편안하고 기분 좋은 모습으로 소비자를 찾아온다. 통로 건너편에는 피클과 올리브가 놓여 있고 옆 칸에는 각종 목욕용품과 세탁비누가 즐비한 가운데 살충제들이 줄지어 진열되어 있다. 아이들의 손이 쉽게 닿을 수 있는 곳 **유리** 용기 속에 화학물질이 들어 있다. 만일 어린아이나 부주의한 어른이 이 살충제를 건드려 떨어뜨리기라도 한다면 주변 사람들은 화학물질 세례를 받게 될 것이다. 이 화학물질은 농약을 살포하는 사람들에게 경련을 일으킨 바로 그 물질들이다. 여기서 끝나는 게 아니다. 위험은 구매자의 집에까지 이어진다. DDD가 들어 있는 나방 제거제에는 아주 작은 글씨로 "압력을 받고 고온이나 불길에 노출되면 폭발할 수 있다"는 경고가 적혀 있다. 부엌을 비롯해 가정에서 사용하는 살충제에는 클로르데인이 포함되어 있다. 미국 식품의약국의 수석 약리학자는 클로르데인을 뿌린 집에서 생활하는 것은 "극도로 위험한 일"이라고 했다. 다른 가정용 제제에는 이보다 독성이 더 강한 디엘드린이 함유되어 있다.

부엌에서 사용하는 유독물질은 매우 호감 가는 용기에 담겨 있으며, 사용하기도 쉽다. 흰색 또는 기호에 따라 여러 가지 색을 입힌 부엌용 선반 깔개는 한 면뿐 아니라 양면에 모두 살충 성분이 묻어 있다. 살충제 제조업자들은 소비자들이 스스로 해충을 제거할 수 있는 방법을 소개한 DIY 안내책자를 만들어 배포한다. 쉽게 손이 닿지 않는 구석, 캐비닛의 갈라진 틈에도 버튼을 누르듯 손쉽게 디엘드린을 뿌릴 수 있다.

만일 모기, 진드기, 또는 다른 해충 때문에 고생한다면 옷이나 피부에 바르거나 뿌리는 로션·크림·스프레이 중에서 원하는 대로 선택할 수 있다. 광택제, 페인트, 합성섬유 등을 녹일 수 있다는 경고에도 사람들은 이런 살충제가 인간 피부에 별 문제가 없다고 지레 짐작한다. 지갑에 넣고 다니거나 해변, 골프장, 낚시터 등에서 사용할 수 있는 포켓용 살충제 분사기 광고를 보면 사람들이 언제 어디서나 곤충을 물리칠 수 있게 되었음을 확인할 수 있다.

해충의 발이 닿기만 해도 바로 죽는다는 살충제 성분의 왁스로 마룻바닥을 닦을 수 있다. 옷장에 린데인을 뿌린 살충띠를 매달아놓을 수 있고, 6개월간 좀의 피해를 철저히 막아준다는 방충제를 서랍에 넣어두기도 한다. 광고에는 린데인의 위험에 관한 어떤 설명도 등장하지 않는다. 린데인 증기를 내뿜는 전기기구 광고에도 경고 문구 하나 없으며 그저 안전하고 냄새가 없다는 말만 나와 있다. 하지만 미국의학협회는 린데인 훈증기를 위험한 기구로 규정하고 〈미국의학협회지〉에서 사용 반대 캠페인을 펴나가고 있다.

농무부는 〈홈 앤드 가든 불러틴(Home and Garden Bulletin)〉을 통해 DDT, 디엘드린, 클로르데인 또는 다른 좀약을 용제에 녹여 옷에 뿌려두라고 조언한다. 만일 살충제를 지나치게 많이 뿌려 옷에 하얗게 남아

있으면 솔질을 해서 털어버리라고 하는데, 어디서 어떻게 하라는 설명
은 생략되어 있다. 이런 일들을 생각해보면 우리는 하루 종일 살충제와
함께 살아가는 셈이다. 잠자리에 들 때에도 디엘드린으로 방충 처리한
담요를 덮으니 말이다.

오늘날 정원 가꾸기에도 엄청난 유독물질이 등장한다. 모든 공구상,
정원용품점, 슈퍼마켓 등에는 원예에 필요한 다양한 살충제가 종류별로
늘어서 있다. 신문의 정원 관련 면과 원예잡지들이 살충제 사용을 너무
나도 당연하게 받아들이기 때문에, 오히려 살충제를 제대로 뿌리지 않
는 사람은 자신이 게으르다고 생각할 정도다.

잔디밭과 관상용 식물에 치명적인 유기인산계 살충제를 점점 더 광
범위하게 사용하고 있다. 1960년 플로리다주 보건국은 허가증이 없거
나 적절한 조건을 갖추지 못한 사람이 주거 단지에서 상업적으로 살충
제를 뿌려서는 안 된다고 발표했다. 이 법안이 발효되기 전 플로리다주
에서는 파라티온 중독으로 사망하는 사람이 상당히 많았다고 한다.

하지만 정원사나 주택 소유자는 자신들이 다루는 물질이 상당히 위
험하다는 사실을 잘 이해하지 못한다. 새로운 원예기구가 계속 쏟아져
나와 잔디밭이나 정원에 유독물질을 살포하는 일이 훨씬 쉬워졌고, 유
독물질과 접촉하는 횟수도 늘어났다. 이를테면 호스 끝에 살충제 용기
를 매달아 마치 정원에 물을 뿌리듯 클로르데인이나 디엘드린 같은 위
험물질을 살포하기도 한다. 이런 장치는 그 호스를 사용하는 사람에게
만 해로운 게 아니라 다른 많은 사람에게도 피해를 입힌다. 〈뉴욕타임
스〉는 원예 면에 "특별한 안전장치를 설치하지 않는다면 이러한 유독물
질이 수관을 따라 식수원으로 유입될 수 있다"는 경고문을 실어야 한다
고 판단했다. 현재 사용 중인 살충제 관련 기구의 수와 적절한 경고가

이루어지지 않는 상황을 고려한다면 공공수역이 오염되는 것은 너무나도 당연하지 않은가.

정원사에게 어떤 일이 일어날 수 있는지 알아보기 위해 열성적 원예 애호가인 한 의사의 이야기를 살펴보자. 그는 잔디밭에 매주 DDT와 말라티온을 규칙적으로 뿌렸다. 수동식 분사기나 호스에 부착하는 분사 도구를 사용했다. 그 과정에서 피부와 옷에 살충제가 묻곤 했다. 이런 일이 1년쯤 계속되던 어느 날, 갑자기 쓰러져 병원에 입원했다. 검사 결과 지방층에서 23ppm의 DDT가 검출되었다. 심각한 뇌손상이 일어 났는데 진료를 맡은 의사는 그의 뇌손상이 영구적이라고 말했다. 시간 이 흐르면서 체중이 줄고 심각한 피로감에 시달렸으며 근력 약화를 겪 었는데, 이는 말라티온 중독의 전형적인 특징이다. 증상이 너무 심각해 그는 더 이상 의사로 일할 수 없게 되었다.

정원용 호스뿐 아니라 잔디 깎는 기계도 살충제의 위험성을 가중한 다. 이 기계는 잔디밭을 깎는 동안 잔디에 뿌려진 살충제를 증기 형태 로 발산시킨다. 살충제의 용제로 사용한 휘발성 물질로 말미암은 위험 한 증기가 살충제의 미세한 가루와 혼합되면서 뜰 주변의 오염도는 여 느 공업도시 못지않게 치솟게 된다.

하지만 정원일이나 집안일을 할 때 사용하는 살충제의 위험에 대한 경고는 거의 눈에 띄지 않는다. 라벨에 아주 작은 글씨로 경고문이 적 혀 있는데 제대로 보이지도 않는다. 이 경고문을 애써 읽으려는 사람도 별로 없어 보인다. 최근 한 회사에서 이런 경고 문구를 읽는 사람이 **얼 마나** 되는지 조사했다. 그 결과 분사식 살충제를 사용하는 사람 100명 중 용기에 경고 문구가 적혀 있다는 사실을 알고 있는 사람은 15명 미 만이었다고 한다.

비용이 얼마가 들든 정원의 바랭이는 모두 뿌리 뽑아야 한다고 주장하는 사람이 많다. 이런 '원치 않는 유해 식물'을 없애주는 제초제 포대를 정원에 쌓아놓는 것이 마치 그 집주인의 신분을 말해주는 것처럼 여겨진다. 잡초를 없애는 화학물질은 그 주요 성분이나 특징을 전혀 짐작할 수 없는 상표를 달고 팔린다. 여기에 클로르데인이나 디엘드린이 들어 있는지 확인하려면 눈에 잘 띄지 않는 곳에 아주 작은 글씨로 적힌 성분 분석표를 읽어야 한다. 공구상이나 원예용품점에서 볼 수 있는 살충제 설명서에는 이런 물질을 다루거나 뿌릴 때 생기는 위험에 관해 아무런 말도 없다. 대신 아버지와 아들이 잔디밭에 살충제 뿌릴 준비를 하고, 어린아이들은 개와 함께 잔디밭에서 뒹구는 행복한 가족이 등장할 뿐이다.

우리가 먹는 식품의 농약 잔류량에 대해서는 논란의 여지가 많다. 업계에서는 잔류 농약의 존재 여부가 별로 중요하지 않다고 주장하거나 존재 자체를 부정한다. 그러면서 살충제 잔류물 문제를 지적하는 사람들을 광신자나 이교도로 치부해버린다. 이 상반된 논란 속에서 과연 진실은 무엇인가?

DDT 시대(1942년경)의 여명이 밝기 전에 태어나고 죽은 사람의 생체조직에서는 DDT나 유사 물질이 검출되지 않았다. 이런 사실은 상식적으로는 물론 의학적으로도 증명되었다. 3장에서 말했다시피 1954~1956년에 조사한 바에 따르면 보통 사람의 인체 지방조직에서 5.3~7.4ppm의 DDT가 검출되었다. 이후 인체에 축적된 DDT의 평균치가 계속 상승했고, 직업적으로 또는 특별한 이유로 살충제에 과다 노출된 사람은 그 수치가 더욱 올라갔다.

살충제에 노출된 적이 없는 일반인의 조직에서 상당량의 DDT가 검출되는 것은 음식 때문이다. 이 추측을 확인하기 위해 미국 공중보건국의 연구팀은 일반 식당과 여러 기관의 구내식당에서 많은 분석 시료를 수집했다. **그 결과 대부분의 음식에서 DDT가 검출되었다.** 과학자들은 "DDT가 조금도 들어가지 않은 음식은 거의 없다고 해도 과언이 아니다"는 결론을 내렸다.

음식에 포함된 화학물질의 양은 놀라울 정도다. 공중보건국의 또 다른 연구에 따르면 교도소의 급식을 조사한 결과, DDT가 말린 과일로 만든 스튜에서 69.6ppm, 빵에서는 무려 100.9ppm이나 검출되었다고 한다.

일반 가정식에서 염화탄화수소류가 가장 많이 들어 있는 것은 육류와 동물성 지방을 포함한 음식이었다. 이런 화학물질이 지용성이기 때문이다. 과일과 채소에는 잔류 농약이 비교적 적은 편이다. 농약은 씻어도 잘 없어지지 않는데, 유일한 해결책은 양상추나 양배추처럼 겉잎을 떼어내거나 칼로 벗겨내는 등 껍질을 절대 사용하지 않는 것이다. 조리를 한다고 해도 이런 농약은 파괴되지 않는다.

우유는 미국 식품의약국이 잔류 농약 검출을 엄금하는 몇 안 되는 음식물 중 하나다. 그러나 검사를 할 때마다 화학물질이 검출되었다. 버터를 비롯한 유가공품에서는 그 수치가 특히 높았다. 1960년 이런 제품 중 461개 시료를 분석한 결과 3분의 1에서 화학물질이 검출되었다. 미국 식품의약국은 이런 상황을 '심각한 문제'라고 규정했다.

DDT와 그 밖의 화학물질을 함유하지 않은 음식을 찾으려면 아주 멀리 떨어진, 문명의 혜택이 닿지 않은 원시의 섬으로 가야 한다. 그런 섬은 알래스카 북극해 정도는 가야 찾을 수 있다. 하지만 이곳에도 어두운 그림자가 드리우고 있다. 과학자들은 살충제와 상관없는 이곳 에스키모들이 먹는 음식을 살펴보았다. 생선과 건어물, 비버·흰돌고래·순록·무스·바다표범·북극곰·바다코끼리의 지방이나 기름 또는 고기, 크랜베리·새먼베리·우엉 등 모두 오염 걱정이 없는 것들이었다. 하지만 한 가지 예외가 있었다. 포인트호프 지방의 흰올빼미에서는 미량의 DDT가 발견되었는데, 그것들은 멀리 날아다니며 화학물질을 섭취한 것이 아닌가 생각된다.

그런데 에스키모 몇 명을 대상으로 인체 지방조직을 추출해 분석한 결과 미량의 DDT가 검출되었다(0~1.9ppm). 그 원인은 명확했다. 이들은 검사를 받기 위해 자신이 태어난 마을을 떠나 앵커리지의 미국 공중보건국 병원으로 향했다. 이 병원에서 제공하는 음식물에는 다른 도시 수준의 DDT가 포함되어 있었다. 문명 속에 잠시 머무른 것만으로도 위험물질에 노출되었다.

농작물을 재배할 때 화학물질을 살포하는 한 우리가 먹는 음식에 염화탄화수소류가 섞여 들어갈 수밖에 없다. 만일 농부들이 양심적으로 살충제 관련 주의 사항을 따른다면 농약 잔류량은 미국 식품의약국 허용치 이하로 떨어질 것이다. 이런 합법적 잔류량이 말처럼 '안전'한지의 여부는 잠시 미뤄두자. 농부들이 규정량 이상의 화학물질을 사용하고, 수확기에 임박해 농약을 뿌리고, 한 가지 농약만으로도 충분한 상황에서 여러 가지 살충제를 섞어 뿌리고, 사용법이 너무 작은 글씨로 적혀 있어서 그 내용을 읽지 않는다는 사실을 한번 생각해보자.

화학업계조차 빈번한 살충제 오용 문제와 살충제 사용 교육의 필요성을 인정한다. 관련 업계에서 발행하는 한 잡지는 다음과 같은 사실을 지적했다. "허용량 이상으로 살충제를 사용하면 내성이 생긴다는 사실을 사용자들이 이해하지 못하고 있다. 농작물에 대한 살충제 사용량은 그때그때 농부들의 변덕에 좌우된다."

미국 식품의약국 자료를 살펴보면 이런 위반 사례가 수도 없이 기록되어 있다. 사용법을 지키지 않은 몇 가지 사례를 살펴보자. 추수를 얼마 남기지 않은 시점에 무려 8가지나 되는 살충제를 한꺼번에 사용한 양상추 재배농, 허용치의 5배에 해당하는 파라티온을 샐러드용 셀러리에 뿌린 농부, 염화탄화수소계 화학물질 중 가장 독성이 강해서 잔류물 검출이 아예 금지된 엔드린을 양상추에 뿌린 재배농, 수확 일주일 전에 시금치에 DDT를 뿌린 농부 등 다양한 예가 있다.

의도하지 않고 예기치 못한 오염의 사례도 존재한다. 커다란 포대에 담은 가공하지 않은 커피 생두는 살충제와 함께 배에 실어 운반하다가 오염되기도 한다. 창고에 보관 중인 포장 식품에는 DDT와 린데인을 비롯해 여러 가지 살충제를 거듭 살포하는데, 그 바람에 유독 성분이 포장재를 뚫고 스며들어 안에 들어 있는 식품의 상당 부분을 오염시키기도 한다. 창고에 보관하는 기간이 길수록 오염의 위험 역시 커진다.

"하지만 정부가 이런 문제에서 우리를 보호해주지 않을까?" 이 질문에 대한 답은 분명하다. "아주 한정된 범위에서만 보호받을 수 있다." 미국 식품의약국에서 살충제 관련 분야 담당자들의 활동은 상당히 제한적인데, 그 이유는 크게 두 가지다. 첫째는 이 기관이 주 경계를 넘어 선적·이동하는 식품에 한해서만 사법재판권을 행사할 수 있고, 주 안에서 재배·판매하는 식품의 경우에는 어떤 영향력도 미칠 수 없다는 점이다. 둘째는 관리 책임을 맡은 담당자의 수가 적다는 점이다. 살충제나 농약과 관련한 수많은 분야에서 일하는 사람은 채 600명이 안 된다. 미국 식품의약국 담당자에 따르면 이 정도의 인력으로는 주 경계를 넘는 농작물의 1퍼센트도 제대로 검사할 수 없다고 한다. 1퍼센트는 통계적 의미를 갖추기에도 미미한 수치다. 주 안에서 재배·판매하는 식품의 경우는 더욱 비관적이다. 대부분의 주가 농작물에 뿌리는 살충제나 농약 관련 법률을 제대로 제정하지 못했기 때문이다.

미국 식품의약국은 '허용량'이라는 오염의 최대한계치를 설정했는데, 여기에는 한 가지 분명한 결점이 도사리고 있다. 현 상황에서 이 제도는 단순한 서류상의 절차에 지나지 않을뿐더러, 이 안전 기준만큼만 신경 쓰면 된다는 점을 정당화하는 느낌을 풍긴다. '이 식품에 약간, 저 식품에 약간' 하는 정도로 유독물질 함유량을 허용하는 안전 정책에 대해, 상당수의 사람들은 식품에 유독물질의 안전 수준이나 바람직한 수준이란 존재하지 않는다고 주장한다. 허용량 기준을 정할 때 미국 식품의약국은 실험실 동물 대상의 유독물 실험을 바탕으로 그 동물에게 문제를 일으키는 양보다 훨씬 낮은 선을 규정해놓았다. 언뜻 안전을 확실히 보장하는 듯한 이 방식은, 사실 중요한 것들을 무시하고 있다. 실험실 동물은 극도로 통제된 상황과 인위적인 환경에서 엄격하게 정해진 분량의 화학물질만을 먹고산다. 이에 반해 상황이 대단히 복잡할 뿐 아니라 어떤 화학약품들을 함께 섭취하고, 또 얼마나 많이 섭취하는지 제대로 알 수 없고 꼼꼼하게 분석할 수도 없는 우리 인간은 전혀 다른 처지에 놓일 수 있다. 점심식사용 샐러드에 들어 있는 양상추의 경우 7ppm의 DDT 정도는 '안전'하다고 여겨지지만, 점심에는 다른 음식들도 포함되어 있다. 앞서 살펴본 것처럼 이런 음식은 우리가 경험하는 화학물질 노출에서 오직 일부, 그것도 아주 적은 양에 지나지 않는다. 셀 수 없이 다양한 식품 속에 포함된 화학물질의 양을 각기 더해서 그 전체량을 측정하기란 어려운 일이다. 따라서 특정 식품의 '화학 잔류물 안전 기준'을 논하는 것은 의미가 없다.

다른 결점도 존재한다. 14장(286~288쪽)에서 인용한 사례처럼 잔류 허용량은 미국 식품의약국 과학자의 판단을 존중하지 않고, 관련 화학물질에 대한 부족한 지식을 기반으로 만들어졌다. 새로운 사실이 밝혀지면서 물질에 따라 허용량을 축소하거나 아예 취소하기도 했지만, 그래봐야 대중이 몇 달이나 몇 년간 이미 충분히 위험스러운 수준의 화학물질에 노출된 뒤의 일이다. 헵타클로르는 잔류 허용 농도 자체를 아예 취소하는 일도 생겼다. 몇 가지 화학물질은 사용자가 알리기 전에는 그것을 살포했는지 확인할 수 있는 분석 기술조차 아직 없는 경우도 있다. 따라서 화학 잔류물을 찾아내려는 조사관의 노력이 수포로 돌아가는 일도 허다하다. 아미노트라이아졸 같은 '크랜베리용 화학물질'이 대표적인 예다. 또 종자 처리에 일반적으로 사용하는 살진균제를 찾아내는 분석 기술도 부족한데, 약물 처리한 종자는 파종 시기가 끝날 때까지 사용하지 않으면 사람들이 그냥 먹기도 한다.

'잔류 허용량 기준'의 설정은, 결국 농부와 가공업자들에게 생산 비용 절감이라는 혜택을 주기 위해 많은 사람이 먹는 음식에 독성 화학물질 사용을 허가하는 일과 다름없다. 동시에 시민들이 섭취하는 화학물질이 위험 수준이 아님을 확신시켜주는 정책 기관을 만들어 그 유지 비용을 세금으로 충당하려는 수단이기도 하다. 최근 사용하는 농약의 양과 독성 정도로 볼 때, 이런 임무를 수행하자면 엄청난 비용이 드는데 국회의원 중 그런 비용 지출을 승인할 만큼 용기 있는 사람은 없다. 결국 지독히도 운이 없는 시민들은 화학물질 때문에 피해를 입는 사람이 본인인데도 잘못된 정책을 결정하고 집행하는 기관을 유지하기 위한 비용을 세금으로 부담하고 있다.

그렇다면 해결책은 무엇인가? 가장 필요한 것은 염화탄화수소계, 유기인산계, 그 밖의 독성 화학물질에 대한 잔류 허용량을 폐지하는 것이다. 물론 그렇게 하면 농부들의 부담이 크다며 반대하는 사람도 나타날 것이다. 하지만 과일과 채소에 7ppm(DDT), 1ppm(파라티온), 또는 0.1ppm(디엘드린)이라는 허용치를 제정할 수 있다면, 조금 더 주의를 기울여 아예 화학물질이 전혀 검출되지 않도록 하는 것도 가능하지 않을까? 몇몇 농작물의 경우에는 헵타클로르, 엔드린, 디엘드린의 검출을 금지하고 있다. 그렇다면 모든 농작물을 대상으로 이렇게 화학물질 검출을 금지하는 것도 가능하지 않을까?

하지만 이것은 완벽한 해결책이 아니다. 그저 서류상으로만 잔류량 제로를 기록하는 것은 아무 의미가 없다. 지금까지 살펴본 것처럼 각 주 간에 이루어지는 농작물 거래의 99퍼센트 이상이 아무런 조사도 받지 않는다. 주의 깊게 지켜보면서 공격적 자세를 취할 수 있도록 반드시 미국 식품의약국 조사관을 대폭 늘려야 한다.

식품에 멋대로 유독물질을 뿌린 뒤 어떤 결과가 나타나는지 살피는 현 제도를 보면 "수염을 초록색으로 물들일 궁리를 하면서 그 수염을 가리기 위해 늘 커다란 부채를 사용"하는 루이스 캐럴(Lewis Carroll)의 소설 속 백기사가 떠오른다. 살충제 문제의 궁극적인 해답은 덜 위험한 화학물질을 사용해 위험을 대폭 줄이는 것뿐이다. 이미 그런 화학물질이 몇 가지 존재한다. 피레트린, 로테논, 라이아니아 등 자연계의 식물들에서 추출한 물질이다. 최근에 피레트린 합성 대체물이 개발되었으니 약품 부족을 주장할 수도 없다. 시장에서 거래되는 화학물질에 대한 교육도 필요하다. 구할 수 있는 다양한 종류의 살충제, 살진균제, 제초제들 사이에서 선택해야 하는 구매자는 혼란스럽기 마련이다. 어떤 것이 위험하고 어떤 것이 비교적 안전한지 알 수 없다.

덜 위험한 농약을 만들어내는 것뿐 아니라 비화학적 방법을 개발하는 데에도 많은 노력을 기울여야 한다. 특정 곤충에게 병을 유발하는 박테리아를 응용하는 방법은 이미 캘리포니아주에서 시도했는데 이런 연구가 좀더 활발해져야 한다. 농작물에 해로운 잔류물을 남기지 않는 해충 방제법도 연구되고 있다(17장 참조). 이런 방법으로 대규모 전환이 이루어질 때까지 그저 안심하고 있어서는 안 된다. 지금 우리가 처한 상황은 오래전 이탈리아 보르자 가의 초대를 받은 손님보다 나을 게 하나도 없다. 보르자 가에서는 손님을 초대해놓고 독살해 죽이는 일이 다반사였다.

12

인간이 치러야 할 대가

산업이 발전하면서 등장한 화학물질이 우리 환경을 삼켜버리면서 전혀 새로운 공중보건 문제가 대두했다. 어제까지만 해도 사람들은 천연두, 콜레라, 페스트 등이 나라 전체를 휩쓸어버리는 게 아닐까 두려워했다. 오늘날 우리의 관심사는 곳곳에 편재하는 병원균이 아니다. 위생, 더 나은 생활환경, 신약 덕에 전염병은 비교적 잘 통제되고 있다. 오늘날 사람들을 위협하는 것은 근대적 생활방식을 수용하면서 인간 스스로 초래한 새로운 형태의 환경오염이다.

새롭게 등장하는 환경 문제는 복합적이다. 다양한 형태의 방사능, 끝없이 흘러나오는 살충제 등은 일부분에 지나지 않는다. 이런 화학물질은 세상 전역에 퍼져 있고 우리에게 직간접적으로, 또 개별적·집합적으로 작용한다. 형태가 불분명하기 때문에 이들의 존재는 위험의 그림자를 드리우며, 지금까지 경험한 적이 없기 때문에 이런 위험한 물질들에 평생 노출될 경우 어떤 일이 생길지 예측조차 할 수 없다.

미국 공중보건국의 데이비드 프라이스 박사는 이렇게 말한다. "사람들은 환경이 파괴되어 결국 공룡처럼 멸종할지도 모른다는 두려움에 떨면서 살고 있다. 이런 징후가 나타나기까지 20년 이상의 시간이 걸린다는 사실이 우리를 더욱 괴롭힌다."

환경성 질병의 유발에 살충제는 어떤 구실을 할까? 살충제가 토양·물·음식 등을 오염시키고, 물고기가 헤엄치지 않는 개울이며 새가 없어 온통 고요하기만 한 정원과 숲을 만들어낸다는 사실은 이미 확인했다. 인간이 아무리 안 그런 척 행동해도 인간은 자연의 일부다. 이 세상 곳곳에 만연한 공해로부터 과연 인간은 도망칠 수 있을까?

우리는 단 한 번이라 할지라도 심각한 화학물질에 노출될 경우 중독을 일으킨다는 사실을 알고 있다. 하지만 이것이 주 관심사는 아니다. 상당량의 화학물질에 노출된 농부, 농약살포업자, 농약살포용 비행기 조종사, 그 밖의 많은 사람이 갑자기 병을 얻거나 죽음에 이르는 일은 절대 일어나서는 안 되는 비극이다. 하지만 인류 전체를 놓고 볼 때, 우리는 눈에 보이지 않게 세상을 오염시키는 살충제에 더욱 관심을 가져야 한다.

책임 있는 공중보건 담당자는 화학물질의 영향은 오랜 기간 축적되며, 개인에 대한 위험은 전 생애에 걸쳐 노출된 화학물질 총량에 달려 있다고 말한다. 그러다 보니 그런 위험을 쉽게 무시하고 만다. 앞으로 재앙을 일으킬지도 모르지만 지금 당장 확실치 않은 위협은 그저 무시하는 것이 인간의 본성이다. "인간은 천성적으로 명확하게 드러나는 질병에만 신경을 쓰게 마련이다. 하지만 인간에게 가장 위험한 적은 눈에 잘 띄지 않은 채 슬그머니 나타나는 병이다"고 현명한 의사인 르네 뒤보스(Rene Dubos) 박사는 말했다.

미시간주의 울새나 미러미시강의 연어와 마찬가지로 인간도 주변 환경과 상호연관적·상호의존적 관계를 맺고 있다. 인간이 뿌린 화학물질 때문에 개울가의 날도래가 중독되고, 연어 역시 수가 점점 줄어 멸종에 이른다. 인간이 뿌린 화학물질 때문에 각다귀가 중독되고, 이 물질이 먹이사슬을 따라 전달된 결과 호숫가의 새들이 희생된다. 느릅나무에 살충제를 뿌리면 이듬해 봄에는 아무런 새소리도 듣지 못하게 된다. 새들에게 직접 살충제를 뿌린 것은 아니지만 유독물질이 느릅나무잎-지렁이-울새의 경로로 전달되기 때문이다. 우리 주변에서 이런 문제를 자주 관찰할 수 있다. 과학자들이 생태계라 일컫는, 생명의 연결망 또는 죽음의 연결고리 때문에 일어나는 일이다.

우리 몸속에도 생태계가 존재한다. 눈에 보이지 않는 세계에서는 아주 사소한 원인으로 엄청난 결과가 발생한다. 원인과 결과가 별 관계없는 듯 보일 때가 많다. 상처 난 곳에서 한참 떨어진 어떤 곳에서 병의 징후가 나타나기 때문이다. "어떤 지점, 설령 그것이 분자 하나라 할지라도 여기에 변화가 생기면 결국 전체 시스템에 영향을 미쳐서 상관없어 보이는 기관이나 조직에 변화를 불러온다"는 의학 연구도 등장했다. 우리 몸의 신비하고 놀라운 기능에 관심을 갖고 살핀다면 그 인과관계는 절대 단순하지 않을뿐더러, 그 관계를 쉽게 설명할 수 없음을 알게 될 것이다. 원인과 결과는 시간적·공간적으로 상당히 멀리 떨어져 있다. 질병과 사망의 원인을 찾아내려면 언뜻 보기에는 아무 연관 없는 사실들, 각기 다른 학문 영역에서 축적된 연구 결과들을 하나로 잇는 참을성을 발휘해야 한다.

사람들은 즉각적인 일에만 관심을 보인다. 문제가 곧바로 드러나지 않고 형태도 명확하지 않으면 그저 무시하고 그 위험을 부정해버린다. 연구자들조차 아주 미미한 증세만으로는 원인을 추적하기 힘들다. 확실한 증상이 나타나기 전에는 병의 원인을 찾기가 힘들다는 점은 현대의학이 해결하기 힘든 문제다.

"잔디밭에 디엘드린을 자주 사용하지만 세계보건기구에서 이야기한 것 같은 경련 증세는 없었습니다. 그러니 사용해도 별 탈이 없는 것 아닌가요?"이렇게 말하는 사람도 있다. 하지만 문제는 그렇게 단순하지 않다. 갑작스럽고 극적인 증세가 없다고 해도 이런 물질을 다루는 사람들의 몸속에는 유독물질이 계속 축적된다고 봐야 한다. 앞서 살펴본 것처럼 염화탄화수소계 화학물질은 아주 적은 농도에서부터 축적이 시작된다. 이 유독물질은 우리 몸의 모든 지방조직에 쌓였다가 지방층이 줄어들면 즉시 혈관 속으로 방출된다. 뉴질랜드 의학 학술지에 이와 관련한 사례가 소개되었다. 비만 치료를 받던 남자가 갑자기 농약 중독 증세를 보였다. 조사 결과 지방조직에서 디엘드린이 발견되었는데, 체중을 줄이는 과정에서 이 물질이 작용을 시작한 것이었다. 이와 비슷한 일은 병 때문에 체중이 감소하는 과정에서도 나타난다.

유독물질이 축적되는 과정은 확실하지 않다. 몇 년 전 〈미국의학협회지〉는 축적성 약물은 그렇지 않은 화학물질보다 훨씬 더 조심스럽게 다뤄야 한다며 지방조직 내 살충제 축적을 강력하게 경고했다. 지방조직은 단순히 지방(우리 체중의 약 18퍼센트를 차지한다)을 축적하는 역할만 하는 게 아니다. 이곳에서는 각종 작용이 활발하게 일어나는데, 유독물질이 이런 작용을 방해한다. 더 나아가 우리 몸의 각종 기관과 조직에 광범위하게 분포한 지방은 세포막을 구성하는 중요한 요소이기도 하다. 따라서 각각의 세포에 축적된 지용성 살충제는 산화와 에너지 생성이라는 가장 활발하고 중요한 기능을 방해한다. 이런 측면은 다음 장에서 좀더 자세히 설명할 것이다.

염화탄화수소계 살충제에서 가장 큰 문제는 간에 미치는 영향이다. 인간의 신체기관 중 간은 가장 독특한 기관이다. 이렇듯 융통성 있고 필수불가결한 기능을 따라갈 만한 기관은 없다. 많은 생리 작용을 지배하는 기관이기 때문에 아주 경미한 손상만으로도 심각한 결과가 발생한다. 간은 지방 소화를 위한 담즙을 분비할 뿐 아니라 특별한 장소로 인해 소화관으로부터 직접 혈액을 공급받는 혈액순환의 통로가 되기도 하며, 또 주요 음식물의 물질대사에도 깊이 관여한다. 간은 당분을 글리코겐 형태로 저장했다가 정상적인 혈당량을 유지하기 위해 적절한 양을 포도당의 형태로 혈액 속으로 방출한다. 혈액 응고에 필요한 혈장의 필수 요소인 단백질을 합성하기도 한다. 혈장 내 콜레스테롤 농도와 성호르몬을 적절한 수준으로 제어하기도 한다. 또 다양한 비타민을 저장하는데, 그중에는 간이 적절한 기능을 유지하도록 도와주는 비타민도 있다.

간이 제 기능을 못해 유독물질에 무기력해지면 우리 몸 전체가 무장해제된 것이나 다름없다. 유독물질 중 몇 가지는 물질대사의 부산물인데, 간은 재빠르고 효율적으로 이 물질에서 질소를 제거해 무해하게 만든다. 또 외부에서 들어온 유독물질을 해독하기도 한다. 말라티온과 메톡시클로르를 '무해한' 살충제라고 말하는 것은 간의 효소가 이들의 분자 구조를 바꿔놓아 그 독성이 약화하기 때문이다. 간은 우리가 유독물질에 노출될 때마다 이런 방식으로 해독에 나선다.

이렇게 외부에서 침입해오는 유독물질과 내부에서 만들어진 유독물질에 대한 우리 몸의 방어선이 점점 취약해지고 있다. 살충제로 손상된 간은 유독물질을 잘 분해하지 못할뿐더러 그 활동 전체가 위축된다. 또 그런 유독 화학물질들이 미치는 영향력이 광범위한 데다 다양한 증상이 즉시 나타나지 않기 때문에 진짜 원인을 찾기도 힘들어진다.

간을 손상시키는 살충제의 일반적 사용과 관련해, 1950년대에 간염 감염자가 놀라울 만큼 증가하기 시작했다는 사실은 퍽 흥미롭다. 1950년대 들어 간경화증도 증가 추세다. 병의 원인과 결과 사이의 관계를 증명하는 데 인간이 실험실 동물보다 훨씬 더 힘들다. 하지만 상식적으로 치솟는 간질환 발병률과 간을 손상시키는 유독물질 유포 사이의 관계는 그저 우연이 아니다. 염화탄화수소가 주원인이든 아니든, 간을 손상시킨다고 알려진 유독물질에 자신을 노출해 질병에 대한 저항력을 약화시키는 것은 절대 현명한 일이 아니다.

중요한 살충제인 염화탄화수소계와 유기인산계 화학물질은 약간 방법적 차이는 있지만 신경계에 직접 손상을 가한다. 각종 동물 실험과 인간을 대상으로 한 관찰에서 이 점은 확실히 증명되었다. 널리 사용하는 유기 살충제의 첫 번째 주자인 DDT는 주로 중추신경계에 영향을 미쳐서 소뇌와 대뇌 운동피질을 손상시킨다. 독물학 교과서에 따르면 대량의 DDT에 노출되면 찌르는 듯 타는 듯 피부가 아프고 가려우며, 또 몸이 떨리고 경련이 일어나는 등의 증상이 나타난다고 한다.

DDT 중독 증세를 처음 알린 것은 영국의 몇몇 연구자였다. 그들은 이런 결과를 얻기 위해 직접 유독물질에 접촉해보기도 했다. 영국 왕립해군생리학연구소에서 일하는 과학자 두 명은 피부를 통한 직접적인 DDT 흡수를 알아보기로 했다. DDT 2퍼센트가 포함된 수성페인트를 칠한 벽에 얇은 기름 막을 입히고 몸을 밀착시켰다. 이들의 설명을 들으면 DDT가 신경계에 어떤 영향을 미치는지 확인할 수 있다. "피로감과 무기력함이 밀려왔고 팔다리가 쑤셨으며, 정신상태도 혼미해졌다. ……심한 흥분을 느꼈고 …… 아무것도 하고 싶지 않았으며 …… 가장 단순한 정신 활동도 귀찮아졌다. 관절의 통증이 심해졌다."

아세톤 용액에 녹인 DDT를 피부에 발라본 또 다른 영국 과학자는 무기력해지고 팔다리가 쑤시더니 근력이 약해지고 '극도의 신경 발작'을 겪었다고 한다. 휴가를 내어 쉬었더니 조금 나아졌지만, 다시 일을 시작하자 증상이 더욱 악화되었다. 그 후 3주 동안 침대에 누워 팔다리의 통증, 불면증, 신경과민, 극도의 불안감 등의 증상으로 고생했다. 때때로 온몸에 경련이 일었는데, 이는 DDT에 중독된 새들에서 이미 확인한 증상이었다. 이 실험자는 10주 동안 일을 하지 못했고, 그해 연말 실험 결과가 영국 의학 학술지에 실릴 때까지도 회복하지 못했다고 한다.

(이런 증거에도 미국의 몇몇 연구자는 지원자를 대상으로 실시한 DDT 실험에서 두통과 '모든 뼈마디의 통증'을 호소한 사람들을 '지나친 신경과민 증세'라고 치부했다.)

증상과 경과를 살펴볼 때, 그 원인은 살충제였다. 화학물질에 노출되었다가 중독된 희생자들을 살충제가 없는 환경으로 옮겨 치료하면 증세가 완화되었는데, 화학약품을 **다시 접촉하면 증세가 재발했다**. 다른 질환에서도 이런 점을 고려할 필요가 있다. 우리 환경을 살충제로 흠뻑 적시면서 '이미 계산된' 위험을 무릅쓰는 일은 분별없는 행동이라는 경고를 받아들여야 한다.

그런데 살충제를 다루거나 사용하는 사람마다 증상이 다르게 나타나는 이유는 무엇일까? 바로 이 시점에서 개인차가 있는 민감성 문제가 등장한다. 일반적으로 여성이 남성보다, 어린이가 성인보다, 실내에서 오래 머무르는 사람이 야외에서 힘든 일을 하는 사람보다 화학물질에 더 민감하다. 증상의 차이를 나타내는 요소는 더 다양하지만 아직은 정확하게 파악되지 않았다. 어떤 사람이 먼지나 꽃가루에 알레르기 반응을 일으킨다거나, 어떤 사람은 다른 사람보다 유독물질에 더 민감하고 질병에 더 잘 걸리는 이유는 의학적으로 설명할 수 없는 신비다. 하지만 원인이 잘 알려지지 않았다고 해서 무시할 수는 없는 노릇이다. 의사들에 따르면, 환자의 3분의 1 이상이 특정한 화학물질에 민감성을 나타내는데 그 수치가 점점 증가하고 있다고 한다. 불행하게도 이전에는 별 문제가 없던 사람에게서 갑자기 문제가 발생하기도 한다. 몇몇 의사는 화학물질에 간헐적으로 노출되기 때문에 문제가 생긴다고 믿는다. 만일 이런 추측이 사실이라면 일부 연구에 나타난 것처럼 직업 때문에 유독물질에 계속 노출된 사람들에게서는 별다른 증세를 발견하지 못할 것이다. 지속적인 접촉으로 유독물질에 무감각해지기 때문이다. 알레르기질환을 치료할 때, 환자에게 알레르기 유발물질을 소량씩 계속 투입하는 것과 마찬가지다.

엄격하게 통제된 상황에 놓인 실험실 동물들과 달리, 인간은 여러 가지 유독물질에 복합적으로 노출되기 때문에 문제가 더욱 심각해진다. 주요 살충제들 사이, 그리고 그것들과 다른 화학물질 사이에서 일어나는 상호작용이 더 심각한 문제를 불러온다. 토양이나 물이나 인간의 피속으로 유입된 화학물질들은 독자적으로 존재하지 않는다. 서로 섞이게 되면 그렇지 않던 물질조차 유독 성분으로 바뀌는, 도대체 알 수 없는 변화가 일어난다.

작용 방식이 완전히 다르다고 여겨지던 살충제 그룹 사이에서도 상호작용이 일어난다. 유기인산계 물질은 신경 보호 효소인 콜린에스테라제에 문제를 일으키는데, 간에 손상을 입히는 염화탄화수소계 살충제가 미리 작용한 상태에서는 그 독성이 더욱 커진다. 간 기능에 문제가 생기면 콜린에스테라제 수치가 정상 이하로 떨어진다. 여기에 유기인산계가 추가되면 그때는 격심한 증상이 나타난다. 앞서 확인한 것처럼 유기인산계 살충제가 물질끼리 상호작용을 일으키면 독성은 100배나 더 강해진다. 유기인산계 살충제는 다양한 약물이나 합성물질, 식품첨가제와 상호작용을 일으키는데 인간이 만들어낸 합성물질이 이 세상에 얼마나 많이 퍼져 있는지 생각하면 그 결과를 굳이 말할 필요도 없다.

무해하다고 생각한 화학물질이 다른 물질을 만나 급격하게 변하는 경우도 있다. 그중 가장 적절한 사례는 메톡시클로르라는 DDT의 친척뻘 되는 화학물질이다. (사실 메톡시클로르는 일반적으로 알려진 것처럼 무해하지 않다. 최근의 동물 실험에서는 자궁에 직접적인 영향을 미치고 뇌하수체 호르몬의 일부를 차단하는 것으로 나타났다. 이런 결과를 살펴보면 메톡시클로르의 엄청난 생물학적 위력을 떠올릴 수 있다. 다른 연구들에 따르면 신장에도 잠재적 영향을 미친다고 한다.) 메톡시클로르만 사용할 때에는 다량 축적이 이루어지지 않기 때문에 안전하다고 이야기하는 것뿐이다. 하지만 이는 사실이 아니다. 만일 간이 다른 원인으로 손상되면 우리 몸속에 메톡시클로르가 평소보다 100배나 많이 축적되고, 결국 DDT와 비슷한 영향을 미쳐서 신경계에 손상을 입히게 된다. 이런 간 손상의 증상은 너무나 경미해서 처음에는 알아차리지 못하고 그냥 지나쳐버리기도 한다. 다른 살충제나 사염화탄소를 함유하고 있는 세척제, 흔히 복용하는 진정제 등에도 모두 염화탄화수소류가 포함되어 있어 간에 손상을 입히기도 한다.

신경계 손상은 증상이 즉시 나타나지 않는다. 유독물질에 노출된 지 한참 후에야 결과가 나타난다. 메톡시클로르와 그 밖의 살충제는 뇌나 신경계에 장기적인 손상을 입히는 것으로 알려졌다. 즉시 문제를 일으 킨다는 디엘드린도 '기억력 감퇴, 불면증, 악몽' 등의 문제를 유발한다. 의학 연구에 따르면 린데인은 뇌와 간 조직에 축적되어 '중추신경계에 심오하고 장기적인 영향'을 미친다고 한다. 하지만 벤젠헥사클로라이드 형태의 이 화학물질은 가정, 사무실, 식당 등에서 사용하는 훈증제에 많이 포함되어 있다.

급성 중독을 일으켜 두려움을 불러일으키는 유기인산계 화학물질들 역시 신경조직에 상당한 손상을 입히고 정신질환을 유발하는 것으로 알려져 있다. 이런 살충제를 사용한 후 신경마비를 일으켰다는 보고도 있다. 금주령이 내려진 1930년대 미국에서 벌어진 사건은 앞으로 닥쳐 올 세상에 대한 불길한 징조인 듯했다. 살충제는 아니지만 유기인산계 에 속한 물질 때문에 문제가 생긴 것이다. 법적으로 주류 제조가 금지 되자 사람들은 비슷한 효과를 내는 다른 화학물질을 찾아 나섰다. 그 중 하나가 자메이카산 생강이었다. 하지만 《미국약전》에 따른 구입비 가 너무 비싸자, 주류 밀매업자들은 이것을 대신할 유사물을 만들어냈 다. 이 계획은 상당히 성공적이어서 필요한 화학 검사를 통과했고, 정 부의 검사자들조차 속을 정도였다. 여기에 제대로 맛을 내기 위해 트라 이오르토크레실 인산염이라는 물질을 첨가했다. 이 화학물질은 파라티 온이나 그 계열의 물질들처럼 콜린에스테라제를 파괴한다. 주류 밀매 업자들이 만든 가짜 술을 마신 1만 5000여 명이 '생강성 신경마비'라는 다리 근육 경련으로 고생했고, 결국 영구 마비 상태에 처하게 되었다.

신경마비에 이어서 신경초가 파괴되고, 마침내 척수전각세포가 변질된 것이다.

유기인산계 살충제가 소개된 뒤 20여 년이 지나 생강성 신경마비와 유사한 일이 보고되기 시작했다. 그 피해자 중에는 파라티온을 사용한 뒤 가벼운 중독 증세를 경험하고 몇 달 지나 마비를 일으킨 독일의 온실 노동자들이 있었다. 또 화학공장에서 일하던 세 사람이 파라티온과 유사한 계통의 다른 살충제에 노출되었다가 급성 중독을 일으킨 사례도 있었다. 이들은 치료를 받고 회복했지만 열흘 정도 지나 그중 두 명은 근력 약화로 고생했다. 한 사람은 10개월 동안이나 마비를 경험했고, 또 다른 희생자인 젊은 여성 화학자는 더욱 심각해서 두 다리는 물론 손과 팔도 경련을 일으켰다. 2년 뒤 화학자의 사례가 의학 학술지에 보고되었는데, 그때까지도 그는 여전히 걷지 못하는 상태였다.

이런 사태를 불러온 살충제의 판매는 금지되었지만, 지금 사용하는 것 중 몇 가지는 여전히 위험을 불러올 가능성이 있다. 닭을 대상으로 실시한 연구에 따르면 말라티온(정원사들이 좋아하는)은 근력 약화를 일으키는 것으로 추정된다. 생강성 마비와 마찬가지로 이것들도 좌골신경과 척수신경의 파괴를 불러온다.

유기인산계 물질에 중독되었다가 용케 살아난다 해도 그것은 파국의 시작에 지나지 않는다. 이들이 신경계에 심각한 영향을 미친다면 결국 정신질환과 필연적으로 연결될 수밖에 없다. 최근 오스트레일리아 멜버른 대학교와 멜버른에 위치한 프린스헨리 병원의 연구진이 이와 연관이 있는 것으로 추정되는 16건의 정신질환 사례를 발표했다. 이 사례들 모두 유기인산계 살충제와 관련이 있었다. 그중 3명은 살충제의 효능을 연구하던 과학자였다. 8명은 온실 노동자이고 5명은 농장 노동자였다.

기억력 감퇴, 조현병, 우울증 등의 징후가 나타났다. 화학약품 사용으로 인한 불행이 초래되기 전에는 이들 모두 건강했다고 한다.

의학 문헌 곳곳에서 이런 사례를 흔히 발견하는데, 몇몇 경우는 염화탄화수소계와 유기인산계 화학물질이 원인이 되곤 한다. 몇 마리 곤충을 순간적으로 없애려다가 정신착란, 망상, 기억 상실, 조증 등으로 고생하게 되는 일은 인간에게 너무 큰 희생이다. 하지만 신경계에 직접 영향을 미치는 이런 화학물질의 사용을 고집한다면 우리는 그 대가를 계속해서 치르게 될 것이다.

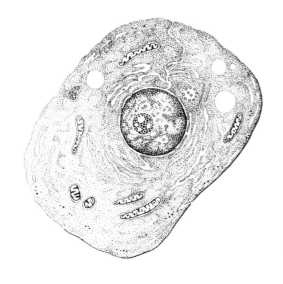

작은 창을 통해서

생물학자 조지 월드(George Wald)는 눈의 시각 색소에 관한 독특한 연구에서 다음과 같은 비유를 사용한 적이 있다. "멀리 떨어진 아주 작은 창문을 통해서는 오직 한 줄기 빛만을 볼 수 있다. 창에 가까이 다가갈수록 우리의 시야는 점점 더 넓어지고 결국 이 창을 통해 전 우주를 다 볼 수 있게 된다."

우리 몸에서도 마찬가지다. 처음에는 몸의 세포 하나, 그다음엔 세포 속의 미세한 구조들, 그리고 마침내 그 구조 속의 분자들로 우리 관심이 옮겨가게 된다. 우연히 우리 몸속으로 들어온 외부의 화학물질이 미치는 심각하고 광대한 영향도 이런 식으로 이해할 수 있다. 최근의 의학 연구는 생명 유지에 필수불가결한 에너지를 만들어내는 각 세포들의 기능에 관심을 기울이고 있다. 우리 몸의 에너지 생성 메커니즘은 건강뿐 아니라 생명 유지에도 바탕이 된다. 그렇기 때문에 다른 어떤 기관이나 기능보다 중요하다. 세포 속에서 에너지 생성이 순조롭고 효과적으로 이루어지지 않는다면, 우리 몸은 다른 기능을 수행할 수 없다. 그런데 곤충, 설치류, 잡초 등을 없애려고 사용하는 화학물질이 이런 시스템에 직접 영향을 미쳐서 아름다울 만큼 정교한 신체 기능을 교란한다.

생물학과 생화학 분야에서 가장 인상 깊은 업적 중 하나가 세포 속에서 진행되는 산화 작용을 밝혀낸 것이다. 이 연구로 노벨상을 받은 사람도 있다. 이런 선구자들의 업적을 기반으로 지난 25년간 연구가 한걸음씩 진행되었다. 물론 세부적인 면까지 완벽하게 완성된 것은 아니다. 하지만 지난 10년 동안 개별 연구가 다양하게 이루어졌기에 이제 생물학자들은 세포 내 산화 작용에 관한 일반적 지식을 보유하게 되었다. 여기서 중요한 점은 1950년 이전에 교육받은 의사들은 세포 호흡의 중요성은 물론 그 과정이 교란될 때의 위험을 깨닫지 못했다는 사실이다.

에너지 생성 작업은 특정 기관이 아닌 몸의 모든 세포에서 이루어진다. 마치 활활 타는 불꽃처럼 살아 있는 세포는 생명을 지탱하는 에너지를 만들기 위해 연료를 태운다. 이 과정에서 세포는 체온 정도의 은근한 열을 방출한다. 따라서 '태운다'는 표현을 말 그대로 생각하기보다 시적 의미로 받아들여야 한다. 수십억 개의 은근한 작은 불이 깜박거리며 생명의 에너지를 공급하는 모습을 상상해보자. 만일 이 불이 계속

타지 않는다면 어떻게 될까. 화학자 유진 라비노비치(Eugene Rabinowitch)는 이렇게 말한다. "심장은 박동을 멈추고, 중력을 거슬러 위를 향해 자라던 식물은 성장을 멈추게 된다. 아메바는 헤엄을 치지 못하고, 신경을 타고 감각이 전해지지도 않을 것이며, 인간의 뇌 속에서 사고가 이루어지지도 않을 것이다."

세포 속에서 물질을 에너지로 변형시키는 과정은 물 흐르듯 계속해서 이루어지는 자연계의 재생 주기의 한 부분으로서 마치 쉴 새 없이 굴러가는 바퀴와 비슷하다. 탄수화물 연료는 한 알 한 알, 한 분자 한 분자씩 포도당 형태로 이 바퀴 속으로 들어간다. 계속되는 순환 과정을 거치며 연료 분자는 화학적 분해 작용으로 미세한 화학적 변화를 겪는다. 이 변화는 질서정연하고 순차적으로 이루어지는데, 각 단계마다 특정한 효소의 감독과 통제를 받는다. 그런데 이 효소는 한 과정에만 작용할 뿐 다른 과정에는 전혀 영향을 미치지 않는다. 각각의 과정에서 에너지가 만들어지고 폐기물(이산화탄소와 물)이 방출되는데, 변화한 연료 분자는 또다시 다음 단계로 넘어가게 된다. 이 바퀴가 완전히 한 바퀴 돌고 나면 연료 분자는 다시 새로운 분자와 결합해 새로운 순환을 시작한다.

세포라는 화학공장에서 일어나는 일련의 과정은 생명체가 지닌 경이 중 하나다. 모든 기관이 눈으로 볼 수 없을 만큼 미세하다는 사실 때문에 그 놀라움은 더 커진다. 몇 가지 예외가 있기는 하지만 세포 구조를 살펴보려면 현미경의 도움이 필수적이다. 호흡과 산화 과정의 대부분은 미토콘드리아라는 세포 내 미세기관에서 일어난다. 미토콘드리아의 존재는 이미 60여 년 전에 확인되었지만, 그 기능은 별로 대단치 않은 것으로 잘못 알려져 있었다. 1950년대에 들어서 미토콘드리아에 관한 연구가 활발해졌고 그 성과가 서서히 나타나기 시작했다. 그리고 갑자기 미토콘드리아에 관심이 쏠리더니 지난 5년간 이 주제에 관한 논문이 1000여 편이나 쏟아져 나왔다.

미토콘드리아가 지닌 미스터리를 풀어낸 과학자들의 놀라운 재능과 인내에 경의를 보내지 않을 수 없다. 현미경으로 300배나 확대해도 잘 보이지 않는 작은 미립자를 상상해보자. 그런 다음 이 미립자를 분해해 그 구성 요소를 분석하고 그것이 가진 아주 복잡한 기능을 확인하는 데 필요한 기술을 상상해보자. 전자현미경과 생화학자들의 도움으로 마침내 이런 일들이 가능해졌다.

미토콘드리아는 미세한 효소들의 집단으로, 산화 과정에 필요한 각종 효소가 세포벽과 세포막에 정확하고 질서정연하게 배열되어 있다. 미토콘드리아는 에너지의 대부분을 만들어내는 '발전소'라 할 수 있다. 산화의 첫 번째이자 예비 단계가 세포질 내에서 일어난 뒤 그 연료 분자는 미토콘드리아로 옮겨간다. 산화가 완전히 끝나는 곳이 바로 미토콘드리아인데, 여기서 우리 몸에 필요한 모든 에너지가 만들어진다.

이런 중요한 목적이 없다면 미토콘드리아 내에서 산화 작용이 쉬지 않고 계속 이루어질 필요가 없다. 생화학자들은 산화 과정의 각 단계에서 만들어지는 에너지를 ATP(아데노신삼인산)라고 하는데, 인산기를 3개 갖고 있어서 이렇게 일컫는다. ATP의 인산기 중 하나를 다른 물질로 전이시키면 이에 따라 빠른 속도로 오가는 전자결합에서 에너지가 발생한다. 3개씩 결합되어 있던 인산기 중 마지막 인산기가 떨어져 나가면 에너지가 발생한다. 그러면 또다시 순환이 일어나는데, 이를 '순환 내 순환'이라 한다. 이 에너지가 근육을 수축한다. ATP가 가진 인산기 3개 중에서 1개가 빠져나가고 2개만 남으면 ADP(아데노신이인산)가 된다.

하지만 이 순환이 계속되면서 또 다른 인산기를 만나 다시 ATP 상태가 된다. 산화 과정을 이해하려면 축전지를 떠올리면 된다. ATP는 축전지가 충전된 상태고, ADP는 방전된 상태라 할 수 있다.

ATP는 미생물에서부터 인간에 이르는 모든 유기체에서 발견되는 에너지의 보편적 형태다. ATP는 근육세포에 역학 에너지를, 신경세포에는 전기 에너지를 전달한다. 개구리·새·인간 등으로 성장하기 위해 역동적 활동을 준비하는 정자세포와 난자, 호르몬을 생성하는 세포들에도 ATP가 공급된다. ATP 에너지의 일부가 미토콘드리아에서 소비되지만, 대부분은 세포 내의 각 부분들에 전달되어 다양한 활동의 원동력으로 사용된다. 이런 기능을 위해 미토콘드리아는 에너지를 필요한 곳에 적절하게 전달할 수 있는 위치에 자리 잡고 있다. 근육세포에서는 수축섬유 주변에 모여 있다. 신경세포에서는 다른 세포와 연결되는 부위에 몰려 있어서 자극 전달을 위한 에너지를 공급해준다. 정자세포에서는 꼬리와 머리의 연결 부위에 집중되어 있다.

유리 상태의 ADP와 인산기가 결합해 새로운 ATP를 만드는 과정을 공여 인산화라 한다. 공여 반응이 일어나지 않으면 에너지를 공급하는 수단이 사라져버린다. 호흡은 계속되지만 에너지가 안 만들어지는 것이다. 쉽게 말해 열을 내지만 전력을 공급하지 못하는 엔진처럼 말이다. 그렇게 되면 근육이 수축하지 못하고 신경전달계를 통해 자극이 전해지지도 못한다. 정자세포는 목표 지점을 향해 달려갈 수 없으며, 난자는 그 복잡한 분열과 합성 과정을 계속 이어갈 수 없다. 공여 반응이 일어나지 않는다면 배아세포부터 다 자란 개체에 이르기까지 모든 유기체에게는 심각한 재난이 닥치게 된다. 세포의 죽음, 더 심하게는 그 개체의 죽음을 초래한다.

그런데 인산기 공여 과정이 실패하는 경우는 어떤 때일까? 바로 방사능 때문이다. 방사능에 노출된 세포가 죽는 이유는 방사능이 에너지 결합을 방해해서다. 불행히도 살충제와 제초제로 대표되는 상당수의 화학물질은 산화와 에너지 생성을 분리하는 힘을 지니고 있다. 지금까지 살펴본 것처럼 페놀계 화학물질은 물질대사에 강력한 영향을 미쳐 급격한 체온 변화를 일으키고, 결국 치명적 위험을 불러온다. 인산기 결합 과정이 실패로 돌아갔는데 '엔진은 계속 돌아가서 과열되는' 현상이라고 이해하면 된다. 다이나이트로페놀과 펜타클로로페놀은 제초제로 널리 사용하는 페놀계 물질 중 대표적인 예다. 제초제에 포함되어 인산기 결합 과정을 방해하는 또 다른 물질은 2,4-D이다. 염화탄화수소계의 DDT가 산화와 에너지 생성을 방해한다는 사실은 이미 증명되었고, 연구를 계속 진행한다면 이 계열 중 문제가 있는 더 많은 물질을 밝혀낼 것이다.

하지만 수십억 개의 세포 속에 들어 있는 작은 불꽃을 꺼뜨리는 원인이 인산화 과정에서만 나타나는 것은 아니다. 우리는 산화 과정의 각단계가 특정 효소의 유도로 촉진된다는 사실을 확인한 바 있다. 복잡한 과정마다 작용하는 각각의 효소 중에서 단 하나라도 파괴되거나 약해진다면 세포 내 산화 과정 전체가 중단된다. 어떤 효소에 문제가 생겼는지는 중요하지 않다. 순환하는 산화 과정은 마치 계속 돌아가는 바퀴와 같은데, 바큇살 사이에 쇠 지렛대를 끼워 넣는다면 어떤 살에 끼우든 상관없이 결국 바퀴는 멈추게 마련이다. 이와 마찬가지로 특정 기능을 수행하는 효소를 파괴하면 산화 과정 자체가 멈춘다. 그렇게 되면 더 이상 에너지 생성이 이뤄지지 않아 인산화 과정이 방해받는 것과 거의 흡사한 결과가 나타난다.

살충제에 들어 있는 화학물질은 산화라는 바퀴의 움직임을 방해하는 쇠 지렛대 구실을 한다. 산화 과정에 관여하는 효소 활동을 억제하는 살충제로는 DDT, 메톡시클로르, 말라티온, 페노티아진, 기타 다양한 다이나이트로 화합물이 있다. 이들은 에너지 생성의 전 과정을 차단하고 세포가 사용할 산소를 빼앗아간다. 이런 손상은 심각한 결과를 불러올 수 있는데, 여기서 설명할 수 있는 것은 그중 몇 가지에 지나지 않는다.

단지 산소 공급을 조직적으로 억제하기만 해도 정상세포가 암세포로 변하게 되는데, 자세한 내용은 다음 장에서 설명하겠다. 세포에 산소 공급을 차단할 경우 어떤 일이 생기는지 동물 배양 실험을 통해 연구했다. 산소가 충분하지 않으면 조직 내에서 전개되는 질서정연한 에너지 생성 과정과 세포기관 발달에 혼란이 생겨 기형을 비롯한 이상 증상이 일어난다. 인간 태아에 산소 공급을 차단하면 선천적 기형아가 태어날 것으로 추측된다.

왜 이런 일이 점점 늘어나는지 원인을 확인하려는 사람은 없겠지만 이런 재앙은 점차 자주 발생하고 있다. 무엇보다 불길한 조짐은 1961년 인구동태통계국에서 실시한 전국 기형아 출생률 조사에서 나타났는데, 이 조사는 선천적 기형과 기형이 발생하는 환경 조건을 파악하기 위한 것이었다. 이 연구는 의문의 여지없이 주로 방사능의 영향을 측정했지만, 상당수의 화학물질이 방사능과 유사한 결과를 만들어낸다는 사실을 간과할 수 없었다. 인구동태통계국의 음울한 예측에 따르면, 앞으로 어린이들에게서 나타날 결함과 기형 가운데 상당 부분은 우리의 외적·내적 세계에 깊숙이 침투한 화학물질 때문임이 거의 확실하다.

점차 감소하는 출생률 역시 생물학적 산화를 방해하고 충분한 ATP 공급이 이뤄지지 않아서라는 의견이 제기되고 있다. 수정 이전이라 해도 난자에는 ATP가 충분히 공급되어야 한다. 정자가 들어와 본격적인 수정이 일어나면 엄청난 에너지가 소모되기 때문이다. 정자세포가 난자에 도달해 그 중심부로 돌진해 갈 때에도 ATP가 필요한데, 이때 ATP는 정자세포의 꼬리와 머리의 연결 부위에 몰려 있는 미토콘드리아에서 주로 발생한다. 일단 수정이 이뤄져 세포분열이 시작되면, 배아가 잘 자랄 수 있는지의 여부는 ATP 형태의 에너지 공급에 달려 있다. 발생학자들에 따르면, 세포분열을 관찰할 수 있는 가장 손쉬운 대상인 개구리 알과 성게를 연구해보면 ATP 보유량이 어느 수준 이하로 떨어질 경우 알들이 세포분열을 중단하고 즉시 죽는다고 한다.

발생학 연구실에서 눈을 돌려 청녹색 알을 품은 사과나무의 울새 둥지를 살펴보자. 지난 며칠간 깜박거리던 생명의 불씨는 꺼져버리고 알들만 남아 있다. 키 큰 대왕소나무에도 나뭇가지로 만든 둥지에 희고 큰 새알 3개가 남아 있지만 차갑게 식어 생명이 사라진 지 오래다. 왜 울새와 독수리가 부화하지 않았을까? 새알 역시 실험실 개구리처럼 성장에 필요한 ATP 에너지를 공급받지 못했기 때문일까? 에너지를 공급해주는 산화 과정을 멈추기에 충분한 살충제가 어미 새의 몸과 알 속에 쌓여 있어서 ATP가 부족해진 것은 아닐까?

새알 속에 살충제가 축적된다는 사실은 이미 확인되었고, 포유류의 난자보다 새알을 통한 관찰이 훨씬 쉽다. 실험에 사용한 새나 야생 상태의 새에서 DDT와 기타 탄화수소의 잔류물이 상당량 검출되었다. 그 농축도는 심각할 정도였다. 캘리포니아주에서 실험한 꿩 알의 DDT 농도는 349ppm이나 되었다. 미시간주에서 DDT 중독으로 죽은 울새의 수란관에서 채취한 알의 오염도는 200ppm에 이르렀다. 어미 새가 살충제에 중독되어 죽는 바람에 아무런 보호를 받지 못한 이 알 역시 DDT에 중독된 것이다. 이웃 농장에서 사용한 알드린에 중독된 닭이 낳은 달걀에도 농약 성분이 들어 있었다. 실험을 위해 DDT 처리를 한 암탉이 낳은 달걀에서는 65ppm의 DDT가 검출되었다.

DDT와 그 밖의 염화탄화수소계 화학물질(아마도 모든 종류)은 특정 효소의 활동이나 에너지 생성 과정을 방해한다. 따라서 살충제 잔류물로 오염된 알이 수없이 많은 세포분열 단계, 조직과 기관의 합성, 생명 물질의 합성 등 복잡한 과정을 거쳐 최종적으로 살아 있는 생명체를 만들어내기란 쉬운 일이 아니다. 이 모든 과정에서 엄청난 양의 에너지, 즉 'ATP가 꽉 들어찬 주머니'가 필요한데, 이 에너지는 물질대사의 사이클이 원활히 돌아갈 때에만 만들어질 수 있다.

이런 끔찍한 사건이 새에게만 국한되어 나타난다고 믿을 만한 근거는 없다. ATP는 보편적 에너지 통화 수단이고, 에너지를 만들어내는 물질대사는 새와 박테리아, 인간과 생쥐에게서 동일하게 이뤄진다. 모든 생물체의 배아세포에 축적된 살충제는 우리를 불안하게 하고, 인간도 예외가 아니다.

이런 화학물질은 세포 자체뿐 아니라 배아세포를 만드는 조직에도 남아 있었다. 다양한 새와 포유류의 생식기관에서도 화학물질이 발견되었다. 통제된 상황에 놓인 꿩·생쥐·기니피그, 느릅나무병을 치유하려고 살충제를 뿌린 지역의 울새, 가문비나무새싹벌레 방제약을 뿌린 서부 지역 삼림을 배회하는 사슴 역시 마찬가지였다. 한 종류의 울새를 살펴보니 다른 어떤 기관보다 생식기관의 DDT 농축이 훨씬 더 심한 것으로 나타났다. 꿩의 생식기관에서도 1500ppm이나 되는 DDT가 검출되었다.

　이렇듯 생식기관에 DDT가 많이 축적된 때문인지 실험 대상 포유류에서 생식기 퇴화 현상이 발견되었다. 메톡시클로르에 노출된 어린 쥐는 놀라울 만큼 생식기가 작았다. 어린 수탉에게 DDT를 먹였더니 생식기가 평균 성장치의 18퍼센트에 불과했다. 생식 호르몬에 좌우되는 닭 벼슬도 크기가 평균치의 3분의 1에 지나지 않았다.

　ATP가 없어지면 정자는 큰 영향을 받는다. 실험에 따르면 다이나이트로페놀을 주입한 황소의 정자는 운동성이 크게 감소하는데, 이 물질이 에너지를 만들어내는 메커니즘을 교란해 에너지가 쉽게 고갈되기 때문이라고 한다. 자세히 조사하면 다른 화학물질들 역시 유사한 효과를 나타낼 것이다. 한 의학 보고서에 따르면 비행기로 DDT를 살포하는 사람들에게서 정자결핍증이나 정자 생산 감소가 나타난다고 하는데, 화학물질이 인간에게 어떤 영향을 미치는지 알 수 있다.

　인류 전체를 놓고 볼 때, 개개인의 생명보다 궁극적으로 더욱 소중한 것은 우리의 과거와 미래를 연결해주는 유전형질이다. 영겁처럼 긴 시간 동안 진화를 거쳐 만들어진 우리의 유전자는 현재의 모습을 규정할 뿐 아니라 인간의 미래를 담고 있다. 하지만 이 유전자는 희망찬 약속이 될 수도 있고 커다란 위협이 될 수도 있다. 인간의 잘못으로 말미암은 유전자의 변이는 이 시대에 대한 협박, '우리 문명의 마지막이자 가장 큰 위협'이다.

　화학물질과 방사능물질이 일으키는 문제가 유사해서 이 둘의 상호 비교를 피할 수 없다.

방사능의 공격을 받은 세포는 여러 피해를 입게 된다. 정상적 분열 능력이 파괴되고, 염색체 구조나 유전자에 직접적인 변화를 초래해 후손에서 돌연변이를 일으키기도 하는데, 이 돌연변이는 미래 세대에 전혀 새로운 형질을 전해주게 된다. 심한 경우 세포가 즉시 죽기도 하고, 수년 뒤 악성 형질을 지니는 경우도 있다.

방사능 때문에 생기는 이런 문제는 실험실에서 실시하는 방사능 조사 실험을 통해서도 발생하곤 한다. 살충제뿐 아니라 제초제 등 많은 화학물질은 염색체에 해를 끼치고 정상적인 세포분열을 방해하며 돌연변이를 일으키는 능력을 지니고 있다. 유전물질에 문제가 생기면 그 당사자에게 병을 일으킬 수 있지만 다음 세대에 그 영향이 나타나기도 한다.

몇 십 년 전만 해도 이런 방사능이나 화학물질의 영향에 대해 아는 사람이 없었다. 당시는 원자의 분열이나 방사능을 내뿜는 화학물질에 대한 연구가 충분치 않던 때였다. 그러다가 1927년 텍사스 대학교 동물학 교수 허먼 J. 멀러(Herman J. Muller) 박사가 유기체에 X선을 투사하면 다음 세대에서 돌연변이를 일으킬 수 있다는 사실을 발견했다. 멀러 박사의 발견으로 과학의 새로운 영역이 개척되었고, 관련 의학 분야가 등장했다. 나중에 멀러 박사는 노벨의학상을 받았다. 곧 세상에 달갑지 않은 회색의 방사능물질들이 쏟아져 나왔고, 이제는 과학자가 아니라 해도 모두 방사능의 잠재적 영향력을 잘 알고 있다.

제대로 알려지지 않았지만 1940년대 초 에든버러 대학교의 샤를로테 아우어바흐(Charlotte Auerbach)와 윌리엄 롭슨(William Robson)도 이에 필적할 연구 결과를 발표했다. 머스터드 가스가 방사능과 마찬가지로 영구적 염색체 이상을 일으킨다는 사실을 밝혀낸 것이다. 멀러 박사가

X선의 영향을 연구할 때 사용한 초파리에 머스터드 가스를 쏘였더니 역시 돌연변이를 일으켰다. 이것이 최초로 발견한 돌연변이 유발 요인이다.

식물과 동물의 유전물질을 변형시키는 화학물질 목록에 머스터드 가스도 올라 있다. 화학물질이 어떻게 유전 과정을 바꿔놓는지 이해하려면, 살아 있는 세포를 무대로 상연되는 생명의 기본적인 드라마를 가장 먼저 지켜봐야 한다.

우리 몸이 계속 성장하고 생명의 흐름이 다음 세대로 지속적으로 이어지려면 조직과 기관을 구성하는 세포 수가 점차 증식되어야 한다. 이는 유사분열 또는 핵분열을 통해 이루어진다. 처음에는 세포핵, 그리고 뒤이어 전체 세포에서 분열이 일어난다. 세포핵 속에서 염색체는 신비롭게 움직이며 분열한다. 그러다 유전형질을 결정하는 유전자를 딸세포에게 전해주기 위해 줄지어 늘어선다. 염색체가 길게 늘어진 실 모양이 되면 유전자는 마치 실에 달린 구슬처럼 염색체에 일직선으로 배열된다. 그런 다음 염색체는 길이로 나뉜다(따라서 유전자 역시 나뉘게 된다). 세포가 둘로 나뉘면, 염색체와 유전자도 반으로 나뉘어 각각의 딸세포한테 옮겨진다. 새로운 세포는 완벽한 염색체를 갖게 되며, 모든 유전정보가 그 안에 담겨 있다. 이런 방식으로 모든 인류와 동식물의 특징이 보존되며 부모와 자식이 닮는 것이다.

생식세포를 만들 때는 특별한 세포분열이 일어난다. 특정 종마다 염색체 수가 정해져 있기 때문에, 새로운 개체를 구성하는 데 필요한 난자와 정자의 결합을 위해서는 그 수가 반으로 감소해야 한다. 생식세포가 만들어지는 과정은 한 치의 오차도 없이 정확하게 이루어진다. 이때 한 쌍의 염색체가 각각 나뉘게 되고, 그 나뉜 염색체가 딸세포로 전해지는 감수분열이 일어난다.

생명체에서는 이런 근원적 드라마가 공통적으로 펼쳐진다. 세포분열 과정은 인간이든 아메바든, 거삼나무든 단순한 효모균이든 모든 생명체에서 동일하다. 이런 세포분열 과정이 없다면 생명체는 생명을 유지하지 못한다. 유사분열을 방해하는 것은 유기체와 그 자손에게 심상치 않는 위협이 된다.

조지 G. 심프슨(George G. Simpson)과 동료 콜린 S. 피텐드리히(Colin S. Pittendrigh), L. H. 티파니(L. H. Tiffany)가 함께 써 널리 읽힌 《생명(Life)》이라는 책에서 저자들은 이렇게 썼다. "유사분열을 비롯해 세포기관의 중요한 작용들은 과거 5억 년을 훌쩍 넘어, 수십억 년 이상 유지돼온 것으로 밝혀졌다. 상처받기 쉽고 복잡한 생명계가 오랜 시간 동안 종의 영속성을 유지해올 수 있었던 것은 태산 같은 인내력 덕분이었다. 이런 내구성과 항구성이 가능한 것은 몇 세대에 걸쳐 전해져 내려오는 유전 정보가 믿을 수 없을 만큼 정확해서다."

하지만 이 저자들이 말한 것처럼 수억 년 동안 직접적이거나 강력한 위험에 처한 적 없는 '믿기 어려울 만한 정확성'이 20세기 중반에 들어서면서부터 인간이 창조한 방사능물질과 화학물질로 인해 도전받고 있다. 오스트레일리아의 저명한 의사이자 노벨상 수상자인 맥팔레인 버넷(Macfarlane Burnet) 경은 이렇게 말했다. "새로운 치료법의 위력이 더욱 강해지고 예전에 경험하지 못한 화학물질이 제조되면서, 돌연변이 유발체를 억제해주던 우리 몸의 정상적 보호 작용에 점점 더 큰 구멍이 뚫리고 있다."

인간 염색체 연구는 이제 막 시작 단계이고, 환경 요인이 인간에게 미치는 영향에 대한 연구도 최근에 시작되었다. 새로운 기술이 등장한

1956년이 되어서야 인간 세포의 염색체 수가 46개라는 사실이 밝혀졌고, 염색체의 존재 확인은 물론 염색체의 각 부분을 자세히 관찰할 수 있게 되었다. 환경 요인으로 말미암은 유전자 손상은 비교적 최근에 등장한 개념인데, 유전학자들을 제외하면 제대로 이해하는 사람이 거의 없고 그나마 유전학자들의 주장도 제대로 받아들여지지 않고 있다. 방사능의 위험은 이제 널리 알려졌지만 여전히 상당 분야에서는 이를 부정하고 있다. 멀러 박사는 다음과 같이 개탄했다. "정책을 결정하는 정부 대표자들뿐 아니라 의료 분야 종사자를 비롯한 많은 사람이 이런 유전법칙의 수용을 거부하고 있다." 일반 대중은 물론 의료진이나 과학자들조차 화학물질이 방사능과 유사한 구실을 한다고 생각지 않는다. 그래서 화학물질의 대량 사용에 대해서 (실험실 내 사용뿐 아니라) 별다른 고려가 이루어지지 않고 있다. 다른 어떤 일보다도 중요한 일인데도 말이다.

그런 잠재적 위험을 감지한 사람은 맥팔레인 경만이 아니다. 영국의 빼어난 과학자 피터 알렉산더(Peter Alexander) 박사는 방사능과 유사한 문제를 일으키는 화학물질이 "사실은 더 심각한 위험"이라고 말했다. 수십 년 동안 습득한 유전학 연구 지식을 바탕으로 멀러 박사는 각종 화학물질(살충제로 대표되는 화학물질군을 포함해)에 대해 다음과 같이 경고했다. "화학물질은 방사능만큼이나 심각한 돌연변이를 일으킬 수 있다. ……문제성 있는 화학물질에 노출될 경우 우리의 유전자가 어떤 돌연변이를 일으킬지 알려진 바가 거의 없다."

화학적 돌연변이를 무시한 것은, 이런 사실을 처음 발견했을 당시 그 물질을 취급하는 사람이 주로 전문학자에 국한되었기 때문이다. 즉 질소 머스터드 가스를 공중에서 무차별 살포하지 않고, 암 치료를 연구하는 생물학자와 의사들만 사용했다. (이 치료를 받은 환자가 염색체 손상을 입었다는 사실이 최근에 밝혀졌다.) 하지만 살충제와 제초제는 수많은 사람과 매일 접촉하고 있다.

그럼에도 살충제가 가벼운 염색체 손상에서부터 유전자 돌연변이에 이르기까지 다양한 방식으로 세포 활성 과정을 방해하고, 그 결과 심각한 문제를 불러일으킨다는 증거가 곳곳에서 발견되고 있다.

몇 세대에 걸쳐 DDT에 노출된 모기들은 암컷과 수컷의 특징을 동시에 지닌 자웅동체로 바뀌었다.

페놀계 화학물질의 세례를 받은 식물은 심각한 염색체 파괴, 유전자 변형, 놀라운 돌연변이 등 '돌이킬 수 없는 유전형질 변이'를 경험했다. 이런 돌연변이는 유전학적 실험에 자주 사용하는 초파리를 페놀에 노출시켰을 때에도 나타난다. 초파리를 일반적 제초제나 우레탄에 노출시키면, 심하게는 죽음에 이를 정도의 돌연변이를 겪는다. 우레탄은 카르밤산염 계열 화학물질로 살충제와 기타 농약에 많이 사용한다. 세포분열을 중단시키는 효과 때문에 카르밤산염 중 두 종류는 저장 중인 감자가 싹을 틔우지 못하도록 하는 데 쓴다. 그중 하나인 말레산하이드라자이드(maleic hydrazide)는 강력한 돌연변이 유발물질로 알려져 있다.

벤젠헥사클로라이드(BHC)나 린데인을 처치한 식물은 뿌리 부분에 마치 종양처럼 혹이 생기면서 모양이 흉하게 일그러진다. 염색체 수가 2배로 늘어나고 점점 부풀어올라 세포의 크기가 커지면서 더 이상 세포분열이 불가능할 때까지 기형적 변이가 계속된다.

제초제인 2,4-D를 식물에 사용하는 경우도 마찬가지다. 염색체가 줄고 굵어지며 덩어리지고 뭉쳐서 세포분열이 심각할 정도로 지체된다. X선에 노출되었을 때와 거의 유사한 효과가 나타난다.

이제까지 몇 가지 사례를 들었지만 이보다 더 많은 사례를 이야기할 수도 있다. 지금까지는 살충제가 유발하는 돌연변이에 관한 적절한 연구가 이루어지지 않았다. 위에서 언급한 사례들은 세포생리학이나 유전학 연구의 부산물이다. 지금 가장 시급한 것은 이런 문제에 대한 직접적인 관심과 연구다.

방사능이 인간에게 미치는 영향을 기꺼이 인정하는 몇몇 과학자도 돌연변이 유도성 화학물질의 구실에는 의문을 표시한다. 방사능의 놀라운 투과성을 이야기하면서도 화학물질이 배아세포에 도달할 수 있다는 점에는 회의적이다. 인간을 대상으로 이런 문제를 직접 조사한 적이 없기 때문이다. 어쨌든 조류와 포유류의 생식샘과 배아세포에서 발견되는 DDT는 염화탄화수소계 화학물질이 신체 각 기관뿐 아니라 유전물질에도 영향을 미칠 수 있다는 강력한 증거다. 펜실베이니아 주립대학교의 데이비드 E. 데이비스(David E. Davis) 교수는 최근 조류를 대상으로 실시한 연구에서 암 치료에 사용하는 화학물질이 세포분열을 중단시켜 불임을 일으킨다는 사실을 발견했다. 치명적 상태에 조금 못 미칠 정도로 화학물질을 사용하면 생식샘의 세포분열이 중단된다. 데이비스 교수는 현장 실험에서 이를 성공적으로 증명해보였다. 유기체의 생식기관이 화학물질로부터 안전하다고 낙관할 만한 근거가 없다.

최근 염색체 변이 연구에 대단한 관심이 몰리면서 그 중요성이 점점 더 강조되고 있다. 1959년 영국과 프랑스 연구팀이 각자 실행한 연구 결과도 비슷한 결론을 내렸다. 인간을 괴롭히는 몇 가지 질병은 정상 염색체 수의 손상으로 인해 발생한다는 것이다. 그들의 연구에 따르면 몇 가지 질병과 이상 증세는 염색체 수가 정상과 다르기 때문이었다. 자세히 설명하자면 이렇다. 다운증후군의 경우 염색체가 정상인보다 하나 더 많은 경우에 일어난다는 사실이 밝혀졌다. 때로는 이 문제의 염색체가 기존 염색체에 달라붙을 때도 있어서 염색체 수가 46개 정상으로 보이기도 한다. 하지만 결국은 여분의 염색체가 존재하는 것이기 때문에 총 수는 47개다. 이런 경우, 발병 원인은 환자의 앞 세대에서 이미 등장한 것으로 볼 수 있다.

미국과 영국에서 만성백혈병으로 고생하는 환자에게서는 정상인과 약간 다른 점이 발견되었다. 이들의 혈액세포에서 일관된 염색체 이상이 나타났다. 그런데 환자들의 피부세포 염색체를 살펴보면 정상이다. 결국 염색체 문제는 배아세포에서 일어난 것이 아니라 개개인이 생활하는 동안 일부 특정한 세포(이 경우, 혈액세포의 전구세포)가 손상을 입은 것으로 해석할 수 있다. 염색체의 부분 손실로 세포의 정상 행동을 지시하는 '정보'가 전해지지 않아 병이 생긴 것이다.

이와 관련한 연구들이 시작되면서 염색체 손상으로 인한 질병의 목록도 이후 놀라운 속도로 늘어나고 있다. 그중 클라인펠터증후군은 성염색체 중 하나가 중복되어 생기는 병이다. 이 병에 걸린 사람은 남성이지만 X 염색체를 2개 갖고 있어서(남성의 정상 염색체 XY 대신 XXY 염색체를 갖고 있다) 불임은 물론 키가 지나치게 크고 정신이상 증세가 나타난다. 이와 반대로 성염색체가 하나밖에 없는 경우는(XX나 XY 대신 XO) 여성이지만 2차 성징이 제대로 나타나지 않는다. X 염색체에는 다양한 특징을 결정하는 유전자가 담겨 있어서 이 병에 걸리면 여러 가지 신체적 문제(가끔 정신적 문제도)가 나타난다. 이 병은 터너증후군으로 알려져 있다. 두 병 모두 원인이 제대로 알려지기 이전부터 의학 문헌에 등장하곤 했다.

많은 나라에서 이런 염색체 이상 문제를 열심히 연구하고 있다. 클라우스 파타우(Klaus Patau) 박사가 이끄는 위스콘신 대학교 연구팀은 정신지체를 비롯해 염색체의 부분 복제로 인한 선천적 이상 문제를 집중적으로 규명하고 있다. 배아세포가 만들어질 때 염색체가 분해된 다음 그 재분배가 적절하게 이루어지지 않아서 병이 생기는 것으로 보이는데, 이때에는 배아의 정상적인 성장이 방해받는다.

지금까지 알려진 연구에 따르면, 체세포 수가 정상보다 많을 때 치명적인 영향을 미쳐서 배아의 생존을 위협한다고 한다. 이때 배아가 생존할 수 있는 예외의 경우가 세 가지 정도인데, 그중 하나가 다운증후군이다. 여분의 염색체가 심각한 손상을 초래하기는 하지만 목숨을 위협할 정도로 치명적이지는 않은 경우다. 위스콘신 대학교 연구팀에 따르면 이런 발견은 지금까지 제대로 설명할 수 없던 문제, 즉 정신지체를 비롯해 복합적인 문제를 지니고 태어난 아이의 상태를 이해하는 실마리가 될 수 있다고 한다.

워낙 새로운 분야여서 그런지 과학자들은 문제를 일으키는 원인을 찾기보다 염색체 이상으로 나타나는 각종 질병의 치료와 발달장애 연구에 집중하고 있다. 세포분열 과정의 염색체 이상이나 예기치 못한 사고가 단지 한 가지 요인 때문에 일어난다고 추측하는 것은 어리석다. 우리 스스로 염색체에 문제를 일으키는 화학물질을 계속해서 만들어낸다는 사실을 무시해서는 안 된다. 사람들은 싹이 안 나는 감자나 모기 없는 안뜰을 위해 너무 비싼 대가를 치르고 있는 것은 아닐까?

원형질에서부터 진화를 시작해 오늘날과 같은 인간의 모습을 갖추기까지 지난 20억 년 동안 유전형질은 세대를 거듭하며 전해져왔고 다음 세대에게 전해줄 때까지만 우리 것이다. 그런 유전형질에 대한 위협을 줄일 수 있다. 우리가 정말로 원한다면 말이다. 하지만 사람들은 유전형질 보전을 위해 아무것도 하지 않는다. 화학물질 제조업자들은 법률에 따라 제조물의 독성 여부를 검사받아야만 한다. 그러나 화학물질이 유전자에 미치는 영향을 검사하지 않으며, 그런 검사를 요구한다고 해도 사람들은 제대로 응하지 않을 것이다.

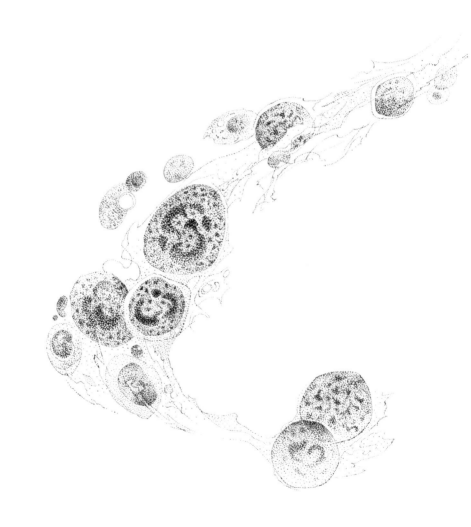

14

네 명 중 한 명

생물들이 암과 벌인 싸움은 아주 오래전에 시작되어 그 기원을 찾기가 힘들 정도다. 하지만 이 전쟁이 태양, 폭풍, 토양 등 지구상에 사는 모든 생명체에 영향을 미치는 자연환경에서 비롯된 것만은 틀림없다. 환경을 구성하는 요소 중 몇 가지는 생명에 위협이 되는데, 생물들은 이런 요소들에 적응하든지 아니면 스스로 없어지든지 선택해야 한다. 태양의 자외선은 악성 질환을 일으킨다. 또 특정 암석이 내뿜는 방사능, 토양이나 바위에서 씻겨 내린 비소 성분 등은 음식이나 식수를 오염시키기도 한다.

생명이 존재하기 훨씬 전부터 우리를 둘러싼 환경에는 부적절한 요소들이 포함되어 있었다. 생명체가 등장하고 수백만 년이라는 시간이 흐르면서 셀 수 없이 많은 다양한 생물이 생겨났다. 서두르지 않고 천천히 흐르는 시간, 즉 자연의 시간 동안 생명체는 각종 파괴적 세력에 적응해갔는데, 제대로 적응하지 못하는 것은 사라지고 저항력이 강한 것만 살아남았다. 이런 자연적 발암물질은 여전히 악성 질환을 유발한다. 하지만 그 수가 적고 생명체 역시 오랫동안 이런 상황에 적응했기에 큰 문제가 없었다.

그런데 인간이 등장하면서 상황이 변하기 시작했다. 인간은 생물체 중에서 유독 혼자만 암 유발물질을 인공적으로 **만들어낸다**. 인간이 만들어낸 발암물질들은 지난 몇 세기 동안 우리 환경의 일부가 되었다. 그 대표적인 예가 방향족 탄화수소류의 일종인 검댕이다. 산업 시대의 여명이 밝으면서 여러 가지 변화가 생겼고 그 변화에 점점 더 가속이 붙었다. 생물학적으로 변화를 일으킬 수 있는 강력한 능력을 보유한 새로운 화학물질과 물리적 동인들이 자연환경을 대신하게 되었다. 인간은 이런 발암물질을 막기 위한 아무런 조치를 취할 수 없었다. 인간의 생물학적 유전형질이 서서히 진보해온 것처럼 새로운 환경에 적응하는 데에는 오랜 시간이 필요하기 때문이다. 따라서 이 놀라운 물질들은 인체의 방어벽을 쉽게 뚫을 수 있었다.

암의 역사가 오래되었지만 발암물질을 제대로 인식하는 데에도 역시 오랜 시간이 걸렸다. 지금으로부터 200년 전 한 영국인 의사는 외부 또는 환경적 요인 때문에 악성 질환이 발생하는 것은 아닐까 하고 생각했다. 1775년 퍼시벌 포트(Percivall Pott) 경은 굴뚝 청소부에게서 음낭암이 발견되는 것은 몸속에 쌓인 검댕 때문이라고 추측했다. 그는 오늘날 우리가 요구하는 '증거'를 제시하지는 못했지만, 현대의 분석 방법은 검댕 속의 유독 성분을 분리해냈고 그의 생각이 옳았음을 증명했다.

포트 경의 발견 이후 한 세기가 넘도록 화학물질을 반복적으로 피부에 접촉하거나 흡입 또는 삼킴으로써 암이 발생할 수 있다는 인식에 별 진전이 없었다. 영국의 콘월과 웨일스 지방의 구리 제련소와 주석 주조소에서는 비소 증기에 노출된 사람들에게서 피부암이 보고되었다. 작센의 코발트 광산에서 일하는 노동자들과 보헤미아의 요하임스탈(현재 체코의 아히모프—옮긴이) 우라늄 광산에서 일하는 사람들은 폐질환에 쉽게 걸리고 폐암으로까지 발전한다는 사실도 알려졌다. 하지만 이런 일은 산업화 이전, 즉 공산품이 대량으로 등장하기 이전의 일이었다.

산업화로 인해 악성 질환이 등장한다는 사실을 처음으로 깨달은 것은 1875년 이후였다. 이때 파스퇴르가 전염병의 미생물학적 원인을 발견했고, 다른 학자는 암의 화학적 원인을 찾아냈다. 작센의 갈탄 지대와 스코틀랜드의 이판암 지대에서 일하는 노동자들이 피부암에 자주 걸렸고, 타르와 역청에 노출된 사람들도 암에 걸렸다. 19세기 말까지 산업적 발암물질 6~7종이 알려졌다. 20세기에 들어서자 암을 유발하는 물질이 셀 수 없이 많이 등장했고, 일반 대중도 이런 물질과 쉽게 접촉하게 되었다. 포트 경의 연구 이후 200년이 채 지나지 않아 우리의 주변 환경은 놀라울 만큼 변화했다. 비단 노동자들만 이런 화학물질의 위험에 노출되는 것이 아니다. 화학물질은 아직 태어나지도 않은 태아를 비롯한 모든 사람에게 스며들고 있다. 따라서 심각한 질환이 점차 증가하는 것도 그리 놀랍지 않다.

질환의 증가 자체는 그저 주관적 추측이 아니다. 1959년 7월 미국의 인구동태통계국에 따르면, 1900년 전체 사망 원인의 4퍼센트에 불과하던 림프계와 조혈조직에서 발생하는 악성 질환이 1958년에는 15퍼센트로 증가했다고 한다. 이런 추세로 볼 때, 미국암학회는 인구 중 4500만 명이 암에 걸릴 거라고 예측했다. 세 집당 두 집꼴로 암의 공격을 받게 될 것이다.

어린아이에게는 상황이 더욱 위협적이다. 25년 전만 해도 어린아이에게서 암이 발생하는 것은 매우 드문 일이었다. 하지만 **이젠 점점 더 많은 어린이가 암으로 죽어가고 있다.** 문제가 심각해지자 미국에서는 최초로 보스턴에 어린이 암 환자를 위한 전문 병원을 건립했다. 1~14세 어린이 사망자 중 12퍼센트가 암으로 밝혀졌다. 악성종양 환자의 상당수가 5세 미만의 아이들이었는데, 더욱 슬픈 사실은 방금 태어났거나 아직 태어나지도 않은 아이에게서도 암이 발생한다는 것이다. 환경암 연구의 최고 권위자인 미국 국립암연구소 W. C. 휴퍼 박사는 선천적 암과 소아암은 임신 중 어머니가 암을 유발하는 물질에 노출되면서 이 발암물질이 태반을 뚫고 들어가 발육 중인 태아에 치명적 영향을 끼쳐 발생한다고 추측했다. 동물 실험 결과에 따르면 어려서 암 유발물질에 노출될수록 암 발생 확률도 높아진다고 한다. 플로리다 대학교의 프랜시스 레이(Francis Ray) 박사는 다음과 같이 경고했다. "〔음식물에〕 화학물질을 첨가하다 보면 어린이의 암 발생은 더욱 높아질 것이다. 한두 세대 이후 어떤 문제가 나타날지 알 수 없다."

여기서 걱정스러운 문제는 자연을 제어하기 위해 사용하는 물질 중 어떤 것이 직간접적으로 암을 유발하는지 확실하지 않다는 점이다. 동물 실험 결과 5~6종의 살충제는 확실히 발암물질로 판정되었다. 몇몇 의사가 백혈병을 유발한다고 판단한 물질들을 추가한다면 이 목록은 훨씬 더 길어질 것이다. 물론 인간을 대상으로 직접 실험한 것이 아니기 때문에 이런 증거는 정황에 따라 다르게 해석될 수 있다. 그렇더라도 충분히 의미심장하다. 살아 있는 조직이나 세포에 간접적으로 악성 질환을 야기하는 물질로 범위를 넓힌다면 그 밖의 살충제들도 포함될 것이다.

초기에 발암물질로 추정한 살충물질 중 하나가 비소였다. 비소는 제초제로 사용하는 아비산나트륨과 살충제로 쓰는 비산칼슘을 비롯한 각종 화학물질에 들어 있다. 인간과 동물에 암을 유발하는 비소의 위력에 관심을 갖게 된 것은 아주 오래전부터다. 비소에 노출될 경우 어떤 일이 발생하는지 가장 잘 설명해주는 것은 W. C. 휴퍼 박사가 쓴《직업성 종양(Occupational Tumors)》인데, 이 책은 이 분야 최고의 연구서라 할 만하다. 중부 유럽 슐레지엔 지방의 라이헨슈타인이라는 도시는 1000년간 금광과 은광으로 유명했고, 수백 년간 비소 광산으로 유명한 곳이었다. 수세기 동안 사람들은 비소 폐기물을 광산 근처의 갱도에 버렸다. 이 폐기물은 산꼭대기에서 내려오는 강물을 따라 흘러가며 지하수를 오염시켰고, 결국 비소가 식수에까지 침투하게 되었다. 수백 년간 이 지역에 사는 주민들은 간, 피부, 소화기관, 신경계 등의 손상을 초래하는 만성 비소 중독인 '라이헨슈타인병'으로 고통받았다. 또 악성종양도 발생했다. 25년 전부터는 비소의 대부분을 걸러낸 새로운 식수원이 개발되어 라이헨슈타인병은 이제 역사 기록으로만 남게 되었다. 아르헨티나의 코르도바 지역에서는 비소를 함유한 암석을 타고 흘러내린 식수 때문에 피부암을 유발하는 만성 비소 중독이 광범위하게 퍼진 일도 있다.

비소 성분의 살충제를 오래 사용하면 라이헨슈타인과 코르도바에서와 같은 일이 벌어질 수 있다. 미국에서도 비소를 흠뻑 뿌린 담배 농장, 북서부의 과수원, 동부의 블루베리 농장 등에서는 상수도 오염이 쉽게 일어난다.

비소로 오염된 환경은 인간뿐 아니라 동물에게도 큰 문제가 된다. 1936년 독일에서 흥미 있는 연구가 발표되었다. 작센주 프라이베르크의 은과 납 제련소에서 비소 증기가 대기 중으로 뿜어져 나와 그 일대를 떠다니다가 식물에 내려앉았다. 휴퍼 박사에 따르면 이런 식물을 먹고 자라는 말, 소, 염소, 돼지 등은 털이 빠지면서 피부가 두꺼워지기 시작했다고 한다. 인근 숲속에 사는 사슴들은 몸에 이상한 반점이 나타났고 암으로 전이되기 전 단계인 사마귀나 종기가 나곤 했다. 그중 한 마리에서는 확실히 암으로 보이는 병변이 나타났다. 가축과 야생동물 모두 '비소로 인한 장염, 소화기 궤양, 간경화' 등으로 고통받았다. 제련소 근처에서 방목한 양들이 비강암에 걸렸는데, 죽은 양의 뇌·간·종양 조직 등에서 비소가 검출되었다. 이 지역에서는 다음과 같은 일도 보고되었다. "곤충, 특히 벌이 심각할 정도로 죽었다. 비가 내려 나뭇잎에 묻은 비소가 씻겨 내렸고 그 물이 시냇가와 물웅덩이로 흘러 들어가자 수많은 물고기가 죽어버렸다."

진드기와 응애를 없애는 데 쓰는 새로운 유기 살충제들에도 발암물질이 포함되어 있다. 관련 안전 수칙이 법으로 제정되어 있지만, 변하는 상황을 적절히 규제할 법률 제정이 느릿느릿 진행되는 몇 년 동안 사람들은 발암물질에 무방비로 노출되어야 했다. 좀 다른 시각에서 보면, 이는 오늘날 일반인들에게 "안전하다"고 알려진 물질이 내일은 극도로 유해한 물질로 판명 날 수 있음을 증명하는 흥미로운 사례다.

1955년 이런 화학물질이 처음 소개되었을 당시, 제조업자는 살충제를 뿌린 농작물에서 발견되는 잔류물은 극히 소량이라며 관련 제재 규약에 관용을 보여달라고 청원했다. 법률이 요구하는 바에 따라 이 제조업자는 동물 실험 결과를 청원서에 덧붙였다. 실험 분석 결과를 살펴본 미국 식품의약국의 과학자들은 암을 유발할 가능성이 있다고 해석했다. 이에 따라 위원회 위원은 '잔류 허용량 제로'를 선언했는데, 이는 주 경계를 넘는 식품들에서 살충제 잔류물이 검출되어서는 안 된다는 의미였다. 하지만 제조업자는 이 판결에 불복해 항소했고, 위원회는 사건을 재검토하게 되었다. 결국 위원회가 타협안을 내놓았다. 잔류 허용치 기준을 1ppm으로 조정해 2년간 이 기준에 따라 농작물의 시장 판매를 허용하며, 그 기간 동안 이 화학물질이 실제적으로 암을 유발하는지 계속 실험하겠다는 것이다.

위원회에서 그렇게 말하지는 않았지만, 이 결정은 발암물질을 추적하는 데 실험실 개나 쥐와 더불어 일반 시민까지도 실험 대상으로 삼겠다는 의미나 마찬가지였다. 동물은 훨씬 더 빠르게 반응했고 그 결과 2년 뒤 진드기 제거제가 암을 유발하는 것으로 판명되었다. 하지만 1957년이 되도록 미국 식품의약국은 식품에서 암을 유발할 수 있는 잔류물 검출 허용안을 철회하지 않았다. 각종 입법 수속을 거치는 데 또다시 1년이 걸렸다. 결국 1958년 12월이 되어서야 1955년에 위원회 위원이 제안한 '잔류 허용량 제로'가 효력을 발휘했다.

살충제 중 발암물질로 알려진 것은 진드기 제거제만이 아니다. 동물을 대상으로 한 실험실 시험에 따르면 DDT는 간에 종양을 일으키는 것으로 의심받고 있다. 미국 식품의약국의 과학자들은 발견된 종양의 원인을 명확히 판단하지 못했지만, "DDT가 저등급 간세포암종을 일으킨다고 추정할 근거가 있다"고 생각했다. 최근에 휴퍼 박사는 DDT를 '화학성 발암물질'로 명백히 규정했다.

생쥐를 대상으로 실험한 결과 카르밤산염 그룹에 속하는 제초제 IPC와 CIPC는 피부 종양을 유발하는 것으로 밝혀졌다. 종양 중 몇 가지는 악성이었다. 이 물질들은 종양 발생을 유도하고, 이 종양은 주변에 퍼져 있는 다른 화학물질에 의해 악성종양으로 전이해갔다.

제초제인 아미노트라이아졸은 실험동물에 갑상선암을 일으켰다. 크렌베리 재배농에서 실수하는 바람에 1959년 이 화학물질이 시장에 나오는 크렌베리 열매에 남아 있게 되었다. 미국 식품의약국이 오염된 크렌베리를 발견하자 논쟁이 벌어졌다. 이 물질이 암을 일으킬 수 있다는 사실에 많은 도전이 뒤따랐는데, 여기에는 의학자들도 가세했다. 미국 식품의약국이 발표한 자료에 따르면 아미노트라이아졸은 실험용 쥐에게 암을 유발하는 것으로 나타났다. 쥐들에게 화학물질 100ppm을 넣은 물을 마시게 했더니(또는 1만 숟가락 분량의 물에 한 숟가락 분량의 화학물질을 타서 마시게 하는 방식도 사용했다) 68주 뒤 갑상선암이 발병한 것이다. 2년 뒤 절반이 넘는 실험 대상 쥐에서 종양이 나타났다. 또 성장이나 발육도 부진했다. 오염도가 낮은 먹이를 먹은 쥐들에서도 유사한 증상이 나타난 것을 보면 **문제를 일으키지 않는 흡수량이란 존재하지 않는다**고 봐야 한다. 물론 아미노트라이아졸을 얼마나 섭취해야 암이 발생하는지 아는 사람은 없지만, 하버드 대학교 의대 교수인 데이비드 러트스타인(David Rutstein) 박사는 이 물질이 암을 유발하는 정도와 살충제로 사용되는 정도 사이의 경계가 아주 모호하다고 지적한 바 있다.

이 새로운 염화탄화수소 살충제와 제초제가 어떤 효과를 내는지 알려면 상당한 시간이 지나야 한다. 대부분의 악성 질환은 천천히 진행되기 때문에 구체적인 징후가 나타나려면 그 희생자의 생애 상당 부분을 관찰해야 한다. 1920년대 초반 시계 다이얼에 형광 칠을 하던 여성들은 붓을 입에 댈 때마다 칠에 포함된 라듐을 조금씩 흡입하게 되었다. 그중 몇 명에게서 15년 이상 지난 뒤 골육종이 발견되었다. 작업장에서 발암물질에 노출될 경우 그 잠복기는 15~30년, 또는 그 이상이다.

산업 발달로 공장 노동자들이 오래전부터 다양한 발암물질에 노출된 것과 달리, DDT에 처음 노출된 사례는 1942년 군인이고 1954년에 일반인이 노출되었으며, 그 밖의 화학 살충제를 광범위하게 사용한 것은 1950년대 초반 이후인 것으로 추정된다. 이런 화학물질이 뿌린 씨앗이 어떤 결과를 불러올지 아직 충분히 알려지지 않았다.

대부분의 악성 질환은 공통적으로 잠복기가 길지만 한 가지 예외가 있다. 백혈병이다. 히로시마 원폭 투하에서 살아남은 사람들이 원폭 투하 3년 만에 백혈병에 걸린 것을 보면 잠복기가 다른 병에 비해 짧다는 사실을 확인할 수 있다. 다른 형태의 암 역시 잠복기가 짧아질지도 모르지만 현재로서는 천천히 진행되는 일반적 악성 질환에서 백혈병만이 예외다.

현대적 살충제가 등장한 이래 백혈병의 발병률은 서서히 증가하고 있다. 인구동태통계국의 조사에 따르면 조혈조직의 악성 질환이 점점 더 증가하고 있다고 한다. 1960년 미국에서 백혈병에 걸린 환자만 해도 1만 2290명에 이르렀다. 혈액과 림프계의 악성 질환으로 인한 사망자는 2만 5400명이었다. 10만 명당 사망자 수를 보더라도 1950년에 11.1명이었는데 1960년에는 14.1명으로 증가했다. 이런 증가율은 미국에만 해당하는 것이 아니다. 전 세계 모든 나라에서 백혈병 발병률이 매년 4~5퍼센트씩 증가하고 있다. 이 수치는 무엇을 의미하는가? 이러한 증가율은 우리 환경 속에 존재하는 어떤 치명적인 존재 때문이 아닐까?

메이오 클리닉처럼 유명한 의료 기관에서도 조혈기관에 문제가 생긴 환자가 수백 명이나 된다는 사실을 확인해주었다. 메이오 클리닉의 혈액학 전문가 맬컴 하그레이브스 박사와 동료들에 따르면 이런 환자들은 예외 없이 DDT, 클로르데인, 벤젠, 린데인, 석유 증류물 등을 함유한 살충제를 비롯해 각종 유독물질에 노출된 경험이 있었다고 한다.

이런 다양한 유독물질과 관련한 질병이 '특히 지난 10년 동안' 더욱 증가했다고 여기는 하그레이브스 박사는 광범위한 임상 경험을 바탕으로 다음과 같이 말했다. "혈액 질환이나 림프계 이상으로 고생하는 환자의 상당수는 다양한 탄화수소계 화학물질에 노출된 전력이 있는데, 이런 물질은 오늘날 사용하는 대부분의 살충제에 포함되어 있다. 환자의 병력을 주의 깊게 조사해보면 그 관련성을 확실히 이해할 수 있을 것이다." 그는 백혈병, 재생불량성빈혈, 호지킨병을 비롯해 혈액과 조혈기관 관련 병에 걸린 환자들의 자세한 병력을 보유하고 있다. "이들은 상당한 문제가 있는 환경에 노출되었다"고 그는 밝히고 있다.

환자의 병력은 무엇을 의미하는가? 거미를 싫어하는 가정주부가 있었다. 8월 중순 이 여성은 지하실 전체, 계단 밑, 과일 선반, 천장, 서까래 등 구석구석에 DDT와 석유 증류물이 포함된 에어로졸 살충제를 뿌렸다. 살충제를 뿌리고 나서 구토, 심한 불안, 초조함 등과 함께 몸이 아프기 시작했다. 며칠 지나고 기분이 나아졌지만 문제의 원인이 확실하지 않았기에 9월에 두 번 더 살충제를 뿌렸다. 병을 앓다가 일시적으로 회복한 뒤 또다시 살충제 뿌리기를 거듭했다. 세 번째 살충제를 뿌리고 나서는 새로운 증상이 나타났다. 열이 나고 관절에 통증이 생기며 불쾌한 느낌이 계속되었고 한쪽 다리에 정맥염이 나타났다. 하그레이브스 박사의 진찰 결과 이 여성은 급성백혈병으로 판명 났다. 그리고 다음 달 사망하고 말았다.

하그레이브스 박사의 또 다른 환자는 바퀴벌레가 들끓는 오래된 건물에서 일하는 전문직 남성이었다. 벌레가 자주 눈에 띄자 그는 직접 약을 뿌리기로 마음먹고, 일요일에 하루 종일 지하실과 외딴곳에 살충제를 뿌렸다. 메틸나프탈렌을 함유한 용매에 DDT를 25퍼센트 녹인 농축액이었다. 그런데 오래 지 않아 몸 곳곳에 멍이 들고 출혈이 생겼다. 몇 차례 출혈이 일어나자 병원을 찾았다. 혈액을 검사한 결과 재생불량성빈혈로 인한 심한 골수 기능 저하로 밝혀졌다. 그러고 나서 5개월 반 동안 그는 치료와 더불어 59차례의 수혈을 받았다. 그 뒤 잠시 증세가 호전되는 듯했으나 9년 뒤 백혈병으로 사망했다.

살충제와 관련해 문제가 되는 화학물질은 DDT, 린데인, 벤젠헥사클로라이드, 나이트로페놀, 방충제 파라다이클로로벤젠, 클로르데인 그리고 물론 이들의 용제도 포함된다. 하그레이브스 박사의 말처럼, 한 가지 화학물질에만 노출되는 경우는 드물다. 시장에 선보이는 살충제는 석유 증류물과 그 밖의 몇 가지 용매에 녹인 다양한 화학혼합물이다. 조혈기관에 가장 큰 해를 끼치는 것은 방향족 불포화탄화수소류로 나타났다. 살충제를 사용할 때 이런 석유 용제를 사용하지 않을 수 없다. 이런 사실은 의학적으로는 매우 중요하지만 실생활에서는 대수롭게 여기지 않는다.

미국과 다른 나라의 의학 자료를 살펴보면 화학물질이 백혈병을 비롯한 여러 가지 혈액 관련 질병에 영향을 미친다는 하그레이브스 박사의 신념을 뒷받침하는 의미심장하고 다양한 근거를 발견할 수 있다. 농약살포기나 비행기에서 '뿌린' 화학물질을 맞은 농부, 개미를 없애려고 살충제를 살포한 방에서 공부한 대학생, 집에 휴대용 린데인 분무기를 마련해둔 주부, 클로르데인과 톡사펜을 뿌린 목화밭에서 일하는 노동자 등 일상에서 살충제에 노출된 사람들을 걱정하지 않을 수 없다. 체코슬로바키아의 작은 마을에서 함께 살며 늘 같이 일하고 놀던 두 사촌형제의 비극적 이야기를 들어보자. (끔찍한 상황을 조금이라도 감추기 위해 많은 전문 의학 용어를 동원했다.) 이들이 마지막으로 일한 곳은 협동 농장이었는데, 두 사람은 살충제(벤젠헥사클로라이드) 포대를 내리는 일을 했다. 8개월이 지나자 둘 중 한 사람이 급성백혈병 증세를 보였고 9일 만에 숨졌다. 그 무렵 사촌 역시 쉽게 피곤함을 느끼고 체온이 오르곤 했다. 3개월여 만에 증상이 더욱 심해져 그도 병원에 입원하게 되었다. 곧 급성백혈병 판정을 받았고, 역시 피할 수 없는 치명적인 길을 걷게 되었다.

'제5후쿠류마루(第五福龍丸)'라는 이름의 배에 탔던 일본 어부 구보야마 아이키치(久保山愛吉)와 들판에서 일하던 스웨덴 농부의 사례도 이와 비슷하다. 구보야마는 건강한 몸을 밑천 삼아 뱃일을 하며 생계를 해결했고, 스웨덴의 농부 역시 밭에서 열심히 일하며 살았다. 그런데 이 두 사람은 공중에 떠다니던 독극물 때문에 사형 선고를 받고 말았다. 어부는 방사능 낙진 세례를 받았고, 농부는 독성이 들어 있는 살충제 세례를 받았다. 농부는 60에이커의 땅에 DDT와 벤젠헥사클로라이드를 함유한 살충제를 뿌리던 중 갑자기 바람이 휘몰아쳐 이 분말을 뒤집어쓰게 되었다. 룬드 병원의 기록에 다음과 같이 쓰여 있다. "저녁 무렵 이상하게 피곤함을 느꼈고 그다음 날도 왠지 기운이 없었다. 온몸이 떨리고 허리 통증과 다리가 쑤셔서 침대에 누워 있었다. 상태가 점점 더 나빠져 5월 19일〔살충제 살포 후 일주일 만에〕지역 병원에 입원했다." 열이 점점 더 올랐고 혈액 속의 혈구 수치도 비정상적이었다. 그는 룬드 병원으로 옮겨져 두 달 반 동안 괴로워하다가 사망했다. 부검 결과 골수가 완전히 파괴된 것으로 나타났다.

세포분열이라는 정상적이고 필수적인 과정이 이렇게 기괴하고 파괴적으로 변하는 이유를 밝히려면 많은 과학자의 노력과 엄청난 자금이 필요하다. 질서정연하게 이루어지던 세포분열 과정이 왜 갑자기 거칠고 조절할 수 없는 암세포 증식으로 변질되는 것일까?

질문에 대한 답은 여러 가지다. 암세포는 증식 과정에서 다양한 가면을 쓰고 등장하는데, 암의 발생 형태가 다 다르고 암세포의 성장과 퇴화에 영향을 미치는 요소도 제각각인 걸 보면 그 원인 역시 틀림없이 다양할 것이다. 모든 문제는 세포가 입은 사소한 피해에서 시작되는지도 모른다. 여기저기서 진행하는 연구 중 어떤 것은 암 연구를 겨냥하지 않았지만 우연히 연관되기도 하는데, 이런 작은 빛이 모여서 결국 문제를 해결할 수 있는 밝고 환한 빛이 된다.

다시 한번 생명의 가장 작은 단위인 세포와 염색체를 관찰함으로써 이런 미스터리들을 이해할 넓은 시야를 가질 수 있음을 확인했다. 이 소우주 속에서 정상적인 패턴에서 벗어나 갑자기 전혀 다른 메커니즘으로 작용하게 되는 원인을 찾아내야 한다.

매우 인상적인 암세포 기원 이론은 독일 막스플랑크 연구소의 생화학자 오토 바르부르크(Otto Warburg) 박사가 전개한 것이다. 바르부르크 박사는 복잡한 세포 내 산화 과정 연구에 일생을 바쳤다. 이런 지식을 바탕으로 정상세포가 악성세포로 변하는 방식을 놀랍고도 명확하게 설명할 수 있었다.

바르부르크 박사는 방사능이나 화학 발암물질이 정상세포의 호흡작용을 방해함으로써 세포에서 에너지 생성을 저해한다고 생각했다. 적은 양의 화학물질이라도 이런 일이 반복되면 심각한 해를 입게 된다. 일단 문제가 발생하면 돌이킬 수 없다. 호흡에 치명적인 독소 때문에 세포가 죽기도 하지만, 간신히 살아남은 세포들은 부족한 에너지를 보충하기 위해 안간힘을 쓴다. 손상을 입은 세포는 많은 양의 ATP를 생성하는 특별하고 효율적인 회로를 작동할 수 없어 원시적이고 덜 효과적인 발효를 통해 에너지를 만들려 노력하는데, 이 노력은 장시간 계속된다. 발효는 세포분열 과정 내내 계속되고, 그 이후 만들어진 세포들은 비정상적 방식으로 호흡하게 된다. 일단 변칙적 방식으로 호흡하게 된 세포는 1년이나 10년 또는 몇 십 년이 지나도 정상적 호흡을 할 수 없다. 잃어버린 에너지를 되찾으려 힘겹게 노력하는 살아남은 세포는 더 많은 발효를 통해 에너지 손실을 보충하려 한다. 다윈의 말처럼 상황에 가장 적합하거나 잘 적응하는 것만이 살아남는다. 마침내 발효로 생산한 에너지의 양이 호흡으로 생산한 에너지와 같아지는 순간에 도달한다. 이즈음 정상 체세포에서 암세포가 만들어진다는 의견이다.

바르부르크의 이론은 풀리지 않던 문제들을 설명해준다. 대부분의 암은 긴 잠복기를 갖는다. 호흡에 심각한 타격을 입은 수많은 세포가 점진적으로 진행되는 발효를 통해 세포분열을 하고, 이 분열에는 상당히 긴 시간이 필요하기 때문이다. 발효가 활성화하는 데 걸리는 시간은 종에 따라 다르다. 각 종마다 발효율이 다르기 때문이다. 발효 시간이 짧은 쥐는 암도 빨리 발발하고, 사람은 그 시간이 긴 편이어서(몇 십 년이 필요한 경우도 있다) 암의 발생이 비교적 서서히 이루어진다.

또한 바르부르크의 이론은 미량의 발암물질을 반복 흡수하는 것이 다량을 한 번 흡수하는 것보다 왜 더 위험한지도 풀어준다. 다량의 발암물질을 한 번 흡수하면 세포가 바로 죽지만 소량을 반복적으로 흡수하면 세포들이 상해를 입은 채로 살아남는다. 이렇게 살아남은 세포가 암세포로 전이되는 것이다. 이것이 발암물질에 '안전치'가 존재할 수 없는 이유다.

바르부르크의 이론으로 우리는 다른 이론이 설명하지 못한 또 다른 사실을 확인하게 된다. 암을 치료하는 물질이 암을 유발하기도 한다는 사실이다. 많은 사람이 알다시피 이 물질은 바로 방사능이다. 방사능은 암세포를 죽이는 동시에 암을 일으킨다. 오늘날 암을 치료하는 데 자주 사용하는 화학물질 역시 마찬가지다. 왜일까? 이 두 가지 물질 모두 세포호흡 과정을 손상시키기 때문이다. 이미 잘못된 방식으로 호흡하는 암세포에 또다시 손상을 입히면 그 세포는 죽고 만다. 하지만 정상세포는 처음으로 호흡에 문제가 발생한 것이므로 죽지 않고 살아남아 악성질환을 일으킨다.

1953년, 장기간에 걸쳐 산소 공급에 문제가 있던 노동자들에게서 정상세포가 암세포로 변화된 것을 확인했을 때 바르부르크의 이론은 비로소 인정을 받았다. 1961년 이 이론을 뒷받침하는 다른 증거가 나타났는데, 이번에는 세포조직의 수준이 아닌 살아 있는 동물에서였다. 방사능 추적 물질을 암에 걸린 쥐에 주입하고 쥐의 호흡을 세심하게 살폈더니 바르부르크 박사가 예견한 대로 발효 속도가 정상보다 상당히 빨랐다.

바르부르크 박사가 만든 기준으로 측정한 결과 대부분의 살충제는 완벽한 발암물질로 판명되었다. 앞 장에서 살펴보았다시피 염화탄화수소류, 페놀계 화학물질, 제초제의 상당수는 세포 내 산화와 에너지 생성을 방해한다. 이런 화학물질이 잠재적인 암세포를 만들기도 한다. 이런 세포들이 오랫동안 활동하지 않다가―오랫동안 잊고 생각지도 않은 순간에 이르러―마침내 그 활동에 불이 붙어 암세포가 되어버리는 것이다.

정상세포가 암세포로 전이되는 또 다른 방식은 염색체 이상이다. 이 분야의 매우 유능한 연구자들은 염색체에 손상을 입히고 세포분열을 방해하며 돌연변이를 초래하는 인자들을 의심의 눈으로 조사하고 있다. 그들에 따르면 모든 돌연변이는 암을 유발할 위험이 있다고 한다. 돌연변이는 일반적으로 배아세포에서 나타나서 앞으로 태어날 세대에게 문제를 일으킨다고 여겨지지만, 체세포에서도 돌연변이가 일어난다. 돌연변이 때문에 암이 발생한다고 주장하는 사람들에 따르면, 방사능이나 화학물질의 영향을 받은 세포는 세포분열을 관할하는 신체의 조절 기능에 이상이 생기는 돌연변이를 일으킨다고 한다. 이렇게 돌연변이 현상이 나타난 세포는 통제불능 상태에 놓이고, 조절 불가능할 정도로 세포 수가 급증하게 된다.

다른 한 연구자는 암세포의 염색체가 불안정한 상태라는 점에 초점을 맞춘다. 이런 염색체는 쉽게 파괴되거나 손상을 입으며 그 수가 불안정하고, 갑자기 2배로 늘어나기도 한다.

염색체 이상으로 암이 발생하는 과정을 처음으로 추적한 사람은 뉴욕 슬론케터링 연구소의 알베르트 레벤(Albert Leven)과 존 J. 비젤이었다. 악성종양이 먼저 생기는지 염색체 이상이 먼저 발생하는지를 놓고 이 연구자들은 주저 없이 "염색체 이상이 악성종양을 일으킨다"고 단언한다. 이들은 염색체에 중요한 손상이 생기고 그 결과 세포가 불안정해져서 많은 세포 세대가 시행착오를 겪게 된다고 생각했다. 이 기간(오랜 잠복기)에 돌연변이가 계속되다 보니 세포가 통제받지 않고 불규칙적으로 증식해 암이 된다는 것이다.

염색체 불안정론을 주장한 선구자 오이빈 빙에(Øjvind Winge)는 염색체 증가가 특히 중요하다고 말한다. 벤젠헥사클로라이드와 그 유사물질인 린데인이 실험 대상 식물의 염색체를 2배로 늘리고, 동물을 대상으로 한 실험에서도 재생불량성빈혈을 일으키는 것으로 나타난 게 그저 우연의 일치일까? 세포분열을 방해하고 염색체를 파괴하며 돌연변이를 일으키는 그 밖의 살충제들 역시 동일한 문제를 일으키는 것은 아닐까?

방사능이나 화학물질에 노출되었을 때 가장 흔히 발병하는 질환이 백혈병인 이유를 설명하기는 어렵지 않다. 물리적·화학적 돌연변이 유발물질이 공격하는 주요 대상은 활발히 분열하는 세포들이다. 여기에는 다양한 신체조직이 포함되지만 그중 조혈조직이 특히 중요한 목표가 된다. 골수에서는 1초당 1000만 개가량의 새로운 적혈구세포가 만들어져 혈류 속으로 방출된다. 백혈구는 림프관과 골수세포 등 다양한 장소에서 만들어지는데 그 양도 엄청나다.

어떤 화학물질은 스트론튬 90처럼 골수에 특히 심한 영향을 미친다.

살충제의 용해제로 자주 사용하는 벤젠은 골수에 20개월가량 머무르는 것으로 알려져 있다. 의학계에서는 오래전부터 벤젠이 백혈병을 유발한다고 알려져왔다.

급속도로 성장하는 어린아이의 조직은 악성세포가 자라기에 적절한 조건을 갖추고 있다. 맥팔레인 버넷 경은 전 세계적으로 백혈병이 늘고 있으며, 다른 병에 비해 3~4세의 어린이에게서 가장 많이 발견된다는 점을 지적했다. 이 권위자는 이렇게 말했다. "3~4세에서 가장 발병률이 높다는 사실은 태어날 때 아직 성숙하지 않은 신체기관이 돌연변이적 자극에 노출되었다는 것 말고는 달리 설명할 방법이 없다."

암을 유발하는 다른 돌연변이 물질은 우레탄이다. 임신한 생쥐에게 이 물질을 주입하면 어미뿐 아니라 새끼에게도 암이 생긴다. 새끼는 태어난 후에는 우레탄에 노출되지 않았으므로, 결국 화학물질이 태반을 통해 새끼에게 전해졌다고 볼 수 있다. 인간 역시 마찬가지여서 우레탄이나 그 밖의 관련 화학물질에 노출되면 태아에게도 영향을 줄 수 있다고 휴퍼 박사는 경고한다.

카르밤산염 계열 물질인 우레탄은 IPC와 CIPC 등의 제초제와 밀접한 관련이 있다. 암 전문가들의 경고에도 카르밤산염 계열의 화학물질은 살충제·제초제·살진균제뿐 아니라, 가소제·의약품·의류·절연체 등에 널리 사용한다.

간접적인 원인으로 암이 발생하기도 한다. 일반적 관점에서는 발암물질이 아니지만 우리 몸의 일부분이 비정상적 작용을 일으켜 악성종양으로 발전하는 경우가 그런 예다. 성호르몬의 균형 파괴로 발생하는 생식기암이 대표적이다. 이는 간이 호르몬을 제대로 조절하지 못하기 때문에 일어나는 것으로 생각된다. 간에 작용해 간접적 발암물질을 만들어 내는 염화탄화수소계 화학물질이 이런 문제를 일으킨다.

물론 정상적으로 분포하는 성호르몬은 각종 생식기관과 연계해 필요한 성장을 자극한다. 우리 몸에는 호르몬 과다 분비를 막아주는 보호 장치가 마련되어 있다. 간은 남성과 여성 호르몬(이 두 가지 모두 남성과 여성의 몸속에서 동시에 만들어지는데 그 양이 다를 뿐이다) 사이의 적절한 균형을 잡아주고 지나친 생성을 억제한다. 하지만 질병이나 화학약품으로 인해 간이 손상되거나 비타민 B 복합체가 부족하면 이런 기능을 할 수 없다. 그럴 경우 에스트로겐의 수치가 비정상적으로 치솟게 된다.

그 결과 어떤 일이 일어날까? 적어도 동물에서는 실험을 통해 다양한 증거를 확보했다. 록펠러 의학연구소의 한 연구원은 간이 손상된 토끼에서 자궁근종의 발생률이 높아지는 것을 관찰했는데, 간이 혈중 에스트로겐 농도를 조절하지 못하다 보니 발암물질이 급속도로 늘어나 암을 일으킨 것으로 생각했다. 생쥐, 쥐, 기니피그, 원숭이 등을 대상으로 한 연구에 따르면 에스트로겐 처치 기간이 길어질수록(그 양이 반드시 많을 필요는 없다) 생식 문제와 관련해 "가벼운 과잉 성장에서 심각한 암 유발에 이르기까지 다양한" 변화가 나타났다고 한다. 에스트로겐 처치를 한 햄스터는 신장에 종양이 생겼다.

물론 이런 문제를 둘러싸고 의학적 소견이 분분하지만, 인간의 조직에서도 유사한 결과가 나타날 수 있다는 증거가 많다. 캐나다 맥길 대학교의 로열빅토리아 병원 연구팀에 따르면 자궁암 환자 150명 중 3분의 2에서 평균치보다 훨씬 높은 농도의 에스트로겐이 검출되었다고 한다. 최근 보고된 20건에서는 환자의 90퍼센트에서 활발한 에스트로겐의 활동이 감지되었다.

간이 손상되면 에스트로겐 조절이 불가능해지는데, 이런 손상은 오늘날의 의료기술로는 추적할 수 없다. 아주 적은 양으로 간세포에 변화를 일으키는 염화탄화수소류가 그런 예다. 염화탄화수소류는 비타민 B군의 결핍을 초래한다. 비타민 B군은 암에 대항해 우리 몸을 보호하는 일을 하기 때문에 특히 중요하다. 슬론케터링 암연구소의 책임자 C. P. 로즈(C. P. Rhods)는 화학 발암물질에 노출된 실험동물에게 비타민 B가 풍부한 효모를 먹이면 암으로 전이되는 걸 막을 수 있음을 발견했다. 비타민 B가 부족하면 구강암이나 그 밖의 소화기관 암이 발병한다. 이런 사실은 미국뿐 아니라 비타민이 부족한 식사를 하는 스웨덴과 핀란드 등 북구 여러 나라에서도 관찰되었다. 영양실조로 고생하는 아프리카의 반투족에서 간암이 많이 발견되는 것도 마찬가지다. 아프리카에서는 남성이 유방암에 걸리는 일이 상당히 많은데, 간질환과 영양실조 때문이다. 전후 그리스에서는 심하게 굶주리는 동안 남성의 가슴이 커지는 일이 나타나곤 했다.

간단히 말해, 살충제는 간에 문제를 일으키고 비타민 B 공급을 저해하여 간접적으로 암을 유발한다고 볼 수 있다. 이런 문제가 생기면 '내생(內生)적인' 에스트로겐 분비가 증가한다. 여기에 더해 우리는 다양한 합성 에스트로겐에 늘 노출되는데, 화장품·약품·음식·직업적 접촉 등 에스트로겐의 복합적 효과는 심각한 위험을 불러일으킨다.

(살충제를 비롯해) 암을 유발하는 화학약품을 피하기란 정말 힘들다. 사람들은 각기 다른 방식으로 동일한 화학물질에 노출되곤 한다. 비소가 그

중 하나다. 비소는 각기 다른 가면을 쓰고 우리 환경 속으로 들어온다. 공기 중에 떠다니는 오염물질, 오염된 물, 식품에 남아 있는 농약, 약품과 화장품, 목재용 방부제, 페인트와 잉크의 착색제 등에 존재한다. 단한 번의 노출로 악성종양이 발생한다고 말할 수는 없다. 하지만 이미여러 개의 추를 올려 아슬아슬하게 균형을 잡고 있는 저울이 있다고 할때, 여기에 또 다른 추를 하나 더 올려놓으면 그 눈금이 갑자기 기울지 않겠는가?

두세 종류의 발암물질이 함께 작용하면 그 영향력이 합해져서 더 심각한 문제가 발생한다. 이를테면 DDT에 노출된 사람이 각종 용매, 페인트 제거제, 탈지제, 드라이클리닝 용매, 마취제 등으로 널리 사용하며 간을 손상시키는 탄화수소류 등에도 노출된다고 하자. 그렇다면 DDT의 '안전용량'이 과연 무슨 의미가 있겠는가?

한 가지 화학물질이 다른 물질에 영향을 미쳐 그 효과가 더욱 복잡해지기도 한다. 때로 두 종류의 화학물질이 상호작용해 암이 발생하는 경우도 있다. 한 물질이 세포나 조직에서 암 발생에 민감한 상황을 만들면 다른 물질이 암 발생 인자를 활성화해 심각한 종양으로 발전한다. IPC나 CIPC 같은 제초제는 피부종양을 유발하고 다른 매개물질, 말하자면 일반적으로 사용하는 세제가 가세해 이 종양을 악성으로 바꾼다.

물리적 요인과 화학적 요인 사이에는 어떤 상호작용이 있는 듯하다. 백혈병은 2단계로 진행되는데, X선으로 말미암아 생겨난 악성종양이 우레탄 같은 화학물질에 자극받아 백혈병으로 진행하는 것이다. 방사능을 내뿜는 물질이 다양해지고 화학물질에 노출되는 사람이 늘어가면서 이 세상은 심각하고 새로운 문제를 맞게 되었다.

방사능물질로 인한 식수원 오염은 또 다른 문제를 던져준다. 물에는 이미 갖가지 화학물질이 함유되어 있다. 여기에 이온화 방사능이 작용하기라도 하면 원자 배열이 바뀌어 전혀 예측할 수 없는 새로운 화학물질이 만들어진다.

미국의 수질오염 전문가들은 세제야말로 상수원의 심각한 오염원이라고 지적한다. 이런 오염물질을 제거하는 방법은 없다. 또 모든 세제를 발암물질이라고 말할 수도 없다. 하지만 세제가 소화기 내벽에 작용하거나 화학물질에 좀더 민감하도록 조직을 변화시켜 유독물질의 효과를 극대화하는 상황을 만들 수는 있다. 이렇게 간접적 방식으로 암을 유발할 가능성도 고려해야 한다. 그러나 누가 이런 모든 상황을 예견하고 조절할 수 있겠는가? 모든 것이 복잡하게 변화하는 상황에서, 발암물질의 '안전 허용량'을 인정하는 것이 과연 옳은 일일까? 발암물질은 전혀 검출되지 않아야 정상이 아닐까?

최근에 일어난 일을 보면, 암을 일으키는 인자들이 주변에 널려 있는데도 우리는 별 생각이 없는 듯하다. 1961년 봄, 연방 정부·주 정부·개인 소유의 부화장에서 키우는 무지개송어에 간암이 급속도로 퍼졌다. 미국 동부와 서부에서 자라는 송어들이 모두 피해를 입었다. 3년생 송어 100퍼센트가 암에 걸린 곳도 있었다. 악성종양이 발생한 어류를 신고하도록 한 미국 국립암연구소의 환경암 부서와 어류·야생동물국 간의 사전 규약에 따라 조사가 실시되었다. 수질오염이 사람들에게 암을 유발할 것을 우려한 조기 경보에 따른 조치였다.

이렇게 넓은 지역에 질병이 퍼진 정확한 이유를 알아내려는 연구가 한창 진행 중인 가운데 많은 사람은 부화장에서 사용하는 먹이에 문제가 있지 않은지 의심한다. 기본적인 먹이 외에도 믿을 수 없을 만큼 다양한 화학첨가물과 약품을 투입하기 때문이다.

송어 부화장 사건은 잠재적 발암물질이 특정한 생물 종에 흡수될 경우 어떤 일이 벌어지는지를 보여주는 대표적인 사례다. 휴퍼 박사는 "적절한 예방조치를 취하지 않으면 언젠가 인류도 이와 비슷한 재앙을 맞게 될 것"이라고 말했다.

한 연구원이 말했다시피 '발암물질의 바다'에 살고 있다는 사실에 놀란 사람들은 그저 쉽게 절망과 패배주의에 빠진다. "그렇다면 희망이 전혀 없다는 말이 아닌가" 하고 아예 포기해 이런 결론을 내린다. "발암물질을 제거하는 일이 과연 가능하기나 할까? 쓸데없이 시간을 낭비하는 대신 암 치료법을 찾는 데 전력을 다하는 게 낫지 않을까?"

오랫동안 암 연구에 몰두한 휴퍼 박사의 의견에는 대부분의 사람들이 존경을 표한다. 이 문제를 오랫동안 고민해왔고 또 평생을 연구와 실험에 바쳐왔기에 사려 깊은 의견을 들려줄 수 있어서다. 휴퍼 박사는 암과 관련한 오늘날의 상황이 전염병이 만연하던 19세기와 비슷하다고 믿는다. 오래전 파스퇴르와 코흐는 병을 일으키는 병원체를 규명했다. 그들의 뛰어난 업적 덕에 의사와 일반인은 병을 일으키는 엄청난 미생물과 인간이 함께 살고 있다는 사실을 알게 되었다. 주변에 다양한 발암물질이 퍼져 있는 오늘날의 상황도 비슷하다. 대부분의 전염병은 적절한 방역이 이루어지자 확실히 제거되었다. 이런 놀라운 성과는 적절한 치료뿐 아니라 합당한 예방책이 있었기에 가능했다. 세인들의 마음속에는 모든 병을 단번에 치료해주는 '마법의 총탄'이나 '놀라운 묘약'이 자리 잡고 있을지 모르지만, 전염병 퇴치를 위한 가장 확실한 대응법은 주변 환경에서 전염병의 원인이 되는 세균을 제거하는 것이다. 역사적 사례를 찾아보자면, 100년 전 런던에서 콜레라가 창궐하던 때가 떠오른다. 런던의 의사 존 스노(John Snow)는 병이 발생한 지역을 추적하다가 한 지역에서 시작되었음을 알아냈다. 그 지역에 사는 사람들이 모두 브로드 가의 한 펌프장에서 물을 길어다 마셨다. 재빠르고 단호하게 예방에 나선 스노 박사는 우선 펌프의 손잡이를 없애버렸다. 그러자 전염병이 사그라지기 시작했다. 콜레라 병원균을 죽이는 마법의 약(당시는 알려지지 않은)을 찾아내서가 아니라 병원균 전파를 차단한 덕이었다. 적절한 처방은 환자뿐 아니라 감염의 진원지를 줄이는 데도 중요한 구실을 한다. 오늘날은 폐결핵이 비교적 드문 편인데, 일반인이 결핵균과 접촉하는 기회가 거의 없기 때문이다.

우리는 이 세상이 암을 유발하는 물질로 가득 차 있음을 잘 알고 있다. 휴퍼 박사는 치료적 수단('놀라운 치료약'을 찾아내려는)에만 신경 써 암을 공략하면 결과는 실패로 돌아갈 것이라고 말한다. '치료법'을 찾아내는 속도보다 더 빨리 새로운 희생자가 생겨나는 상황에서 발암물질이 쌓여 있는 창고에는 손도 대지 않는 것이나 마찬가지이기 때문이다.

그렇다면 암과 관련해 이런 상식적인 접근법을 채택하는 데 왜 그렇게 늑장을 부리는 것일까? "암의 예방보다는 희생자 치료가 더 극적이고 구체적일뿐더러 더욱 화려하고 보답도 크기 때문이 아닐까" 하는 게 휴퍼 박사의 생각이다. 하지만 암을 예방하는 것이 그 치료보다 "훨씬 인간적이며 효과적"이다. 휴퍼 박사는 "매일 아침식사 전에 한 알만 먹으면 되는 마술의 암 치료제" 운운하는 이야기를 들을 때마다 참을 수가 없다고 한다. 암 발생 원인이 하나이고 그 치료법도 하나라고 생각하는 잘못된 인식 때문이다. 암은 다양한 화학적·물리학적 요인으로 말미암아 발생하고 복잡다단한 생물학적 양상으로 나타난다는 사실을 고려해야 한다.

물론 오랫동안 기다려온 '놀라운 치료제 개발'이 언젠가 성공을 거둘지도 모른다. 설령 그렇다고 해도 모든 종류의 악성종양을 낫게 해주는 만병통치약이 될 수는 없다. 이미 암의 희생자가 된 사람들의 고통을 덜어주고 그 병을 낫게 하기 위한 치료제 연구는 계속되어야 하지만, 어떤 특효약이 등장해 모든 문제를 해결할 것이라는 희망을 주는 것은 너무나도 무책임하다. 암의 해결은 한 번에 한 발짝씩 천천히 진행될 것이다. 암의 치유책을 찾겠다며 몇 백만 달러를 연구에 쏟아붓고 온갖 희망을 투자하면서, 정작 암을 예방할 수 있는 최고의 기회를 무시하는 일이 일어나서는 안 된다.

우리 미래가 비관적인 것만은 아니다. 19세기에서 20세기로 이행할 당시 전염병이 심각하게 퍼진 상황보다 적어도 한 가지 면에서는 더 낙관적이다. 그때 온갖 병원체가 가득한 것처럼 오늘날 세상에는 발암물질이 가득하다. 그 당시 문제를 일으킨 것은 인간이 아니었다. 사람들이 자발적으로 병원균을 퍼뜨린 것이 아니라는 말이다. 하지만 오늘날 대부분의 발암물질을 **만들어낸** 장본인은 인간이다. 그러므로 원하기만 한다면 그 위험물질의 상당수를 없앨 수 있다. 암을 유발하는 물질이 우리 환경에 등장하는 데에는 두 가지 방식이 있다. 먼저 좀더 편하고 손쉬운 생활을 추구하는 과정에서, 둘째 화학물질의 제조와 판매를 경제와 산업의 한 부분으로 편입하는 과정을 통해서다.

이 세상에서 모든 화학 발암물질을 제거하는 것은 비현실적 목표일지도 모른다. 하지만 그중 상당수는 생활에 필수적인 성분이 아니다. 이런 물질들을 제거하면 전체 발암물질의 양이 훨씬 줄어들고, 그 결과 4명 중 1명에게서 암이 발병할 가능성도 줄어들 것이다. 우리는 음식과 식수와 대기를 오염시키는 발암물질을 제거하기 위해 노력해야 한다.

이들 위험물질은 수년간 지속적으로 계속 흡수되기 때문에 가장 위험한 요인임을 잊지 말아야 한다.

의학 전문가들은 암 발생의 환경 요인을 규명해 그 인자들을 제거하거나 효과를 줄이면 악성종양이 감소할 거라는 휴퍼 박사의 의견에 동의한다. 이미 암에 걸렸거나 암에 걸린 징후가 나타난 사람들을 위한 치료법 개발 노력은 계속되어야 한다. 그러나 아직 암에 걸리지 않은 사람과 태어나지 않은 세대를 위한 암의 예방책 역시 반드시 필요하다.

15

자연의 반격

자기만족을 위해 자연을 일정한 틀에 꿰맞추려고 온갖 위험을 무릅쓰지만, 결국 그 목적을 달성하지 못하는 것은 결정적 역설이다. 하지만 이것이 바로 우리가 처한 상황이다. 자연은 결코 인간이 만든 틀에 순응하지 않는다. 곤충은 자신을 향한 화학적 공격을 우회적으로 피해가는 방법을 찾아낸다. 이것은 굳이 언급하지 않더라도 누구나 알고 있는 진실이다.

네덜란드의 생물학자 C. J. 브리에르는 이렇게 말했다. "자연에서 가장 놀라운 것이 곤충의 세계다. 이들에게 불가능이란 없다. 인간이 생각하기에 불가능해 보이는 일이 곤충의 세계에서는 실제로 일어난다. 곤충의 신비를 깊숙이 꿰뚫어보는 사람은 그 경이에 숨이 막힐 것이다. 곤충의 세계에서는 어떤 일이라도 일어날 수 있다."

여기서 말하는 '불가능'은 두 가지 측면에서 일어난다. 유전적 선택 과정에서 곤충들은 화학물질에 막강한 저항력을 보유한다. 이 문제는 다음 장에서 자세히 이야기할 것이다. 지금 여기서 살펴볼 더욱 광범위한 문제는 인간이 뿌려대는 화학물질로 인해 환경의 내재적 저항력과 각 생물 종을 적절하게 조절하는 방어벽이 약화하는 현상이다. 우리가 이런 방어벽을 무너뜨릴 때마다 곤충의 수는 엄청나게 불어난다.

전 세계적으로 보고된 내용을 살펴보면 우리가 지금 심각한 곤경에 빠져 있다는 걸 알 수 있다. 지난 10년간 강도 높은 화학 방제를 통해 이미 해결했다고 생각한 문제들이 다시 등장하고 있다. 그 수가 미미하던 곤충이 심각할 정도로 늘어났다. 근본적으로 화학 방제는 자기파괴적이다. 복잡한 생물계를 고려하지 않고 멋대로 고안하고 적용하기 때문이다. 사전에 실험을 거쳤다고는 하지만, 이는 특정 종류의 곤충을 대상으로 했을 뿐 전체 생물계를 대상으로 한 것은 아니다.

요즘 사람들은 자연의 균형이란 삶이 단순하던 옛날에나 가능한 것으로, 이제는 완전히 잊어버리는 편이 낫다고 생각한다. 그렇게 넘겨버리면 마음은 편할지 모르나, 이는 상당히 위험한 발상이다. 물론 먼 옛날 홍적세와는 다르겠지만 자연의 균형은 오늘날에도 분명히 존재한다. 절벽 끝에 서 있는 사람이 중력의 법칙을 무시할 수 없듯이 위험에 처한 우리 역시 복잡하고 정확하며 고도로 잘 짜인 생물계를 무시할 수 없다. 자연의 균형이 현재 모습 그대로 유지되는 **불변의 상태**를 의미하는 게 아니다. 자연의 균형이란 유동적이고 계속 변화하며 조절과 조정이 가능한 상태를 말한다. 인간도 자연이 이루는 균형의 일부분이다. 그런데 가끔씩 인간이 이런 상태를 자의적으로 바꾸곤 한다. 그 결과 인간에게 불리한 방향으로 문제가 생긴다.

오늘날 곤충 방제 사업은 두 가지 중요한 사실을 놓치고 있다. 첫 번째는 정말 효과적인 곤충 방제는 인간이 아닌 자연에 의해 이루어진다는 점이다. 자연계에는 고유한 '환경 저항'이 존재해서 특정 종마다 개체수가 일정하게 조절되는데, 이는 지상에 첫 생명체가 등장한 이후 계속 그래왔다. 먹이, 기상과 기후 조건, 경쟁 상대나 포식종 등이 모두 '환경 저항'의 중요한 요소다. 곤충학자 로버트 멧캐프(Robert Metcalf)는 "이 세상이 곤충으로 뒤덮이지 않게 예방하는 가장 좋은 방법은 그 곤충들이 서로 싸우게 만드는 것"이라고 했다. 하지만 대부분의 화학약품은 인간의 친구든 적이든 구분하지 않고 모든 곤충을 없애버린다.

두 번째는 환경 저항이 약해지면 종족을 재생산하려는 폭발적 힘이 발휘된다는 사실이다. 사람들도 그 힘을 어렴풋이 감지하고는 있다. 어떤 생명체는 우리의 상상을 뛰어넘을 만큼 놀라운 번식능력을 자랑한다. 학생 시절, 수초와 물만 있는 어항에 원생동물 배양액 몇 방울을 떨어뜨렸을 때 어떤 기적이 일어나는지 본 적이 있다. 며칠 지나지 않아 셀 수 없이 많은 짚신벌레(*Paramecium*)가 어항 가득 빙빙 돌면서 정신없이 움직이고 있었다. 먼지만큼 작은 이 생물체는 적당한 온도와 충분한 먹이가 보장되고 아무런 적도 존재하지 않는, 그야말로 에덴동산 같은 환경에서 무한대로 증식했다. 해안가 바위를 온통 흰색으로 뒤덮은 따개비와 몇 마일에 걸쳐 끊이지 않고 이어져 바닷물보다 더 많게 느껴지는 해파리를 보면서도 이런 사실을 확인할 수 있다.

대구는 겨울 바다를 헤엄쳐 산란 장소로 이동하고, 그곳에서 암컷 한 마리당 수백만 개의 알을 낳는다. 이때도 자연적 조절의 기적을 확인할 수 있다. 태어난 새끼 대구가 모두 살아남는다면 바다는 온통 대구로 가득 차겠지만 사실은 그렇지 않다. 자연계의 견제로 수백만 마리 중 평균 몇 마리만 살아남아 부모들을 대신한다.

생물학자들은 가끔 생각하기조차 싫은 엄청난 재앙으로 자연의 조절 기능이 사라져서 특정 종의 자손이 모두 살아남는다면 어떻게 될지 상상한다. 한 세기 전 토머스 헉슬리(Thomas Huxley)는 진딧물(짝짓기 없이도 번식하는 놀라운 능력을 지녔다) 암컷 한 마리가 한 해 동안 생산해내는 자손의 무게를 모두 합하면 중국 국민의 체중 합계와 비슷할 거라고 추정한 바 있다.

다행히 이런 상황은 이론으로만 가능하다. 하지만 동물생태학을 연구하는 학생들은 자연의 균형이 깨질 경우 어떤 결과가 일어나는지 잘 알고 있다. 코요테를 없애려는 목장주 때문에 들쥐가 번성하는 일이 일어났는데, 들쥐를 잡아먹던 코요테가 갑자기 줄어들었기 때문이다. 애리조나주 카이밥고원의 사슴도 자주 등장하는 사례다. 한때 사슴의 수는 환경에 맞게 적절한 균형을 이루었다. 늑대·퓨마·코요테 등 사슴을 잡아먹는 포식자가 그 수를 조절하는 구실을 한 덕이었다. 그런데 사슴을 잡아먹는 동물을 죽여 사슴을 '보호'하자는 캠페인이 시작되었다. 포식자가 사라지자 사슴이 급증했고, 곧 먹이가 바닥나버렸다. 먹을 것을 찾아 나선 사슴은 나무의 새순까지 뜯어먹었지만 먹을거리는 계속 부족했고, 포식자에게 잡아먹히는 수보다 굶어죽는 수가 더 많아졌다. 더구나 먹이를 찾으려는 필사적인 노력으로 상황은 더욱 악화되었다.

밭과 삼림의 포식곤충은 카이밥고원의 늑대나 코요테 역할을 한다. 이들이 죽으면 그 먹이가 되던 곤충의 개체수가 갑작스럽게 증가한다.

아직 규명이 제대로 이루어지지 않아 지구상에 존재하는 곤충의 종류가 얼마나 되는지 정확히 알 수는 없다. 하지만 이미 밝혀진 것만 해도 70만 종 이상이다. 지구상 생물체의 70~80퍼센트를 차지한다. 이러한 곤충 대부분은 인간의 개입이 없는 자연의 힘에 의해 조절된다. 그렇지 않다면, 상상할 수 있는 엄청난 화학물질이나 다른 어떤 수단으로도 그 개체수를 조절하지 못할 것이다.

문제는 천적 구실을 하는 동물이 모두 사라진 뒤에야 비로소 그 동물이 맡고 있던 조절 기능을 깨닫는다는 사실이다. 숲을 지나면서도 그 아름다움과 경이를 모르는 것처럼, 우리 주변에 자리 잡고 있는 낯설고 때로 무섭기까지 한 생명의 힘을 잘 알지 못한다. 포식곤충과 기생곤충의 활동은 더더욱 모른다. 정원의 덤불숲에서 이상하게 생긴 곤충의 사나운 모습을 발견한 적이 있을 테고, 사마귀가 다른 곤충을 잡아먹는다는 사실 정도는 어렴풋이나마 알 것이다. 한밤중 정원에서 손전등을 비추어 여기저기서 사마귀가 은밀히 먹이를 노리며 기어가는 광경을 보면 자연의 섭리를 이해하게 된다. 여기에서는 잡아먹는 자와 잡아먹히는 자 사이에 드라마가 펼쳐진다. 자연이 스스로를 제어하기 위해 사용하는 냉혹하고 집요한 힘의 존재를 감지할 수 있다.

다른 곤충을 잡아먹는 포식곤충은 종류가 다양하다. 어떤 것은 움직임이 재빨라 마치 제비처럼 날아가며 공중에서 먹이를 채간다. 나무줄기를 따라 터벅터벅 걷듯이 움직여 가만히 앉아 있는 진딧물을 잡아먹는 곤충도 있다. 땅벌은 몸통이 연한 곤충을 잡아 그 진액을 새끼에게 먹인다. 나나니벌은 처마 밑에 진흙으로 집을 짓고는 먹이를 잡아들여 새끼에게 준다. 또 호스가드말벌은 가축 주위를 맴돌며 그 피를 빨아먹는 파리를 없애준다. 붕붕거리며 날아다니는 꽃등에는 때때로 벌로 오해받는데, 진딧물이 많은 나뭇잎에 알을 낳고 이 알은 진딧물을 잡아먹으며 자란다. 무당벌레는 진딧물이나 깍지진디 등 식물을 먹어치우는 곤충을 격퇴하는 데 가장 효과적이다. 알을 한번 낳기 위해 무당벌레 한 마리가 먹어치우는 진딧물은 말 그대로 수백 마리에 이른다.

특히 놀라운 것은 기생곤충이다. 이들은 자기들이 의탁하려는 대상을 즉시 죽이지 않는다. 대신 자손을 키우는 데 이 희생물을 다양하게 이용한다. 포획물의 유충이나 알 속에 제 알을 낳고 그 알이 숙주를 먹으며 자라게 한다. 어떤 곤충은 끈적거리는 액체를 방출해 나비나 나방의 애벌레에 자기 알을 붙여놓기도 한다. 이 유충에 기생하던 곤충은 부화하면서 숙주의 몸을 뚫고 밖으로 나온다. 어떤 곤충은 본능에 따른 통찰력으로 잎사귀에 알을 낳는데, 잎을 갉아먹는 애벌레가 우연히 이 알을 삼키면 자연스럽게 그 애벌레 속으로 들어가 기생한다.

밭, 산울타리, 정원, 숲 등에서도 포식곤충과 기생곤충이 열심히 먹이를 찾거나 일을 한다. 태양에 반사된 날개가 마치 불붙은 것처럼 반짝거리는 잠자리가 연못 위를 날아간다. 이들의 선조는 커다란 파충류가 사는 늪지를 돌아다니곤 했다. 예전에 그랬던 것처럼 날카로운 눈을 가진 잠자리는 하늘을 날다가 바구니 모양의 다리로 모기를 잡아챈다. 습지에서는 마치 물의 요정처럼 보이는 잠자리 유충이 모기나 다른 곤충의 유충을 잡아먹는다.

하늘거리는 초록색 날개에 황금색 눈을 가진 수줍고 비밀스러운 풀잠자리는 페름기에 살던 고대 곤충의 후손이다. 날개가 투명해서 나뭇잎 위를 날고 있으면 그 모습이 잘 보이지 않을 정도다. 풀잠자리 성충은 나무의 수액과 진딧물의 체액을 먹고 자란다. 이것은 나무줄기 끝에 알을 낳은 뒤 나뭇잎으로 잘 덮어놓는데 여기에서 새끼가 자라난다. 뺏

빳한 털이 나 있는 풀잠자리 유충은 진딧물, 깍지진디, 응애 등을 잡아 체액을 빨아먹고 자란다. 이들은 끊임없는 생태 순환 주기를 거쳐 번데기 시기를 보낼 흰색 누에고치를 지을 때까지 수백 마리의 진딧물을 잡아먹는다.

다른 곤충의 알이나 유충에 기생하는 대표적 곤충으로 말벌과 파리가 있다. 알에 기생하는 것은 극히 작은 말벌인데, 그 엄청난 수와 놀라운 활동력으로 농작물에 피해를 입히는 많은 해충을 조절해준다.

이런 작은 생명체들은 태양 아래에서든, 비가 오든, 날이 어두워지든 열심히 일한다. 겨울이 찾아와 생명의 불길이 잦아들면 잠시 활기가 수그러드는데, 봄이 세상을 깨워 다시 곤충에게 생명의 불을 지필 때까지 잠시 기다린다. 그동안 기생곤충과 포식곤충은 담요처럼 덮인 흰 눈 아래에서, 차가운 서리로 단단해진 땅속에서, 나뭇등걸의 갈라진 틈 사이에서, 안전한 동굴 속에서 추운 계절을 보내곤 한다.

여름이 끝나면 생명을 다하게 되는 사마귀 어미는 알을 낳은 뒤 얇은 나무껍질로 잘 감싸서 작은 나뭇가지에 안전하게 매달아둔다.

잊힌 다락방 한구석에 잘 숨어 있던 쌍살벌 암컷은 제 몸속에 종족의 미래가 달린 수정란을 지니고 다닌다. 외로운 생존자인 이 암컷은 봄이 되면 작은 둥지를 짓고 여기에 알을 몇 개 낳은 뒤 일벌을 키운다. 일벌의 도움으로 둥지를 넓히고 새로운 집단을 이룩해간다. 이 일꾼들은 무더운 여름날에도 끊임없이 무수한 애벌레를 잡아들여 먹이로 삼는다.

이런 생존 방식과 인간의 본질적 요구로, 곤충들은 인간을 보호하고 자연의 균형을 유지해주는 동맹군 구실을 했다. 하지만 이제 사람들은 제 친구들에게 총구를 겨누고 있다. 우리를 집어삼킬 적을 막아내는 데 커다란 도움을 주는 곤충의 가치를 평가절하하는 건 큰 위험을 자초하는 일이다.

살충제의 수, 다양성, 파괴성 등이 매년 실질적으로 증가하면서 환경 저항은 점점 더 약화하고 있다. 그러다 보니 시간이 지나면서 질병을 옮기고 농작물에 피해를 입히는 곤충의 개체수는 유래 없을 만큼 심각하게 증가했다.

"좋아요. 하지만 이 모든 이야기가 그저 이론에 지나지 않을 수도 있잖아요?" 이런 질문을 하는 사람이 있을지도 모른다. "그런 일은 일어나지 않을 겁니다. 적어도 내가 살아 있는 동안에는요." 이런 의견도 있을 수 있다.

하지만 문제가 존재하는 것은 틀림없다. 1958년까지 과학 학술지에 자연의 균형이 깨지면서 갑작스러운 변화를 겪은 곤충이 50여 종이나 보고되었다. 더구나 매년 새로운 사례들이 등장한다. 최근 들어서는 살충제로 인해 곤충 개체수에 심각한 동요가 일어난다는 보고나 이와 관련한 문제를 제기하는 논문이 215편이나 나왔다.

화학 방제의 결과, 없애려던 곤충이 오히려 놀라울 만큼 팽창하는 일도 발생했다. 캐나다 온타리오 지방의 흑파리는 살충제를 뿌리고 난 뒤 예전보다 17배나 불어났다. 영국에서는 유기인산계 화학물질을 살포한 후 양배추가루진딧물이 엄청나게 증가했다.

목표 대상 곤충에 효과적으로 작용하긴 했지만, 다른 한편으로 파괴적 병균이 담긴 판도라의 상자를 완전히 열어젖혀 심각한 문제를 일으킨 경우도 있다. 예를 들어 잎응애는 DDT와 기타 살충제들이 그 천적을 죽이는 바람에 전 세계적으로 퍼져나갔다. 잎응애는 곤충이 아니다. 거미, 전갈, 진드기 등을 포함하는 분류군에 속한 다리 8개의 아주 작은 생물체. 생물체에 구멍을 내거나 빨아먹기에 적합한 입을 갖고 있는 잎응애는 세상을 푸르게 만들어주는 엽록소를 엄청난 식욕으로 먹어치운다. 작고 뾰족한 입을 나뭇잎에 틀어박고 엽록소를 빨아먹는데, 이들의 침략으로 나무에 반점이 생기고 관목숲은 희끗희끗해졌다. 응애의 개체수가 늘어나면서 나뭇잎은 누렇게 변했다가 떨어져버렸다.

1956년 미국 산림청이 88만 5000에이커의 숲에 DDT를 뿌렸을 때, 서부의 국유림에서 일어난 일도 의미심장하다. 가문비나무새싹벌레 방제를 위해 약을 뿌렸는데, 이듬해 여름 벌레가 입힌 것보다 더 심각한 피해가 나타났다. 공중에서 이 숲을 살펴본 결과, 울창하던 미송이 누렇게 변하고 뾰족한 잎은 다 떨어져 광범위한 지역이 황폐해졌다. 헬레나국유림과 빅벨트산맥의 서부 능선, 몬태나주의 여러 지역과 아이다호주에 이르는 넓은 숲이 마치 불에 그은 듯 변해버렸다. 1957년 여름은 역사상 잎응애가 가장 창궐한 해다. 살충제를 뿌린 거의 모든 지역이 피해를 입었다. 그 이외 지역에서는 피해가 두드러지지 않았다. 선례를 찾는 과정에서 삼림학자들은 이보다는 덜하지만 그래도 극심했던 잎응애의 재앙을 발견했다. 1929년 콜로라도주 옐로스톤 국립공원의 매디슨강을 따라가며 이런 일이 발생했고, 1956년 뉴멕시코주에서도 비슷한 일이 일어났다. **모두 살충제를 살포한 뒤 발생한 일이었다.** (1929년은 DDT가 등장하기 전이어서 비산납을 살포했다.)

살충제를 뿌렸는데 왜 잎응애가 더욱 번성한 것일까? 잎응애가 농약에 별 반응을 보이지 않아서이기도 하지만 다른 두 가지 이유가 더 있다. 먼저 자연 상태에서 잎응애는 무당벌레·혹파리·칠레이리응애·애꽃노린재 등 다양한 포식자에 의해 조절되는데, 이들은 모두 농약에 극도로 민감하다. 또 하나 잎응애 군집 내의 개체군 압력을 고려해야 한다. 아무런 방해를 받지 않은 응애는 조밀한 집단을 유지하는데, 적에게 모습을 드러내지 않으려 보호망을 펴고 모두 모여 있다. 농약을 뿌렸을 때 간신히 살아남은 응애들은 적의 방해를 받지 않는 곳을 찾아 점점 더 팽창해간다. 그 과정에서 응애는 예전보다 더 넓은 공간과 풍부한 먹이를 찾게 된다. 적이 이미 사라졌기 때문에 응애는 비밀스러운 보호망을 유지하는 데 힘을 쏟을 필요가 없다. 대신 더 많은 후손을 만들어내는 데 온 에너지를 쏟아붓는다. 응애의 알이 3배나 증가하는 것은 당연한 일로, 이 모든 게 살충제가 유발한 결과다.

사과 재배 지역으로 유명한 버지니아주의 셰넌도어계곡에 붉은줄무늬잎말이나방이 급속히 퍼졌다. 그때까지 사용하던 비산납을 DDT로 대체한 뒤 일어난 일이었다. 이렇게 심한 파괴는 예전에 없었다. 농작물의 50퍼센트가 피해를 입었는데, 이 지역뿐 아니라 동부와 중서부까지 타격이 이어졌고 DDT의 사용량도 증가했다.

이런 상황에는 이해하기 힘든 요소가 많았다. 1940년대 후반 캐나다 노바스코샤주의 사과 과수원 중에서 코들링나방 피해를 가장 심하게 입은 곳은 정기적으로 살충제를 뿌린 과수원이었다. 살충제를 뿌리지 않은 과수원에서는 나방의 피해가 그리 심각하지 않았다.

DDT 때문에 쓰디쓴 경험을 한 아프리카 수단 동부의 면화 재배농들은 살충제 살포를 그리 반가워하지 않는다. 관개용수를 끌어다 쓰는 수단의 가시 삼각주(Gash Delta) 6만 에이커의 땅에 면화를 재배하고 있었다. DDT 살포 초기에는 그 결과가 좋은 듯했기에 방제의 강도는 점점 더 강해졌다. 그러자 문제가 발생했다. 면화에게 매우 심각하고 파괴적인 적 가운데 하나가 목화다래벌레다. 면화에 농약을 뿌릴수록 목화다래벌레가 점점 더 불어났다. 농약을 뿌리지 않은 면화는 농약을 뿌린 면화보다 피해가 덜했고 농약을 두 번 뿌린 밭에서는 면화 생산량이 극격히 감소했다. 잎을 갉아먹는 곤충 몇 종을 박멸했지만, 그 소득이라는 것이 목화다래벌레가 일으킨 피해에 비하면 보잘것없는 수준이었다. 결국 재배농들은 농약 살포에 아무런 수고와 비용을 투자하지 않았다면 목화밭이 훨씬 더 나은 상태였으리라는, 유쾌하지 않은 진실을 확인하게 되었다.

벨기에령 콩고와 우간다에서는 커피밭 해충 방제를 위해 DDT를 과다 살포했다가 '재앙'을 만난 적이 있다. 이 병원균은 DDT에 꿈쩍하지 않았고, 오히려 이 해충을 잡아먹는 포식곤충에만 큰 해를 입혔기 때문이다.

해충 제거를 위해 몇 번이고 반복해 뿌린 살충제가 곤충 세계의 역동적 개체 조절 작용을 방해해서 더욱 큰 문제를 불러일으키는 일이 미국에서도 발생했다. 최근 실시한 살충제 대량 살포 사업 두 건에서 그 결과를 확인할 수 있다. 하나는 서부에서 실시한 불개미 방제 사업이고, 다른 하나는 중서부에서 실시한 왜콩풍뎅이 방제 사업이다. (이 문제는 10장과 7장 참조.)

1957년 루이지애나주 농장에서 헵타클로르의 대량 살포가 이루어졌는데, 그 결과 사탕수수에 치명적인 사탕수수명나방이 급속도로 번성했다. 헵타클로르 살포 후 명나방 피해가 늘어났다. 불개미를 겨눈 화학물질이 명나방의 천적을 다 죽여버린 때문이었다. 사탕수수가 너무나 큰 해를 입자 농부들은 정부가 방제 결과를 제대로 알리지 않았다며 주정부를 상대로 소송을 제기했다.

일리노이주 농부들 역시 이와 유사한 쓰라린 교훈을 얻었다. 왜콩풍뎅이 방제를 위해 일리노이주 동부 농장에 디엘드린을 엄청나게 뿌려댄 뒤 이 지역에 조명충나방이 급속도로 증가했다. 농약을 뿌린 지역의 밭에서 자란 옥수수에는 다른 지역에서 자란 옥수수보다 2배가 넘는 해충이 나타났다. 농부들은 이런 문제가 일어난 생물학적 원인을 알지 못했고, 과학자들에게서 무엇이 잘못된 시도였는지 설명도 듣지 못했다. 특정 벌레를 없애려다가 훨씬 더 심각한 피해를 안겨주는 해충을 불러들인 꼴이 되었다. 농무부의 추정에 따르면 미국 내에서 왜콩풍뎅이로 인한 피해가 매년 1000만 달러가량인 데 비해, 조명충나방으로 말미암은 피해는 약 8500만 달러라고 한다.

조명충나방을 억제하는 데 자연 방제가 얼마나 효과적인 수단인지 살펴보자. 1917년 이 해충이 유럽으로부터 예기치 않게 유입되자, 2년 후 미국 정부는 천적을 수입하는 대규모 사업을 실시했다. 조명충나방에 기생하는 곤충 24종을 엄청난 비용을 들여 유럽과 동양에서 수입한 것이다. 그중 5종이 조명충나방을 없애는 데 효과를 나타냈다. 그런데 이런 노력이 모두 수포로 돌아갈 처지에 놓였다. 살충제 때문에 이 나방의 천적이 다 죽어버린 것이다.

만일 이런 주장이 근거 없다고 생각한다면, 1880년대 캘리포니아주 감귤밭에서 실시한 유명하고 성공적인 생물학적 방제법을 떠올려보자. 1872년 감귤류의 수액을 빨아먹는 깍지진디가 캘리포니아주에 나타난 지 15년 만에 파괴적인 해충으로 번성해 과수원의 과일에 큰 피해를 입혔다. 이제 막 자리를 잡기 시작한 감귤 농사의 기반이 흔들리게 되었다. 많은 농부가 농사를 포기하고 나무를 베어냈다. 그때 오스트레일리아에서 깍지진디에 기생하는 '베달리아무당벌레'를 수입했다. 이 무당벌레를 풀어놓은 지 2년 만에 캘리포니아주의 감귤 재배 지역 전역에서 깍지진디를 완전히 방제했다. 그때부터 지금까지 오렌지 과수원에서 깍지진디의 흔적을 찾아볼 수 없다.

그런데 1940년대에 감귤 재배농들이 다른 곤충을 없애기 위해 근사한 새 화학물질을 실험적으로 뿌려보았다. DDT의 등장과 그 뒤를 이은 유독성 화학물질로 캘리포니아주 여러 곳에서 베달리아무당벌레가 사라졌다. 무당벌레를 수입하기 위해 정부에서 지출하는 금액은 겨우 5000달러에 불과했다. 무당벌레 덕에 농부들은 매년 수백만 달러를 아낄 수 있었지만 더 이상 그런 혜택을 누릴 수 없게 되었다. 깍지진디는 금세 다시 퍼져나갔고, 그 피해는 지난 50년 동안 어떤 병충해 피해보다도 심각했다.

"이는 한 시대의 종지부를 찍는 일과 마찬가지입니다." 리버사이드에 있는 감귤시험장의 폴 더바크 박사는 말한다. 이제 깍지진디 방제는 훨씬 더 복잡해졌다. 여러 번에 걸쳐 풀어놓은 후에야 베달리아무당벌레가 다시 자리를 잡았다. 농약을 뿌릴 때에도 이 무당벌레가 살충제에 피해를 입지 않도록 살포 시기에 극도로 주의를 기울였다. 하지만 감귤 재배농들이 아무리 주의한다 해도 정작 그 성패는 주변 농장주들의 손에 달려 있다. 옆 농장에서 뿌린 살충제가 바람을 타고 날아들면 다시 심각한 피해가 일어나기 때문이다.

이 모든 것은 농작물에 피해를 입히는 곤충의 사례다. 그렇다면 질병을 옮기는 해충은 어떨까? 이미 경고등에 불이 들어왔다. 제2차 세계대전 중 남태평양의 니산섬에 엄청난 양의 농약을 뿌렸는데, 전쟁이 끝나면서 농약 살포도 중단했다. 그러자 말라리아균을 옮기는 모기가 급속도로 불어나 섬을 뒤덮었다. 말라리아모기의 천적이 사라진 뒤라 그 천적이 다시 자리를 잡기까지는 많은 시간이 필요했다. 그러다 보니 말라리아모기가 폭발적으로 늘어났다. 마셜 레어드(Marshall Laird)는 이 사건을 설명하며 화학약품 방제를 러닝머신에 비유했다. 일단 그 위에 발을 올려놓은 뒤에는 멈췄을 때 어떤 일이 일어날지 두려워 계속 달려야 하기 때문이다.

어떤 곳에서는 살충제 살포와 질병 발생이 상당히 독특하게 연관되어 있다. 달팽이 같은 연체동물은 살충제에 거의 완전한 면역성을 지닌다. 플로리다 동부의 염습지에서 살충제를 사용하는 대량 학살이 있었는데 이때 수생달팽이만 살아남았다(209쪽). 이런 모습은 초현실주의 화가의 그림처럼 소름끼치도록 무시무시한 광경을 연상시킨다. 달팽이들이 죽음의 비에 희생된 물고기와 다 죽어가는 게 주위를 돌아다니며 그것들을 게걸스럽게 먹어치웠다.

이 사건이 왜 중요하다는 것일까? 수생달팽이는 기생충의 숙주 구실을 하는데, 이 기생충은 생애의 일정 기간을 연체동물과 인간의 몸속에서 산다. 식수를 통해 몸속으로 들어가거나 오염된 물속에서 목욕하고 수영을 하는 사람들의 피부를 뚫고 들어가 심각한 질병을 일으키는, 주혈흡충도 비슷한 예다. 이 흡충은 중간숙주인 달팽이를 통해 물속으로 옮겨진다. 아시아와 아프리카에서는 이것으로 인한 질병이 광범위하게 퍼져 있다. 살충제를 뿌린 뒤 달팽이가 급증한 곳에서 이런 병이 발생하는데, 그 결과는 무시무시하다.

물론 달팽이가 옮기는 병에 인간만 희생되는 것은 아니다. 소, 양, 염소, 사슴, 엘크, 토끼 등 온혈동물한테 발생하는 간질환도 민물달팽이에 일정 기간 기생하는 간디스토마 때문이다. 이런 벌레에 감염된 가축의 간은 식용으로 부적절하기 때문에 대부분 폐기한다. 이에 따라 연간 350만 달러에 이르는 손실이 발생한다. 달팽이의 수가 증가하면 상황은 더욱 악화하게 마련이다.

지난 10여 년간 이런 문제 때문에 어두운 그림자가 드리워졌지만 우리는 심각성을 알아차리지 못했다. 자연 방제법을 발전시키고 널리 알리는 데 중요한 몫을 하는 사람들도 더 흥미진진해 보이는 화학 방제에 신경 쓰느라 바빴다. 1960년 전체 응용곤충학자의 2퍼센트만이 생물학적 방제 분야에서 일하는 것으로 보고됐다. 나머지 98퍼센트는 화학 살충제 연구에 몰두했다.

왜 이렇게 되었을까? 화학회사들은 살충제 연구와 관련해 많은 대학에 연구비를 퍼부었다. 대학원생들을 위해 매력적인 연구원 자리를 제공하는 것은 물론 직원으로도 채용했다. 하지만 생물학적 방제 연구에는 지원을 하지 않는다. 이유는 간단하다. 생물학적 방제는 화학 방제처럼 확실한 이윤을 보장하지 않기 때문이다. 결국 생물학적 방제는 주정부와 연방 정부가 맡게 되고, 관련 업무의 임금은 훨씬 더 낮은 수준에 머무를 수밖에 없다.

화학 방제를 열렬히 옹호하는 사람 중에 뛰어난 곤충학자가 많다는 미스터리가 해소된다. 이 학자들의 배경을 조사해보면 화학회사들에서 연구비를 지원받는다는 사실이 드러난다. 전문가로서 명성, 때로는 제 직업 자체가 화학 방제의 성공 여부에 달려 있다. 이런 사람들이 자기를 먹이고 입혀주는 그 손을 물어뜯을 수 있을까? 이들의 성향을 알게 된다면 살충제가 무해하다는 그들의 주장을 곧이곧대로 믿을 수 있을까?

화학 방제가 가장 효과적이라고 생각하는 최근 추세 속에서 스스로 화학자나 엔지니어가 아니라 생물학자라는 사실을 잊지 않은 몇몇 곤충학자가 연구 논문 몇 편을 발표했다.

영국의 F. H. 제이컵(F. H. Jacob)은 이렇게 말했다. "이른바 응용곤충학자라는 사람들은 살충제 분무기가 구원을 가져다준다는 신념을 갖고 활동하는 듯하다. ……화학 살충제가 곤충의 반격이나 내성, 또는 인축 독성 등 문제를 일으킬 때에도 화학자들은 다른 살충제를 준비해 발표할 것이다. ……궁극적으로 오직 생물학자만이 병충해 방제의 가장 근본적인 문제에 답할 수 있다."

노바스코샤의 A. D. 피킷은 이렇게 썼다. "응용곤충학자는 자신들이 살아 있는 생명체를 다루고 있음을 깨달아야 한다. ……그들의 임무는 단순히 살충제를 실험하거나 고도로 파괴적인 화학물질을 찾아내는 것 이상이어야만 한다." 피킷 박사는 포식자와 기생자를 이용하는 곤충 방제 분야의 선구자다. 그와 동료들이 개발 중인 이 방법은 눈부신 모범이지만 이용하는 사람이 너무 적다. 미국에서 피킷 박사의 제안에 필적할 만한 것이라고는 캘리포니아주의 곤충학자들이 만들어낸 통합 방제 사업 정도다.

35년 전, 한때 캐나다의 사과 주산지이던 노바스코샤 아나폴리스계곡의 사과 과수원에서 피킷 박사는 연구를 시작했다. 그때만 해도 사람들은 무기화학물질 살충제가 해충 문제를 해결할 수 있으리라 믿었고, 사과 재배농들은 이 방식을 계속 실행했다. 하지만 그 장밋빛 꿈은 실현되지 못했다. 어쨌든 곤충은 계속 살아남았다. 새로운 화학물질이 속속 추가되었고 더 나은 살포 기구가 고안되었으며 살충제 사용 열망이 커졌지만 문제 해결에는 아무런 진전도 없었다. 그때 DDT는 코들링나방의 '악몽'을 해결해줄 것 같았다. 하지만 DDT가 가져다준 것은 유례없는 응애의 재앙이었다. "그저 한 위기에서 또 다른 위기로 옮겨갔고, 골치 아픈 문제를 다른 문제로 대체했을 뿐"이라고 피킷 박사는 말했다.

이 시점에 피킷 박사와 동료들은 강력한 독성 화학물질 개발을 목표로 하는 여느 곤충학자들과 전혀 다른 길을 걸었다. 곤충을 자연의 강력한 동맹군으로 인정하는 이 연구자들은 살충제 사용은 최소화하고 자연 방제를 최대화하는 방안을 고안했다. 익충에게는 해가 되지 않고 해충만 방제할 수 있도록 최소량의 살충제만 투입했다. 살포 시기 역시 중요했다. 사과꽃이 분홍색으로 변하기 전 황산니코틴을 살포하면 중요한 포식곤충의 생명을 구할 수 있었다. 그때에는 이 곤충이 아직 알 상태이기 때문이다.

피킷 박사는 가능하면 기생곤충과 포식곤충에게 해가 적은 화학물질을 고르는 데 특별한 관심을 기울였다. "DDT·파라티온·클로르데인·그 밖의 새로운 살충제를 과거에 사용하던 무기화학물질처럼 마구 살포한다면, 생물학적 방제에 관심 있는 곤충학자들은 차라리 완전 포기를 선언하는 편이 나을 것이다." 유독물질 대신 그는 라이아니아(열대식물의 줄기에서 추출), 황산니코틴, 비산납 등을 사용했다. 아주 특별한 경우에는 농도가 약한 DDT나 말라티온을 썼다(흔히 사용하는 100갤런당 1~2파운드 용액 대신 100갤런당 1~2온스). 오늘날 사용하는 살충제 중 이 두 물질이 가장 독성이 약하지만 피킷 박사는 이 물질들조차 훨씬 더 안전하고 더욱 선택적 화학물질로 대체하기 위해 연구 중이다.

이 방안을 잘 실행할 수 있을까? 피킷 박사의 방제법을 실시한 노바스코샤의 과일 재배농들은 화학물질을 사용한 사람들보다 일등품 사과 생산 비율이 더 높았다. 과일의 품질 역시 우수하고 비용 면에서도 훨씬 더 유리했다. 노바스코샤 사과밭의 방제 비용은 다른 지역에 비해 10~20퍼센트에 지나지 않았다.

이보다 훨씬 더 중요한 사실은, 노바스코샤 곤충학자들이 제안하는 방법은 자연의 균형을 해치지 않는다는 점이다. 캐나다의 곤충학자 G. C. 얼리엣(G. C. Ullyett)이 10년 전 강조한 철학을 다시 한번 깨닫게 된다. "우리는 그동안 유지해온 철학을 바꿔야 하며 인간이 우월하다고 믿는 태도를 버려야 한다. 또 자연이 인간보다 특정 생물체의 수를 조절하는 훨씬 더 경제적이고 다양한 방법을 갖고 있다는 사실을 인정해야 한다."

밀려오는 비상사태

만일 다윈이 오늘날 살아 있다면, 자신의 적자생존 이론이 인상적으로 증명되었다는 사실에 기뻐하면서도 한편으로 놀랄 것이다. 화학 방제가 대세인 상황에서 약한 곤충은 사라지게 마련이다. 곤충을 제거하려는 인간의 노력과 상관없이 많은 지역에서 가장 강하고 환경에 잘 적응하는 종만이 살아남게 되었다.

반세기 전, 워싱턴 주립대학교의 곤충학 교수 A. L. 멜랜더(A. L. Melander)가 이제는 그저 수사학적 표현이 되어버린 질문을 던진 적이 있다. "곤충은 살충제에 저항력이 있을까?" 그 당시에는 질문의 답을 잘 몰랐겠지만 그것은 순전히 멜랜더 교수가 질문을 너무 일찍 한 탓이다. 1914년이 아니라 그로부터 40년 뒤, 1954년쯤 이런 질문을 했더라면 답을 정확히 찾았을 것이다. DDT가 등장하기 전에는 살충제로 무기화학물질을 사용했는데, 그 결과 몇몇 곤충이 화학 살충제 분사를 이기고 살아남았다. 멜랜더 교수 자신도 산호세깍지벌레 방제를 하며 곤란을 겪었지만 몇 년 동안 석회유황합제를 살포해 이 해충의 피해를 줄일 수 있었다. 그런데 워싱턴주의 클라크스턴 지역에서는 이 곤충을 감당할 수 없었다. 즉 위냇치와 야키마계곡을 비롯한 다른 지역들보다 곤충을 없애는 일이 훨씬 더 힘들었다.

갑자기 이 나라 다른 지역에 사는 깍지진디들이 '과수 재배농들이 열심히 뿌려대는 석회유황합제 때문에 꼭 죽어야 하나'를 생각하게 된 듯했다. 수천 에이커에 이르는 중서부의 좋은 과수원들이 살충제에도 끄떡없는 해충들 때문에 온통 엉망이 되어버렸다.

나무 위 캔버스 천으로 만든 텐트에서 사이안화수소산을 뿜어대던 유서 깊은 캘리포니아식 방제법이 몇몇 지역에서 실망스러운 결과를 내기 시작하자 캘리포니아 감귤시험장에서 연구에 나섰다. 1915년 시작한 이 연구는 25년 동안 계속되었다. 농약에 저항하는 방식을 알아낸 또 다른 해충은 '사과벌레'로 알려진 코들링나방이었다. 이 벌레를 없애기 위해 40년 동안 비산납을 성공적으로 사용했지만 1920년대 들어서는 효력이 떨어졌다.

'곤충의 저항 시대'가 본격적으로 시작된 것은 DDT와 다른 화학물질들이 등장한 이후였다. 곤충이나 동물 개체군의 역동성에 대해 기초 지식을 지닌 사람이라면 수년 내에 흉측하고 위험한 문제가 생기리라는 사실을 잘 알 것이다. 곤충이 살충제에 반격을 가할 수 있는 효과적인 무기를 보유하고 있음이 서서히 드러나고 있다. 하지만 질병을 옮기는 해충에 관심 있는 사람들만 이 상황의 본질을 인식할 뿐이다. 농사를 짓는 사람 대부분은 태평스럽게도 새롭고 독한 화학약품의 개발을 믿고 있는데, 지금 당면한 문제가 그런 느슨한 추론 때문임을 모르는 듯하다.

곤충의 저항에 대한 이해가 서서히 진보하고 있지만 곤충의 저항은 그렇지 않다. DDT가 등장하기 전인 1945년 기존 살충제에 내성을 지닌 것으로 보고된 곤충은 12종 정도였다. 그런데 새로운 유기화학물질이 등장해 널리 사용된 1960년대에 이르자 화학물질에 내성을 지닌 곤충이 137종으로 급증했다. 그 끝이 어떻게 될지 아는 사람은 없다. 이 문제를 주제로 1000종 이상의 과학 논문이 나왔다. 세계보건기구는 "질병을 옮기는 해충 제거 사업에서 가장 심각한 문제는 곤충의 저항"이라는 성명서에 서명한 전 세계 과학자 300여 명의 명단을 소개했다. 영국의 저명한 동물 개체군 연구자 찰스 엘턴 박사는 이렇게 말했다. "앞으로 엄청난 영향력을 미칠 무서운 사태를 예언하는 소리가 들려오고 있다."

곤충이 살충제에 내성을 너무 빨리 획득하고 있어서 화학 방제의 성공을 알리는 보고서의 잉크가 채 마르기도 전에 내용을 개정해야 하는 경우도 생긴다. 예를 들어 남아프리카공화국의 목장주들은 꼬리소참진드기 때문에 많은 피해를 입었는데, 한 농장에서는 소 600마리가 죽었다고 했다. 이 진드기가 수년에 걸쳐 비소계 살충제에 내성을 지니게된 것이다. 그 후 벤젠헥사클로라이드를 사용해봤지만 그 효과는 아주 짧은 시간만 지속되었다. 1949년 초반에 발표된 보고서는 비소에 내성을 보이는 진드기를 새로운 화학물질로 박멸할 수 있다고 했다. 하지만 그해 말이 되자 이 물질에도 진드기가 내성을 보인다는 우울한 보고가 이어졌다. 이런 상황은 1950년 〈피혁 산업 리뷰(Leather Trades Review)〉에 실린 글을 통해 잘 알 수 있다. "이 문제는 과학계에만 알려지고 일반 신문에는 아주 자그마한 기사로 소개될지 모른다. 하지만 그 중요성을 제대로 이해하기만 한다면 새로운 원자폭탄의 등장처럼 신문의 헤드라인을 장식하기에 충분하다."

곤충의 내성은 농업과 임업뿐 아니라 공중보건 분야에서도 심각한 문제가 아닐 수 없다. 곤충과 인간의 질병은 오래전부터 밀접한 관계가 있었다. 아노펠레스(Anopheles)속 모기는 인간의 혈류에 말라리아 병원균을 주입한다. 어떤 모기는 황열병을 옮기고 또 다른 모기는 뇌염을 일으킨다. 집파리는 사람을 물지 않지만 접촉을 통해 사람들이 먹는 음식물을 오염시켜 이질균을 퍼뜨리고 세계 곳곳에 안질환을 옮기기도 한다. 발진티푸스와 이, 페스트와 쥐벼룩, 아프리카수면병과 체체파리, 다양한 열병과 진드기 등 각종 질병과 그 질병을 옮기는 매개체의 목록은 수없이 이어진다.

이는 모두 중요하고 반드시 해결해야 하는 문제들이다. 책임 있는 사람이라면 누구도 해충이 옮기는 질병을 무시하지 않는다. 그런데 문제를 해결한다며 상황을 더욱 악화시키는 방식을 사용하는 것이 과연 현명한지 잘 생각해봐야 한다. 질병을 옮기는 해충을 없애 전염병을 통제했다는 빛나는 승전보는 자주 들었지만 그 반대편의 이야기, 즉 실패 사례는 듣지 못했다. 해충이 인간들 때문에 오히려 더 강해졌다는 놀라운 주장을 강력히 뒷받침해주는 '짧은 승리'의 이야기는 잘 알려져 있지 않다. 더욱 나쁜 점은 우리 스스로 해충에 대응할 수 있는 수단을 파괴하고 있다는 사실이다.

저명한 캐나다의 곤충학자 A. W. A. 브라운은 세계보건기구에서 의뢰받아 이런 내성 문제를 조사했다. 1958년 출판한 보고서에서 브라운 박사는 이렇게 말했다. "공중보건 사업에서 합성 살충제를 사용한 것은 10여 년에 지나지 않는다. 이전에는 적절하게 제어할 수 있던 해충들이 내성을 갖게 되었다는 사실이 중요한 문제로 등장했다." 이 논문의 발표와 더불어 세계보건기구는 다음과 같이 경고했다. "이 문제를 해결하지 못한다면, 말라리아·발진티푸스·페스트 등 해충이 옮기는 전염병을 막기 위한 노력이 상당한 타격을 입을 것이다."

그렇다면 곤충의 반격 정도를 어떻게 측정할 수 있을까? 살충제에 내성을 지닌 해충 목록을 살펴보면 의학적으로 중요한 곤충이 대부분 포함되어 있다. 흑파리·모래파리·체체파리 등은 아직 화학약품에 내성을 보이지 않는 반면, 집파리와 이는 전 세계적으로 점점 더 강한 내성을 지니게 되었다. 모기가 내성을 지니게 되면서 말라리아 퇴치 사업도 위협받고 있다. 페스트를 옮기는 쥐벼룩은 최근 들어 DDT에 내성을 보이는 것으로 보고되었다. 다양한 해충이 살충제에 내성을 지니게 되었다는 보고는 전 세계, 모든 대륙에서 나오고 있다.

의료 목적으로 근대적 살충제를 처음 사용한 것은 1943년 이탈리아에서 발진티푸스를 박멸하기 위해 연합군이 사람들에게 DDT를 뿌렸을 때였다. 2년 뒤 말라리아모기 퇴치를 위해 이때 남은 약을 살포했다. 이듬해 문제의 징후가 나타났다. 집파리와 쿨렉스모기가 이 살충제에 내성을 보이기 시작한 것이다. 1948년에는 새로운 화학물질 클로르데인이 DDT를 대체했다. 새로운 화학물질이 소개되자 내성 역시 빠른 속도로 증가했다. 1951년 말, 더 이상 해충에 효과를 발휘하지 못하는 화학약품 대열에 메톡시클로르, 클로르데인, 헵타클로르, 벤젠헥사클로라이드가 합류했다. 그동안 파리는 그야말로 '환상적'으로 증가했다.

이와 비슷한 사태가 1940년대 후반 이탈리아 사르데냐에서 되풀이되었다. 덴마크에서는 1944년 DDT를 함유한 살충제를 처음 사용했는데, 1947년까지 여러 곳에서 파리 방제가 실효를 거두지 못했다. 이집트의 일부 지역에서는 1948년에 이미 파리가 기존 살충제에 내성을 지니고 있었다. 더욱 독성이 강한 BHC로 살충제를 대체했지만 채 1년도 지속되지 않았다. 한 마을에서 이 문제가 상징적으로 나타났다. 파리를 효과적으로 박멸한 1950년, 이 마을의 영아 사망률은 50퍼센트가량 떨어졌다. 하지만 이듬해 파리는 DDT와 클로르데인에 내성을 지니게 되었다. 파리는 그 수가 예전 수준으로 늘었고, 영아 사망률도 급속히 증가했다.

1948년 미국에서도 DDT 내성을 지닌 파리가 테네시계곡 일대에 널리 퍼졌다. 곧 다른 지역으로도 퍼져나갔다. 디엘드린을 사용해 파리를 제거하려는 시도는 별 성공을 거두지 못했다. **단 두 달 만에** 파리가 이 살충제에 저항력을 지니게 되었기 때문이다. 사용 가능한 모든 염화탄화수소계 화학물질을 시도해본 방제 당국이 유기인산계 살충제로 바꿔봤지만 해충은 다시 내성을 확보했다. 전문가들은 "집파리 방제를 살충제에 의존할 수 없게 되었으므로 기본적인 위생시설 개선에 역점을 두는 수밖에 없다"는 결론을 내렸다.

이를 제거하는 데 DDT를 가장 먼저 사용한 곳은 나폴리로, 그 결과가 매우 고무적이었다. 이탈리아에서 거둔 성공을 기반으로 1945~1946년 겨울, 일본과 한국에서 이 퇴치를 위해 200만여 명에게 DDT를 사용해 성과를 얻었다. 그러나 1948년 에스파냐에서 유행한 발진티푸스 발병 때 사용한 DDT는 별 효과를 거두지 못했다. 앞으로 닥칠 심각한 문제의 전조였다. 거듭되는 실패에도 곤충학자들은 실험실 실험을 바탕으로 살충제에 내성이 없다고 믿었다. 이런 의미에서 1950~1951년 겨울, 한국에서 실시한 방제는 놀랄 만한 결과를 보여주었다. 한국 군인들에게 DDT 가루를 뿌렸는데, 오히려 이가 더 많이 퍼졌다. 이를 잡아 분석한 결과 5퍼센트 농도의 DDT로는 아무런 영향을 미치지 않는 것으로 나타났다. 도쿄 이타바시구의 부랑자 수용시설, 시리아·요르단·이집트 동부의 난민 수용소에서도 이와 비슷한 일이 일어나서 이와 발진티푸스 예방에 DDT가 아무런 효력을 발휘하지 못한다는 사실이 거듭 확인되었다. 1957년 DDT에 이가 내성을 보인 나라는 이란·터키·에티오피아·서아프리카·남아프리카공화국·페루·칠레·프랑스·유고슬라비아·아프가니스탄·우간다·멕시코·탕가니카(1961~1964년에 존재한, 현재 탄자니아 본토-옮긴이) 등으로 확대되었고, 이탈리아에서 거둔 승리는 별 의미가 없어지고 말았다.

DDT에 내성을 보인 첫 번째 말라리아모기는 그리스에서 발견된 아노펠레스 사카로비(Anopheles sacharovi)라는 학명의 모기였다. 1946년 광범위한 살포는 초기에 성공을 거두었다. 그런데 1949년 관찰자들은 살충제를 뿌린 집과 마구간에서 빠져나와 다리 밑에 모여 있는 모기를 발견했다. 모기 성충은 동굴, 농장 건물, 배수로는 물론 오렌지나무의 잎과 줄기에 자리를 잡고 번성하기 시작했다. 이들은 DDT를 뿌린 집에서 도망 나와 야외에서 쉬면서 어느 정도 기운을 회복했다. 그리고 나서 몇 달이 지나자 살충제를 뿌린 집의 벽에 그대로 붙어 있어도 별 탈이 없을 정도가 되었다.

이런 일들은 지금 벌어지는 극히 심각한 문제의 전조에 지나지 않는다. 말라리아를 없애기 위해 모든 집에 살충제를 뿌려댄 결과 아노펠레스모기의 내성은 놀라울 만큼 증가했다. 1956년 살충제에 내성을 지닌 것은 단 5종에 지나지 않았다. 1960년대 초에는 그 수가 28종으로 늘어났다. 서아프리카, 중동, 중앙아메리카, 인도네시아, 동유럽 등지에서도 말라리아 매개 모기가 발견되었다.

질병을 옮기는 모기를 비롯해 여러 종의 모기에서 이런 패턴이 반복되었다. 무서운 상피병을 옮기는 기생충을 보유한 열대성 모기는 세계 곳곳에서 강한 내성을 갖게 되었다. 미국 몇몇 지역에서는 서부말뇌염을 옮기는 모기가 내성을 지니게 되었다. 좀더 심각한 문제는 황열병인데, 이 질병은 수세기 동안 전 세계를 덮친 매우 위험한 전염병 중 하나였다. 살충제에 내성을 지닌 황열병 매개 모기는 처음 동남아시아에서 나타났는데, 이제는 카리브해 일대에서도 쉽게 볼 수 있다.

말라리아와 그 밖의 질병을 옮기는 모기들에 관한 보고가 세계 곳곳에서 쏟아지고 있다. 1954년 트리니다드에서 황열병이 발생했는데, 모기가 내성을 지녀 방제가 제대로 이루어지지 않은 때문이었다. 인도네시아와 이란에서는 말라리아가 급속도로 증가했다. 그리스, 나이지리아, 라이베리아에서도 모기가 계속 번성해 말라리아 병원균을 옮기고 다녔다. 미국 조지아주에서는 파리를 제거해 이질을 어느 정도 막을 수 있었지만 1년이 지나자 곧 예전 상태로 되돌아갔다. 이집트에서도 파리를 제거해 심각하던 결막염 발병을 줄였지만 1950년을 넘기지 못하고 예전 상태로 되돌아갔다.

사람의 건강 측면에서는 덜 심각하지만 경제적인 측면에서 볼 때 플로리다의 염습지모기가 내성을 갖게 되었다는 점은 상당한 골칫거리가 될 수 있다. 질병을 옮기지는 않지만 피에 굶주린 모기 떼 때문에 플로리다 해변 넓은 지역이 사람 살기에 부적합해졌고 곧이어 방제가 시작되었다. 하지만 역시 별 소용이 없었다.

일반적 집모기가 내성을 확보하면서 세계 곳곳에서 대규모 살충제 살포를 잠시 재고하게 되었다. 이 종들은 이탈리아, 이스라엘, 일본, 프랑스, 미국의 캘리포니아·오하이오·뉴저지·매사추세츠 주에서 거의 보편적으로 사용하는 DDT 등 여러 종류의 살충제에 내성을 보이고 있다.

진드기 역시 문젯거리다. 반점열의 매개체인 숲진드기가 최근 살충제에 내성을 획득했다. 갈색개참진드기도 화학물질을 쉽게 피할 수 있게 되었다. 이들은 개뿐 아니라 인간에게도 큰 문제다. 이 진드기는 원래 아열대 지역에 서식하는데 북쪽으로 뉴저지주까지 올라왔고, 야외 대신 따뜻한 건물 안에서 겨울을 날 수 있게 되었다. 미국자연사박물관의 존 C. 팰리스터(John C. Pallister)는 1959년 여름 센트럴파크웨스트 인근 아파트의 주민들에게서 수많은 전화를 받았다. 그는 이렇게 말했다. "가끔 어린 진드기가 아파트 전체에 퍼지곤 했는데 없애기가 쉽지 않았습니다. 센트럴파크에서 개가 옮겨온 진드기가 아파트에서 알을 낳은 것입니다. 이들은 DDT나 클로르데인에 면역이 된 듯했습니다. 뉴욕에서 진드기가 등장하는 것은 매우 드문 일입니다. 하지만 이제는 뉴욕 곳곳과 롱아일랜드, 웨스트체스터, 코네티컷 주에까지 퍼졌습니다. 이런 현상은 지난 5~6년 동안 특히 두드러졌습니다."

해충 방제업자들이 한때 가장 선호하던 클로르데인에 대해 북아메리카 전역에 퍼져 있던 독일바퀴가 내성을 보이자, 대신 유기인산계 화학물질을 사용하기 시작했다. 해충이 이렇게 내성을 지니게 되면 방제업자들은 다음번에는 어떤 살충제를 사용해야 할지 난감해진다.

전염병 방역 기관은 해충이 내성을 지니게 되면 지금껏 사용하던 살충제를 다른 살충제로 교체하는 식으로 문제를 해결해왔다. 하지만 화학자들이 아무리 새로운 물질을 만들어낸다고 해도 이런 식으로 계속 진행할 수는 없는 노릇이다. 브라운 박사는 "우리가 일방통행로를 달려가고 있다"고 지적했다. 이 길이 얼마나 오래 이어질지 아무도 모른다. 만약 전염병을 옮기는 해충을 적절하게 통제하기 전에 우리가 막다른 골목에 도달한다면 상황은 정말로 힘들어진다.

농작물을 해치는 곤충들 역시 마찬가지다.

무기화학물질에 내성을 보이는 12종의 해충 목록에 이제는 DDT, BHC, 린데인, 톡사펜, 디엘드린, 알드린, 심지어 인산계 화학물질에 저항력을 지닌 일련의 곤충들이 더해졌다. 1960년 살충제에 내성을 보이는 해충이 65종에 달했다.

미국의 농작물 해충이 DDT에 내성을 보인 첫 사건은 DDT를 사용한 지 6년 뒤인 1951년에 발생했다. 가장 골칫거리는 코들링나방이었는데, 오늘날 이 벌레는 세계 곳곳의 사과 재배 지역에서 DDT에 내성을 보이고 있다. 양배추벌레는 또 다른 근심거리다. 감자벌레도 미국 전역에서 살충제에 별 반응을 보이지 않게 되었다. 6종의 면화벌레는 총채벌레, 심식충, 매미충, 애벌레, 응애, 진딧물, 청동방아벌레 등과 더불어 농부가 뿌리는 농약의 공격을 무시하게 되었다.

화학회사들은 해충의 저항이라는 현실을 그리 달가워하지 않는다. 1959년 100여 개의 주요 곤충이 화학물질에 상당한 내성을 보였고, 관련 학술지는 곤충의 '실존하는 또는 상상 속'의 내성을 언급했다. 하지만 화학업계가 이 문제에서 그저 얼굴을 돌린다고 해서 문제가 사라지지 않으며 불유쾌한 경제적 문제들은 그대로 남는다. 그중 하나는 화학물질을 사용하는 해충 방제 비용이 점차 상승한다는 사실이다. 살충제를 미리 사두고 비축하는 일은 더 이상 의미가 없다. 지금은 가장 효과적으로 보이는 살충제라도 내일이면 전혀 쓸모없어질 수 있다. 살충제라는 무력만으로는 자연에 효과적으로 접근할 수 없음을 곤충들이 증명하는 순간, 새로운 살충제를 만드는 데 필요한 엄청난 재정적 투자는 허무하게 사라져버린다. 과학기술이 아무리 빨리 새로운 살충제를 만들어내어 곤충들에게 뿌린다고 해도, 그 곤충들은 이보다 한 발 앞서서 나아갈 것이 틀림없다.

다윈도 살충제 내성을 획득하는 곤충들보다 '자연 선택'을 더 적절하게 설명하는 사례를 찾지 못할 것이다. 신체구조나 행동, 생리학적 특징과 개체군의 다양성 등을 고려할 때 화학물질의 공격에 가장 잘 살아남을 수 있는 존재는 '강인한' 곤충이다. 살충제로는 약한 곤충만을 없앨 뿐이다. 살아남은 곤충에게는 위험에서 자신을 지킬 수 있는 형질이 전해진다. 이들이 퍼뜨린 후손은 선조로부터 '강인함'을 물려받았다. 이들을 없애기 위해 더욱 강력한 살충제를 사용하면 할수록 문제는 더욱 심각해진다. 몇 세대가 지나면 강한 종과 약한 종이 고루 섞여 나타나는 대신 외부 자극에 강한 내성을 지닌 곤충만 남게 된다.

곤충이 어떻게 화학물질에 내성을 갖게 되는지 아직 제대로 알려지지 않았다. 화학 방제에서 살아남은 곤충들은 어떤 구조적 장점을 지닌 것으로 추정되지만, 그 사실을 증명해줄 구체적 증거는 아직 없다. 덴마크 스프링포르비 해충방제연구소에서 살충제에 내성을 보이는 파리를 관찰한 브리예르 박사는 이렇게 보고했다. "이 파리들은 마치 빨갛게 달궈진 석탄 위에서 신나게 춤을 추는 원시시대의 주술사처럼 DDT

와 흥겹게 장난을 치고 있다."

다른 곳에서도 비슷한 일들이 보고되었다. 말레이시아 쿠알라룸푸르에서는 DDT를 살포하자 모기들이 일단 집 밖으로 도망쳤다. 하지만 점점 내성이 생기면서 DDT를 뿌린 곳에 아무렇지도 않게 남아 있는 모기들이 발견되었다. 타이완 남쪽 지방의 한 군사기지에서는 살충제에 내성이 생겨 DDT를 발에 묻히고 다니는 빈대가 발견되기도 했다. 실험을 위해 이런 빈대를 DDT가 잔뜩 묻은 천 위에 놓아두었더니 무려 한 달 넘게 살았다. 빈대가 이 천 위에 알을 낳기도 했는데 알에서 깨어난 새끼들은 아무런 문제없이 잘 자랐다.

하지만 내성이 반드시 곤충의 몸 구조에만 전적으로 의지하는 것은 아니다. DDT에 내성을 지닌 파리들은 이 물질을 비교적 독성이 덜한 DDE로 바꾸는 효소를 갖고 있다. 이 효소는 DDT에 내성을 보이는 유전인자를 보유한 파리에서만 발견된다. 다른 파리와 곤충들이 유기인산계 살충제를 어떻게 해독하는지는 아직 알려져 있지 않다.

특정한 습성 덕에 화학물질을 피할 수 있는 곤충도 있다. 내성을 지닌 파리는 살충제를 직접 뿌린 벽을 피해 약이 비교적 덜 묻은 수평면을 찾아 쉰다. 내성을 지닌 집파리는 한 군데에 오래 머물러서 잔류 독극물과 접촉을 최소화하는 습성이 있다. 또 어떤 말라리아모기는 DDT 노출을 줄이는 습성이 있다. 살충제로 고통을 겪는 해충들은 집을 떠나 외부에서 자리 잡고 살아간다.

한 계절 만에 내성이 생기기도 하지만, 일반적으로 내성을 확보하려면 2~3년이 소요된다. 심한 경우 6년 정도가 걸리기도 한다. 한 해에 태어나는 곤충 군집의 세대수도 중요한데, 이는 생물 종과 기후에 따라 다르다. 예를 들어 캐나다의 파리는, 길고 무더운 여름철 기후 때문에 번식이 빨리 이루어지는 미국 남부의 파리보다 내성이 생기는 데 시간이 더 오래 걸린다.

사람들은 가끔 희망에 차서 질문하기도 한다. "만일 곤충이 화학물질에 내성을 지닌다면 인간 역시 그런 내성을 획득할 수 있지 않을까?" 이론상으로는 가능하다. 하지만 이를 위해서는 수백 또는 수천 년이라는 시간이 필요하기 때문에 가능성은 희박하다고 봐야 한다. 내성이란 개인별로 획득할 수 있는 게 아니다. 만일 다른 생명체보다 유독물질에 영향을 덜 받는 능력을 타고났다면 살아남아서 후손을 낳을 가능성도 더욱 커진다. 내성이란 수많은 세대를 거치고 오랜 시간이 흐르면서 얻어지는 것이다. 인간은 100년 동안 세대가 평균 세 번 바뀐다. 하지만 곤충의 경우에는 며칠 또는 몇 주 단위로 새로운 세대가 등장한다.

네덜란드 식물보호국의 책임자이던 브리에르 박사는 이렇게 충고했다. "당분간 별 문제가 없겠지만 결국 해충에 대항할 수 있는 수단 자체를 완전히 상실하는 것보다는 지금 약간의 피해를 감수하는 편이 낫다. 정말 실용적인 조언은 '가능하면 독성이 강한 살충제를 뿌려라'가 아니라 '되도록 화학 살충제를 적게 사용하라'는 것이다. ……해충의 개체수를 늘릴 만한 인위적 압박은 되도록 시도하지 않는 것이 좋다는 말이다."

불행히도, 미국의 농업 정책 담당자들에게는 이런 통찰력이 없다. 해충 문제를 전적으로 다룬 1952년 농무부 《연감》은 해충이 점점 더 내성을 지니게 되었다는 사실을 인정하면서도 "해충을 적절히 통제하기 위해서는 살충제를 더 많이 사용해야 한다"고 말한다. 아직 시도하지 않은 유일한 화학물질이 곤충뿐 아니라 모든 생명체를 없애는 것이라면, 그때 어떤 일이 일어날지는 말하지 않는다. 하지만 이런 충고를 한

지 7년 만인 1959년, 코네티컷주의 한 곤충학자는 〈농업 및 식품화학 저널(Journal of Agricultural and food Chemistry)〉에서, 한두 종류의 곤충에 새로운 살충제를 사용했는데 이것이 아마도 **시도할 수 있는 마지막** 화학 물질일 것이라고 했다. 이런 상황을 브리에르 박사는 이렇게 주장한다.

우리가 위험한 길을 탐험하고 있는 것은 분명하다. ……**방제법을 열심히 연구해야겠지만 그것이 생물학적 관점이어야지 화학적 관점이어서는 안 된다. 우리의 목적은 폭력적 힘을 사용하는 것이 아니라 되도록 주의 깊게 자연의 순리를 따르는 올바른 방향을 향하는 것이다**…….

더욱 숭고한 목표와 깊은 통찰력이 필요해졌지만, 많은 연구자에게서는 이런 점을 발견할 수 없다. 생명이란 인간의 이해를 넘어서는 기적이기에 이에 맞서 싸울 때조차 경외감을 잃어서는 안 된다. 자연을 통제하기 위해 살충제 같은 무기에 의존하는 것은 우리의 지식과 능력 부족을 드러내는 증거다. 자연의 섭리를 따른다면 야만적 힘을 사용할 필요도 없다. 지금 우리에게 필요한 것은 겸손이다. 과학적 자만심이 자리 잡을 여지는 어디에도 없다.

가지 않은 길

우리는 지금 두 갈래 길에 서 있다. 하지만 로버트 프로스트의 유명한 시에 등장하는 갈래 길과 달리, 어떤 길을 선택하든 결과가 마찬가지 이지는 않다. 우리가 오랫동안 여행해온 길은 놀라운 진보를 가능케 한 매우 편안하고 평탄한 고속도로였지만 그 끝에는 재앙이 기다리고 있 다. '아직 가지 않은' 다른 길은 지구의 보호라는 궁극적 목적지에 도달 할 수 있는 마지막이자 유일한 기회다.

　그 선택은 우리 자신에게 달려 있다. 그동안 무분별하고 놀라운 위험 을 강요당해왔다는 사실을 인식한다면, 지금까지 충분히 인내해온 우리가 마지막으로 '알권리'를 주장하고자 한다면, 그때야말로 독극물로 세상을 가득 채우려는 사람들의 충고를 더 이상 받아들이지 않게 될 것이다. 우리는 주위를 둘러보며 또 다른 어떤 길이 열려 있는지를 확인해야 한다.

화학 방제를 대신할 수 있는 대안을 찾으려 한다면 놀라울 만큼 다양한 선택이 존재한다. 어떤 것은 이미 사용했고 화려한 성공을 거둔 바 있다. 아직 실험 중인 것도 있다. 또 상상력 풍부한 과학자의 마음속에 자리 잡고 있다가 실험으로 옮겨질 날만을 기다리는 방법들도 있다. 이들에게는 모두 공통점이 있다. 방제 대상 유기체와 그 유기체가 속한 전체 생명계에 대한 이해를 바탕으로 하는 **생물학적** 해결법이라는 점이다. 곤충학자, 병리학자, 유전학자, 생리학자, 생화학자, 생태학자 등 광범위한 분야를 대표하는 전문가들이 생물 방제라는 새로운 분야를 위해 지식과 창의적인 영감을 쏟아붓고 있다.

존스홉킨스 대학교의 생물학자 칼 P. 스원슨(Carl P. Swanson) 교수는 이렇게 말한다. "모든 과학은 강에 비유할 수 있다. 분명치 않지만 신중한 근원을 갖고 있다. 빠르게 흐르기도 하고 넓게 퍼져 흐르기도 한다. 가뭄이 들 때도 있고 홍수가 난 듯 넘쳐흐를 때도 있다. 과학이라는 강은 많은 연구자의 노고로 쉬지 않고 계속 흐를 수 있으며 다양한 사고의 유입으로 더욱 풍부해진다. 즉 서서히 진보하는 개념들과 종합적 사고로 더 깊고 넓게 흐른다."

근대적 의미의 생물학적 방제 분야도 마찬가지다. 미국에서 한 세기 전 농부들의 골칫거리이던 해충을 없애기 위해 천적을 도입한 것이 첫 번째 시도였다. 시작 당시에는 성공 여부가 불명확했다. 서서히 앞으로 나아가는 듯 또는 아예 흐르지 않는 듯 보였지만 놀라운 성공에 자극받아 때때로 맹렬히 흘러가기도 했다. 하지만 1940년대 들어 놀라운 새 화학물질에 현혹된 응용곤충학자들이 생물학적 방제에 등을 돌리고 '화학 방제'에 발을 들여놓은 동안은 심각한 가뭄이 들어 강물이 흐리지 않는 시기라 볼 수 있다. 화학 방제법으로도 해충 없는 세상이라는 목표에는 도달할 수 없었다. 부주의하고 거리낌 없는 화학물질 사용은 해충이 끼치는 피해보다 훨씬 더 심각한 위험을 불러왔다. 이런 사실이 확실해지고 이와 관련한 새로운 사고의 물줄기가 공급되면서 생물 방제라는 과학의 강은 다시 굽이칠 수 있게 되었다.

새로운 방식에서 가장 놀라운 점은 곤충의 생명력으로 그 곤충을 없애는 것이다. 이런 접근법 중 가장 특이한 것은 미국 농무부 곤충학연구팀의 에드워드 니플링(Edward Knipling) 박사와 동료들이 시도한 '수컷 불임화'였다.

25년 전쯤 니플링 박사는 독특한 해충 방제법으로 동료들을 놀라게 했다. 해충의 수컷에게 불임 처치를 한 뒤 다시 풀어주면 이 수컷이 다른 정상적인 야성의 수컷과 경쟁해 승리하고, 이런 방사가 몇 번 되풀이되면 무정란만 만들어져 곤충 개체수가 점점 줄어든다는 이론이다.

이런 대담한 제안에 관료주의적 타성에 젖은 관리들은 별 관심을 보이지 않았고, 다른 과학자들도 회의적인 반응을 보였다. 하지만 니플링 박사는 이 문제에 계속 몰두했다. 그런데 실험 전에 해결해야 하는 문제가 하나 있었다. 곤충에게 불임 처치를 할 수 있는 실질적인 방법을 찾아야 했다. 곤충에게 X선을 투사해 불임을 유발할 수 있다는 사실은, 학문적으로는 1916년부터 알려졌다. G. A. 러너(G. A. Runner)라는 곤충학자가 궐련벌레를 대상으로 한 실험 결과를 보고한 바 있었다. X선을 사용해 돌연변이를 만들어내는 허먼 멀러의 선구적 연구는 1920년대 후반에 새로운 영역을 열어주었고, 1950년대에는 많은 연구자가 X선이나 감마선을 이용해 적어도 12종의 곤충에게 불임 처치를 할 수 있었다.

그러나 이런 것들은 모두 실험실 실험으로 현실에 적용하기에는 상당히 오랜 시간이 필요했다. 1950년경 니플링 박사는 미국 남부 지방의 가축에게 심각한 해를 끼치는 나사벌레파리 유충을 제거하기 위해 곤충 불임 연구에 온갖 노력을 기울였다. 이 해충의 암컷은 온혈동물의 상처 부위에 알을 낳는다. 알에서 깨어난 유충은 숙주의 살을 파먹으며 기생한다. 이 기생곤충에 감염되면 완전히 다 자란 황소라도 열흘 만에 죽어, 그 피해액만도 연간 4000만 달러에 이르렀다. 야생동물까지 포함한다면 그 손해는 훨씬 더 커진다. 텍사스주 몇몇 지역에서 사슴이 사라진 것도 나사벌레파리 유충 때문이었다. 열대 또는 아열대에 서식하는 이 해충은 중남미와 멕시코 등지에 사는데 미국에서는 일반적으로 남서부에 한정되어 있다. 1933년 우연히 플로리다 지역에 유입되었고 따뜻한 기후 덕에 이곳에서 겨울을 나면서 자리 잡았다. 또 앨라배마와 조지아 주 남부까지 진출했고, 곧 남동부 지역 여러 주의 목축업 손실액은 2000만 달러에 이르렀다.

오랫동안 텍사스주 농무부 과학자들은 나사벌레파리 유충의 생태에 관해 엄청난 정보를 축적해왔다. 1954년 플로리다주 몇몇 섬에서 미리 현장 검증을 거친 니플링 박사는 자신의 이론을 증명하기 위한 대규모 현장 실험을 실시하기로 했다. 이를 위해 그는 네덜란드 정부의 도움을 받아 본토에서 50마일(약 80킬로미터)가량 떨어진 카리브해의 퀴라소섬으로 향했다.

1954년 8월부터 플로리다주 농무부 실험실에서 배양해 불임 처치한 나사벌레파리 유충을 퀴라소섬으로 옮기는 일이 시작되었다. 이 유충을 매주 1제곱마일(약 2.6제곱킬로미터)당 400마리꼴로 공중에 살포했다. 그러자 곧 실험용 염소에 미리 산란 처리를 해둔 파리의 알이 감소했고 살아남은 알도 거의 부화하지 않았다. 살포 7주가 지나자 대부분의 알이 부화하지 않았다. 불임 처리한 것이든 자연 상태의 것이든 이곳에서 해충의 알을 찾을 수 없었다. 나사벌레파리는 사실상 퀴라소섬에서 사라졌다.

퀴라소 실험의 성공은 플로리다주 목축업자들의 관심을 끌어 여러 곳에서 비슷한 시도가 줄을 이었다. 그곳들에서 모두 바람직한 결과를 얻자 나사벌레파리 유충의 번식도 수그러들었다. 플로리다주 일대는 카리브해의 작은 섬보다 300배나 넓어서 방제가 쉽지 않았다. 1957년 미국 농무부와 플로리다주 농무부는 이 방제법을 위한 기금 조성에 나섰다. 그리하여 특별히 건설한 '파리 공장'에서 일주일에 나사벌레파리 유충 5000만 마리를 부화시켰다. 이 유충을 비행기 20대가 매일 5~6시간씩 공중에서 살포했다. 비행기에는 1000개의 종이상자가 실렸는데, 각 종이상자에는 불임 처리한 유충이 200~400개씩 담겨 있었다.

플로리다주 북부까지 거의 영하의 기온으로 떨어진 1957~1958년의 추운 겨울, 나사벌레파리 유충의 개체수가 줄어들고 분포 지역도 상당히 좁아져 이 사업을 시작하기 좋은 환경이 마련되었다. 인공 배양해 불임 처리한 나사벌레파리 35억 마리를 플로리다주 전역, 조지아와 앨라배마 주 일부 지역에 방사했다. 17개월 뒤 이 사업은 완전히 끝났다. 나사벌레파리 때문에 병에 걸린 동물이 마지막으로 보고된 것은 1959년 2월이었다. 몇 주 뒤 성충 몇 마리가 잡혔을 뿐, 이후 나사벌레파리와 관련한 보고는 없었다. 기초 조사, 인내력, 결단력이 뒷받침된 과학적 창의성으로 남동부에서 나사벌레파리 유충을 성공적으로 박멸했다.

미시시피주에서는 남서부 지역에서 나사벌레파리 유충이 다시 유입되는 것을 막기 위해 철저한 방역에 애쓰고 있다. 이 지역의 광범위한 면적과 멕시코에서 재침투할 가능성을 고려할 때 완전 방제는 상당히 힘든 일이다. 그럼에도 정부에서는 나사벌레파리 유충을 최저선으로 유지할 수 있도록 이 사업을 텍사스주와 남서부의 다른 주에서도 실시할 예정이다.

나사벌레파리 유충의 성공적 방제로 다른 해충 구제에도 이런 방식이 시도되었다. 물론 모든 해충에 이런 방식을 다 적용할 수는 없다. 생태적 습성, 개체 밀도, 방사능 처치에 대한 반응 등을 모두 고려해야 한다.

로디지아의 체체파리를 없애는 데 이 방법을 사용하려는 영국 사람들이 유사한 실험을 했다. 체체파리는 아프리카의 3분의 1을 공격했고 사람들의 건강에 심각한 위협이 되었으며 450만 제곱마일(약 1165만 제곱킬로미터)의 초원에서 목축을 불가능하게 만들었다. 하지만 체체파리의 서식지는 나사벌레파리의 서식지와 아주 달랐고, 방사능 처리로 번식을 막기 위해서는 해결해야 할 어려움이 몇 가지 남아 있었다.

영국에서는 상당히 많은 곤충을 대상으로 방사능 불임 처치 적합성을 실험했다. 미국의 과학자들은 오이과실파리·동양초파리·지중해과실파리 들을 대상으로 하와이의 한 연구소에서 실험을 거듭했고, 이어서 그보다 멀리 떨어진 로타섬에서도 현장 실험을 실시했다. 조명충나방과 사탕수수명나방 역시 실험 대상이었다. 해충을 이런 방식으로 통제할 수 있을지 의학적 연구를 실시했다. 칠레의 과학자들은 살충제를 살포하는데도 말라리아를 옮기는 모기가 계속 번성하고 있음을 지적했다. 번식이 불가능한 수컷 모기를 풀어놓으면 이 문제를 완전히 해결할 수 있을지 모른다.

방사능을 쬐어 번식능력을 없애는 데에는 여러 가지 어려움이 있기 때문에 이와 유사한 결과를 내는 손쉬운 방법을 찾아야 한다. 최근에는 곤충을 불임 상태로 만드는 데 화학적 방법을 많이 사용한다.

플로리다주 올랜도의 농무부 실험실 과학자들은 파리의 먹이에 화학물질을 혼합해 불임 처리하는 방식을 실험실과 몇몇 실험용 밭에서 조사하고 있다. 1961년 플로리다 키스제도에서 실시한 실험에 따르면 파리가 5주 만에 거의 다 사라졌다고 한다. 물론 근처 섬에서 다시 파리가 날아왔지만 본격 실행에 앞서 실시한 검증용으로서는 매우 성공적이었다. 관계 당국이 이런 가능성에 얼마나 흥분했을지 짐작할 수 있다. 지금껏 살펴본 바와 같이 집파리는 살충제로 제거할 수 없었다. 새로운 방법이 절실했다. 방사능 불임 처리는 야생 상태의 해충을 대상으로 하는 것이 아니라 인공 배양한 수컷을 불임 처리해 대규모로 풀어놓아야 하는 문제가 있다. 수가 그리 많지 않은 나사벌레파리 유충의 경우에는 가능했지만 집파리에게 이 방식을 적용할 경우, 일시적이라고는 해도 그 수가 갑자기 2배 이상 증가하므로 그리 권장할 만한 방법은 아니다. 대신 새로운 방법을 시도했다. 화학 불임제를 미끼 물질과 섞어서 파리가 날아다니는 곳에 놓아두면 파리가 이것을 먹고 번식능력을 잃는다. 생식능력이 없어진 파리가 점점 늘어나면 결국 그들 스스로 사라질 것이다.

화학약품의 불임 효과는 독성을 실험하는 것보다 훨씬 힘들다. 화학물질 한 종류를 평가하는 데 30일가량이 걸린다. 물론 상당한 실험을 동시다발로 진행할 수 있지만 말이다. 1958년 4월에서 1961년 12월 사이 올랜도의 실험실에서는 불임 효과를 알아보기 위해 수백 종의 화학물질을 조사했다. 적은 수에 지나지 않았지만 몇 가지 물질에서 가능성을 확인한 농무부 관리들은 상당히 기뻐했다.

이제 농무부의 다른 실험실에서도 이 문제에 관심을 갖게 되었고, 쇠파리·모기·목화바구미·초파리 등을 상대로 이런 방식을 사용할 수 있는지 조사하고 있다. 지금은 실험 수준에 머무르고 있지만 몇 년 지나면 화학 불임제 사용이 활발해져 매우 희망적인 결과를 얻을 수 있을 것이다. 이런 방식은 이론상으로 상당히 매력적이다. 니플링 박사는 효과적인 화학 불임제가 '널리 사용하는 살충제들을 손쉽게 능가할 것'으로 생각한다. 100만 마리의 해충이 한 세대를 거치는 동안 5배 증가한다고 가정해보자. 살충제는 각 세대마다 90퍼센트의 해충을 없애지만 3대를 거치고 나면 12만 5000마리가 여전히 남게 된다. 이와 반대로 해충 90퍼센트의 생식능력을 제거하면 125마리만 살아남는다.

하지만 동전에도 양면이 있듯이, 화학 불임제로 사용하는 화학물질이 상당한 독성을 지녔다는 점이 문제로 남는다. 적어도 초기 단계에는 화학 불임제를 다루는 사람들도 안전한 화학물질을 찾아내 안전하게 적용하는 데 신경을 썼다. 하지만 최근 들어 여기저기서 불임 유발물질을 공중에서 살포하면 어떻겠느냐는 소리가 들려오기 시작했다. 이를테면 매미나방의 애벌레가 온통 씹어놓은 나뭇잎에 이 약품을 흠뻑 뿌리면 어떨까 하고 이야기한다. 어떤 위험이 있는지 충분히 조사하지도 않고 이런 일을 벌이는 것은 무책임하다. 화학 불임제의 잠재적 위험을 인식하지 못한다면 살충제보다 더욱 심각한 문제를 일으킬 가능성이 있다.

지금 시험 중인 불임제재에는 두 종류가 있는데, 작동 방식이 두 가지 모두 상당히 흥미롭다. 첫 번째 그룹은 생명체의 생성 과정, 즉 세포의 물질대사와 관계가 있다. 이것은 세포나 조직에 필요한 물질과 흡사해서 유기체가 이들을 대사산물(metabolite)로 '오해'해 세포 생성 과정에 포함시킨다. 하지만 정확한 대사산물이 아니기 때문에 동화 과정에 문제를 일으키고, 결국은 그 과정을 중지시킨다. 이런 화학물질을 대사길항물질(antimetabolite)이라 한다.

두 번째 그룹은 유전자에 작용해 염색체를 파괴한다. 대부분 알킬화제로서 반응이 상당히 격심하게 일어나 세포 파괴, 염색체 손상, 돌연변이 등을 일으킨다. "곤충의 불임에 효과적인 알킬화제는 돌연변이 유발물질이자 발암물질"이라는 게 런던 체스터비티 연구소 피터 알렉산더 박사의 주장이다. 알렉산더 박사는 곤충 방제에 이런 화학물질을 사용하는 데 "심각한 반대 주장이 나올 수 있다"고 말한다. 따라서 현재 진행하는 실험이 화학물질의 실질적 사용으로 이어지는 것이 아니라 목표로 하는 곤충만 박멸할 수 있는 안전한 다른 물질의 발견으로 이어져야 한다.

최근 연구에서 가장 흥미로운 점은 곤충이 만드는 여러 물질을 모방해 해충에 대응하는 무기로 사용하는 것이다. 곤충들은 다양한 독물, 유인제, 기피제 들을 만들어낸다. 이런 분비물의 화학적 본질은 무엇일까? 이런 물질을 선택적 살충제로 사용하면 안 될까? 코넬 대학교와 대학 연구소의 과학자들은 곤충들이 포식자의 공격으로부터 자신을 보호할 때 사용하는 방어용 물질과 분비물의 화학적 구조를 연구해 그 해답을 찾으려 노력하고 있다. 또 다른 과학자들은 애벌레가 적절한 시기에 이를 때까지 변태를 제어해주는 강력한 물질인 '유충 호르몬(juvenile hormone)'을 연구하고 있다.

곤충의 분비물질 중 즉시 사용할 수 있는 것은 방향성 유인물질이다. 다시 한번 자연에서 문제 해결법을 찾아냈다. 매미나방 연구는 특히 호기심을 자극하는 사례다. 매미나방 암컷은 날기에는 몸이 너무 무겁다. 그래서 주로 땅 위에서 살거나 키가 작은 식물들 사이를 팔랑거리며 날아다니거나 나뭇둥걸을 기어 다닌다. 수컷은 이와 반대로 맹렬히 날아다니는데, 멀리 떨어진 곳에서도 암컷의 분비샘에서 내뿜는 특별한 냄새를 맡고 날아온다. 곤충학자들은 암컷 나방의 몸에서 나오는 유인물질을 추출해 이 해충이 날아다니는 범위 안에 남겨두고 수컷을 유인해 잡아들이는 미끼로 사용했다. 하지만 이를 위해서는 상당한 비용이 필요했다. 미국 북동부의 많은 주에서 해충 피해가 보고되고 있지만, 이런 유인물질을 제공해줄 매미나방이 충분하지 않았다. 직접 잡은 암컷 번데기를 유럽으로부터 수입해야 하는데, 가격이 한 마리당 50센트나 했다. 수년간 노력 끝에 농무부 화학자들이 유인액을 추출하는 데 성공했다. 뒤이어 피마자유 구성 성분에서 유인액과 비슷한 구실을 하는 물질을 합성해냈다. 이 물질은 수컷 나방을 속이는 정도가 아니라 천연물질처럼 매력적이었다. 1마이크로그램(100만분의 1그램)만으로도 충분히 그 효력을 발휘했다.

이런 사실은 학문적으로만 흥미 있는 이야기가 아니다. 새롭고 경제적인 '유인제'는 곤충 개체를 조사할 때뿐 아니라 해충 방제에도 사용할 수 있다. 지금은 더 매력적인 몇 가지 가능성을 실험 중이다. 심리

전(心理戰)이라 할 만한 이 작업에서는 유인제를 과립 형태로 만들어 비행기로 살포한다. 곳곳에서 풍기는 냄새 때문에 혼란스러워진 수컷 나방은 암컷을 찾아가는 정상 경로를 발견하지 못한다. 이런 시도는 수컷 나방을 속여 가짜 암컷 나방과 짝짓기를 하게 만드는 실험에까지 이르렀다. 수컷 매미나방이 합성성 유인물질을 묻혀둔 나뭇조각, 질석, 그밖의 작은 무생물과 짝짓기를 하도록 유도하는 것이다. 짝짓기 본능을 비생산적 경로로 바꾸려는 시도는 문제를 일으키는 해충의 수를 줄이는 데 도움이 될 수 있지만, 아직은 흥미로운 가능성에 불과하다.

매미나방 유인제는 최초의 합성 유인제였지만, 앞으로는 다른 물질들이 계속 개발될 것이다. 농사에 해를 입히는 곤충이 내뿜는 유인제를 모방하려는 연구가 한창 진행 중인데, 헤센파리와 박각시나방 유충에서 긍정적인 결과가 나타났다.

유인제와 독극물을 섞어 살포하려는 계획이 몇몇 해충을 대상으로 진행되고 있다. 과학자들이 메틸유제놀이라는 유인제를 개발했는데, 동양초파리와 오이과실파리는 이 물질에 전혀 저항하지 못할 정도다. 일본 남부에서 450마일(약 724킬로미터) 떨어진 오가사와라제도에서 이 물질을 독극물과 섞어 살포하는 실험을 했다. 수컷 파리를 유인해 없애기 위해 작은 섬유판에 유인제와 살충제를 묻혀 섬 전체 공중에서 살포했다. '수컷 박멸' 사업은 1960년에 시작되었는데, 1년 뒤 농무부는 해충의 99퍼센트 이상이 제거되었다고 밝혔다. 이 방법은 기존 살충제 유포보다 더 효과적인 듯했다. 유독 성분인 유기인산계는 섬유판에 묻어 있어 야생동물들이 먹을 일이 없고 그 잔류물도 재빨리 날아가버리기 때문에 토양이나 물을 오염시킬 위험도 별로 없다.

하지만 곤충 세계의 의사소통이 모두 유인물질이나 화학물질로만 이루어지지는 않는다. 소리도 경고나 유인을 위한 수단이다. 어떤 나방은 박쥐가 내는 초음파(어둠을 뚫고 비행을 할 수 있는 레이더 구실을 한다)를 듣고 이들을 피해가기도 한다. 잎벌 유충은 기생파리의 날갯소리를 일종의 경고로 여기는데, 이 소리를 듣고는 스스로를 보호하기 위해 모두 한 곳에 모여든다. 하지만 이와 반대로 특정 곤충이 나무에 구멍을 파는 소리는 기생곤충을 유인한다. 암컷 모기의 날갯짓 소리도 수컷에게는 유혹의 말처럼 매혹적으로 들린다.

그렇다면 곤충이 소리를 탐지하고 이에 반응하는 능력을 어떻게 이용할 것인가? 아직 실험 단계이긴 하지만 암컷 모기가 내는 소리를 녹음해 수컷에게 들려주어 관심을 끄는 데 성공하기도 했다. 이 소리에 이끌린 수컷 모기는 전류가 통하는 그물에 걸려들어 죽고 말았다. 캐나다에서는 조명충나방과 거세미나방 방제에 초음파를 이용하는 실험을 하고 있다. 곤충이 어떻게 소리를 내고 소리를 받아들이는지는 이미 광범위한 지식이 축적되어 있는데, 이 분야의 권위자인 하와이 대학교 휴버트 프링스(Hubert Frings)와 메이블 프링스(Mable Frings)는 그 지식을 현실에 적용하는 적절한 방안을 개발할 것을 강조했다. 그렇게만 된다면 해충 방제에 놀라운 진전이 이루어질 것이다. 그런데 유인음보다 격퇴음이 더 효과적이라고 한다. 프링스 부부가 찌르레기의 비명소리를 녹음해 다른 찌르레기들에게 들려주었더니 이들이 모두 놀라 달아났다고 한다. 이런 사실을 곤충에게도 적용할 수 있을 것이다. 실질적인 면을 중시하는 관련 업계에서는 그 가능성을 확인하기 위해 준비 중이다. 적어도 주요 전자공학 전문회사 중 한 곳에서는 지금 이 실험을 위한 연구팀을 꾸리고 있다.

소리로 특정 개체를 직접 박멸할 수도 있다. 초음파는 실험실의 모든 모기 유충을 죽이는 효력이 있다. 다른 수중생물에게도 비슷한 효과를 낸다. 다른 실험에 따르면 검정파리, 갈색거저리, 황열병을 옮기는 모기 등은 공중에서 초음파를 몇 초만 발생시키면 죽는다고 한다. 이런 연구는 해충 방제에서 전혀 새로운 개념으로, 전자 기술의 기적은 언젠가 현실로 나타날 것이다.

곤충 대상의 새로운 생물 방제법은 전자공학 기술과 감마선을 비롯한 인간의 창의력만으로 가능하지 않다. 그중 몇몇은 아주 오래 전부터 실시해온 것으로, 인간처럼 곤충도 질병에 약하다는 사실을 이용한다. 오래전 페스트가 인간을 괴롭힌 것처럼 박테리아 감염은 곤충을 휩쓸어버린다. 바이러스의 공격을 받은 곤충들은 앓다가 결국 죽고 만다. 곤충이 병에 걸리는 일은 아리스토텔레스 시대부터 잘 알려져 있었다. 중세에는 누엣병에 관한 시가 유행하기도 했다. 누엣병 연구를 통해 파스퇴르는 전염병의 원리를 발견할 수 있었다.

　바이러스와 박테리아뿐 아니라 곰팡이, 원생동물, 극미생물 등도 곤충을 공격하므로 눈에 보이지 않는 미생물이 인간을 도울 수 있다. 미생물은 때로 병원균의 역할을 하지만 폐기물을 분해해 토양을 비옥하게 만들고 발효나 질소동화작용에 중요한 몫을 하기도 한다. 그렇다면 이들이 해충 방제에 도움을 줄 수도 있지 않을까?

　미생물을 이용한 방제법을 본격적으로 시도한 사람은 19세기의 동물학자 엘리 메치니코프(Élie Metchnikoff)였다. 19세기 말과 20세기 전반에 걸쳐 미생물 방제법이 구체적 형태를 갖춰갔다. 전염병을 이용해 해충을 방제한 첫 번째 사례는 1930년대 후반 바실루스라는 박테리아로 왜콩풍뎅이에 유화병을 옮긴 일이었다. 7장에서 이미 박테리아를 이용한 고전적 방제를 미국 동부에서 오랫동안 사용해왔음을 설명한 바 있다.

이와 비슷한 종류로 바실루스 투린지엔시스(*Bacillus thuringiensis*)라는 학명의 박테리아가 있는데, 1911년 독일 튀링겐 지방에서 발견된 이 박테리아는 밀가루명나방 유충에 치명적인 패혈증을 일으키는 것으로 알려졌다. 이 박테리아는 직접 병을 일으키기보다 중독을 일으키는 것이 특징이다. 박테리아의 생장 중에는 특히 나방 같은 나비목의 애벌레에 매우 유독한 단백질 결정이 만들어진다. 이런 유독물질이 묻어 있는 나뭇잎을 먹은 애벌레는 마비로 고생하고 아무것도 먹지 못하다가 죽고 만다. 실용적 측면에서 볼 때, 애벌레가 아무것도 못 먹게 된다는 것은 상당히 바람직하다. 병원균이 애벌레의 몸에 들어가는 순간 작물의 피해도 중단되기 때문이다. 현재 미국의 여러 업체가 다양한 상표를 붙여 '바실루스 투린지엔시스' 포자를 함유한 화학물질을 만들고 있다. 여러 나라에서 이 병원균에 대한 현장 검증을 실시했다. 프랑스와 독일에서는 배추흰나비 유충, 유고슬라비아에서는 미국흰불나방, 소련에서는 천막벌레나방의 유충을 대상으로 실시했다. 1961년 파나마에서도 박테리아를 이용하는 방제법을 도입해 바나나 재배농들이 직면한 가장 심각한 문제를 해결했다. 뿌리벌레 때문에 바람이 조금만 불어도 뿌리가 약해진 바나나나무가 그대로 쓰러지곤 했다. 이 해충에 대항할 수 있는 유일한 살충제가 디엘드린이었지만, 이 역시 심각한 문제를 드러냈다. 뿌리벌레가 디엘드린에 내성을 지니게 된 것이다. 이 화학물질은 다른 중요한 익충을 절멸시켰다. 그러다 보니 바나나 표면에 상처를 내는 애벌레를 낳으며 작고 통통한 잎말이나방이 증가하게 되었다. 자연의 조절 능력을 해치지 않으면서 잎말이나방과 뿌리벌레를 없앨 새로운 자연 방제법이 필요한 시점이었다.

캐나다와 미국 동부의 삼림에서 새순을 갉아먹는 새싹벌레와 매미나방 등 해충 문제를 해결하는 가장 중요한 수단이 박테리아다. 1960년이 두 나라는 '바실루스 투린지엔시스'의 시제품을 현장에 사용했다. 그결과는 상당히 고무적이었다. 예를 들어 버몬트주에서 박테리아 방제법을 실시한 결과 DDT만큼이나 좋은 효과를 냈다. 박테리아 포자를 상록수의 침엽에 고착할 해법을 찾아야 하는 기술적 문제가 남아 있지만 말이다. 일반 농작물에 사용할 때에는 별 문제가 없다. 그저 분말을 뿌리면 된다. 박테리아성 살충제는 이미 많은 채소에 살포 중이며, 특히 캘리포니아주에서 활발하게 사용하고 있다.

한편 바이러스 관련 방제법도 서서히 연구되고 있다. 캘리포니아주 곳곳의 알팔파 재배지에서는 큰미국노랑나비 유충을 없애기 위해 어떤 살충제보다 치명적인 물질을 살포했다. 유독성 전염병에 감염되어 죽은 유충에서 바이러스를 추출해 만든 용액이다. 1에이커의 알팔파밭을 방제하는 데 병에 걸린 유충 5마리면 충분했다. 캐나다 숲에서는 바이러스를 이용해 누런솔잎벌을 제거했는데, 그 결과가 상당히 성공적이어서 살충제를 대체할 정도였다.

체코슬로바키아의 과학자들은 흰불나방과 다른 해충을 없애는 데 원생동물을 이용하는 방법을 연구 중이고, 미국에서는 원생동물계 기생충이 조명충나방의 산란을 감소시킨다는 사실을 밝혀냈다.

어떤 사람들은 미생물 살충제란 단어를 들으면 모든 생명체를 위험으로 몰고 가는 세균전쟁을 떠올린다. 하지만 이는 사실이 아니다. 화학 살충제와 달리 이런 곤충 병원균은 의도한 목표물을 제외한 다른 생물체에는 무해하다. 곤충병리학 전문가 에드워드 스타인하우스(Edward

Steinhaus) 박사는 강력하게 주장한다. "곤충 병원균이 실험 과정이나 자연 상태에서 척추동물에게 해를 입혔다는 보고나 기록은 없다." 곤충 병원균은 매우 특이한 기질을 지니고 있어서 아주 적은 종의 곤충, 대부분의 경우 단일 종만을 감염시킨다. 생물학적으로 이들은 자기보다 계통수가 높은 식물이나 동물에는 별다른 해를 끼치지 못한다. 스타인하우스 박사가 지적한 바와 같이 자연 상태에서 곤충의 질병은 그 곤충에게만 한정되어 발생하며 숙주가 되는 식물이나 이 곤충을 먹고사는 동물에게는 별다른 해를 입히지 않는다.

곤충에게는 많은 천적이 존재한다. 미생물뿐 아니라 다른 곤충도 천적이 된다. 1800년 이래즈머스 다윈은 해충을 제어하는 최선의 방법은 천적을 활용하는 것이라고 밝힌 바 있다. 이것이 생물학적 방제의 첫 번째 시도였기 때문에 사람들은 곤충을 이용해 다른 곤충을 제어하는 것이 화학 방제에 대한 유일한 대안이라고 생각한다. 하지만 반드시 그런 건 아니다.

미국에서 생물학적 방제가 시작된 것은 1888년 선구적 곤충학자 알베르트 쾨벨레(Albert Koebele)부터였다. 그는 캘리포니아주의 감귤 산업을 파탄으로 몰고 간 캘리포니아감귤깍지벌레의 천적을 찾기 위해 오스트레일리아로 향했다. 15장에서 살펴본 것처럼, 이 임무는 놀라운 성공을 거두었고 해충을 없애는 데 천적을 사용하는 시도가 세계적으로 활발해졌다. 곧이어 100여 종의 포식동물과 기생곤충을 수입했다. 쾨벨레가 가져온 베달리아무당벌레 외에도 다른 천적의 수입 역시 상당히 성공적이었다. 일본에서 수입한 말벌은 미국 동부 지방의 사과밭을 공격하던 해충을 완전히 박멸했다. 중동에서 우연히 들여온 얼룩알팔파진디의 천적은 캘리포니아의 알팔파 산업을 구제해주었다. 매미나방을 잡아먹는 기생곤충과 포식곤충도 티피아말벌이 왜콩풍뎅이를 없앤 것처럼 성공을 거두었다. 깍지벌레와 가루깍지벌레의 생물학적 방제는 캘리포니아주에서 매년 수백만 달러를 절감해주었다. 캘리포니아주 최고의 곤충학자 폴 더바크 박사는 캘리포니아주가 생물학적 방제에 400만 달러를 투자해 1억 달러의 이득을 얻었다고 추정했다.

천적을 수입해 해충을 성공적으로 박멸한 좋은 예가 전 세계 40여 개국에서 보고되었다. 생물학적 방식의 이점은 확실하다. 가격도 그리 비싸지 않고 효과는 거의 영구적이며 독성을 함유한 잔류물을 남기지도 않는다. 하지만 생물학적 방제에 대한 지원은 거의 없는 편이다. 미국의 여러 주 중에서 캘리포니아주만이 생물학적 방제를 위한 공식 사업을 실시하고 있을 뿐, 이 문제를 전담하는 곤충학자를 한 명도 확보하지 못한 주도 많다. 충분한 과학적 배려 없이 천적으로 생물학적 방제를 실시하기도 한다. 제대로 된 목표 곤충 연구가 성패를 가른다.

포식동물과 피식동물은 단독으로 존재하지 않으며 생명계라는 거대한 네트워크의 넓은 그물 가운데 일부분이라는 사실을 고려해야 한다. 생물학적 방제는 특히 숲에서 효력을 발휘한다. 현대 농업에서 대부분의 농장은 지극히 인위적으로 조성되었기 때문에 자연의 세계와는 사뭇 다르다. 하지만 삼림은 이와 달리 자연에 더 가깝다. 인간의 간섭을 최소화한다면 자연은 제 방식에 따라 견제와 균형이라는 복잡하고 훌륭한 시스템을 가동해 삼림을 해충으로부터 보호할 것이다.

우리 선조들은 포식곤충과 기생곤충을 이용하는 생물학적 방제를 이미 시도해왔다. 캐나다에서는 이보다 더 장기적인 안목으로 진행하고 있고, 이런 시도가 가장 앞선 유럽에서는 놀라운 수준으로 '삼림위생학'을 발전시켰다. 유럽의 삼림학자들은 나무뿐 아니라 새, 개미, 숲거미,

땅속에 사는 박테리아 등을 숲의 일부로 인식한다. 새로운 숲을 조성할 때에도 이런 요소들을 신경 써서 적절히 접목하곤 한다. 그 첫 단계는 새를 보호하는 것이다. 근래에 삼림 개발이 확대되면서 수령이 오래되어 한가운데가 텅 빈 나무들이 점점 줄고 있다. 그러다 보니 딱따구리를 비롯해 나무에 집을 짓는 새들 역시 점차 사라지고 있다. 새들을 다시 숲으로 불러들이기 위해서는 새집이 필요하다. 또 올빼미와 박쥐를 위해 특별히 고안한 새집을 만들어주면 밤에는 이들이 해충을 잡아먹고 낮에는 다른 새들이 해충을 잡아먹을 수 있다.

하지만 이런 일은 시작에 지나지 않는다. 유럽의 삼림에서 실행한 가장 훌륭한 자연 방제는 숲붉은개미를 사용한 것이다. 불행히도 북아메리카에서는 이런 일이 실행되지 않았다. 25년 전 뷔르츠부르크 대학교의 카를 괴스발트(Karl Gößwald) 교수는 숲붉은개미 군집을 인공 배양하는 방법을 개발했다. 그의 지도 아래 숲붉은개미 개체군 1만 개를 독일 연방공화국의 90군데 실험포장에서 방출했다. 이탈리아와 다른 나라에서도 해충을 제거하는 데 괴스발트 박사의 방식을 사용했다. 아펜니노 산맥에서는 숲을 보호하기 위해 새집 수백 개를 만들어 달았다.

"박쥐, 올빼미와 더불어 새와 개미의 도움을 얻을 수 있는 숲이라면 생물학적 균형 상태가 이미 나아지기 시작했다고 생각할 수 있다." 독일 묄른 지방의 삼림 담당관 하인츠 루페르츠호펜(Heinz Ruppertshofen) 박사는 그저 한두 종의 포식자보다는 나무의 '자연 동반자'가 다양해지는 것이 훨씬 더 효과적이라고 주장한다.

묄른 숲의 새로운 개미 군집을 경제적으로 관리하기 위해 여기에 철망을 씌워 딱따구리로부터 보호했다. 10년 동안 4배나 불어난 딱따구리는 개미를 잡아먹는 대신에 나무의 애벌레들을 잡아먹었다. (새집을 다는 노력을 포함해) 개미 보호에 앞장서는 주인공은 주변 학교에 다니는 10~14세의 어린 학생들이었다. 그 덕에 낮은 비용으로 숲은 영구적인 보호를 받을 수 있었다.

루페르츠호펜 박사의 작업에서 재미있는 점은 거미의 활용이었는데, 그는 이 분야의 선구자다. 거미 분류와 자연사적 문헌의 수는 상당히 많지만 곳곳에 흩어져 있고 단편적이다. 더구나 거미가 생물학적 방제의 주인공이라는 특별한 가치에 대해서는 거의 다루지 않았다. 지금까지 알려진 2만 2000종의 거미 중 760종은 독일이 원산지다(2000여 종은 미국이 원산지다). 독일의 숲에는 29개 과(科)의 거미가 있다.

삼림학자들은 거미가 만들어내는 거미줄 모양에 관심을 갖는다. 바퀴 모양으로 거미줄을 치는 거미는 특히 중요한데, 이 거미줄은 아주 촘촘해서 날아다니는 모든 곤충을 잡을 수 있을 정도다. 등에 십자 문양이 있는 한 유럽 거미가 만든 커다란 거미줄〔지름이 16인치(약 41센티미터)에 이르는〕에는 12만 개의 끈끈한 마디가 있다. 거미 한 마리는 18개월이라는 전 생애에 걸쳐 평균 2000여 마리의 곤충을 잡아먹는다. 생물학적으로 건강한 숲이라면 1제곱미터당 50~150마리의 거미가 살고 있다. 이보다 적다면 알이 가득 찬 고치를 모아 살포함으로써 문제를 해결할 수 있다. "고치 3개면 거미 1000여 마리가 부화하는데〔미국에서도 마찬가지다〕, 그러면 날아다니는 곤충 20만 마리를 잡을 수 있다"고 루페르츠호펜 박사는 말한다. 봄이면 나타나는, 바퀴 모양으로 거미줄을 치는 거미의 작고 부드러운 유충은 특히 중요한 구실을 한다. 루페르츠호펜 박사에 따르면, "이들은 나뭇가지 끝에 거미줄로 우산을 씌워 날아다니는 해충으로부터 어린 새순을 보호한다"고 한다. 거미가 탈피를 하면서 점점 더 자라면 거미줄도 점점 더 커진다.

캐나다 생물학자들도 비슷한 연구를 하고 있다. 다만 북아메리카의 경우 대부분의 숲이 자연발생적이어서 숲의 건강을 유지하는 데 필요한 곤충도 유럽과는 조금 다르다. 캐나다에서는 곤충 방제를 위해 작은 포유류를 이용하는데, 땅속에 작은 굴이나 구멍을 파고 사는 곤충을 없앨 때 특히 놀라운 효과를 낸다. 그런 곤충 중 하나가 잎벌이다. 이 곤충의 암컷은 산란관이 톱 모양인데 침엽수의 바늘잎을 잘라 여기에 알을 낳는다. 애벌레는 바늘잎과 함께 땅에 떨어져 낙엽송 잎이 축축하게 깔려 있는 곳이나 가문비나무 또는 소나무 가지가 수북이 깔려 있는 곳에 고치를 만든다. 땅속에는 흰발생쥐, 들쥐, 뾰족뒤쥐 등 작은 포유동물이 돌아다니는 연결통로와 도주로가 마치 벌집 모양처럼 얽혀 있다. 굴을 파고 사는 동물 중 먹성 좋은 뾰족뒤쥐는 잎벌의 유충을 찾아내 모두 먹어버린다. 뾰족뒤쥐는 앞발을 고치 속에 넣고 끝을 깨물어 애벌레를 꺼내먹는데, 속이 찬 고치와 빈 고치를 기가 막히게 구분해낸다. 식욕에서 뾰족뒤쥐를 따라올 동물은 없다. 들쥐가 하루에 고치 200개를 먹는 데 비해, 뾰족뒤쥐는 800개나 먹어치운다. 실험에 따르면 애벌레 고치 중 75~98퍼센트가 이런 방식으로 없어진다고 한다.

뾰족뒤쥐가 살지 않는 뉴펀들랜드의 섬에서 잎벌이 번성하게 되었다. 그래서 1958년 잎벌 포식자로 최고 먹성을 자랑하는 뾰족뒤쥐를 이 섬에 풀어놓았다. 1962년 캐나다 정부는 이 시도가 성공적이었다고 보고했다. 뾰족뒤쥐는 섬 전체로 퍼져나가 처음 방출한 곳으로부터 10마일(약 16킬로미터) 떨어진 곳까지 속속 번져갔다.

숲속의 자연 생태계를 강하게 만들어주는 영구적 해결책을 찾으려는 삼림학자들은 다양한 무기를 보유하게 되었다. 화학 살충제 사용은 잘해야 임시변통일 뿐 진정한 해결책이라고 할 수 없다. 숲속 개울을 헤엄치는 물고기를 죽이고 모든 곤충에게 심각한 질병을 불러일으키며 자연의 기능을 완전히 파괴할 뿐이다. 이런 폭력적 수단에 대해 루페르츠호펜 박사는 이렇게 말한다. "화학물질은 숲속에 사는 생물들의 공생 관계를 완전히 교란할 뿐이며 해충으로 말미암은 재앙은 점점 더 짧은 주기로 되풀이된다. ……우리에게 남아 있는 최후의 자연 생태계를 위험에 빠뜨릴 수 있는 이런 부자연스러운 기만은 당장 중지해야 한다."

새롭고 상상력 풍부하며 창의적인 접근법은 이 세상이 인간만의 것이 아니라 모든 생물과 공유하는 것이라는 데에서 출발한다. 우리가 다루는 것은 살아 있는 생물들, 그 생명체의 밀고 밀리는 관계, 전진과 후퇴다. 생물들이 지닌 힘을 고려하고 그 생명력을 호의적 방향으로 이끌어 갈 때, 곤충과 인간은 이해할 만한 화해에 이를 것이다.

유독물질 사용이 마치 유행처럼 번지는 현 상황을 근원적으로 고찰해야 한다. 동굴 속 원시인이 사용하던 곤봉처럼 조악한 화학물질의 세례는 생태계라는 유기적 그물을 위협한다. 생태계는 한편으로 너무나 연약해서 쉽게 파괴되고, 다른 한편으로는 믿을 수 없을 만큼 튼튼하고 회복력이 강해서 예상치 못한 방식으로 역습해온다. 아무런 '고결한 목적'도 없고 겸손하지도 않은 화학 방제 책임자들은 자기들이 다루는 자연의 위대한 능력을 계속 무시해왔다.

"자연을 통제한다"는 말은 자연이 인간의 편의를 위해 존재한다고 생각하던 생물학과 철학의 네안데르탈 시대에 태어난 오만한 표현이다. 응용곤충학자들의 사고와 실행 방식을 보면 마치 석기시대로 거슬러 올라간 듯하다. 그렇게 원시적 수준의 과학이 현대적이고 끔찍한 무기로 무장하고 있다는 사실, 곤충을 향해 겨누었다고 생각하는 무기가 사실은 이 지구 전체를 향하고 있다는 사실이야말로 크나큰 불행이 아닐 수 없다.

참고문헌

02 참아야 하는 의무

"Report on Environmental Health Problems," *Hearings*, 86th Congress, Subcom. of Com. on Appropriations, March 1960, p. 170.

The Pesticide Situation for 1957-58, U.S. Dept. of Agric., Commodity Stabilization Service, April 1958, p. 10.

Elton, Charles S., *The Ecology of Invasions by Animals and Plants*, New York, Wiley, 1958.

Shepard, Paul, "The Place of Nature in Man's World," *Atlantic Naturalist*, Vol. 13 (April-June 1958), pp. 85-89.

03 죽음의 비술

Gleason, Marion, et al., *Clinical Toxicology of Commercial Products*, Baltimore: Williams and Wilkins, 1957.

Gleason, Marion, et al., *Bulletin of Supplementary Material: Clinical Toxicology of Commercial Products*, Vol. IV, No. 9. Univ. of Rochester.

The Pesticide Situation for 1958-59, U.S. Dept. of Agric., Commodity Stabilization

Service, April 1959, pp. 1-24.

The Pesticide Situation for 1960-61, U.S. Dept. of Agric., Commodity Stabilization Service, July 1961, pp. 1-23.

Hueper, W. C., *Occupational Tumors and Allied Diseases*, Springfield, Ill.: Thomas, 1942.

Todd, Frank E., and S. E. McGregor, "Insecticides and Bees," *Yearbook of Agric.*, U.S. Dept. of Agric., 1952, pp. 131-35.

Hueper, *Occupational Tumors*.

Bowen, C. V., and S. A. Hall, "The Organic Insecticides," *Yearbook of Agric.*, U.S. Dept. of Agric., 1952, pp. 209-18.

Von Oettingen, W. F., *The Halogenated Aliphatic, Olefinic, Cyclic, Aromatic, and Aliphatic-Aromatic Hydrocarbons: Including the Halogenated Insecticides, Their Toxicity and Potential Dangers*. U.S. Dept. of Health, Education, and Welfare. Public Health Service Publ. No. 414 (1955), pp. 341-42.

Laug, Edwin P., et al., "Occurrence of DDT in Human Fat and Milk," *A.M.A. Archives Indus. Hygiene and Occupat. Med.*, Vol. 3 (1951), pp. 245-46.

Biskind, Morton S., "Public Health Aspects of the New Insecticides," *Am. Jour. Diges. Diseases*, Vol. 20 (1953), No. 11, pp. 331-41.

Laug, Edwin P., et al., "Liver Cell Alteration and DDT Storage in the Fat of the Rat Induced by Dietary Levels of 1 to 50 p.p.m. DDT," *Jour. Pharmacol. and Exper. Therapeut.*, Vol. 98 (1950), p. 268.

Ortega, Paul, et al., "Pathologic Changes in the Liver of Rats after Feeding Low Levels of Various Insecticides," *A.M.A. Archives Path.*, Vol. 64 (Dec. 1957), pp. 614-22.

Fitzhugh, O. Garth and A. A. Nelson, "The Chronic Oral Toxicity of DDT (2,2-BIS p-CHLOROPHENYL-1,1,1-TRI-CHLOROETHANE)," *Jour. Pharmacol. and Exper. Therapeut.*, Vol. 89 (1947), No. 1, pp. 18-30.

Laug et al., "Occurrence of DDT in Human Fat and Milk."

Hayes, Wayland, J., Jr., et al., "Storage of DDT and DDE in People with Different

Degrees of Exposure to DDT," *A.M.A. Archives Indus. Health*, Vol. 18 (Nov. 1958), pp. 398-406.

Durham, William F., et al., "Insecticide Content of Diet and Body Fat of Alaskan Natives," *Science*, Vol. 134 (1961), No. 3493, pp. 1880-81.

Von Oettingen, *Halogenated ······ Hydrocarbons*, p. 363.

Smith, Ray F., et al., "Secretion of DDT in Milk of Dairy Cows Fed Low Residue Alfalfa," *Jour. Econ. Entomol.*, Vol. 41 (1948), pp. 759-63.

Laug et al., "Occurrence of DDT in Human Fat and Milk."

Finnegan, J. K., et al., "Tissue Distribution and Elimination of DDD and DDT Following Oral Administration to Dogs and Rats," *Proc. Soc. Exper. Biol and Med.*, Vol. 72 (1949), pp. 356-57.

Laug et al., "Liver Cell Alteration."

"Chemicals in Food Products," *Hearings*, H.R. 74, House Select Com. to Investigate Use of Chemicals in Food Products, Pt 1 (1951), p. 275.

Von Oettingen, *Halogenated ······ Hydrocarbons*, p. 322.

"Chemicals in Food Products," *Hearings*, 81st Congress, H.R. 323, Com. to Investigate Use of Chemicals in Food Products, Pt 1 (1950), pp. 388-90.

Clinical Memoranda on Economic Poisons. U.S. Public Health Service Publ. No. 476 (1956), p. 28.

Gannon, Norman and J. H. Bigger, "The Conversion of Aldrin and Heptachlor to Their Epoxides in Soil," *Jour. Econ, Entomol.*, Vol. 51 (Feb, 1958), pp. 1-2.

Davidow, B., and J. L. Radomski, "Isolation of an Epoxide Metabolite from Fat Tissues of Dogs Fed Heptachlor," *Jour. Pharmacol. and Exper. Therapeut.*, Vol. 107 (March 1953), pp. 259-65.

Von Oettingen, *Halogenatde ······ Hydrocarbons*, p. 310.

Drinker, Cecil K., et al., "The Problem of Possible Systemic Effects from Certain Chlorinated Hydrocarbons," *Jour. Indus. Hygiene and Toxicol.*, Vol. 19 (Sept. 1937), p. 283.

"Occupational Dieldrin Poisoning," Com. On Toxicology, *Jour. Am. Med. Assn.*,

Vol. 172 (April 1960), pp. 2077-80.

Scott, Thomas G., et al., "Some Effects of a Field Application of Dieldrin on Wild-life," *Jour. Wildlife Management*, Vol. 23 (Oct. 1959), pp. 409-27.

Paul, A. H., "Dieldrin Poisoning—A Case Report," *New Zealand Med. Jour.*, Vol. 58 (1959), p. 393.

Hayes, Wayland J., Jr., "The Toxicity of Dieldrin to Man," *Bull. World Health Organ.*, Vol. 20 (1959), pp. 891-912.

Gannon, Norman and G. C. Decker, "The Conversion of Aldrin to Dieldrin on Plants," *Jour. Econ. Entomol.*, Vol. 51 (Feb. 1958), pp. 8-11.

Kitselman, C. H., et al., "Toxicological Studies of Aldrin (Compound 118) on Large Animals," *Am. Jour. Vet. Research*, Vol. 11 (1950), p. 378.

Dahlen, James H., and A. O. Haugen, "Effect of Insecticides on Quail and Doves," *Alabama Conservation*, Vol. 26 (1954), No. 1, pp. 21-23.

DeWitt, James B., "Chronic Toxicity to Quail and Pheasants of Some Chlorinated Insecticides," *Jour. Agric. and Food Chem.*, Vol. 4 (1956), No. 10, pp. 863-66.

Kitselman, C. H., "Long Term Studies on Dogs Fed Aldrin and Dieldrin in Suble-thal Doses, with Reference to the Histopathological Findings and Repro-duction," *Jour. Am. Vet. Med. Assn.*, Vol. 123 (1953), p. 28.

Treon, J. F., and A. R. Borgmann, "The Effects of the Complete Withdrawal of Food from Rats Previously Fed Diets Containing Aldrin or Dieldrin," Kettering Lab., Univ. of Cincinnati; mimeo. Robert L. Rudd and Richard E. Genelly, *Pesticides: Their Use and Toxicity in Relation to Wildlife*. Calif. Dept. of Fish and Game, Game Bulletin No. 7 (1956), p. 52에서 인용.

Myers, C. S., "Endrin and Related Pesticides: A Review," Penn. Dept. of Health Research Report No. 45 (1958). Mimeo.

Jacobziner, Harold and H. W. Raybin, "Poisoning by Insecticide (Endrin)," *New York State Jour. Med.*, Vol. 59 (15 May 1959), pp. 2017-22.

"Care in Using Pesticide Urged," *Clean Streams*, No. 46 (June 1959). Penn. Dept. of Health.

Metcalf, Robert L., "The Impact of the Development of Organophosphorus Insecticides upon Basic and Applied Science," *Bull. Entomol. Soc. Am.*, Vol. 5 (March 1959), pp. 3-15.

Mitchell, Philip H., *General Physiology*, New York, McGraw-Hill, 1958, pp. 14-15.

Brown, A. W. A., *Insect Control by Chemicals*. New York, Wiley, 1951.

Toivonen, T., et al., "Parathion Poisoning Increasing Frequency in Finland," *Lancet*, Vol. 2 (1959), No. 7095, pp. 175-76.

Hayes, Wayland J., Jr., "Pesticides in Relation to Public Health," *Annual Rev. Entomol.*, Vol. 5 (1960), pp. 379-404.

Quinby, Griffith E., and A. B. Lemmon, "Parathion Residues As a Cause of Poisoning in Crop Workers," *Jour. Am. Med. Assn.*, Vol. 166 (Feb. 15, 1958), pp. 740-46.

Carman, G. C., et al., "Absorption of DDT and Parathion by Fruits," *Abstracts*, 115th Meeting Am. Chem. Soc. (1949), p. 30A.

Clinical Memoranda on Economic Poisons, p. 11.

Occupational Disease in California Attributed to Pesticides and Other Agricultural Chemicals. Calif. Dept. of Public Health, 1957, 1958, 1959, and 1960.

Frawley, John P., et al., "Marked Potentiation in Mammalian Toxicity from Simultaneous Administration of Two Anticholinesterase Compounds," *Jour. Pharmacol. and Exper. Therapeut.*, Vol. 121 (1957), No. 1, pp. 96-106.

Rosenberg, Phillip and J. M. Coon, "Potentiation between Cholinesterase Inhibitors," *Proc. Soc. Exper. Biol. and Med.*, Vol. 97 (1958), pp. 836-39.

Dubois, Kenneth P., "Potentiation of the Toxicity of Insecticidal Organic Phosphates," *A.M.A. Archives Indus. Health*, Vol. 18 (Dec. 1958), pp. 488-96.

Murphy, S. D., et al., "Potentiation of Toxicity of Malathion by Triorthotolyl Phosphate," *Proc. Soc. Exper. Biol. and Med.*, Vol. 100 (March 1959), pp. 483-87.

Graham, R. C. B., et al., "The Effect of Some Organophosphorus and Chlorinated Hydrocarbon Insecticides on the Toxicity of Several Muscle Relaxants," *Jour. Pharm. and Pharmacol.*, Vol. 9 (1957), pp. 312-19.

Rosenberg, Philip and J. M. Coon, "Increase of Hexobarbital Sleeping Time by Certain Anticholinesterases," *Proc. Soc. Exper. Biol. and Med.*, Vol. 98 (1958), pp. 650-52.

Dubois, "Potentiation of Toxicity."

Hurd-Karrer, A. M., and F. W. Poos, "Toxicity of Selenium-Containing Plants to Aphids," *Science*, Vol. 84 (1936), p. 252.

Ripper, W. E., "The Status of Systemic Insecticides in Pest Control Practices," *Advances in Pest Control Research*, New York, Interscience, 1957. Vol. 1, pp. 305-52.

Occupational Disease in California, 1959.

Glynne-Jones, G. D., and W. D. E. Thomas, "Experiments on the Possible Contamination of Honey with Schradan," *Annals Appl. Biol.*, Vol. 40 (1953), p. 546.

Radeleff, R. D., et al., *The Acute Toxicity of Chlorinated Hydrocarbon and Organic Phosphorus Insecticides to Livestock*, U.S. Dept. of Agric. Technical Bulletin 1122 (1955).

Brooks, F. A., "The Drifting of Poisonous Dusts Applied by Airplanes and land Rigs," *Agric. Engin.*, Vol. 28 (1947), No. 6, pp. 233-39.

Stevens, Donald B., "Recent Developments in New York State's Program Regarding Use of Chemicals to Control Aquatic Vegetation," paper presented at 13th Annual Meeting Northeastern Weed Control Conf. (Jan. 8, 1959).

Anon., "No More Arsenic," *Economist*, 10 Oct. 1959.

"Arsenites in Agriculture," *Lancet*, Vol. 1 (1960), p. 178.

Horner, Warren D., "Dinitrophenol and Its Relation to Formation of Cataract," (A.M.A.) *Archives Ophthalmol.*, Vol. 27 (1942), pp. 1097-1121.

Weinbach, Eugene C., "Biochemical Basis for the Toxicity of Pentachlorophenol," *Proc. Natl. Acad. Sci.*, Vol. 43 (1957), No. 5, pp. 393-97.

04 지표수와 지하수

Biological Problems in Water Pollution. Transactions, 1959 seminar. U.S. Public Health Service Technical Report W60-3 (1960).

"Report on Environmental Health Problems," *Hearings*, 86th Congress, Subcom. of Com. on Appropriations, March 1960, p. 78.

Tarzwell, Clarence M., "Pollutional Effects of Organic Insecticides to Fishes," *Transactions*, 24th North Am. Wildlife Conf. (1959), Washington, D.C., pp. 132-42. Pub. by Wildlife Management Inst.

Nicholson, H. Page, "Insecticide Pollution of Water Resources," *Jour. Am. Waterworks Assn.*, Vol. 51 (1959), pp. 981-86.

Woodward, Richard L., "Effects of Pesticides in Water Supplies," *Jour. Am. Waterworks Assn.*, Vol. 52 (1960), No. 11, pp. 1367-72.

Cope, Oliver B., "The Retention of DDT by Trout and Whitefish," in *Biological problems in Water Pollution*, pp. 72-75.

Kuenen, P. H., *Realms of Water*, New York, Wiley, 1955.

Gilluly, James, et al., *Principles of Geology*, San Francisco, Freeman, 1951.

Walton, Graham, "Public Health Aspects of the Contamination of Ground Water in South Platte River Basin in Vicinity of Henderson, Colorado, Aug., 1959." U.S. Public Health Service, 2 Nov. 1959. Mimeo.

"Report on Environmental Health Problems."

Hueper, W. C., "Cancer Hazards from Natural and Artificial Water Pollutants," *Proc.*, Conf. on Physiol. Aspects of Water Quality, Washington, D.C., 8-9, 1960. U.S. Public Health Service.

Hunt, E. G., and A. I. Bischoff, "Inimical Effects on Wildlife of Periodic DDD Applications to Clear Lake," *Calif. Fish and Game*, Vol. 46 (1960), No. 1, pp. 91-106.

Woodward, G., et al., "Effects Observed in Dogs Following the Prolonged Feeding of DDD and Its Analogues," *Federation Proc.*, Vol. 7 (1948), No. 1, p. 266.

Nelson, A. A., and G. Woodward, "Severe Adrenal Cortical Atrophy (Cytotoxic) and Hepatic Damage Produced in Dogs by Feeding DDD or TDE," (A.M.A.) *Archives Path.*, Vol. 48 (1949), p. 387.

Zimmermann, B., et al., "The Effects of DDD on the Human Adrenal; Attempts to Use an Adrenal-Destructive Agent in the Treatment of Disseminated Mammary and Prostatic Cancer," *Cancer*, Vol. 9 (1956), pp. 940-48.

Cohen, Jesse M., et al., "Effect of Fish Poisons on Water Supplies. I. Removal of Toxic Materials," *Jour. Am. Waterworks Assn.*, Vol. 52 (1960), No. 12, pp. 1551-65. "II. Odor Problems," Vol. 53 (1960), No. 1, pp. 49-61. "III. Field Study, Dickinson, North Dakota," Vol. 53 (1961), No. 2, pp. 233-46.

Hueper, W. C., "Cancer Hazards from Water Pollutants."

05 토양의 세계

Simonson, Roy W., "What Soils Are," *Yearbook of Agric.*, U.S. Dept. of Agric., 1957, pp. 17-31.

Clark, Francis E., "Living Organisms in the Soil," *Yearbook of Agric.*, U.S. Dept. of Agric., 1957, pp. 157-65.

Farb, Peter, *Living Earth*, New York, Harper, 1959.

Lichtenstein, E. P., and K. R. Schulz, "Persistence of Some Chlorinated Hydro-carbon Insecticides As Influenced by Soil Types, Rate of Application and Tempera-ture," *Jour. Econ. Entomol.*, Vol. 52 (1959), No. 1, pp. 124-31.

Thomas, F. J. D., "The Residual Effects of Crop-Protection Chemicals in the Soil," in *Proc.*, 2nd Internatl. Plant Protection Conf. (1956), Fernhurst Research Station, England.

Eno, Charles, F., "Chlorinated Hydrocarbon Insecticides: What Have They Done to Our Soil?" *Sunshine State Agric. Research Report* for July 1959.

Mader, Donald L., "Effect of Humus of Different Origin In Moderating the Toxi-city of Biocides," Doctorate thesis, Univ. of Wisc., 1960.

Cullinan, F. P., "Some New Insecticides—Their Effect on Plants and Soil," *Jour.*

Econ. Entomol., Vol. 42 (1949), pp. 387-91.

Sheals, J. G., "Soil Population Studies. I. The Effects of Cultivation and Treatment with Insecticides," Bull. Entomol. Research, Vol. 47 (Dec. 1956), pp. 803-22.

Hetrick, L. A., "Ten Years of Testing Organic Insecticides As Soil Poisons against the Eastern Subterranean Termite," Jour. Econ. Entomol., Vol. 50 (1957), p. 316.

Lichtenstein, E. P., and J. B. Polivka, "Persistence of Insecticides in Turf Soils," Jour. Econ. Entomol., Vol. 52 (1959), No. 2, pp. 289-93.

Ginsburg, J. M., and J. P. Reed, "A Survey on DDT-Accumulation in Soils in Relation to Different Crops," Jour. Econ. Entomol., Vol. 47 (1954), No. 3, pp. 467-73.

Cullinan, F. P., "Some New Insecticides—Their Effect on Plants and Soils," Jour. Econ. Entomol., Vol. 42 (1949), pp. 387-91.

Satterlee, Henry S., "The Problem of Arsenic in American Cigarette Tobacco," New Eng. Jour. Med., Vol. 254 (June 21, 1956), pp. 1149-54.

Lichtenstein, E. P., "Absorption of Some Chlorinated Hydrocarbon Insecticides from Soils into Various Crops," Jour. Agric. and Food Chem., Vol. 7 (1959), No. 6, pp. 430-33.

"Chemicals in Foods and Cosmetics," Hearings, 81st Congress, II.R. 74 and 447, House Select Com. to Investigate Use of Chemicals in Foods and Cosmetics, Pt 3 (1952), pp. 1385-1416. Testimony of L. G. Cox.

Klostermeyer, E. C., and C. B. Skotland, Pesticide Chemicals As a Factor in Hop Die-out. Washington Agric. Exper. Stations Circular 362 (1959).

Stegeman, LeRoy C., "The Ecology of the Soil," Transcription of a seminar, New York State Univ. College of Forestry, 1960.

06 지구의 녹색 외투

Patterson, Robert L., The Sage Grouse in Wyoming, Denver: Sage Books, Inc., for Wyoming Fish and Game Commission, 1952.

Murie, Olaus J., "The Scientist and Sagebrush," *Pacific Discovery*, Vol. 13 (1960), No. 4, p. 1.

Pechanec, Joseph, et al., *Controlling Sagebrush on Rangelands*. U.S. Dept. of Agric. Farmers' Bulletin No. 2072 (1960).

Douglas, William O., *My Wilderness: East to Katahdin*, New York, Doubleday, 1961.

Egler, Frank E., *Herbicides: 60 Questions and Answers Concerning Roadside and Rightofway Vegetation Management*, Litchfield, Conn.: Litchfield Hills Audubon Soc., 1961.

Fisher, C. E., et al., *Control of Mesquite on Grazing Lands*. Texas Agric. Exper. Station Bulletin 935 (Aug. 1959).

Goodrum, Phil D., and V. H. Reid, "Wildlife Implications of Hardwood and Brush Controls," *Transactions*, 21st North Am. Wildlife Conf. (1956).

A Survey of Extent and Cost of Weed Control and Specific Weed Problems. U.S. Dept. of Agric. ARS 34-23 (March 1962).

Barnes, Irston R., "Sprays Mar Beauty of Nature," *Washington Post*, 25 Sept. 1960.

Goodwin, Richard H., and William A Niering, *A Roadside Crisis: The Use and Abuse of Herbicides*. Connecticut Arboretum Bulletin No. 11 (March 1959), pp. 1-13.

Boardman, William, "The Dangers of Weed Spraying," *Veterinarian*, Vol. 6 (Jan. 1961), pp. 9-19.

Willard, C. J., "Indirect Effects of Herbicides," *Proc.*, 7th Annual Meeting North Central Weed Control Conf. (1950), pp. 110-12.

Douglas, William O., *My Wilderness: The Pacific West*, New York, Doubleday, 1960.

Egler, Frank E., *Vegetation Management for Rights-of-Way and Roadsides*. Smithsonian Report for 1953 (Smithsonian Inst., Washington, D.C.), pp. 299-322.

Bohart, George E., "Pollination by Native Insects," *Yearbook of Agric.*, U.S. Dept. of Agric., 1952, pp. 107-21.

Egler, *Vegetation Management*.

Niering, William A., and Frank E. Egler, "A Shrub Community of *Viburnum lentago*, Stable for Twenty-five Years," *Ecology*, Vol. 36 (April 1955), pp. 356-60.

Pound, Charles E., and Frank E. Egler, "Brush Control in Southeastern New York: Fifteen Years of Stable Tree-Less Communities," *Ecology*, Vol. 34 (Jan. 1953), pp. 63-73.

Egler, Frank E., "Science, Industry and the Abuse of Rights of Way," *Science*, Vol. 127 (1958), No. 3298, pp. 573-80.

Niering, William A., "Principles of Sound Right-of-Way Vegetation Management," *Econ. Botany*, Vol. 12 (April-June 1958), pp. 140-44.

Hall, William C., and William A. Niering, "The Theory and Practice of Successful Selective Control of 'Brush' by Chemicals," *Proc.*, 13th Annual Meeting Northeastern Weed Control Conf. (Jan. 8, 1959).

Egler, Frank E., "Fifty Million More Acres for Hunting?" *Sports Afield*, Dec. 1954.

McQuilkin, W. E., and L. R. Strickenberg, *Roadside Brush Control with 2,4,5-T on Eastern National Forests*. Northeastern Forest Exper. Station Paper No. 148. Upper Darby, Penn., 1961.

Goldstein, N. P., et al., "Peripheral Neuropathy after Exposure to an Ester of Dichlorophenoxyacetic Acid," *Jour. Am. Med. Assn.*, Vol. 171 (1959), pp. 1306-9.

Brody, T. M., "Effect of Certain Plant Growth Substances on Oxidative Phosphorylation in Rat Liver Mitochondria," *Proc. Soc. Exper. Biol. and Med.*, Vol. 80 (1952), pp. 533-36.

Croker, Barbara H., "Effects of 2,4-D and 2,4,5-T on Mitosis in *Allium cepa*," *Bot. Gazette*, Vol. 114 (1953), pp. 274-83.

Willard, C. J., "Indirect Effects of Herbicides."

Stahler, L. M., and E. J. Whitehead,. "The Effect of 2,4-D on Potassium Nitrate Levels in Leaves of Sugar Beets," *Science*, Vol. 112 (1950), No. 2921, pp. 749-51.

Olson, O., and E. Whitehead, "Nitrate Content of Some South Dakota Plants," *Proc.*, South Dakota Acad. of Sci., Vol. 20 (1940), p. 95.

Stahler and Whitehead, "The Effect of 2,4-D on Potassium Nitrate Levels."

What's New in Farm Science. Univ. of Wisc. Agric. Exper. Station Annual Report, Pt II, Bulletin 527 (July 1957), p. 18.

Grayson, R. R., "Silage Gas Poisoning: Nitrogen Dioxide Pneumonia, a New Disease in Agricultural Workers," *Annals Internal Med.*, Vol. 45 (1956), pp. 393-408.

Crawford, R. F., and W. K. Kennedy, *Nitrates in Forage Crops and Silage: Benefits, Hazards, Precautions.* New York State College of Agric., Cornell Misc. Bulletin 37 (June 1960).

Briejèr, C. J., To author.

Knake, Ellery L., and F. W. Slife, "Competition of *Setaria faterii* with Corn and Soybeans," *Weeds*, Vol. 10 (1962), No. 1, pp. 26-29.

Goodwin and Niering, *A Roadside Crisis.*

Egler, Frank E., To author.

DeWitt, James B., To author.

Holloway, James K., "Weed Control by Insect," *Sci. American*, Vol. 197 (1957), No. 1, pp. 56-62.

Holloway, James K., and C. B. Huffaker, "Insects to Control a Weed," *Yearbook of Agric.*, U.S. Dept. of Agric., 1952, pp. 135-40.

Huffaker, C. B., and C. E. Kennett, "A Ten-Year Study of Vegetational Changes Associated with Biological Control of Klamath Weed," *Jour. Range Management*, Vol. 12 (1959), No. 2, pp. 69-82.

Bishopp, F. C., "Insect Friends of Man," *Yearbook of Agric.*, U.S. Dept. of Agric., 1952, pp. 79-87.

07 불필요한 파괴

Here Is Your 1959 Japanese Beetle Control Program. Release, Michigan State Dept. of Agric., 19 Oct. 1959.

Nickell, Walter, To author.

Hadley, Charles H., and Walter E. Fleming, "The Japanese Beetle," *Yearbook of Agric.*, U.S. Dept. of Agric., 1952, pp. 567-73.

Here Is Your 1959 Japanese Beetle Control Program.

"No Bugs in Plane Dusting," *Detroit News*, 10 Nov. 10, 1959.

Michigan Audubon Newsletter, Vol. 9 (Jan. 1960).

"No Bugs in Plane Dusting."

Hickey, Joseph J., "Some Effects of Insecticides on Terrestrial Birdlife," *Report* of Subcom. on Relation of Chemicals to Forestry and Wildlife, Madison, Wisc., Jan. 1961. Special Report No. 6.

Scott, Thomas G., To author, Dec. 14, 1961.

"Coordination of Pesticides Programs," *Hearings*, 86th Congress, H.R. 11502, Com. on Merchant Marine and Fisheries, May 1960, p. 66.

Scott, Thomas G., et al., "Some Effects of a Field Application of Dieldrin on Wildlife," *Jour. Wildlife Management*, Vol. 23 (1959), No. 4, pp. 409-27.

Hayes, Wayland J., Jr., "The Toxicity of Dieldrin to Man," *Bull. World Health Organ.*, Vol 20 (1959), pp. 891-912.

Scott, Thomas G., To Author, Dec. 14, 1961, Jan. 8, Feb. 15, 1962.

Hawley, Ira M., "Milky Diseases of Beetles," *Yearbook of Agric.*, U.S Dept. of Agric., 1952, pp. 394-401.

Fleming, Walter E., "Biological Control of the Japanese Beetle Especially with Entomogenous Diseases," *Proc.* 10th Internatl. Congress of Entomologists (1956), Vol. 3 (1958), pp 115-25.

Chittick, Howard A. (Fairfax Biological Lab.), To author, Nov. 30, 1960.

Scott et al., "Some Effects of a Field Application of Dieldrin on Wildlife."

08 새는 더 이상 노래하지 않고

Audubon Field Notes. "Fall Migration—Aug. 16 to Nov. 30, 1958," Vol. 13 (1959), No. 1, pp. 1-68.

Swingle, R. U., et al., "Dutch Elm Disease," *Yearbook of Agric.*, U.S. Dept. of Agric., 1949, pp. 451-52.

Mehner, John F., and George J. Wallace, "Robin Populations and Insecticides," *Atlantic Naturalist*, Vol. 14 (1959), No. 1. pp. 4-10.

Wallace, George J., "Insecticides and Birds," *Audubon Mag.*, Jan.-Feb. 1959.

Barker, Roy J., "Notes on Some Ecological Effects of DDT Sparyed on Elms," *Jour. Wildlife Management*, Vol. 22 (1958), No. 3, pp. 269-74.

Hickey, Joseph J., and L. Barrie Hunt, "Songbird Mortality Following Annual Programs to Control Dutch Elm Disease," *Atlantic Naturalist*, Vol. 15 (1960), No. 2, pp. 87-92.

Wallace, "Insecticides and Birds."

Wallace, Gerge J., "Another Year of Robin Losses on a University Campus," *Audubon Mag.*, March-April 1960.

"Coordination of Pesticides Programs," *Hearings*, H.R. 11502, 86th Congress, Com. on Merchant Marine and Fisheries, May 1960, pp. 10, 12.

Hickey, Joseph J., and L. Barrie Hunt, "Initial Songbird Mortality Following a Dutch Elm Disease Control Program," *Jour. Wildlife Management*, Vol. 24 (1960), No. 3, pp. 259-65.

Wallace, George J., et al., *Bird Mortality in the Dutch Elm Disease Program in Michigan*. Cranbrook Inst. of Science Bulletin 41 (1961).

Hickey, Joseph J., "Some Effects of Insecticides on Terrestrial Birdlife," *Reoprt* of Subcom. on Relation of Chemicals to Forestry and Wildlife, State of Wisconsin, Jan. 1961, pp. 2-43.

Wallace et al., *Bird Mortality in the Dutch Elm Disease Program*.

Walton, W. R., *Earthworms As pests and Otherwise*, U.S. Dept. of Agric. Farmers' Bulletin No. 1569 (1928).

Wright, Bruce S., "Woodcock Reproduction in DDT-Sprayed Areas of New Brunswick," *Jour. Wildlife Management*, Vol. 24 (1960), No. 4, pp. 419-20.

Dexter, R. W., "Earthworms in the Winter Diet of the Opossum and the Raccoon,"

Jour. Mammal., Vol. 32 (1951), p. 464.

"Coordination of Pesticides Programes." Testimony of George J. Wallace, p. 10.

Wallace, "Insecticides and Birds."

Bent, Arthur C., *Life Histories of North American Jays, Crows, and Titmice*. Smithsonian Inst., U.S. Natl. Museum Bulletin 191 (1946).

MacLellan, C. R., "Woodpecker Control of the Codling Moth in Nova Scotia Orchards," *Atlantic Naturalist*, Vol. 16 (1961), No. 1, pp. 17-25.

Knight, F. B., "The Effects of Woodpeckers on Populations of the Engelmann Spruce Beetle," *Jour. Econ. Entomol.*, Vol. 51 (1958), pp. 603-7.

Carter, J. C., To author, June 16, 1960.

Sweeney, Joseph A., To author, March 7, 1960.

Welch, D. S., and J. G. Matthysse, *Control of the Dutch Elm Disease in New York State*. New York State College of Agric., Cornell Ext. Bulletin No. 932 (June 1960), pp. 3-16.

Matthysse, J. G., *An Evaluation of Mist Blowing and Sanitation in Dutch Elm Disease Control Programs*. New York State College of Agric., Cornell Ext. Bulletin No. 30 (July 1959), pp. 2-16.

Miller, Howard, To author, Jan. 17, 1962.

Matthysse, *An Evaluation of Mist Blowing and Sanitation*

Elton, Charles S., *The Ecology of Invasions by Animals and Plants*, New York, Wiley, 1958.

Broley, Charles E., "The Bald Eagle in Florida," *Atalantic Naturalist*, July 1957, pp. 230-31.

＿＿＿, "The Plight of the American Bald Eagel," *Audubon Mag.*, July-Aug. 1958, pp. 162-63.

McLaughlin, Frank, "Bald Eagle Survery in New Jersey," *New Jersey Nature News*, Vol. 16 (1959), No. 2, p. 25. Interim Report, Vol. 16 (1959), No. 3, p. 51.

Cunningham, Richard L., "The Status of the Bald Eaglein Florida," *Audubon Mag.*, Jan.-Feb. 1960, pp. 24-43.

"Vanishing Bald Eagle Gets Champion," *Florida Naturalist*, April 1959, p. 64.

Broun, Maurice, To author, May 22, 30, 1960.

Beck, Herbert H., To author, July 30, 1959.

De Witt, James B., "Effects of Chlorinated Hydrocarbon Insecticides upon Quail and Pheasants," *Jour. Agric. and Food Chem.*, Vol. 3 (1955), No. 8, p. 672.

____, "Chronic Toxicity to Quail and Pheasants of Some Chlorinated Insecticides," *Jour. Agric. and Food Chem.*, Vol. 4 (1956), No. 10, p. 863.

Rudd, Robert L., and Richard E. Genelly, *Pesticides: Their Use and Toxicity in Relation to Wildlife*. Calif. Dept. of Fish and Game, Game Bulletin No. 7 (1956), p. 57.

Imler, Ralgh H., and E. R. Kalmbach, *The Bald Eagle and Its Economic Status*. U.S. Fish and Wildlife Service Circular 30 (1955).

Mills, Herbert R., "Death in the Florida Marshes," *Audubon Mag.*, Sept.-Oct. 1952.

Bulletin, Internatl. Union for the Conservation of *Nature*, May and Oct. 1957.

The Deaths of Birds and Mammals Connected with Toxic Chemicals in the First Half of 1960. Report No. 1 of the British Trust for Ornithology and Royal Soc. for the Protection of Birds. Com. On Toxic Chemicals, Royal Soc. Protect. Birds.

Sixth Report from the Estimates Com., Ministry of Agric., Fisheries and Food, Sess. 1960-61, House of Commons.

Christian, Garth, "Do Seed Dressings Kill Foxes?" *Country Life*, 12 Jan. 1961.

Rudd, Robert L., and Richard E. Genelly, "Avian Mortality from DDT in Californian Rice Fields," *Condor*, Vol. 57 (March-April 1955), pp. 117-18.

Rudd and Genelly, *Pesticides*.

Dykstra, Walter W., "Nuisance Bird Control," *Audubon Mag.*, May-June 1960, pp. 118-9.

Buchheister, Carl W., "What About Problem Birds?" *Audubon Mag.*, May-June 1960, pp. 116-18.

Quinby, Grffith E., and A. B. Lemmon, "Parathion Residues As a Cause of Poisoning in Crop Workers," *Jour. Am. Med. Assn.*, Vol. 166 (Feb. 15, 1958), pp. 740-46.

09 죽음의 강

Kerswill, C. J., "Effects of DDT Spraying in New Brunswick on Future Runs of Adult Salmon," *Atlantic Advocate*, Vol. 48 (1958), pp. 65-68.

Keenleyside, M. H. A., "Insecticides and Wildlife," *Canadian Audubon*, Vol. 21 (1959), No. 1, pp. 1-7.

____, "Effects of Spruce Budworm Control on Salmon and Other Fishes in New Brunswick," *Canadian Fish Culrurist*, Issue 24 (1959), pp. 17-22.

Kerswill, C. J., *Investingation and Management of Atlantic Salmon in 1956* (also for 1957, 1958, 1959-60; in 4 parts). Federal-Provincial Co-ordinating Com. on Atlantic Salmon (Canada).

Ide, F. P., "Effect of Forest Spraying with DDT on Aquatic Insects of Salmon Streams," *Transactions*, Am. Fisheries Soc., Vol. 86 (1957), pp. 208-19.

Kerswill, C. J., To author, May 9, 1961.

____, To author, June 1, 1961.

Warner, Kendall and O. C. Fenderson, "Effects of Forest Insect Spraying on Northern Maine Trout Streams." Maine Dept. of Inland Fisheries and Game, Mimeo., n.d.

Alderdice, D. F., and M. E. Worthington, "Toxicity of a DDT Forest Spray to Young Salmon," *Canadian Fish Culturist*, Issue 24 (1959), pp. 41-48.

Hourston, W. R, To author, May 23, 1961.

Graham, R. J., and D. O. Scott, *Effects of Forest Insect Spraying on Trout and Aquatic Insects in Some Montana Streams*. Final Report, Montana Fish and Game Dept, 1958.

Graham, R. J., "Effects of Forest Insect Spraying on Trout and Aquatic Insects in

Some Montana Streams," in *Biological problems in Water Pollution*. Transactions, 1959 seminar. U.S. Public Health Service Technical Report W60-3 (1960).

Crouter, R. A and E. H. Vernon, "Effects of Black-headed Budworm Control on Salmon and Trout in British Columbia," *Canadian Fish Culturist*, Issue 24 (1959), pp. 23-40.

Pollution-Caused Fish Kills in 1960. U.S. Public Health Service Publ. No. 847 (1961), pp. 1-20.

Whiteside, J. M., "Spruce Budworm Control in Oregon and Washington, 1949-1956," *Proc.*, 10th Internatl. Congress of Entomologists (1956), Vol. 4 (1958), pp. 291-302.

"U.S. Anglers—Three Billion Dollars," *Sport Fishing Inst. Bull.*, No. 119 (Oct. 1961).

Powers, Edward (Bur. of Commercial Fisheries), To author.

Rudd, Robert L., and Richard E. Genelly, *Pesticides: Their Use and Toxicity in Relation to Wildlife*. Calif. Dept. of Fish and Game, Game Bulletin No. 7 (1956), p. 88.

Biglane, K. E., To author, May 8, 1961.

Release No. 58-38, Penn. Fish Commission, Dec. 8, 1958.

Rudd and Genelly, *Pesticides*, p. 60.

Henderson, C., et al., "The Relative Toxicity of Ten Chlorinated Hydrocarbon Insecticides to Four Species of Fish," paper presented at 88th Annual Meeting Am. Fisheries Soc. (1958).

"The Fire Ant Eradication Program and How It Affects Wildlife," subject of *Proc. Symposium*, 12th Annual Conf. Southeastern Assn. Game and Fish Commissioners, Louisville, Ky. (1958). Pub. by the Assn, Columbia, S.C., 1958.

"Effects of the Fire Ant Eradication Program on Wildlife," report, U.S. Fish and Wildlife Service, 25 May 1958. Mimeo.

Pesticide-Wildlife Review, 1959. Bur. Sport Fisheries and Wildlife Circular 84 (1960), U.S. Fish and Wildlife Service, pp. 1-36.

Baker, Maurie F., "Observations of Effects of an Application of Heptachlor or Dieldrin on Wildlife," in *Proc. Symposium*, pp. 18-20.

Glasgow, L. L., "Studies on the Effect of the Imported Fire Ant Control Program on Wildlife in Louisiana," in *Proc. Symposium*, pp. 24-29.

Pesticide-Wildlife Review, 1959.

Progress in Sport Fishery Research, 1960. Bur. Sport Fisheries and Wildlife Circular 101 (1960), U.S. Fish and Wildlife Service.

"Resolution Opposing Fire-Ant Program Passed by American Society of Ichthyologists and Herpetologists," *Copeia* (1959), No. 1, p. 89.

Young, L. A., and Nicholson, H. P., "Stream Pollution Resulting from the Use of Organic Insecticides," *Progressive Fish Culturist*, Vol. 13 (1951), No. 4, pp. 193-98.

Rudd and Genelly, *Pesticides.*

Lawrence, J. M., "Toxicity of Some New Insecticides to Several Species of Pondfish," *Progressive Fish Culturist*, Vol. 12 (1950), No. 4, pp. 141-46.

Pielow, D. P., "Lethal Effects of DDT on Young Fish," *Nature*, Vol. 158 (1946), No. 4011, p. 378.

Herald, E. S., "Notes on the Effect of Aircraft-Distributed DDT-Oil spray upon Certain Philippine Fishes," *Jour. Wildlife Management*, Vol. 13 (1949), No. 3, p. 316.

"Report of Investigation of the Colorado River Fish Kill, Jan., 1961," Texas Game and Fish Commission, 1961. Mimeo.

Harrington, R. W., Jr., and W. L. Bidlingmayer, "Effects of Dieldrin on Fishes and Invertebrates of a Salt Marsh," *Jour. Wildlife Management*, Vol. 22. (1958), No. 1, pp. 76-82.

Mills, Herbert R., "Death in the Florida Marshes," *Audubon Mag.*, Sept.-Oct. 1952.

Springer, Paul F., and John R. Webster, *Effects of DDT on Saltmarsh Wildlife: 1949.* U.S. Fish and Wildlife Service, Special Scientific Report, Wildlife No. 10

(1949).

John C. Pearson, To author.

Butler, Philip A., "Effects of Pesticides on Commercial Fisheries," *Proc.*, 13th Annual Session (Nov. 1960), Gulf and Caribbean Fisheries Inst., pp. 168-71.

10 공중에서 무차별적으로

Perry, C. C., *Gypsy Moth Appraisal Program and Proposed Plan to Prevent Spread of the Moths*. U.S. Dept. of Agric. Technical Bulletin No. 1124 (Oct. 1955).

Corliss, John M., "The Gypsy Moth," *Yearbook of Agric.* U.S. Dept. of Agric., 1952, pp. 694-98.

Worrell, Albert C., "Pests, Pesticides and People," offprint from *Am. Forests Mag.*, July 1960.

Clausen, C. P., "Parasites and Predators," *Yearbook of Agric.*, U.S. Dept. of Agric., 1952, pp. 380-88.

Perry, C. C., *Gypsy Moth Appraisal Program*.

Worrell, "Pests, Pesticides, and People."

"USDA Launches Large-Scale Effort to Wipe Out Gypsy Moth," press release, U.S. Dept. of Agric., March 20, 1957.

Worrell, "Pests, Pesticides, and People."

Robert Cushman Murphy et al. v. Ezra Taft Benson et al. U.S. District Court, Eastern District of New York, Oct. 1959, Civ. No. 17610.

Murphy et al. v. Benson et al. Petition for a Writ of Certiorari to the U.S. Court of Appeals for the Second Circuit, Oct. 1959.

Waller, W. K., "Poison on the Land," *Audubon Mag.*, March-April 1958, pp. 68-71.

Murphy et al. v. Benson et al. U.S. Supreme Court Reports, Memorandum Cases, No. 662, 28 March 1960.

Waller, "Poison on the Land."

Am. Bee Jour., June 1958, p. 224.

Murphy et al. v. *Benson et al.* U.S. Court of Appeals, Second Circuit. Brief for Defendant-Appellee Butler, No. 25,448, March 1959.

Brown, William L., Jr., "Mass Insect Control Programs: Four Case Histories," *Psyche*, Vol. 68 (1961), Nos. 2-3, pp. 75-111.

Arant, F. S., et al., "Facts about the Imported Fire Ant," *Highlights of Agric. Research*, Vol. 5 (1958), No. 4.

Brown, "Mass Insect Control Programs."

"Pesticides: Hedgehopping into Trouble?" *Chemical Week*, Feb. 8, 1958, p. 97.

Arant et al., "Facts about the Imported Fire Ant."

Byrd, I. B., "What Are the Side Effects of the Imported Fire Ant Control Program?" in *Biological problems in Water Pollution*. Transactions, 1959 seminar, U.S. Public Health Service Technical Report W60-3 (1960), pp. 46-50.

Hays, S. B., and K. L. Hays, "Food Habits of *Solenopsis savissima* richteri Forel," *Jour. Econ. Entomol.*, Vol. 52 (1959), No. 3, pp. 455-57.

Caro, M. R., et al., "Skin Responses to the Sting of the Imported Fire Ant," *A.M.A. Archives Dermat.*, Vol. 75 (1957), pp. 475-88.

Byrd, "Side Effects of Fire Ant Program."

Baker, Maurice F., in *Virginia Wildlife*, Nov. 1958.

"The Fire Ant Eradication Program and How It Affects Wildlife," subject of *Proc. Symposium*, 12th Annual Conf. Southeastern Assn. Game and Fish Commissioners, Louisville, Ky. (1958). Pub. by the Assn., Columbia, S.C., 1958.

Brown, "Mass Insect Control Programs."

Pesticide-Wildlife Review, 1959. Bur. Sport Fisheries and Wildlife Circular 84 (1960), U.S. Fish and Wildlife Service, pp. 1-36.

Wright, Bruce S., "Woodcock Reproduction in DDT-Sprayed Areas of New Brunswick," *Jour. Wildlfie Management*, Vol. 24 (1960), No. 4, pp. 419-20.

Clawson, Sterling G., "Fire Ant Eradication—and Quail," *Alabama Conservation*, Vol. 30 (1959). No. 4, p. 14.

Rosene, Walter, "Whistling-Cock Counts of Bobwhite Quail on Areas Treated with

Insecticide and on Untreated Areas, Decature County, Georgia," in *Proc. Symposium*, pp. 14-18.

Pesticide-Wildlife Review, 1959.

Cottam, Clarence, "The Uncontrolled Use of Pesticides in the Southeast," address to Southeastern Assn. Fish, Game and Conservation Commissioners, Oct. 1959.

Poitevint, Otis L., Address to Georgia Sportsmen's Fed., Oct. 1959.

Ely, R. E., et al., "Excretion of Heptachlor Epoxide in the Milk of Dairy Cows Fed Heptachlor-Sprayed Forage and Technical Heptachlor," *Jour. Dairy Sci.*, Vol. 38 (1955), No. 6, pp. 669-72.

Gannon, N., et al., "Storage of Dieldrin in Tissues and Its Excretion in Milk of Dairy Cows Fed Dieldrin in Their Diets," *Jour. Agric. and Food Chem.*, Vol. 7 (959), No. 12, pp. 824-32.

Insecticide Recommendations of the Entomology Research Division for the Control of Insects Attacking Crops and Livestock for 1961. U.S. Dept. of Agric. Handbook No. 120 (1961).

Peckinpaugh, H. S. (Ala. Dept. of Agric. and Indus.), To author, March 24, 1959.

Hartman, H. L. (La. State Board of Health), To author, March 23, 1959.

Lakey, J. F. (Texas Dept. of Health), To author, March 23, 1959.

Davidow, B., and J. L. Radomski, "Metabolite of Heptachlor, Its Analysis, Storage, and Toxicity," *Federation Proc.*, Vol. 11 (1952), No. 1, p. 336.

Food and Drug Administration, U.S. Dept. of Health, Education, and Welfare, in *Federal Register*, Oct. 27, 1959.

Burgess, E. D. (U.S. Dept. of Agric.), To author, June 23, 1961.

"Fire Ant Control is Parley Topic," *Beaumont [Texas] Journal*, 24 Sept. 1959.

"Coordination of Pesticides Programs," *Hearings*, 86th Congress, H.R. 11502, Com. on Merchant Marine and Fisheries, May 1960, p. 45.

Newsom, L. D. (Head, Entomol. Research, La. State Univ.), To author, March 23, 1962.

Green, H. B., and R. E. Hutchins, *Economical Method for Control of Imported Fire Ant in Pastures and Meadows*. Miss. State Univ. Agric. Exper. Station Information Sheet 586 (May 1958).

11 보르자 가문의 꿈을 넘어서

"Chemicals in Food Products," *Hearings*, 81st Congress, H.R. 323, Com. to Investigate Use of Chemicals in Food Products, Pt 1 (1950), pp. 388-90.

Clothes Moths and Carpet Beetles. U.S. Dept. of Agric., Home and Garden Bulletin No. 24 (1961).

Mulrennan, J. A., To author, March 15, 1960.

New York Times, May 22, 1960.

Petty, Charles S., "Organic Phosphate Insecticide Poisoning. Residual Effects in Two Cases," *Am. Jour. Med.*, Vol. 24 (1958), pp. 467-70.

Miller, A. C., et al., "Do People Read Labels on Household Insecticides?" *Soap and Cham. Specialties*, Vol. 34 (1958), No. 7, pp. 61-63.

Hayes, Wayland J., Jr., et al., "Storage of DDT and DDE in People with Different Degrees of Exposure to DDT," *A.M.A. Archives Indus. Health*, Vol. 18 (Nov. 1958), pp 398-406.

Walker, Kenneth C., et al., "Pesticide Residues in Foods. Dichlorodiphenyltrichloroethane and Dichlorodiphenyldichloroethylene Content of prepared Meals," *Jour. Aric. and Food Chem.*, Vol. 2 (1954), No. 20, pp. 1034-37.

Hayes, Wayland J., Jr., et al., "The Effect of Known Repeated Oral Doses of Chlorophenothane (DDT) in Man," *Jour. Am. Med. Assn.*, Vol. 162 (1956), No. 9, pp. 890-97.

Milstead, K. L., "Highlights in Various Areas of Enforcement," address to 64th Annual Conf. Assn. of Food and Drug Officials of U.S., Dallas (June 1960).

Durham, William, et al., "Insecticide Content of Diet and Body Fat of Alaskan Natives," *Science*, Vol. 134 (1961), No. 3493, pp. 1880-81.

"Pesticides—1959," *Jour. Agric. and Food Cham.*, Vol. 7 (1959), No. 10, pp. 674-88.

Annual Reports, Food and Drug Administration, U.S. Dept. of Health, Education, and Welfare. For 1957, pp. 196, 197; 1956, p. 203.

Markarian, Haig, et al., "Insecticide Residues in Foods Subjected to Fogging under Simulated Warehouse Conditions," *Abstracts*, 135th Meeting Am. Chem. Soc. (April 1959).

12 인간이 치러야 할 대가

Price, David E., "Is Man Becoming Obsolete?" *Public Health Reports*, Vol. 74 (1959), No. 8, pp. 693-99.

"Report on Environment Health Problems," *Hearings*, 86th Congress, Subcom. of Com. on Appropriations, March 1960, p. 34.

Dubos, René, *Mirage of Health*, New York, Harper, 1959. World Perspectives Series, p. 171.

Medical Research: A Midcentury Survey. Vol. 2, *Unsolved Clinical Problems in Biological Perspective*, Boston: Little, Brown, 1955, p. 4.

"Chemicals in Food Products," *Hearings*, 81st Congress, H.R. 323, Com. to Investigate Use of Chemicals in Food Products, 1950, p. 5. Testimony of A. J. Carlson.

Paul, A. H., "Dieldrin Poisoning—a Case Report," *New Zealand Med. Jour.*, Vol. 58 (1959), p. 393.

"Insecticide Storage in Adipose Tissue," editorial, *Jour. Am. Med. Assn.*, Vol. 145 (March 10, 1951), pp. 735-36.

Mitchell, Philip H., *A Textbook of General Physiology*, New York, McGraw-Hill, 1956, 5th ed.

Miller, B. F., and R. Goode, *Man and His Body: The Wonders of the Human Mechanism*, New York, Simon and Schuster, 1960.

Dubois, Kenneth P., "Potentiation of the Toxicity of Insecticidal Organic Phosphates," *A.M.A. Archives Indus. Health*, Vol. 18 (Dec. 1958), pp. 488-96.

Gleason, Marion, et al., *Clinical Toxicology of Commercial Products*, Baltimore, Williams and Wilkins, 1957.

Case, R. A. M., "Toxic Effects of DDT in Man," *Brit. Med. Jour.*, Vol. 2 (Dec. 15, 1945), pp. 842-45.

Wigglesworth, V. D., "A Case of DDT Poisoning in Man," *Brit. Med. Jour.*, Vol. 1 (April 14, 1945), p. 517.

Hayes, Wayland J., Jr., et al., "The Effect of Known Repeated Oral Doses of Chlorophenothane (DDT) in Man," *Jour. Am. Med. Assn.*, Vol. 162 (Oct. 27, 1956), pp. 890-97.

Hargraves, Malcolm M., "Chemical Pesticides and Conservation Problems," address to 23rd Annual Conv. Natl. Wildlife Fed. (Feb. 27. 1956). Mimeo.

____, and D. G. Hanlon, "Leukemia and Lymphoma—Environmental Diseases?" paper presented at Internatl. Congress of Hematology, Japan, Sept. 1960. Mimeo.

"Chemicals in Food Products," *Hearings*, 81st Congress, H.R. 323, Com. to Investigate Use of Chemicals in Food Products, 1950. Testimony of Dr Morton S. Biskind.

Thompson, R. H. S., "Cholinesterases and Anticholinesterases," *Lectures on the Scientific Basis of Medicine*, Vol. II (1952-53), Univ. of London. London: Athlone Press, 1954.

Laug, E. P., and F. M. Keenz, "Effect of Carbon Tetrachloride on Toxicity and Storage of Methoxychlor in Rats," *Federation Proc.*, Vol. 10 (March 1951), p. 318.

Hayes, Wayland J., Jr., "The Toxicity of Dieldrin to Man," *Bull. World Health Organ.*, Vol. 20 (1959), pp. 891-912.

"Abuse of Insecticide Fumigating Devices," *Jour. Am. Med. Assn.*, Vol. 156 (Oct. 9, 1954), pp. 607-8.

"Chemicals in Food Products," Testimony of Dr. Paul B. Dunbar, pp. 28-29.

Smith, M. I., and E. Elrove, "Pharmacological and Chemical Studies of the Cause of So-Called Ginger Paralysis," *Public Health Reports*, Vol. 45 (1930), pp. 1730-16.

Durham, W. F., et al., "Paralytic and Related Effects of Certain Organic Phosphorus Compounds," *A.M.A. Archives Indus. Health*, Vol. 13 (1956), pp. 326-30.

Bidstrup, P. L., et al., "Anticholinesterases (Paralysis in Man Following Poisoning by Cholinesterase Inhibitors)," *Chem. and Indus.*, Vol. 24 (1954), pp. 674-76.

Gershon, S., and F. H. Shaw, "Paychiatric Sequelae of Chronic Exposure to Organo-phosphorus Insecticides," *Lancet*, Vol. 7191 (June 24, 1961.), pp. 1371-74.

13 작은 창을 통해서

Wald, George, "Life and Light," *Sci. American*, Oct. 1959, pp. 40-42.

Rabinowitch, E. I., Quoted in *Medical Research: A Midcentury Survey*. Vol. 2, *Unsolved Clinical Problems in Biological Perspective*, Boston: Little, Brown, 1955, p. 25.

Ernster, L., and O. Lindberg, "Animal Mitochondria," *Annual Rev. Physiol.*, Vol. 20 (1958), pp. 13-42.

Siekevitz, Philip, "Powerhouse of the Cell," *Sci. American*, Vol. 197 (1957), No. 1, pp. 131-40.

Green, David E., "Biological Oxidation," *Sci. American*, Vol. 199 (1958), No 1, pp. 56-62.

Lehninger, Albert L., "Energy Transformation in the Cell," *Sci. American*, Vol. 202 (1960), No. 5, pp. 102-14.

____, *Oxidative Phosphorylation*. Harvey Lectures (1953-54), Ser. XLIX, Harvard University. Cambridge: Harvard Univ. Press, 1955, pp. 176-215.

Siekevitz, "Powerhouse of the Cell."

Simon, E. W., "Mechanisms of Dinitrophenol Toxicity," *Biol. Rev.*, Vol. 28 (1953), pp. 453-79.

Yost, Henry T., and H. H. Robson, "Studies on the Effects of Irradiation of Cellular Particulates. III. The Effect of Combined Radiation Treatments on Phosphorylation," *Biol. Bull.*, Vol. 116 (1959), No. 3, pp. 498-506.

Loomis, W. F., and F. Lipmann, "Reversible Inhibition of the Coupling between Phosphorylation and Oxidation," *Jour. Biol. Chem.*, Vol. 173 (1948), pp. 807-8.

Brody, T. M., "Effect of Certain Plant Growth Substances on Oxidative Phosphorylation in Rat Liver Mitochondria," *Proc. Soc. Exper. Biol. and Med.*, Vol. 80 (1952), pp. 533-36.

Sacklin, J. A., et al., "Effect of DDT on Enzymatic Oxidation and Phosphorylation," *Science*, Vol. 122 (1955), pp. 377-78.

Danziger, L., "Anoxia and Compounds Causing Mental Disorders in Man," *Diseases Nervous System*, Vol. 6 (1945), No. 12, pp. 365-70.

Goldblatt, Harry and G. Cameron "Induced Malignancy in Cells from Rat Myocardium Subjected to Intermittent Anaerobiosis During Long Propagation in Vitro," *Jour. Exper. Med.*, Vo. 97 (1953), No. 4, pp. 525-52.

Warburg, Otto, "On the Origin of Cancer Cells," *Science*, Vol. 123 (1956), No. 3191, pp. 309-14.

"Congenital Malformations Subject of Study," *Registrar*, U.S. Public Health Service, Vol. 24, No. 12 (Dec. 1959), p. 1.

Brachet, J., *Biochemical Cytology*, New York: Academic Press, 1957, p. 516.

Genelly, Richard E., and Robert L. Rudd, "Effects of DDT, Toxaphene, and Dieldrin on Pheasant Reproduction," *Auk*, Vol. 73 (Oct. 1956), pp. 529-39.

Wallace, George J., To author, June 2, 1960.

Cottam, Clarence, "Some Effects of Sprays on Crops and Livestock," address to Soil Conservation Soc. of Am., Aug. 1961. Mimeo.

Bryson, M. J., et al., "DDT in Eggs and Tissues of Chickens Fed Varying Levels of DDT," *Advances in Chem.*, Ser. No. 1, 1950.

Genelly, Richard E., and Robert L. Rudd, "Chronic Toxicity of DDT, Toxaphene, and Dieldrin to Ring-necked Pheasants," *Calif. Fish and Game*, Vol. 42 (1956), No. 1, pp. 5-14.

Emmel, L., and M. Krupe, "The Mode of Action of DDT in Warm-blooded Animals," *Zeits. für Naturforschung*, Vol. 1 (1946) pp. 691-95.

Wallace, George J., To author.

Pillmore, R. E., "Insecticide Residues in Big Game Animals." U.S. Fish and Wildlife Service, pp. 1-10. Denver, 1961. Mimeo.

Hodge, C. H., et al., "Short-Term Oral Toxicity Tests of Methoxychlor in Rats and Dogs," *Jour. Pharmacol. and Exper. Therapeut.*, Vol. 99 (1950), p. 140.

Burlington, H., and V. F. Lindeman, "Effect of DDT on Testes and Secondary Sex Characters of White Leghorn Cockerels," *Proc. Soc. Exper. Biol. and Med.*, Vol. 74 (1950), pp. 48-51.

Lardy, H. A., and P. H. Phillips, "The Effect of Thyroxine and Dinitrophenol on Sperm Metabolism," *Jour. Biol. Chem.*, Vol. 149 (1943), p. 177.

"Occupational Oligospermia," letter to Editor, *Jour. Am. Med. Assn.*, Vol. 140, No. 1249 (Aug. 13, 1949).

Burnet, F. Macfarlane, "Leukemia As a Problem in Preventive Medicine," *New Eng. Jour. Med.*, Vol. 259 (1958), No. 9, pp. 423-31.

Alexander, Peter, "Radiation-Imitating Chemicals," *Sci. American*, Vol. 202 (1960), No. 1, pp. 99-108.

Simpson, George G., Pittendrigh, C. S., and L. H. Tiffany, *Life: An Introduction to Biology*, New York, Harcourt, Brace, 1957

Burnet, "Leukemia As a Problem in Preventive Medicine."

Bearn, A. G., and J. L. German III, "Chromosomes and Disease," *Sci. American*, Vol. 205 (1961), No. 5, pp. 66-76.

"The Nature of Radioactive Fall-out and Its Effects on Man," *Hearings*, 85th Congress, Joint Com. on Atomic Energy, Pt 2 (June 1957), p. 1062. Testimony of Dr. Hermann J. Muller.

Alexander, "Radiation-Imitating Chemicals."

Muller, Hermann J., "Radiation and Human Mutation," *Sic. American*, Vol. 193 (1955), No. 11, pp. 58-68.

Conen, P. E., and G. S. Lansky, "Chromosome Damage during Nitrogen Mustard Therapy," *Brit. Med. Jour.*, Vol. 2 (Oct. 21, 1961), pp. 1055-57.

Blasquez, J., and J. Maier, "Ginandromorfismo en *Culex fatigans* sometidos por generaciones sucesivas a exposiciones de DDT," *Revista de Sanidad y Assistencia Social* (Caracas), Vol. 16 (1951), pp. 607-12.

Levan, A., and J. H. Tjio, "Induction of Chromosome Fragmentation by Phenols," *Hereditas*, Vol. 34 (1948). pp. 453-84.

Loveless, A., and S. Revell. "New Evidence on the Mode of Action of 'Mitotic Poisons'," *Nature*, Vol. 164 (1949), pp. 938-44.

Hadorn, E., et al. Quoted by Charlotte Auerbach in "Chemical Mutagenesis," *Biol. Rev.*, Vol. 24 (1949), pp. 355-91.

Wilson, S. M., et al., "Cytological and Genetical Effects of the Defoliant Endothal," *Jour. of Heredity*, Vol. 47 (1956), No. 4, pp. 151-55.

Vogt, quoted by W. J. Burdette in "The Significance of Mutation in Relation to the Origin of Tumors: A Review," *Cancer Research*, Vol. 15 (1955), No. 4, pp. 201-26.

Swanson, Carl, *Cytology and Cytogenetics*, Englewood Cliffs, N. J., Prentice-Hall, 1957.

Kostoff, D., "Induction of Cytogenic Changes and Atypical Growth by Hexachlor-cyclohexane," *Science*, Vol. 109 (May 6, 1949), pp. 467-68.

Sass, John E., "Response of Meristems of Seedlings to Benzene Hexachloride Used As a Seed Protectant," *Science*, Vol. 114 (Nov. 2, 1951), p. 446.

Shenefelt, R. D., "What's Behind Insect Control?" in *What's New in Farm Science*. Univ. of Wisc. Agric. Exper. Station Bulletin 512 (Jan. 1955).

Croker, Barbara H., "Effects of 2,4-D and 2,4,5-T on Mitosis in *Allium cepa*," *Bot. Gazette*, Vol. 114 (1953), pp. 274-83.

Mühling, G. N., et al., "Cytological Effects of Herbicidal Substituted Phenols,"

Weeds, Vol. 8 (1960), No. 2, pp. 173-81.

Davis, David E., To author, Nov. 24, 1961.

Jacobs, Patricia A., et al., "The Somatic Chromosomes in Mongolism," *Lancet*, No. 7075 (April 4, 1959), p. 710.

Ford, C. E., and P. A. Jacobs, "Human Somatic Chromosomes," *Nature*, 7 June 1958, pp. 1565-8.

"Chromosome Abnormality in Chronic Myeloid Leukaemia," editorial, *Brit. Med. Jour.*, Vol. 1 (Feb. 4, 1961), p. 347.

Bearn and German, "Chromosomes and Disease."

Patau, K., et al., "Partial-Trisomy Syndromes. I. Sturge-Weber's Disease," *Am. Jour. Human Genetics*, Vol. 13 (1961), No. 3, pp. 287-98.

_____, "Partial-Trisomy Syndromes. II. An Insertion As Cause of the OFD Syndrome in Mother and Daughter," *Chromosoma* (Berlin), Vol. 12 (1961), pp. 573-84.

Therman, E., et al., "The D Trisomy Syndrome and XO Gonadal Dysgenesis in Two Sisters," *Am. Jour. Human Genetics*, Vol. 13 (1961), No. 2, pp. 193-204.

14 네 명 중 한 명

Hueper, W. C., "Newer Developments in Occupational and Environmental Cancer," *A.M.A. Archives Inter. Med.*, Vol. 100 (Sept. 1957), pp, 487-503.

_____, *Occupational Tumors and Allied Diseases*, Springfield, Ill., Thomas, 1942.

_____, "Environmental Cancer Hazards: A Problem of Community Health," *Southern Med. Jour.*, Vol. 50 (1957), No. 7, pp. 923-33.

"Estimated Numbers of Deaths and Death Rates for Selected Causes: United States," Annual Summary for 1959, Pt. 2, *Monthly Vital Statistics Report*, Vol. 7, No. 13 (July 22, 1959), p. 14. Natl. Office of Vital Statistics, Public Health Service.

1962 Cancer Facts and Figures. American Cancer Society.

Vital Statistics of the United States, 1959. Natl. Office of Vital Statistics, Public Health Service, Vol. I, Sec. 6, Mortality Statistics. Table 6-K.

Hueper, W. C., *Environmental and Occupational Cancer*. Public Health Reports, Supplement 209 (1948).

"Food Additives," *Hearings*, 85th Congress, Subcom. of Com. on Interstate and Foreign Commerce, July 19, 1957. Testimony of Dr. Francis E,. Ray, p. 200.

Hueper, *Occupational Tumors and Allied Diseases*.

_____, "Potential Role of Non-Nutritive Food Additives and Contaminants as Environmental Carcinogens," *A.M.A. Archives Path.*, Vol. 62 (Sept. 1956), pp. 218-49.

"Tolerances for Residues or Aramite," *Federal Register*, Sept. 30, 1955. Food and Drug Administration, U.S. Dept. of Health, Education, and Welfare.

"Notice of Proposal to Establish Zero Tolerances for Aramite," *Federal Register*, 26 April 1958. Food and Drug Administration.

"Aramite—Revocation of Tolerances; Establishment of Zero Tolerances," *Federal Register*, Dec. 24, 1958. Food and Drug Administration.

Von Oettingen, W. F., *The Halogenated Aliphatic, Olefinic, Cyclic, Aromatic, and Aliphatic-Aromatic Hydrocarbons: Including the Halogenated Insecticides, Their Toxicity and Potential Dangers*. U.S. Dept. of Health, Education, and Welfare. Public Health Service Publ. No. 414 (1955).

Hueper, W. C., and W. W. Payne, "Observations on the Occurrence of Hepatomas in Rainbow Trout," *Jour. Natl. Cancer Inst.*, Vol. 27 (1961), pp. 1123-43.

VanEsch, G. J., et al., "The Production of Skin Tumours in Mice by Oral Treatment with Urethane-Isopropyl-N-Phenyl Carbamate or Isopropyl-N-Chlorophenyl Carbamate in Combination with Skin Painting with Croton Oil and Tween 60," *Brit. Jour. Cancer*, Vol. 12 (1958), pp. 355-62.

"Scientific Background for Food and Drug Administration Action against Aminotriazole in Cranberries," Food and Drug Administration, U.S. Dept. of Health, Education, and Welfare, Nov. 17, 1959. Mimeo.

Rutstein, David. Letter to *New York Times*, Nov. 16, 1959.

Hueper, W. C., "Causal and Preventive Aspects of Environmental Cancer," *Minnesota Med.*, Vol. 39 (Jan. 1956), pp. 5-11, 22.

"Estimated Numbers of Deaths and Death Rates for Selected Causes: United States," Annual Summary for 1960, Pt 2, *Monthly Vital Statistics Report*, Vol. 9, No. 13 (July 28, 1961), Table 3.

Robert Cushman Murphy et al. v. *Ezra Taft Benson et al.* U.S. District Court, Eastern District of New York, Oct. 1959, Civ. No. 17610. Testimony of Dr. Malcolm M. Hargraves.

Hargraves, Malcolm M., "Chemical Pesticides and Conservation Problems," address to 23rd Annual Conv. Natl. Wildlife Fed. (Feb. 27, 1959). Mimeo.

_____, and D. G. Hanlon, "Leukemia and Lymphoma—Environmental Diseases?" paper presented at Internatl. Congress of Hematology, Japan, Sept. 1960. Mimeo.

Wright, C., et al., "Agranulocytosis Occurring after Exposure to a DDT Pyrethrum Aerosol Bomb," *Am. Jour. Med.*, Vol. 1 (1946), pp. 562-67.

Jedlicka, V., "Paramyeloblastic Leukemia Appearing Simultaneously in Two Blood Cousins after Simultaneous Contact with Gammexane (Hexachlorcyclohexane)," *Acta Med. Scand.*, Vol. 161 (1958), pp. 447-51.

Friberg, L., and J. Martensson, "Case of Panmyelopthisis after Exposure to Chlorophenothane and Benzene Hexachloride," (A.M.A.) *Archives Indus. Hygiene and Occupat. Med.*, Vol. 8 (1953), No. 2, pp. 166-69.

Warburg, Otto, "On the Origin of Cancer Cells," *Science*, Vol. 123, No. 3191 (Feb. 24, 1956), pp. 309-14.

Sloan-Kettering Inst. for Cancer Research, *Biennial Report*, July 1, 1957-June 30, 1959, p. 72.

Levan, Albert and John J. Biesele, "Role of Chromosomes in Cancerogenesis, as Studied in Serial Tissue Culture of Mammalian Cells," *Annals New York Acad. Sci.*, Vol. 71 (1958) No. 6, pp. 1022-53.

Hunter, F. T., "Chronic Exposure to Benzene (Benzol). II. The Clinical Effects," *Jour. Indus. Hygiene and Toxicol.*, Vol. 21 (1939), pp. 331-54.

Mallory, T. B., et al., "Chronic Exposure to Benzene (Benzol). III. The Pathologic

Results," *Jour. Indus. Hygiene and Toxicol.*, Vol. 21 (1939), pp. 355-93.

Hueper, W. C., *Environmental and Occupational Cancer*, pp. 1-69.

____, "Recent Developments in Environmental Cancer," *A.M.A. Archives Path.*, Vol. 58 (1954), pp. 475-523.

Burnet, F. Macfarlane, "Leukemia As a Problem in Preventive Medicine," *New Eng. Jour. Med.*, Vol. 259 (1958), No. 9, pp. 423-31.

Klein, Michael, "The Transplacental Effect of Urethan on Lung Tumorigenesis in Mice," *Jour. Natl. Cancer Inst.*, Vol. 12 (1952), pp. 1003-10.

Biskind, M. S., and G. R. Biskind, "Diminution in Ability of the Liver to Inactivate Estrone in Vitamin B Complex Deficiency,"*Science*, Vol. 94, No. 2446 (Nov. 1941), p. 462.

Biskind, G. R., and M. S. Biskind, "The Nutritional Aspects of Certain Endocrine Distubances," *Am. Jour. Clin. Path.*, Vol. 16 (1946), No. 12, pp. 737-45.

Biskind, M. S., and G. R. Biskind, "Effect of Vitamin B Complex Deficiency on Inactivation of Estrone in the Liver" *Endocrinology*, Vol. 31 (1942), No. 1, pp. 109-14.

Biskind, M. S., and M. C. Shelesnyak, "Effect of Vitamin B Complex Deficiency on Inactivation of Ovarian Estrogen in the Liver," *Endocrinology*, Vol. 30 (1942), No. 5, pp. 819-20.

Biskind, M. S., and G. R. Biskind, "Inactivation of Testosterone Propionate in the Liver During Vitamin B Complex Deficiency. Alteration of the Estrogen-Androgen Equilibrium," *Endocrinology*, Vol. 32 (1943), No. 1, pp. 97-102.

Greene, H. S. N., "Uterine Adenomata in the Rabbit. III. Susceptibility As a Function of Constitutional Factors," *Jour. Exper. Med.*, Vol. 73 (1941), No. 2, pp. 273-92.

Horning, E. S., and J. W. Whittick, "The Histogenesis of Stilboestrol-Induced Renal Tumours in the Male Golden Hamster," *Brit. Jour. Cancer*, Vol. 8 (1954), pp. 451-57.

Kirkman, Hadley, *Estrogen-Induced Tumors of the Kidney in the Syrian Hamster.*

U.S. Public Health Service, Natl. Cancer Inst. Monograph No. 1 (Dec. 1959).

Ayre, J. E., and W. A. G. Bauld, "Thiamine Deficiency and High Estrogen Findings in Uterine Cancer and in Menorrhagia," *Science*, Vol. 103, No. 2676 (April 12, 1946), pp. 441-45.

Rhoads, C. P., "Physiological Aspects of Vitamin Deficiency," *Proc. Inst. Med. Chicago*, Vol. 13 (1940), p. 198.

Sugiura, K., and C. P. Rhoads, "Experimental Liver Cancer in Rats and Its Inhibition by Rice-Bran Extract, Yesst, and Yeast Extract," *Cancer Research*, Vol. 1 (1941), pp. 3-16.

Martin, H., "The Precancerous Mouth Lesions of Avitaminosis B. Their Etiology, Response to Therapy and Relationship to Intraoral Cancer," *Am. Jour. Surgery*, Vol. 57 (1942), pp. 195-225.

Tannenbaum, A., "Nutrition and Cancer," in Freddy Homburger, ed., *Physiopathology of Cancer*, New York: Harper, 1959, 2nd ed. A. Paul B. Hoeber Book, p. 552.

Symeonidis, A., "Post-starvation Gynecomastia and Its Relationship to Breast Cancer in Man," *Jour. Natl. Cancer Inst.*, Vol. 11 (1950), p. 656.

Davies, J. N. P., "Sex Hormone Upset in Africans," *Brit. Med. Jour.*, Vol. 2 (1949), pp. 676-79.

Hueper, "Potential Role of Non-Nutritive Food Additives."

VanEsch et al., "Production of Skin Tumours in Mice by Carbamates."

Berenblum, I., and N. Trainin, "Possible Two-Stage Mechanism in Experimental Leukemogenesis," *Science*, Vol. 132 (July 1, 1960), pp. 40-41.

Hueper, W. C., "Cancer Hazards from Natural and Artificial Water Pollutants," *Proc.*, Conf. on Physiol. Aspects of Water Quality, Washington, D.C., Sept. 8-9, 1960, pp. 181-93. U.S. Public Health Service.

Hueper and Payne, "Observations on Occurrence of Hepatomas in Rainbow Trout."

Hueper, W. C., To author.

Sloan-Kettering Inst. for Cancer Research, *Biennial Report*, 1957-59.

15 자연의 반격

Briejèr, C. J., "The Growing Resistance of Insects to Insecticides," *Atlantic Naturalist*, Vol. 13 (1958), No. 3, pp. 149-55.

Metcalf, Robert L.,"The Impact of the Development of Organophosphorus Insecticides upon Basic and Applied Science," *Bull. Entomol. Soc. Am.*, Vol. 5 (March 1959), pp. 3-15.

Ripper, W. E., "Effect of Pesticides on Balance of Arthropod Populations," *Annual Rev. Entomol.*, 1 (1956), pp. 403-38.

Allen, Durward L., *Our Widlife Legacy*, New York, Furk & Wagnalls, 1954, pp. 234-36.

Sabrosky, Curtis W., "How Many Insects Are there?" *Yearbook of Agric.*, U.S. Dept. of Agric., 1952, pp. 1-7.

Bishopp, F. C., "Insect Friends of Man," *Yearbook of Agric.*, U.S. Dept. of Agric., 1952, pp. 79-87.

Klota, Alexander B., and Elsie B. Klots, "Beneficial Bees, Wasps, and Ants," *Handbook on Biological Control of Plant Pests*, pp. 44-46. Brooklyn Botanic Garden. Reprinted from *Plants and Gardens*, Vol. 16 (1960), No. 3.

Hagen, Kenneth S., "Biological Control with Lady Beetles," *Handbook on Biological Control of Plant Pests*, pp. 28-35.

Schlinger, Evert I., "Natural Enemies of Aphids," *Handbook on Biological Control of Plant Pests*, pp. 36-42.

Bishopp, "Insect Friends of Man."

Ripper, "Effect of Pesticides on Arthropod Populations."

Davies, D. M., "A Study of the Black-fly Population of a Stream in Algonquin Park, Ontario," *Transactions*, Royal Canadian Inst., Vol. 59 (1950), pp. 121-59.

Ripper, "Effect of Pesticides on Arthropod Populations."

Johnson, Philip C., *Spruce Spider Mite Infestations in Northern Rocky Mountain Douglas-Fir Forests*. Research Paper 55, Intermountain Forest and Range Exper. Station, U.S. Forest Service, Ogden, Utah, 1958.

David, Donald W., "Some Effects on DDT on Spider Mites," *Jour. Econ. Entomol.*, Vol. 45 (1952), No. 6, pp. 1011-19.

Gould, E., and E. O. Hamstead, "Control of the Red-banded Leaf Roller," *Jour. Econ. Entomol.*, Vol. 41 (1948), pp. 887-90.

Pickett, A. D., "A Critique on Insect Chemical Control Methods," *Canadian Entomologist*, Vol. 81 (1949), No. 3, pp. 1-10.

Joyce, R. J. V., "Large-Scale Spraying of Cotton in the Gash Delta in Eastern Sudan," *Bull. Entomol. Research*, Vol. 47 (1956), pp. 390-413.

Long, W. H., et al., "Fire Ant Eradication Program Incereases Damage by the Sugarcane Borer," *Sugar Bull.*, Vol. 37 (1958), No. 5, pp. 62-63.

Luckmann, William H., "Increase of European Corn Borers Following Soil Application of Large Amounts of Dieldrin," *Jour. Econ. Entomol.*, Vol. 53 (1960), No. 4, pp. 582-84.

Haeussler, G. J., "Losses Caused by Insects," *Yearbook of Agric.*, U.S. Dept. of Agric., 1952, pp. 141-46.

Clausen, C. P., "Parasites and Predators," *Yearbook of Agric.*, U.S. Dept. of Agric., 1952, pp. 380-88.

____, *Biological Control of Insect Pests in the Continental Untied States*, U.S. Dept. of Agric. Technical Bulletin No. 1139 (June 1956), pp. 1-151.

DeBach, Paul, "Application of Ecological Information to Control of Citrus Pests in California," *Proc.*, 10th Internatl. Congress of Entomologists (1956), Vol. 3 (1958), pp. 187-94.

Laird, Marshall, "Biological Solutions to Problems Arising from the Use of Modern Insecticides in the Field of Public Health," *Acta Tropica*, Vol. 16 (1959), No. 4, pp. 331-55.

Harrington, R. W., and W. L. Bidlingmayer, "Effects of Dieldrin on Fishes and Invertebrates of a Salt Marsh," *Jour. Wildlife Management*, Vol. 22 (1958), No. 1, pp. 76-82.

Liver Flukes in Cattle. U.S. Dept. of Agric. Leaflet No. 493 (1961).

Fisher, Theodore W., "What is Biological Control?" *Handbook on Biological Control of Plant Pests*, pp. 6-18. Brooklyn Botanic Garden. Reprinted from *Plants and Gardens*, Vol. 16 (1960), No. 3.

Jacob, F. H., "Some Modern Problems in Pest Control," *Science Progress*, No. 181 (1958), pp. 30-45.

Pickett, A. D., and N. A. Patterson, "The Influence of Spray Programs on the Fauna of Apple Orchards in Nova Scotia. IV. A Review," *Canadian Entamologist*, Vol. 85 (1953), No. 12, pp. 472-78.

Pickett, A. D., "Controlling Orchard Insects," *Agric. Inst. Rev.*, March-April 1953.

___, "The Philosophy of Orchard Insect Controd," 79th *Annual Report*, Entomol. Soc. of Ontario (1948), pp. 1-5.

___, "The Control of Apple Insects in Nova Scotia." Mimeo.

Ullyett, G. C., "Insects, Man and the Environment," *Jour. Econ. Entomol.*, Vol. 44 (1951), No. 4, pp. 459-64.

16 밀려오는 비상사태

Babers, Frank H., *Development of Insect Resistance to Insecticides*. U.S. Dept. of Agric., E 776 (May 1949).

___, and J. J. Pratt, *Development of Insect Resistance to Insecticides. II. A Critical Review of the Literature up to 1951*. U.S. Dept. of Agric., E 818 (May 1951).

Brown, A. W. A., "The Challenge of Insecticide Resistance," *Bull. Entomol. Soc. Am.*, Vol. 7 (1961), No. 1, pp. 6-19.

___, "Development and Mechanism of Insect Resistance to Available Toxicants," *Soap and Chem. Specialties*, Jan. 1960.

Insect Resistance and Vector Control. World Health Organ. Technical Report Ser. No. 153 (Geneva, 1958), p. 5.

Eiton, Charles S., *The Ecology of Invasions by Animals and Plants*, New York,

Wiley, 1958, p. 181.

Babers and Pratt, *Development of Insect Resistance to Insecticides*, II.

Brown, A. W. A., *Insecticide Resistance in Arthropods*. World Health Organ. Monograph Ser. No. 38 (1958), pp. 11, 13.

Quarterman, K. D., and H. F. Schoof, "The Status of Insecticide Resistance in Arthropods of Public Health Importance in 1956," *Am. Jour. Trop. Med. and Hygiene*, Vol. 7 (1958), No. 1, pp. 74-83.

Brown, *Insecticide Resistance in Arthropods*.

Hess, Archie D., "The Significance of Insecticide Resistance in Vector Control Programs," *Am. Jour. Trop. Med. and Hygiene*, Vol. 1 (1952), No. 3, pp. 371-88.

Lindsay, Dale R., and H. I. Scudder, "Nonbiting Files and Disease," *Annual Rev. Entomol.*, Vol. 1 (1956), pp. 323-46.

Schoof, H. F., and J. W. Kilpatrick, "House Fly Resistance to Organo-phosphorus Compounds in Arizona and Georgia," *Jour. Econ. Entomol.*, Vol. 51 (1958), No. 4, p. 546.

Brown, "Development and Mechanism of Insect Resistance."

____, *Insecticide Resistance in Arthropods*.

____, "Challenge of Insecticide Resistance."

____, *Insecticide Resistance in Arthropods*.

____, "Development and Mechanism of Insect Resistance."

____, *Insecticide Resistance in Arthropods*.

____, "Challenge of Insecticide Resistance."

New York Herald Tribune, June 22, 1959; J. C. Pallister, To author, Nov. 6, 1959.

Anon., "Brown Dog Tick Develops Resistance to Chlordane," *New Jersey Agric.*, Vol. 37 (1955), No. 6, pp. 15-16.

Brown, "Challenge of Insecticide Resistance."

Hoffmann, C. H., "Insect Resistance," *Soap*, Vol. 32 (1956), No. 8, pp. 129-32.

Brown, A. W. A., *Insect Control by Chemicals*, New York, Wiley, 1951.

Briejèr, C. J., "The Growing Resistance of Insects to Insecticides," *Atlantic Natur-*

alist, Vol. 13 (1958), No. 3, pp. 149-55.

Laird, Marshall, "Biological Solutions to Problems Arising from the Use of Modern Insecticides in the Field of Public Health," *Acta Tropica*, Vol. 16 (1959), No. 4, pp. 331-55.

Brown, *Insecticide Resistance in Arthropods*.

____, "Development and Mechanism of Insect Resistance."

Briejèr, "Growing Resistance of Insects to Insecticides."

"Pesticides—1959," *Jour. Agric. and Food Chem.*, Vol. 7 (1959), No. 10, p. 680.

Briejèr, "Growing Resistance of Insects to Insecticides."

17 가지 않은 길

Swanson, Carl P., *Cytology and Cytogenetics*, Englewood Cliffs, N.J., Prentice-Hall, 1957.

Knipling, E. F., "Control of Screw-Worm Fly by Atomic Radiation," *Sci. Monthly*, Vol. 85 (1957), No. 4, pp. 195-202.

____, *Screwworm Eradication: Concepts and Research Leading to the Sterile-Male Method*. Smithsonian Inst. Annual Report, Publ. 4365 (1959).

Bushland, R. C., et al., "Eradication of the Screw-Worm Fly by Releasing Gamma-Ray-Sterilized Males among the Natural Population," *Proc.*, Internatl. Conf. on Peaceful Uses of Atomic Energy, Geneva, Aug. 1955, Vol. 12, pp. 216-20.

Lindquist, Arthur W., "The Use of Gamma Radiation for Control or Eradication of the Screwworm," *Jour. Econ. Entomol.*, Vol. 48 (1955), No. 4, pp. 467-69.

____, "Research on the Use of Sexually Sterile Males for Eradication of Screw-Worms," *Proc.*, Inter-Am. Symposium on Peaceful Applications of Nuclear Energy, Buenos Aires, June 1959, pp. 229-39.

"Screwworm vs. Screwworm," *Agric. Research*, July 1958, p. 8. U.S. Dept. of Agric.

"Traps Indicate Screwworm May Still Exist in Southeast," U.S. Dept. of Agric. Release No. 1502-59 (June 3, 1959). Mimeo.

Potts, W. H., "Irradiation and the Control of Insect Pests," *Times* (London) Sci. Rev., Summer 1958, pp. 13-14.

Knipling, *Screwworm Eradication: Sterile-Male Method*.

Lindquist, Arthur W., "Entomological Uses of Radioisotopes," in *Radiation Biology and Medicine*. U.S. Atomic Energy Commission, 1958. Chap. 27, Pt 8, pp. 688-710.

____, "Research on the Use of Sexually Sterile Males."

"USDA May Have New Way to Control Insect Pests with Chemical Sterilants," U.S. Dept. of Agric. Release No. 3587-61 (Nov. 1, 1961). Mimeo.

Lindquist, Arthur W., "Chemicals to Sterilize Insects," *Jour. Washington Acad. Sci.*, Nov. 1961, pp. 109-14.

____, "New Ways to Control Insects," *Pest Control Mag.*, June 1961.

LaBrecque, G. C., "Studies with Three Alkylating Agents As House Fly Sterilants," *Jour. Econ. Entomol.*, Vol. 54 (1961), No. 4, pp. 684-89.

Knipling, E. F., "Potentialities and Progress in the Development of Chemosterilants for Insect Control," paper presented at Annual Meeting Entomol. Soc. of Am., Miami, 1961.

____, "Use of Insects for Their Own Destruction," *Jour. Econ. Entomol.*, Vol. 53 (1960), No. 3, pp. 415-20.

Mitlin, Norman, "Chemical Sterility and the Nucleic Acids," paper presented Nov. 27, 1961, Symposium on Chemical Sterility, Entomol. Soc. of Am., Miami.

Alexander, Peter, To author, Feb. 19, 1962.

Eisner, T., "The Effectiveness of Arthropod Defensive Secretions," in Symposium 4 on "Chemical Defensive Mechanisms," 11th Internatl. Congress of Entomol- ogists, Vienna (1960), pp. 264-67. Offprint.

____, "The Protective Role of the Spray Mechanism of the Bombardier Beetle, *Brachynus ballistarius* Lec.," *Jour. Insect Physiol.*, Vol. 2 (1958), No. 3, pp. 215-20.

____, "Spray Mechanism of the Cockroach *Diploptera punctata*," *Science*, Vol.

128, No. 3316 (July 18, 1958), pp. 148-49.

Williams, Carroll M., "The Juvenile Hormone," *Sci. American*, Vol. 198, No. 2 (Feb. 1958), p. 67.

"1957 Gypsy-Moth Eradication Program," U.S. Dept. of Agric. Release 858-57-3. Mimeo.

Jacobson, Martin, et al., "Isolation, Identification, and Synthesis of the Sex Attractant of Gypsy Moth," *Science*, Vol. 132, No. 3433 (Oct. 14, 1960), p. 1011.

Brown, William L., Jr., "Mass Insect Control Programs: Four Case Histories," *Psyche*, Vol. 68 (1961), Nos. 2-3, pp. 75-111.

Jacobson, Martin, et al., "Isolation , Identification, and Synthesis of the Sex Attractant of Gypsy Moth," *Science*, Vol. 132, No. 3433 (Oct. 14, 1960), p. 1011.

Christenson, L. D., "Recent Progress in the Development of Procedures for Eradicating or Controlling Tropical Fruit Flies," *Proc.*, 10th Internatl. Congress of Entomologists (1956), Vol. 3 (1958), pp. 11-16.

Hoffmann, C. H., "New Concepts in Controlling Farm Insects," address to Internatl. Assn. Ice Cream Manuf. Conv., Oct. 27, 1961. Mimeo.

Frings, Hubert and Mabel Frings, "Uses of Sounds by Insects," *Annual Rev. Entomol.*, Vol. 3 (1958), pp. 87-106.

Research Report, 1956-1959. Entomol. Research Inst. for Biol. Control, Belleville, Ontario, pp. 9-45.

Kahn, M. C., and W. Offenhauser, Jr., "The First Field Tests of Recorded Mosquito Sounds Used for Mosquito Destruction," *Am, Jour. Trop. Med.*, Vol. 29 (1949), pp. 800-27.

Wishart, George, To author, Aug. 10, 1961.

Beirne, Bryan, To author, Feb. 7, 1962.

Frings, Hubert, To author, Feb. 12, 1962.

Wishart, George, To author, Aug. 10, 1961.

Frings, Hubert, et. al, "The Physical Effects of High Intensity Air-Borne Ultrasonic Waves on Animals," *Jour. Cellular and Compar. Physiol.*, Vol. 31 (1948), No. 3, pp. 339-58.

Steinhaus, Edward A., "Microbial Control—The Emergence of an Idea," *Hilgardia*, Vol. 26, No. 2 (Oct. 1956), pp. 107-60.

____, "Concerning the Harmlessness of Insect Pathogens and the Standardization of Microbial Control Products," *Jour. Econ. Entomol*, Vol. 50, No. 6 (Dec. 1957), pp. 715-20.

____, "Living Insecticides," *Sci, American*, Vol. 195, No. 2 (Aug. 1956). pp. 96-104.

Angus, T. A., and A. E. Heimpel, "Microbial Insecticides," *Research for Farmers*, Spring 1959, pp. 12-13. Canada Dept. of Agric.

Heimpel, A. M., and T. A. Angus, "Bacterial Insecticides," *Bacteriol. Rev.*, Vol. 24 (1960), No. 3, pp. 266-88.

Briggs, John D., "Pathogens for the Control of Pests," *Biol. and Chem. Control of Plant and Animal Pests*. Washington, D.C., Am. Assn. Advancement Sci, 1960, pp. 137-48.

"Tests of a Microbial Insecticide against Forest Defoliators," *Bi-Monthly Progress Report*, Canada Dept. of Forestry, Vol. 17, No. 3 (May-June 1961).

Steinhaus, "Living Insecticides."

Tanada, Y., "Microbial Control of Insect Pests," *Annual Rev. Entomol.*, Vol. 4 (1959), pp. 277-302.

Steinhaus, "Concerning the Harmlessness of Insect Pathogens."

Clausen, C. P., *Biological Control of Insect Pests in the Continental United States*. U.S. Dept. of Agric. Technical Bulletin No. 1139 (June 1956), pp. 1-151.

Hoffmann, C. H., "Biological Control of Noxious Insects, Weeds," *Agric. Chemicals*, March-April 1959.

DeBach, Paul, "Biological Control of Insect Pests and Weeds," *Jour. Applied Nutrition*, Vol. 12 (1959), No. 3, pp. 120-34.

Ruppertshofen, Heinz, "Forest-Hygiene," address to 5th World Forestry Congress, Seattle, Wash. (Aug. 29-Sept. 10, 1960).

_____, To author, Feb. 25, 1962.

Gösswald, Karl, *Die Rote Waldameise im Dienste der Waldhygiene*, Lüneburg, Metta Kinau Verlag, n. d.

_____, To author, Feb. 27, 1962.

Balch, R. E., "Control of Forest Insects," *Annual Rev. Entomol.*, Vol. 3 (1958), pp. 449-68.

Buckner, C. H., "Mammalian Predators of the Larch Sawfly in Eastern Manitoba," *Proc.*, 10th Internatl. Congress of Entomologists (1956), Vol. 4 (1958), pp. 353-61.

Morris, R. F., "Differentiation by Small Mammal Predators between Sound and Empty Cocoons of the European Spruce Sawfly," *Canadian Entomologist*, Vol. 81 (1949), No. 5.

MacLeod, C. F, "The Introduction of the Masked Shrew into Newfoundland," *Bi-Monthly Progress Report*, Canada Dept. of Agric., Vol. 16, No. 2 (March-April 1960).

_____, To author, Feb. 12, 1962.

Carroll, W. J., To author, March 8, 1962.

후기

에드워드 O. 윌슨 *

40년 전《침묵의 봄》은 일반 대중의 인식에 충격적인 자극을 선사했고, 그 결과 새로운 인식과 의미를 지닌 환경운동을 촉발했다. 살충제와 그 밖의 유독 화학물질이 환경과 공중위생에 미친 영향은《침묵의 봄》출간 이전에도 잘 알려져 있었지만 그저 딱딱한 과학 문헌을 통해 여기저기 흩어져 있을 뿐이었다. 환경과학자들도 문제를 알았으나 그들은 오직 자기 전문 분야에만 극히 편협하게 집중할 뿐이었다. 이런 지식들을 하나로 집대성해서 모든 사람, 과학자와 일반 대중이 모두 쉽게 이해할 수 있게 한 것이 바로 레이첼 카슨의 업적이다.

이런 책의 필요성은 모든 과학 분야에서 비슷하다. 온화한 해양생물

---

* Edward O. Wilson: 개미 연구로 앨라배마 대학교에서 생물학 학사와 석사 학위를, 하버드 대학교에서 생물학 박사 학위를 받았다. 풀리처상 2회 수상에 빛나는 저술가, 개미 연구의 세계적 권위자, 섬 생물지리학 이론과 사회생물학의 창시자이기도 하다—옮긴이.

학자가 《침묵의 봄》을 위해 자료를 모을 당시, 생태학은 그 지위나 지원이 과학의 여러 분야 중 하위권이었다. 생태학이 무엇인지 아는 미국인은 거의 없었다. 나중에 가장 빠르게 발전하는 분야가 된 보존생물학(conservation biology)은 아예 성립조차 되지 않았다. 당시 과학은 분자혁명의 엄청난 성공에 도취되어 물리학과 화학이 생물학의 근본이라 생각했다. 연구자들은 생명 공정을 분자 수준으로 좁혀가는 법을 배우고 있었다. 현장생물학(field biology)을 연구하던 젊은 동물학자인 나는 개미들이 군락을 만드는 데 사용하는 페로몬 암호를 해독하기 위해 유기화학자들과 함께 바쁘게 연구했다.

또한 환경은 당시 주류 정치적 의제에서 밀려나 있었다. 1950년대 후반과 1960년대 초반의 미국은 풍요롭고 부유한 국가였다. 평화롭고 기록적인 부를 토대로 제한 없는 성공을 중시하는 분위기가 퍼져 있었지만, 이 나라는 삶의 방식을 위협하는 냉전 사고에 사로잡혀 우리를 둘러싸고 있는 무서운 적에는 속수무책이었다. 소련은 핵무기 개발과 관련해 미국과 경쟁하고 있었고 우주 개발 분야에서는 미국을 넘어섰으며 아시아에서 중국과는 군사적 휴전 상태였다. 국가의 번성과 안전을 위해 우리는 과학과 기술에 대단한 의미를 부여했고 과학에는 과오가 없음을 맹신했다. 그 결과 환경의 경고에는 귀찮아하며 별 신경을 쓰지 않았다. 거대한 대륙에서 식민지 시절을 경험한 선조를 두었고, 한 번도 전쟁에 진 적 없는 나라에서 살아온 미국의 대중에게 무언가 제한하고 억제하는 것은 비애국적 가치로 여겨졌다.

원자력의 평화로운 이용은 이 시대의 특징을 가장 잘 반영한다고 볼 수 있는데, 저강도 핵폭발로 항구와 수로를 만들려는 연방 정부의 계획에 이르러 정점을 찍었다. 정확한 시간 계측 폭발을 통해 파나마 운하와 평행하게 해수면 높이의 수로를 건설하려는 엔지니어들은 이런 제의를 심각하게 고려했다. 다행히 이 대단한 꿈은 실현에 옮겨지지 않았다. 이 중남미 나라를 2개로 나눌 때 생길 복잡한 외교 정책은 차치하고 생물학적 위험이 자리했다. (내가 하급 연구자로 참여한) 미국 국립연구회의(National Research Council) 위원회에서 이 계획을 검토한 후 경고했다. 태평양 동쪽 얕은 바다에 사는 유기생명체들은 카리브해에 사는 생명체와는 전혀 다른 종이었다. 파나마 지협에 가로막혀 수백 년 동안 각기 독립적으로 진화해온 두 동물대가 태평양 쪽에서 밀려오는 조류 때문에 모두 뒤섞일 수 있는 상황이었다. 바다말벌이라는 별명을 가진 상자해파리뿐 아니라 독성을 지닌 바다뱀이 카리브해의 생물대를 공격하는 게 불행한 예상 중 하나였다.

내가 목격한 국가적 성급함의 두 번째 사례는 미국 농무부의 불개미 퇴치 계획이었다. 레이첼 카슨은 《침묵의 봄》에서 "이 계획은 충분치 못한 준비와 서투른 시행을 보여주는 전형적인 사례이며, 해충 방제에 관한 극히 해로운 실험인 동시에 막대한 비용과 다른 동물들의 죽음, 농무부의 신뢰 추락이라는 값비싼 희생을 치르게 한 실험이었다. 이런 일에 엄청난 정부 예산을 투입한다는 걸 이해할 수 없다"고 말했다.

이 소동의 대상은 아르헨티나에서 들여온 화물과 함께 앨라배마주 모빌항에 발을 내디딘 불개미(Solenopsis invicta)였다. 군집마다 수십만 마리의 공격적인 일개미가 은신처를 만들며 흙을 1피트(약 30센티미터)도 넘게 쌓아올릴 정도였다. 이 개미의 침이 피부 가까이 닿으면 불타는 듯 쓰라린 느낌이 들기에 불개미라는 이름이 붙었다. 불개미가 미국에 언제 처음 들어왔는지 정확히 알려지지는 않았지만 1930년대로 추정한다. 보기 드문 우연으로, 나는 이 불개미의 존재를 알린 비공식적인 첫 기록자였다. 1942년 열세 살짜리 보이스카우트로 모빌항 선창 가까운 내 집에서 개미를 연구하다가 잘 만들어진 불개미 군집을 발견했다. 7년 뒤, 이 불개미가 지역의 해충으로 인정받을 만큼 개체수가 늘어났을 때 나는 앨라배마주 소속으로 불개미의 습성과 번식을 본격적으로 연구하게 되었다. 모빌에서 처음 발견된 불개미는 매년 5마일(약 8킬로미터)씩 그 반경을 넓혀갔고 플로리다주와 미시시피주 경계 근방까지 세력을 키웠다. 묘목과 농작물에 무임승차해 계속 퍼져나간 불개미는 향후 몇 십 년 동안 캐롤라이나에서 텍사스까지 남부 도처로 퍼져나갈 기세였다.

해외에서 들어온 불개미는 심각한 골칫거리였다. 성가시게 물고 때로는 독이 있어서 심각한 과민성 쇼크를 일으키기도 했다. 엄청난 수의 일개미는 어린 옥수수와 기타 농작물은 물론 둥지의 어린 새까지도 공격하는 것으로 알려졌다. 불개미들이 쌓아올린 흙무더기가 너무 커서 농기구 사용에 지장을 줄 지경이었다. 하지만 목화바구미, 매미나방, 유럽옥수수좀 같은 곤충처럼 해를 끼치지는 않았다.

그럼에도 눈에 잘 띄고 골치 아픈 불개미는 미국 농무부의 경각심을 불러일으켰고, 살충제 제조업계의 전폭적인 지지로 불개미 박멸이 시작되었다. 불개미를 적절히 제어하는 게 아니라 미국 땅에서 완전히 없애기 위해 노력했다. 1958년, 100만 에이커에 디엘드린과 헵타클로르 같은 강력한 살충제를 뿌렸다. 레이첼 카슨이 《침묵의 봄》에 쓴 것처럼, 그 환경적 영향은 끔찍할 정도였다. 야생 생태계와 가축이 독극물에 노출되어 직접 접촉하거나 오염된 물을 통해 고통받기 시작했고, 심각하게는 신경계 마비까지 겪게 되었다. 조류의 개체수도 눈에 띄게 줄어들었다. 인체에 미치는 영향은 제대로 측정한 적이 없으며, 자연 생태계의 건전한 기능에 필수적인 곤충 개체수에 미치는 심각한 영향을 언급한 적도 없었다.

해외에서 들어온 불개미는 살충제의 무차별 살포 이후 다시 왕성하게 퍼지기 시작해 쉬지 않고 남부로 향했다. 이런 당황스러운 결과를 예상하기는 어렵지 않았다. 유전적으로 억제되던 불개미는 더 널리 퍼지게 되는데, 여왕개미 한 마리의 지배 아래 1~3년에 군집이 성숙하던 것에 비해 살충제 살포 후에는 수천 마리의 새로운 여왕개미가 태어났고 군락이 자리 잡기 전에 여왕개미들이 수 마일을 날아가 각기 번식을 시작했기 때문이다. 유독물질 살포를 이겨내고 단 하나의 군집만이 살아남는다고 해도 수 제곱마일에 퍼져 새롭게 번식하게 된다. 나중에 이 불개미에게 '정복당하지 않는'이라는 의미로 '인빅타(invicta)'라는 이름(분류학상 혼란을 피하기 위해)이 붙었다. 1960년대 말, 불개미 박멸 계획은 수그러들었고 정복당하지 않는 개미에 대항한 캠페인은 '곤충학계의 베트남'으로 일컬어졌다.

레이첼 카슨은 《침묵의 봄》에서 이런 무서운 이야기들을 소개하면서도 해충 방제를 중단하라고 이야기하지 않았다. 다만 모든 종을 절멸하는 무분별한 살충제 유포의 폐해를 끝내자고 요구했다. 환경은 물론 인간에게 미치는 영향을 제대로 파악하지 않고서 이 나라의 풍요로운 들판에 화학물질을 마구 뿌려대서는 안 된다고 말이다. 그는 과학과 환경에 관한 정확한 이해를 바탕으로 확실하고 정확한 해결책을 찾아야 한다고 강조했다.

대부분의 미국인은 곧 이 말에 귀를 기울였고 유독물질의 무차별 살포를 거부하기 시작했다. 카슨의 주장은 다른 나라 구석구석으로 퍼져나갔다. 《침묵의 봄》이 미국 환경운동에 어떤 영향을 미쳤는지 정확히 측정하기는 어렵다. 하지만 그 후 수십 년 동안 이 책의 메시지는 다른 과학적·문학적 요소와 어우러져 구체적 운동으로 확대되었고, 다양한 사회적·정치적 의제로 연결되었다. 어떤 계보학이든 레이첼 카슨의 저서가 중요한 영향을 끼쳤고, 또 계속 영향을 끼쳐왔다는 사실은 아무도 부정할 수 없다. 늘 그렇다고 말할 수는 없지만, 이 책은 오늘날 일반화한 화학 오염에 대한 저항을 촉발했다. 《침묵의 봄》은 정치에도 영향을 미쳐서 1970년 환경보호국의 설립을 가능케 했다. 살충제 단속과 음식 안전성 조사는 농무부에서 환경보호국으로 이관되었고, 작물을 화학 처리하는 데 따르는 이점을 강조하던 데에서 그것의 위험을 강조하는 것으로 정책의 초점도 변화했다.

《침묵의 봄》이 미친 또 다른 영향은 자연환경 보존이다. 화학 오염은 서식지 파괴, 외래종이 토종을 몰아내고 자리를 잡는 '생물학적 오염'에 이은 미국 내 생물종 절멸의 세 번째 원인이었다. 《침묵의 봄》은 환경에 관한 일반인의 관심을 높여 1973년 의회의 멸종위기종보호법 통과를 가능케 했다. 이 법은 미국 역사상 자연보호와 관련한 가장 중요한 법안이 되었다. 그 놀라운 성공으로 미시시피악어, 귀신고래, 흰머리수리, 매, 미 동부에 서식하는 갈색사다새의 복원 등이 가능해졌다. 40년 전만 해도 멸종 위기에 놓여 있던 동물들이 이제는 비교적 안전해졌다.

하지만 환경운동은 그 탄생을 가능케 한 이 나라에서도 여전히 힘든 길을 가고 있다. 레이첼 카슨이 살아 있다면, 오늘날의 미국을 보며 복잡한 심정이 들 것이다. 환경운동에 대한 관심은 교육자인 그를 만족시킬 것이다. 자신의 책이 고전의 반열에 올라 있다는 사실에, 새로운 규제 법안들이 낙담한 정부 관리들을 도와준다는 사실에 깜짝 놀랄 것이다. 과학자로서 레이첼 카슨은 해수면 높이의 수로와 불개미 박멸 계획 등 예전의 생태계 파괴를 오늘날 다시 시도한다면 세상의 비웃음거리가 될 거라는 사실에 안도할 것이다.

그와 동시에 환경보호주의자와 개발주의자, 지역적 차원과 국가적 차원 사이에 전쟁이 끝나지 않았다는 사실도 알아챌 것이다. 이런 갈등은 1962년 이후 조금 더 고요한 수평 상태를 이루고 있다. 개발론자와 정책 입안자는 문제 있는 대규모 사업을 예전보다 덜 벌이고 있지만, 여전히 미국의 환경보호 지역에서 깎고 베고 뚫기를 계속하고 있다. 그들은 그저 여기저기서 조금만 더 개발할 것이라고 말한다. 환경보호론자는 수천 번의 개발 시도로 자연이 고문받아 죽어가고 있다고 응수한다.

1991년 말 멸종위기종보호법으로 보호받던 1254종의 생물 중 개체 수가 늘어나는 종의 4배나 되는 종의 개체수가 감소하고 있다. 연방 정부의 환경 규제를 반대하는 쪽에서는 이런 상황을 들며 이 법이 실패로 돌아갔다는 증거라고 주장한다. 이런 논리에 따르면 병원 응급실을 폐쇄해야 한다는 결론에 이르게 된다. 그곳에서 많은 사람이 사망할 텐데 왜 운영을 계속하겠는가. 환경규제반대론자들은 이 법률 조항 아래서 검토한 사업 중 중단한 사례가 1000건당 1건 정도에 지나지 않는다는 사실은 무시하고, 멸종위기종보호법이 경제성장에 해가 된다고 주장한다.

지난 40여 년 동안 미국에서는 많은 사람이 지구 환경 파괴의 주범을 알게 되었다. 누구보다 통찰력이 뛰어난 레이첼 카슨은 자연자원의 고갈, 오존층 파괴, 지구 온난화, 해양수산자원 남획, 불공정한 해외 무역, 열대우림 파괴, 생물 멸종 등의 문제점을 우리보다 훨씬 먼저 예견했다. 미국이 자국의 소비를 위해 1인당 전 세계 생산성 있는 대지를 개발하는 비율이 다른 개발도상국의 10배나 높다는 사실에 레이첼 카슨은 마음 아파할 것이다.

다른 한편, 메릴랜드 출신의 이 과학자는 지구정상회의, 오존층 파괴를 가져오는 프레온 가스 배출을 성공적으로 억제한 몬트리올 의정서, 기후 온난화를 막기 위해 노력했지만 큰 성과는 거두지 못한 교토 의정서(미국의 미온적인 참여로 큰 효력을 발휘하지 못했다) 등을 보며 약간은 희망을 가졌을 것이다. 또 국제보존협회(Conservation International), 국제자연보호협회, 세계야생생물기금(World Wildlife Fund: 현재는 세계자연기금—옮긴이) 등 국제적 비정부기구의 후원금이 빠르게 늘어나고 있다는 소식에 기뻐했을 것이다.

해리엇 비처 스토의 《톰 아저씨의 오두막》, 존 뮤어의 《미국의 국립공원(Our National Parks)》 등의 책이 그러했던 것처럼 《침묵의 봄》 역시 역사상 중요한 순간을 만들어냈기에 우리의 관심을 끌 가치가 충분하다. 이 책에 담긴 사례와 논쟁은 우리가 다시 살펴야 하는 시간을 초월한 교훈이기도 하다. 환경보호운동을 위해 앞장서서 노력해온 그의 싸움은 아직 끝나지 않았고, 여전히 시의적절하다.

레이첼 카슨이 글로 표현하지 않았다면 더 심했겠지만, 사람들은 여전히 대기와 강과 바다를 오염시키고 생물권을 파괴하고 있다. 《침묵의 봄》을 쓴 이 용감한 저자의 지성과 영혼에 충실하게 환경을 보호하기 위해 모든 노력을 기울여야 하는 이유를 오늘날 우리는 그 어느 때보다 더 잘 알고 있지 않은가.

《침묵의 봄》 출간 이후

환경 관련 글

《침묵의 봄》 출간에 붙여[*]

1962년 12월 2일

원고를 쓰는 고된 일보다 흥분되는 연구를 훨씬 더 좋아하는 데다 작업 속도가 느린 작가라는 사실이 오히려 행운으로 작용해서인지,《침묵의 봄》은 원래 계획보다 약 2년 늦게 출판되었다. 많은 이유로 1962년은 1960년이나 그 이전 해보다 이 책을 훨씬 더 호의적으로 받아들이는 분위기인 듯하다. 최근 몇 달 동안 일어난 다양한 사건으로 인해 이 행성의 주인 노릇을 자처해온 인류가 여러 면에서 매우 큰 잘못을 저지르고 있다는 불안한 인식이 퍼졌기 때문이라고 생각한다. 완전한 지식과 이해 없이 문제의 여지가 있는 신제품을 사용하려는 열의, 불면증 혹은 잔디밭에 퍼진 민들레처럼 우리를 괴롭히는 문제에 (일시적이고 별로 건전하지 않을지도 모르는) 쉽고 빠른 해결책을 선택하려는 충동에 놀란 사람들

---

[*] Typescript, *Beinecke*. (Written for the Book Review section of *The New York Times*, and published there in part in "What's the Reason Why: A Symposium of Best-Selling Authors," December 2, 1962.)

이 회의주의에 빠져들고 있다.

《침묵의 봄》에서 내가 다룬 것은 단독으로 존재하는 문제가 아니다. 화학 살충제의 과도하고 무분별한 사용은 유해하고 위험한 물질로 심각하게 오염되고 있는 우리 삶의 안타까운 한 부분일 뿐이다. 아주 최근까지 평범한 사람들은 '누군가' 이러한 문제를 살피고 있으며, 잘 이해하지는 못하지만 확실하게 믿을 수 있는 안전장치가 자신의 몸과 어떤 문제에서 비롯한 해악 사이에서 방패 역할을 한다고 생각해왔다. 그런데 이제 여러 방향에서 이런 믿음이 예상치 못하게 무너지는 걸 경험하고 있다.

타는 듯한 콧구멍과 기관지의 고통을 통해 대기 오염의 위협을 직접 느끼지 않는다면, 한때 깨끗하던 대기에 방사선과 화학 폐기물을 얼마나 쏟아붓고 있는지 그저 신문에서 읽는 게 전부였을 것이다. 부엌 수도꼭지에서 깨끗한 물 대신 하얀 거품이 나올 때 비로소 세제, 독극물, 온갖 종류의 폐기물로 인한 수질 오염의 정도를 새삼 깨달을 것이다.

핵무기 실험이 계속됨에 따라 과학 지식이 전혀 없는 시민이라도 날씨 정보와 함께 조간신문에서 매일 일상적으로 보도하는 낙진 수준이 자신뿐 아니라 자녀 세대는 물론 그다음 세대에게도 불길한 의미를 갖는다는 사실을 깨달을 것이다.

《침묵의 봄》 출간과 거의 동시에 수개월 동안 언론을 뒤덮은 약물 안전과 약물 통제 문제는 탈리도마이드의 비극(입덧을 완화해주는 것으로 알려진 약물을 복용한 임산부들이 심각한 기형과 건강 문제를 지닌 아이를 낳은 사건—옮긴이)에 이르러 충격의 정점을 찍었다.

부엌 바닥의 바퀴벌레부터 광활한 숲의 나방 창궐에 이르는 다양한 상황에서 위험한 화학물질의 무분별한 사용은 이 복잡한 퍼즐의 한 조

각으로, 다른 모든 것과 관련이 있고 서로 영향을 주고받는다. 전국 각
지에서 보내준 편지를 통해 확인한 그 강력하고 놀라운 반응으로 판단
하건대, 대중은 이런 연관 관계를 잘 알고 있다. 문제가 저절로 해결되
지 않으리라는 사실도 이해하고 있다. 내가 독자들의 편지에서 확인한
것은 막연한 공포가 아니라《침묵의 봄》으로 알게 된 살충제 남용을 통
제하겠다는 강력한 의지였다.

전국여성언론인협회 연설[*]

1962년 12월 5일, 워싱턴 D.C.

오늘 오후 이 자리에서 하려는 이야기는 펜실베이니아주 베들레헴의
〈글로브 타임스〉 10월 12일 자 기사로 시작하려 합니다. 기자는 펜실베
이니아주 카운티 두 곳의 농업 담당 부서가 《침묵의 봄》에 보인 부정적
반응을 자세히 설명한 뒤 이렇게 덧붙였습니다. "오늘 대화를 나눈 두
카운티 농업사무소의 어느 누구도 이 책을 읽지 않았지만, 모두 진심으
로 책을 공격했다."

　《침묵의 봄》 출판 이후 시끄러운 가을을 만들어낸 온갖 논평의 배경
을 깔끔하게 요약해준 사례입니다. 〈베닝턴 배너(Bennington Banner)〉의
사설에 따르면 "《침묵의 봄》을 향한 분노 서린 반응은 …… 하지도 않
은 이야기에 대한 반박"입니다. 이런 종류의 반박이 실제로 책을 읽지
않은 사람들에게서 나온 것인지, 아니면 내 주장을 일부러 왜곡하려는
사람들에게서 나온 것인지의 판단은 다른 이들에게 맡기려 합니다.

---

[*]　Typescript, *Beinecke*.

올 초여름 〈뉴요커〉에 이 책의 첫 연재 글이 실리자 수많은 사람이 국회의원, 신문, 정부 기관은 물론 저자인 나에게도 《침묵의 봄》과 관련해 편지를 보냈습니다. 지금도 이어지는 편지 행렬이 《침묵의 봄》에 대한 가장 중요하고 지속적인 반응을 대표한다고 확신합니다.

출간 전부터 미국 전역의 언론사가 수백 편의 사설과 칼럼을 통해 이 책의 내용을 소개했습니다. 화학업계 전문지의 초기 반응은 다소 온건한 편이었는데, 실제로 몇몇 분야와 화학·농업 언론은 책의 내용을 지지했습니다. 하지만 예상한 대로 대부분의 업계 관련 언론은 책의 내용을 마음에 들어 하지 않았습니다. 늦여름이 되자 화학업계와 관련 단체들이 훼손된 살충제의 이미지를 보호하고 회복하기 위해 홍보용 소책자를 대규모로 쏟아내기 시작했습니다. 여론을 주도하는 사람들에게 분기별로 자료를 발송하고 매달 신문, 잡지, 라디오, 텔레비전 등을 통해 새로운 관련 소식을 발표하겠다고 공언했습니다. 연사들은 모든 곳에서 청중을 상대로 연설을 시작했습니다. 《침묵의 봄》이 예상치 못하게 잠을 깨운 대중을 달래어 다시 잠들 수 있도록, 그들을 잠재울 만한 정보를 엄청나게 뿌릴 게 분명합니다. 최근 몇 달 사이 조금 더 온건한 해충 방제 대책이 나왔으니 확실한 진전을 이뤘다고 볼 수 있습니다. 이제 중요한 것은 이런 성과를 어떻게 유지하고 확장할 것인지 여부입니다.

이 책을 향한 공격에는 일정한 패턴이 있는데, 알려진 모든 방법을 사용하고 있습니다. 대의명분을 약화시키는 한 가지 확실한 방법은 그 대의명분을 옹호하는 사람의 평판을 떨어뜨리는 것입니다. 그래서 욕설과 비아냥을 일삼는 사람들은 바빠졌습니다. 나는 어느새 "새 애호가·고양이 애호가·물고기 애호가"가 되었고, 자연을 섬기는 여사제가 되었습니다. 이들은 스스로는 포함되지 않는다고 생각하는 우주 법칙을 숭배하는 비교(秘教)의 신봉자라고 저를 비난하기도 합니다.

잘 알려져 있고 많이 쓰이는 또 다른 방법은 내 견해를 왜곡하고 내가 한 번도 말한 적 없는 내용을 공격하는 것입니다. 나는 당연한 것을 장황하게 늘어놓는 사람이 아닙니다. 책을 실제로 읽어본 사람이라면 내가 적절한 상황에서 이뤄지는 곤충 방제를 선호한다는 걸 알고 있을 것입니다. 나는 화학적 방제의 전면 금지를 주장하는 것이 **아닙니다**. 해충 **방제** 그 자체가 아니라 방제를 **제대로, 효율적으로 하지 못하고** 그 과정에서 위험한 부작용을 셀 수 없이 초래하는 오늘날의 화학적 방제 방식을 비판하는 것입니다. 지금 사용하는 방제법이 낮은 수준의 과학적 사고를 기반으로 하고 있기 때문에 비판하는 것입니다. 문제 해결에 훨씬 더 세련된 방법을 사용할 수 있습니다.

공격의 또 다른 패턴은 《침묵의 봄》 내용을 대부분 무시하고 이른바 소프트 셀(soft sell), 즉 은근하게 대중을 안심시키는 것입니다. 이런 공격 중 일부는 내가 지적한 내용이 정확하다는 걸 인정하면서도, 내가 이야기한 사건은 과거의 일이고, 관련 업계와 정부가 잘 알고 있으며, 그 후 오랫동안 재발 방지 조치를 취해왔다고 말합니다. 위안을 주는 기사를 읽는 독자들이 신문에서 다른 내용을 접하지 않는 것처럼 말입니다. 사실 살충제 관련 뉴스는 최근 몇 달 동안 꽤 자주 등장했습니다. 어떤 기사는 사소하고, 어떤 기사는 유머러스하며, 또 어떤 기사는 심각한 내용을 담고 있었습니다.

이런 기사들은 내가 《침묵의 봄》에서 인용한 사례와 중요도에서 크게 다르지 않습니다. 상황을 더 잘 통제할 수 있다면 문제의 증거 사례는 거의 등장하지 않을 것입니다.

살충제와 관련한 최근 뉴스에 어떤 이야기들이 등장했는지 알아보겠습니다.

1. 10월 12일 자 〈뉴욕 포스트〉는 식품의약국이 태평양 북서부 연안에서 157톤가량의 감자를 압수했다고 보도했습니다. 관계자들에 따르면 허용 잔류치의 약 4배 넘는 알드린과 디엘드린이 감자에 포함되어 있었다고 합니다.

2. 9월에 연방 조사관들이 대로에 뿌려진 화학 제초제로 인해 피해를 입었다는 에리 카운티 고속도로 근처의 포도밭들을 조사했습니다. 아이오와 주에서도 비슷한 보고가 나왔습니다.

3. 캘리포니아주의 한 소방서는 화학물질을 뿌린 잔디밭에서 불쾌한 유독 연기가 나오니 물을 뿌려달라는 요청을 받았습니다. 요청대로 진행했더니 유독 연기가 더욱 심해져 소방관 11명이 병원에 입원하고 말았습니다.

4. 지난여름 여러 신문에 포르피린증(porphyria: 피부가 빛에 민감해지고 정신 질환을 일으키는 혈액병 ─옮긴이)을 앓고 있는 약 5000명의 터키(튀르키에의 옛 이름 ─옮긴이) 어린이의 기사가 실렸습니다. 이 병에 걸린 아이들은 심각한 간 손상을 입는 것은 물론 얼굴, 손, 팔에 털이 자라 원숭이 같은 모습이었습니다. 화학 살균제 처리를 한 밀을 먹은 것으로 추측되는데, 이 밀은 식용이 아닌 종자로 사용하기 위한 것이었습니다. 배가 고픈 사람들은 아마도 이 밀의 섭취 금지 조항을 이해하지 못했을 것입니다. 먼 곳에서 일어난 우발적 사건이지만, 미국에서도 많은 양의 종자를 유사한 방식으로 처리한다는 점을 기억해야 합니다.

5. 미국의 상징인 흰머리수리가 멸종 위기라는 걸 기억하실 겁니다. 어류·

야생동물국은 최근 그 중요한 원인을 찾아냈습니다. 관리국에서는 독수리의 생명을 위협하는 DDT의 양이 어느 정도인지 실험을 통해 확인했습니다. 야생에서 죽은 채로 발견된 독수리의 생체 조직에 치사량의 DDT가 들어 있다는 사실도 밝혀냈습니다.

6. 올가을에도 캐나다 신문에 뉴브런즈윅에서 수렵 기간 동안 총에 맞은 멧도요한테서 헵타클로르 잔류물이 발견되었으며, 이 새를 식용으로 쓰면 위험하다는 경고가 실렸습니다. 철새인 멧도요는 뉴브런즈윅 일대에서 둥지를 짓고 살다 미국 남부에서 겨울을 보냅니다. 멧도요가 머무르는 남부 지역에서 불개미 퇴치를 위해 헵타클로르를 광범위하게 사용했고, 새들에게서 3~3.5ppm의 헵타클로르 잔류물이 발견되었습니다. 헵타클로르의 법적 허용 수치는 0입니다.

7. 매사추세츠 어업·수렵부의 생물학자들은 최근 보스턴 외곽에 있는 프레이밍엄 저수지의 물고기에서 DDT가 5ppm, 즉 법적 허용치의 10배 넘게 발견되었다고 보고했습니다. 이곳은 시민을 위한 공공 식수원입니다.

8. 한 가지 더, 11월 16일 자 AP 통신에 잘못된 기술과 관련한 논평이 실렸습니다. 연방 법원 배심원이 뉴욕주 농부에게 감자 작물의 피해액으로 1만 2360달러의 보상금을 주라고 판결했습니다. 감자 싹이 나지 않도록 화학물질을 처리했는데, 발아가 억제되는 대신 감자 싹이 안쪽으로 자란 것입니다.

그동안 우리는 입증되지 않은 화학물질은 절대 사용하지 않는다는 이야기를 들어왔습니다. 물론 이 말은 정확한 진술이 아니었습니다. 살충제와 관련해 건강이나 안전 문제가 제기되었음에도 살충제 회사에서 이의를 제기하면 그 기간 동안 살충제 등록이 가능했습니다. 이 조항을 폐지하기 위해 농무부가 FIFRA(연방 살충·살균·살서제법) 개정을 의회에 요청할 예정이라는 이야기가 반가울 수밖에 없습니다.

안전하지 않은 화학물질이 사용되고 있다는 걸 보여주는 또 다른 자료가 있습니다. 근래 미국 각 카운티의 농업 에이전트들이 살충제 사용과 관련해 이전 조언을 수정하거나 취소하는 경우가 많습니다. 예를 들어, 농부들은 최근 소를 키울 때 사용해온 화학물질을 회수한다는 편지를 받았습니다. 지난 9월 '설명할 수 없는 죽음'이 발생했기 때문입니다. 몇몇 의심되는 살충제를 회수했지만 문제는 계속되었고, 이제 모든 미처리 화학물질을 회수하기에 이른 것입니다.

《침묵의 봄》 관련 서평에 부정확한 진술이 수십 가지나 등장했는데, 그중 한두 가지 예를 들어보겠습니다. 〈타임〉은 《침묵의 봄》을 이야기하며, 살충제에 의한 우발적 중독은 매우 드물다고 설명했습니다. 몇 가지 수치를 살펴보겠습니다. 정확하고 완전하게 관련 기록을 관리하는 미국 내 유일한 지역인 캘리포니아에서 연간 900~1000건의 농약 중독 사례가 발생하고 있습니다. 그중 약 200건은 파라티온 한 가지로 인한 것입니다. 플로리다에서는 최근 중독 사례가 너무 많아 주거 지역에서 위험한 화학물질의 사용을 통제하기 시작했습니다. 다른 국가의 사례를 보면, 파라티온으로 인해 1958년 인도에서 100명이 사망했고, 일본에서는 연간 평균 336명의 사망자가 발생했습니다.

1959년, 1960년, 1961년에 농약 살포와 관련한 비행기 추락 사고가 총 873건이라는 점도 주목할 만합니다. 이 사고로 135명의 조종사가 목숨을 잃었습니다.

연방항공국은 민간항공의무대(Civil Aeromedical Unit)를 통해 비행기의 추락 원인을 밝히기 위한 연구를 수행했습니다. 검사관들은 살충제 살포 시 유독물질이 조종사의 몸, 즉 감지하기 어려운 세포 내부에 축적된다는 사실을 전제로 조사를 이어갔습니다.

이 연구자들은 최근 두 가지 매우 중요한 사실을 확인한 것으로 알려졌습니다.

1. 유독물질의 축적과 당뇨병의 발병 사이에는 인과관계가 있다.
2. 세포 내 독소 축적이 인간 신체의 에너지 생성을 방해한다.

한 과학 평론가가 《침묵의 봄》에 대해 이야기한 것처럼, 독성물질과 세포 발달 과정이 "별 관련성 없는" 것은 아니라는 걸 확인받게 되어 기쁩니다.

화학 관련 학술지에 글을 쓴 이 평론가는 내가 정보의 출처를 밝힌 것에 크게 화를 냈습니다. 그에 따르면, 내가 피인용자를 밝힌 이유가 유명인과 친한 척 거들먹거리기 위해서랍니다.

글쎄요, 내가 존스홉킨스 대학에서 과학적 방법론을 훈련받은 이후 세상이 확실히 변한 것일까요? 이 비평가는 내가 정리한 참고문헌도 마땅치 않아 했습니다. 책에 실은 각각의 중요한 내용에 대해 완전하고 구체적인 참고문헌과 근거를 제공한다는 사실 자체가 그에게는 극도로 불쾌했나 봅니다. 이 평론가에게 《침묵의 봄》의 참고문헌은 관련 지식이 없는 사람들에게 분량으로 깊은 인상을 주려는 불필요한 군더더기인 것입니다.

나는 《침묵의 봄》을 통해 독자들에게 내 말을 믿으라고 강요한 적이 없습니다. 그저 글과 관련한 출처를 명확하게 표시했을 뿐입니다. 독자가 내 설명을 넘어서 전체 상황을 이해할 수 있도록 돕고 싶었고, 독자를 이런 탐구의 여정에 초대한 것입니다. 이것이 55쪽에 달하는 참고문헌이 나온 이유입니다. 무언가 은폐하거나 왜곡하거나 절반의 진실만 제시하려고 했다면 이렇게 할 수 없었을 것입니다.

또 다른 비평가는 살충제 제조업체가 대학의 화학물질 연구를 지원하는 관례가 있다는 내 말에 기분 나빠 했습니다. 지금 이런 이야기는 상식에 해당하고, 비평가가 이를 모른다고 생각하긴 어렵습니다. 그가 몸담고 있는 대학도 업계 보조금을 받는 대학 중 하나이기 때문입니다.

그래도 내 주장이 도전받고 있으니 관심 있는 분들은 대표적인 대학에 문의해보기 바랍니다. 그러면 이런 관행이 널리 퍼져 있다는 걸 알게 될 것입니다. 기술 논문(technical papers)의 저자가 연구 기금의 출처를 밝히는 것은 여전히 일반적이므로 과학 도서관을 방문하면 관련 사실을 신속하게 확인할 수 있습니다. 예를 들어 〈경제곤충학회지〉에서 무작위로 수집한 몇 가지 내용을 살펴보면 다음과 같습니다.

1. 캔자스 주립대학교의 논문 각주에는 "이 논문의 출판 비용 중 일부를 케마그로(Chemagro Corporation)가 부담했다"고 나와 있습니다.
2. 캘리포니아 대학교 감귤시험장 저자들은 "지원금과 관련해 버지니아주 리치먼드의 다이아몬드 블랙리프(Diamond Black-Leaf Co.)에 감사를 표한다"고 밝혔습니다.
3. 위스콘신 대학교는 "연구비 일부를 셸, 벨시콜, 위스콘신통조림업협회로부터 지원받았다"고 적고 있습니다.
4. 일리노이 자연사조사의 경우 "미주리주 세인트루이스의 몬산토로부터 지원받았다"고 명기하고 있습니다.

사회 문제를 예리하게 관찰해온 한 비평가는, 예전엔 부유한 가문이 대학의 주요 후원자였지만 이제는 관련 산업계가 그 역할을 대신하고 있다고 지적했습니다. 교육 관련 지원을 한다니 문제 삼을 게 없어 보입니다. 하지만 농약 제조업체의 지원을 받는 연구가 살충제의 부정적 영향을 밝히지 못할 거라는 사실을 외면할 수는 없습니다.

과학과 산업계의 연계는 점점 더 긴밀해지고 있는데, 다른 분야에서도 마찬가지입니다. 미국의학협회는 자체 발행하는 신문을 통해 살충제가 인간한테 어떤 영향을 미치는지 묻는 환자에게 답할 때, 살충제산업협회가 제공하는 정보를 참고하라고 의사들에게 권했습니다. 의사들에겐 이 주제와 관련해 정보가 필요합니다. 하지만 그런 정보는 살충제 판매를 홍보하는 업계 단체가 아니라 권위 있는 과학 문헌이나 의학 문헌을 통해 얻어야 합니다.

우리는 과학 학회가 12곳 이상의 거대 기업을 '후원사'로 인정하는 현실을 맞닥뜨리고 있습니다. 과학 관련 단체들이 이야기할 때 우리가 듣는 것은 누구의 목소리일까요? 과학의 목소리입니까? 아니면 관련 업계의 목소리입니까? 누가 목소리를 내고 있는지 명확히 식별할 수 있다면 덜 심각한 상황이겠지만, 대중은 과학계의 목소리를 듣고 있다고 짐작할 것입니다.

어떤 상황을 공정하게 살피기 위해 위원회를 만들었는데, 이 위원회가 이익을 추구하는 바로 그 산업계 소속이라는 건 어떤 의미일까요?

살충제와 야생동물의 관계에 관해 국립과학아카데미의 한 위원회가 최근 보고서를 발행했는데, 나는 그중 리뷰 2개를 읽었습니다. 리뷰는 우리에게 괴로운 질문을 던집니다. 우선 위원회의 존재를 이해하는 것이 중요합니다. 살충제업계는 내 이야기를 반박하기 위한 의도로 보고서의 두 대목을 자주 인용합니다. 아마도 대중은 이 위원회가 학계의 일부라고 생각할 겁니다. 학계가 임명하긴 했지만 위원회 위원들은 외부에서 선정한 인사들입니다. 몇 사람은 해당 분야에서 탁월한 과학자입니다. 살충제가 야생동물에게 미치는 영향을 공정하게 평가하기 위해 아무런 이해관계 없는 사람들로 위원회를 구성할 것이라고 생각하십니까? 하지만 이번 주 〈애틀랜틱 내추럴리스트〉에 실린 리뷰에 따르면 위원회는 다음과 같이 구성되었습니다. "이 위원회에서는 연락 대표자들이 매우 중요한 역할을 담당한다. 여기에는 세 가지 범주가 있다. A) 후원 기관. B) 정부 기관. C) 과학 학회. 후원 기관은 아마도 자금을 지원하는 기관일 것이다. 화학 산업의 막강한 세력을 이루는 19개 화학 회사를 비롯해 43개 기관이 등장한다. 그 밖에도 미국농약협회, 전국항공업연합회 등 최소 4개 이상의 무역 관련 단체도 포함되어 있다."

위원회 보고서는 살충제 사용을 지지하는 강력한 성명으로 시작합니다. 이렇게 미리 결정해놓은 주장을 기반으로 하다 보니, 일부 야생동물에게 약간의 피해만 갈 것이라는 말이 놀랍지도 않습니다. 현대적이고 새로운 방식인지는 모르겠지만 공식 자료를 통한 증빙이 없으므로 이 보고서에 등장한 내용을 확인도 부인도 할 수 없습니다. 〈애틀랜틱 내추럴리스트〉의 평론가는 이 보고서가 "문제를 제기하는 일부 대중을 달래려는 업계의 숙련된 홍보 담당자 방식으로 작성되었다"고 설명했습니다.

과학 지식을 대중에게 전달할 때, 어떤 문제가 등장하는지 보여주는 대목입니다. 업계는 사실을 걸러내는 체의 역할을 담당해, 어렵고 불편한 진실은 숨겨버리고 무해한 진실의 단편만 전달하는 것은 아닐까요?

자신이 속한 학계와 학술 단체가 업계 옹호의 최전선에 나서고 있다는 사실에 사려 깊은 많은 과학자가 깊은 불안을 느끼고 있습니다.

러시아의 유전학을 왜곡하고 파괴했으며, 심지어 그 나라의 모든 농업 관련 과학에 침투했던 리센코주의(Lysenkoism)가 오늘날 미국에서도 퍼져나가고 있는 것은 아닌지 많은 과학자가 불안한 질문을 제기하고 있습니다. 리센코주의는 기본적인 진실을 선별하는 조정 작업을 거치는데, 미국에서는 당파 노선에 맞추기 위해서가 아니라 단기적 이익, 즉 이윤과 생산의 신을 섬기기 위해 이런 조정을 진행합니다.

지금까지 이야기한 내용들은 우리 사회에서 심각한 문제가 되고 있습니다. 커뮤니케이션 분야의 전문가인 여러분이 관심을 갖고 이런 문제를 살펴주시길 바랍니다.

슈바이처 메달 수상 연설[*]

동물복지연구소, 1963년 1월 7일, 워싱턴 D.C.

알베르트 슈바이처라는 이름과 함께 받은 이 상보다 내게 더 의미 있고 더 깊은 감동을 주는 건 없을 것입니다. 내게 슈바이처 박사는 현대 사회의 진정 위대한 인물입니다. 앞으로 우리를 괴롭히는 문제를 극복할 방법을 찾으려 할 때, 그분의 원칙을 폭넓게 이해하고 적용하는 일이 중요해질 것입니다.

나는 가끔 '생명 외경'이라는 개념이 그의 마음속에 갑자기 떠오른 당시의 이야기를 읽곤 합니다. 슈바이처 박사는 아프리카의 외딴 강에서 일어난 일을 몇 마디로 생생하게 묘사합니다. 병든 선교사의 아내를 치료하기 위해 작은 증기선을 타고 3일 동안 강 상류로 160마일(약 260킬로미터)을 이동하던 길이었습니다. 이 여정에서 그는 어떤 철학에서도 찾을 수 없던 보편적 개념을 정리하기 위해 깊은 생각에 빠졌습니다.

셋째 날 해가 질 무렵, 슈바이처 박사가 타고 있던 증기선이 하마 떼

---

* Typescript, *Beinecke*.

를 만났습니다. 그때 문득 그의 마음속에 지금은 온 세상이 다 알고 있는 '생명 외경'이라는 문구가 떠올랐습니다.

해 질 무렵 모래로 뒤덮인 강, 거대한 짐승의 무리 정도만 언급하고 자세한 설명은 하지 않았지만, 거기에는 순간적 깨달음을 가져다준 반짝이는 통찰이 있었습니다.

슈바이처 박사가 남긴 많은 글을 통해 우리는 이 문구에 담긴 그의 철학적 해석을 살펴볼 수 있습니다. 그러나 우리 중 많은 사람은 슈바이처 박사와 마찬가지로 개인적 경험을 통해 '생명 외경'을 진정으로 이해하게 될 것입니다. 갑작스럽게 만난 야생생물, 반려동물과 함께 보내는 시간……, 그게 무엇이든 우리를 자신에 대한 과몰입에서 벗어나 다른 생명의 의미를 인식하게끔 만듭니다.

나의 추억 저장고를 살펴보면, 밤의 어두운 해변에 홀로 있는 작은 게의 모습이 먼저 떠오릅니다. 으르렁거리는 파도 가장자리에 자리 잡고 무언가를 기다리는, 이 세상에서 너무나 완벽하게 편안함을 느끼는 작고 연약한 존재. 이 작은 게가 내게는 생명의 상징이자 생명이 물리적 환경의 힘에 적응하는 방식을 상징하는 것처럼 보였습니다. 호수 끝에 자리한 쉼터에서 날아오른 큰캐나다기러기 떼가 머리 위 하늘을 가로지르던 노스캐롤라이나 습지의 이른 아침 풍경이 떠오르기도 합니다. 주황색 태양빛을 받은 그들의 깃털은 갈색 벨벳 같았습니다. 사랑하는 고양이의 눈에서 생명과 그 의미에 대한 깊은 이해를 발견하기도 합니다.

슈바이처 박사는 우리가 인간과 인간의 관계에만 신경 쓴다면 진정한 문명화를 이루지 못할 거라고 말했습니다. 중요한 것은 인간과 다른 모든 생명의 관계입니다. 인간이 온갖 기술을 통해 자연 세계와 전쟁을 벌이고 있는 오늘날처럼 이 사실을 비극적으로 간과한 적은 없었습니다. 어떤 문명이 이러한 일을 자행하고 있는지, 그렇다면 문명이라는 이름으로 계속해서 불릴 수 있는지 질문해야 하지 않을까요? 불필요한 파괴와 고통 속에서 입을 다물고 있기에 우리 인간의 위상은 점점 약해지고 있습니다.

전 세계가 슈바이처 박사에게 경의를 표하지만 그의 철학을 실행에 옮기는 경우는 거의 없습니다. 슈바이처 메달은 이 위대한 인물의 생각과 사상을 널리 알리는 수단 중 하나입니다. 제가 이 상을 받게 된 것이 매우 자랑스럽지만 동시에 스스로 겸허한 마음이 들기도 합니다.

미국 가든 클럽 연설[•]

1963년 1월 8일, 뉴욕

이번 기회를 통해 여러분과 이야기를 나눌 수 있어 특별히 더 기쁩니다. 10년 전 여러분에게 프랜시스 허친슨 메달을 받은 뒤, 나는 미국 가든 클럽과 아주 가까워졌다고 느꼈습니다. 여러분이 감사하게도 내게 이 영광을 베풀어준 것처럼, 나 역시 여러분이 벌이는 활동과 이 조직의 목표와 열망에 경의를 표하고 싶습니다. 확실히 여러분은 생명력 넘치고 긍정적인 세상의 힘 한가운데 자리하고 있습니다. 식물에 대한 관심, 아름다움을 키우는 일, 건설적인 자연보호운동 지지 등 이 세계의 본질인 생명이 계속해서 이어져가도록 격려하고 있으니까요.

지금은 아주 다른 자연의 힘이 너무나도 강력하게 퍼져 있는 시대입니다. 생명에 대해 아무런 관심이 없거나 의도적으로 생명을 파괴하거

[•] Typescript, *Beinecke*. (A version published in the May 1963 *Bulletin of the Garden Club of America* as "A New Chapter to Silent Spring" differs in small ways from Carson's typescript.)

나 생태계의 본질적 그물을 파괴하려는 힘 말입니다.

아시다시피 나는 화학물질의 무분별한 사용을 특히 걱정하고 있습니다. 지극히 무차별적으로 영향을 끼쳐 살충제라기보다 살생제라고 하는 편이 더 적절할 정도입니다. 가장 편파적인 옹호자조차 살충제의 독성이 곤충, 설치류, 잡초 등 제한적인 표적에만 효과를 발휘한다고 주장할 수 없을 것입니다.

원치 않는 생물종을 방제하는 온당한 정책을 찾는 일은 길고 어려운 싸움이 될 것입니다. 《침묵의 봄》 출간은 그 싸움의 시작도 아니고 끝도 아닙니다. 이 싸움이 새로운 단계로 나아가고 있다고 생각하는 나로서는, 지금까지 거둔 진전을 여러분과 함께 평가하고 우리 앞에 놓인 힘겨운 싸움의 본질을 살펴보고 싶습니다.

시작할 때 우리가 내세우는 명분을 분명히 알아야 합니다. 우리는 무엇을 반대하고 있습니까? 우리는 무엇을 지지하고 있습니까? 우리는 무엇을 대표합니까? 관련 산업에 특히 호의적이고 업계로부터 후원을 받는 비평가가 《침묵의 봄》에 대해 쓴 의견 일부를 읽으면, 내가 곤충을 비롯해 유기체를 방제하는 모든 노력에 반대한다는 생각이 들 것입니다. 물론 이것은 내 의견이 **아니며** 가든 클럽의 견해도 아닐 것입니다. 우리가 얻으려는 결과보다는 우리가 옹호하는 수단에서 살생제 옹호자들과 다를 뿐입니다.

곤충 때문에 문제가 생길 때 아무 생각 없이 비행기를 불러 살충제를 공중에서 살포하거나 분무기에 손을 뻗는 것은 수준 낮고 조잡한 과학에 의지하는 짓이라고 확신합니다. 특정 유기체를 통제하는 데 필요한 새로운 무기를 연구하지 않는 것은 비과학적이라고 생각합니다. 기존 연구 중에는 이미 미래의 곤충 방제법이 될 만큼 훌륭하고 상상력 넘치는 것들이 있습니다. 하지만 우리에게는 훨씬 더 많은 무기가 필요하고, 우리가 이미 갖고 있는 무기도 더 잘 활용해야 합니다. 직접 개발하고 실험해 해충 방제 부서에 넘겨준 대처법 중 일부가 그저 잠자고 있다고 농무부 연구원들이 내게 개인적으로 말하기도 했습니다. 오래된 옛날 방제 방식을 그냥 따라가는 게 물론 훨씬 더 쉽긴 합니다.

나는 여러 가지 이유로 현재의 살생제에 대한 과도한 의존을 비판합니다. 첫째, 비효율성입니다. 화학적 방제의 피할 수 없는 본질에 관해 들은 모든 내용을 고려하면 놀랄 수밖에 없습니다. DDT 사용 전후로 나눠 곤충이 농작물에 가한 피해를 수치로 비교해봅시다. 한 선도적 곤충학자는 금세기 전반기 동안 곤충의 공격으로 입은 농작물 손실이 연간 전체 수확량의 10퍼센트 정도라고 추산했습니다. 그런데 지난해 국립과학아카데미는 연간 수확량의 25퍼센트가량 된다고 밝혔습니다. 놀라운 일 아닌가요? 최신 살충제 사용량을 계속 늘려가고 있는데 농작물 손실이 더 늘어났다면 분명 현재 사용하는 방법에 문제가 있는 것입니다! 더 나은 결과를 낼 수 있는 과학자에게 일을 맡겨야 합니다. 무엇을 할 수 있는지에 대한 증거로, 비화학적 방법을 통해 나사벌레파리를 100퍼센트 방제할 수 있다는 점을 상기시켜드리고 싶습니다. 그 어떤 화학물질도 달성하지 못한 성공 수준입니다.

또한 현재 사용하는 화학물질이 곤충의 내성을 촉진하기 때문에 화학적 방제는 비효율적입니다. 하나 또는 그 이상의 살충제 그룹에 내성을 보이는 곤충이 DDT 사용 이전에는 약 12종이었는데, 오늘날에는 거의 150종으로 늘어났습니다. 효과도 없고 위협적이기만 한 방제로 심각한 문제가 초래된 것입니다.

비효율성을 보여주는 또 다른 증거는 화학물질 때문에 자연 방제가 불가능해지고, 그로 인해 방제 대상 곤충의 수가 오히려 늘어난다는 것입니다. 같은 이유로 화학적 방제는 특정 생물에게 갑작스러운 문제를 유발하기도 합니다. 비교적 무해하던 잎응애가 DDT 출현 이후 전 세계적으로 심각한 문제를 일으켰다는 사실을 모든 정원사가 알고 있습니다.

해충 방제에서 다른 방법을 찾아야 한다고 믿는 또 다른 이유는 《침묵의 봄》에서 자세히 설명했으므로 여기서는 이야기하지 않겠습니다. 화학적 해충 방제는 야생동물과 그 서식지의 파괴, 물·공기·토양·초목의 오염, 그리고 알려졌거나 알려지지 않은 우리 자신을 향한 위험과 관련이 있습니다.

분명히, 위험한 화학물질 사용을 최소화할 만큼 곤충과 잡초 방제법을 혁신하려면 시간이 걸릴 것입니다. 그러는 동안 할 수 있는 일, 더 나은 절차와 통제로 상황을 빠르게 개선할 수도 있습니다.

오늘날 살충제와 관련한 상황을 살펴보면, 어떤 점에서는 낙관적이 되기도 하고, 또 어떤 면에서는 비관적이 되기도 합니다. 먼저 기운을 북돋우는 몇 가지 사항을 살펴보겠습니다.

가장 희망적인 신호는 대중이 이 문제에 관심을 갖고 우려를 표하게 되었다는 점입니다. 어떤 방제 프로그램이 등장하든 그저 순순히 묵인하던 사람들이 질문을 하고 적절한 답변을 요구하기 시작했습니다. 이는 그 자체로 의미 있는 일입니다.

살충제 사용과 관련해 제대로 된 법적 규제를 실시하라는 요구도 높아지고 있습니다. 매사추세츠주에서는 이미 실질적 권한을 가진 살충제 위원회를 설치해 문제에 대응하기 시작했습니다. 위원회는 공중 살포 방제를 하려는 사람에게 적절한 인허가를 요구하는, 아주 중요한 한 발을 내디뎠습니다. 믿기지 않겠지만 이전에는 비행기 빌릴 돈이 있는 사람이라면 누구나 자기가 원하는 시간과 장소에 살충제를 살포할 수 있었습니다. 코네티컷주도 현재 살포 관행에 대한 공식 조사를 계획하고 있다고 들었습니다. 국가 차원에서도 지난여름 대통령이 화학 방제와 관련한 정부 활동 전체를 검토하기 위해 과학자들이 참여하는 위원회 구성을 지시했습니다.

시민 단체 역시 적극적으로 움직이고 있습니다. 펜실베이니아 여성클럽연맹은 최근 환경에 존재하는 독성물질로부터 대중을 보호하기 위한 프로그램을 시작했습니다. 이 프로그램은 교육과 입법 강화에 기반을 두고 있습니다. 오듀본 협회는 주 기관과 연방 기관이 모두 참여하는 다섯 가지 조치를 강조하고 나섰습니다. 올해 북미야생동물회의(North American Wildlife Conference)의 프로그램은 살충제 문제에 중점을 두고 진행할 예정입니다. 이러한 모든 발전은 살충제 문제에 대한 대중의 관심을 모으는 데 도움을 줄 것이고 마땅히 그래야만 합니다.

나는 최근 업계 전문지에서 희망의 단초를 발견하고 기쁜 마음이 들었습니다. "이 책(말하자면 《침묵의 봄》)이 끼친 영향은 늦가을과 겨울, 일반적으로 소비자가 살충제를 적극적으로 구입하지 않는 계절에 가시화될 것이라는 사실에서 그나마 업계가 위안을 얻을 수 있다. ……3월이나 4월이 되면 《침묵의 봄》이 더 이상 흥미로운 대화 주제가 되지 않기를 바란다."

독자들이 보낸 편지의 논조를 살펴보면, 그리고 이미 시작된 환경운동이 추진력을 얻은 걸 감안하면, 이들의 기대는 실현되지 않을 것입니다.

물론 만족할 만큼 여유 있는 상황은 아닙니다. 대중의 태도가 신선한 변화를 보이고는 있지만, 살충제 살포 관행과 관련해서는 어떤 개혁의 기미도 없습니다. 같은 패턴으로 단조롭고 규칙적이게 반복되고 있습니다. 사람이나 짐승에게 해를 끼치지 않을 거라는 엄숙한 공식 보증과 함께 독성 강한 물질을 여전히 사용하고 있습니다. 나중에 야생동물 문제가 보고되면 공무원은 증거를 부인하거나 동물들이 분명 '다른 원인'으로 죽었다고 이야기합니다. 너무나도 진부한 설명입니다.

정확히 이와 비슷한 유형의 사건이 현재 여러 지역에서 발생하고 있습니다. 예를 들어, 일리노이주 이스트세인트루이스의 한 신문은 살충제인 디엘드린 알갱이를 뿌린 지역에서 수백 마리의 토끼·메추라기·명금류가 죽었다는 기사를 게재했습니다. 살충제 유포 지역 중 하나는 아이러니하게도 '동물보호구역'이었는데, 왜콩풍뎅이 방제 프로그램이 이루어진 곳이었습니다.

내가 《침묵의 봄》에서 사례로 소개한 일리노이주의 또 다른 지역인 셸던과 비슷한 상황인 것 같습니다. 셸던에서는 많은 새와 작은 포유류가 거의 전멸에 가까운 몰살을 당했습니다. 그러나 일리노이주 농업 담당자는 디엘드린이 동물의 생명에 심각한 영향을 미치지 않는다고 말했습니다.

현재 버지니아주 노퍽에서도 중요한 사례가 등장했습니다. 이번에도 화학물질은 독성 강한 디엘드린이지만, 여기서 표적은 농작물을 공격한 넓은코바구미였습니다. 이 상황은 몇 가지 점에서 특히 흥미롭습니다. 그중 하나는 주 농무부 담당자가 아무런 사전 논의 없이 프로그램을 진행하려 했다는 사실입니다. 노퍽에서 발행하는 〈버지니언 파일럿(Virginian Pilot)〉의 야외 활동 전문 편집자는 12월 11일 이 기사를 '터트리며' 공무원들이 방제 계획 이야기를 거부했다고 밝혔습니다. 노퍽 보건 담당관은 방제 방식이 안전하다며 대중을 안심시키는 성명을 발표했습니다. 그가 설명한 방제법은 토양에 구멍을 뚫고 기계를 사용해 화학물질을 주입하는 것이었습니다. "아무것도 모르는 어린아이가 땅을 파고 풀뿌리를 캐 먹지 않는 한 유독물질에 노출되는 일은 없을 것"이라면서 말입니다.

그러나 2주 뒤 기자들이 추가 취재를 했더니 이런 안심은 근거 없는 것으로 드러났습니다. 실제 사용한 방법은 파종기, 송풍기, 헬리콥터 등으로 디엘드린 과립을 땅 위에 흩뿌리는 것이었습니다. 이로 인해 일리노이주에서 울새·갈색개똥지빠귀·들종다리가 전멸하고, 목초지의 양이 죽고, 목초지 오염으로 소가 독을 함유한 우유를 생산하게 된 것입니다.

불안한 노픽 시민들이 자초지종을 듣고 싶어 한 것도 당연한 일입니다. 지난주 수요일에 열린 청문회에서 시민들은 주 농무부가 이 프로그램에 신경 쓰고 있으며 적절한 가이드에 따라 프로그램을 실행할 것이라는 이야기를 들었을 뿐입니다.

해충 방제 문제를 처리하는 데서 무엇이 잘못되었는지 보여주는 대표적인 사례입니다. 근본적인 문제는 농업 기관이 지금까지 실행해온 권위주의적 방제 방식에 있습니다.

여기에는 수질 오염, 토양 오염, 야생동물 보호, 공중보건 등 다양한 이해관계가 얽혀 있습니다. 하지만 농업적 이익이 가장 중요하고 유일한 이익인 것처럼 문제를 다뤄왔습니다.

노픽의 넓은코바구미 사건을 비롯해 비슷한 문제는 모든 이해관계를 반영하는 회의를 통해 해결해야 합니다.

비슷한 상황에 놓인 사람들이 왜 몇 년 전 롱아일랜드 시민들이 제기한 DDT 사건을 검토하면서 항소 법원이 제시한 강력한 힌트를 따르지 않았을까 궁금해집니다.

반복적인 매미나방 살충제 살포를 막기 위해 시민들이 금지 명령을 요청했다는 사실을 기억하실 것입니다. 하급 법원은 금지 명령을 기각했고, 연방 항소 법원은 살포가 이미 이루어졌기 때문에 금지 명령을 내릴 수 없다며 하급 판결을 지지했습니다. 그러나 이와 함께 법원이 남긴 의미심장한 발언에는 별다른 관심을 기울이지 않는 것 같습니다. 롱아일랜드에서 살충제를 반복적으로 살포할 가능성을 이야기하면서 판사들은 지방 법원이 그동안의 관행과 절차를 재검토해야 한다고 지적했습니다. 그런 다음 의미 있는 논평을 했습니다. "……이번 1957년의 살포와 유사하게 불편과 피해를 초래할 수도 있는 광범위한 공중 살포 또는 기타 프로그램에 대한 소송 청구와 관련해, 정부가 이러한 프로그램이 공익상 필요하다고 입증할 경우 지방 법원은 여기서 밝혀진 것처럼 불필요하고 불행한 사고를 최소화할 수 있도록 실행 절차의 방법과 안전 조치를 면밀히 조사하며 그 타당성을 살피는 것이 바람직하다."

미국 항소 법원은 불필요하고 어리석으며 부주의하게 실행되는 프로그램과 관련해 시민들이 법원에 구제 요청을 할 수 있는 절차를 명시했습니다. 그러니 되도록 많은 상황에서 이를 시험해보길 바랍니다.

지금 같은 비참한 상황에서 벗어나려면 경계심을 갖고, 계속해서 도전하고 질문해야 하며, 절차적 안전성의 입증 책임은 화학물질을 사용하려는 사람들에게 있음을 주장해야 합니다.

무엇보다도 살충제 제조업체, 표면적으로는 독립적으로 보이지만 업계 관련 기관에서 퍼뜨리는 엄청난 양의 선전에 속아서는 안 됩니다. 업계 전문지를 읽다 보면, 살충제의 좋지 않은 이미지를 새롭게 정비해 살충제가 사람들의 복지와 안전에 필요한 것처럼 보이려는 업계의 전략을 알 수 있습니다. 이미 제조업체들은 공개적으로 엄청난 양의 유인물 제작을 후원하고 있습니다. 관련 업계와의 연관을 감추고 과학을 내세우는 일련의 기관들이 발표한 자료뿐 아니라, 일부 주립 농과대학에서 발행한 또 다른 관련 자료들도 등장하고 있습니다. 이런 엄청난 양의 자료들이 작가, 편집자, 각 분야 전문가, 여론 지도자 들에게 전해집니다.

화학업계에서 배포한 자료는 일반적 측면을 이야기할 뿐 구체적인 문서로 검증된 것이 아닙니다. 인간에게 사용해도 안전하다고 주장하지만, 우리가 이전에 시도하지 않은 암울한 실험에 참여하고 있는 것이나 마찬가지라는 사실을 무시합니다. 동물 실험을 통해 극도로 유독한 데다 많은 경우 누적 효과가 발생하는 것으로 밝혀진 화학물질에 사람들이 노출되고 있습니다. 이러한 유독물질 노출은 이제 출생 혹은 그 이전부터 시작되며, 방제법을 바꾸지 않는 한 지금의 사람들이 살아가는 평생 동안 계속될 것입니다. 참고할 만한 사례가 없기 때문에 어떤 결과가 나올지 아무도 모릅니다.

탈리도마이드 사건 같은 비극이 다시 일어나 비로소 우리가 위험을 인식하게 되길 바라지는 않을 것입니다. 이미 실제로 충격적인 일이 발생했습니다. 터키에서 어린이들이 농약 사용 때문에 끔찍한 병에 걸렸습니다. 의도하지 않은 일이기는 해도, 그렇다고 해서 인류의 비극이 줄어들지는 않습니다. 앞으로 다시 설명하겠지만 이런 일이 반복되지 않을 거라는 보장도 없습니다. 몇 달 전 수천 명의 터키 어린이가 화학물질에 중독되었다는 신문 기사에 모두 충격을 받았습니다. 유독물질 중독은 세상에 알려지지 않은 채 약 7년 동안 계속되었습니다. 이 사건은 1962년 한 과학자가 공개적으로 문제를 제기하면서 세상에 드러났습니다.

독성 포르피린증으로 알려진 이 병으로 5000명에 달하는 터키 어린이가 몸에 털이 나고 원숭이 같은 얼굴로 변했습니다. 피부는 햇빛에 극도로 예민해지고 반점이 나타났으며 물집도 생겼습니다. 얼굴과 팔에 굵은 털이 자라고 심각한 간 손상도 입었습니다. 수백 건의 관련 사례가 나타나기 시작한 것은 1955년입니다. 그리고 5년 뒤, 이 병을 연구하기 위해 터키를 방문한 남아프리카공화국 의사는 희생자가 5000명에 이른다는 사실을 밝혀냈습니다. 곰팡이 방지를 위해 헥사클로로벤젠이라는 화학 살균제로 처리한 밀이 원인으로 드러났습니다. 원래는 밭에 심기 위한 씨앗이었는데, 배고픈 사람들이 이 밀을 갈아 빵을 구웠던 것입니다. 희생자들의 회복은 더뎠고, 더 심각한 문제가 기다리고 있었습니다. 환경암 전문가 휴퍼 박사는 이 불행한 아이들이 훗날 간암에 걸릴 가능성이 매우 높다고 말했습니다.

멀리 떨어진 곳에서 일어난 일, 문맹자들의 오해와 굶주린 사람들의 절박함이 만들어낸 결과를 이렇게 자세히 이야기하는 이유가 궁금할 것입니다. "미국에서는 그런 일이 일어나지 않아요"라고 쉽게 생각할지도 모르겠습니다.

하지만 현재 식품의약국이 유독물질에 오염된 씨앗을 걱정한다는 사실을 알면 놀랄 것입니다. 최근 몇 년 동안 독성 강한 화학 살균제와 살충제로 종자를 처리하는 일이 급격히 증가했습니다. 2년 전 식품의약국의 한 관계자가 내게 파종이 끝나고 남은 화학 처리 종자가 식품 경로로 유입될 위험에 관해 들려주었습니다. 그는 살진균제 처리 여부를 파악할 수 있는 간단한 실험이 부족하기 때문에 이런 종자를 발견하기가 특히 어렵다고 설명했습니다.

지난 10월 27일, 식품의약국은 화학 처리한 모든 식용 곡물 종자에 밝은색을 입혀 일반 종자나 사람 혹은 가축을 위해 사용하는 곡물과 쉽게 구별할 수 있게 하자고 제안했습니다. 이 문제와 관련한 식품의약국 보고서 중 일부를 읽어드리고 싶습니다. "화학 처리한 밀, 옥수수, 귀리, 호밀, 보리, 수수, 알팔파 종자가 파종 이후 많이 남아 일반 곡물과 섞인 채 식품이나 사료용으로 시장에 풀리는 것을 확인했다. 가축 피해도 발생한 것으로 알려졌다."

"유독물질로 처리한 종자가 섞여 들어간 문제의 곡물과 관련해 연방 법원이 여러 곳을 압수 수색했다. 그리고 몇몇 선적 회사와 개인을 상대로 형사 소송을 제기했다."

"종자에 색을 입히지 않은 경우, 관련 시설이나 과학적 장비를 보유하지 못한 대부분의 곡물 구매자와 사용자는 화학 처리 종자를 추적할 수 없다. 식품의약국은 화학 처리한 모든 종자를 원래 종자와 뚜렷하게 대비되는 색상으로 지정하고 쉽게 그 색을 지울 수 없도록 요구하고 있다. 그러면 구매자는 화학 처리한 종자가 섞인 혼합 곡물을 쉽게 알아차리고 구매를 거부할 수 있을 것이다."

업계 일부에서 이런 제안에 반대의 뜻을 밝혔기 때문에 바람직하고 필요한 요구 사항의 실행은 늦춰질지도 모릅니다.

대중의 경계가 필요한 것은 물론 화학물질의 오남용 방지를 강력히 요구해야 하는 이유를 보여주는 구체적 사례 중 하나입니다.

공공의 이익을 지키려는 사람에게는 결코 쉬운 길이 아닙니다. 최근 새로운 장벽이 등장해 수정 입법을 막으려는 사람들에게 이점으로 작용하게 되었습니다. 87대 국회를 통과한 소득세 법안이 올해부터 발효

됩니다. 여기에 특정 로비 비용의 사업비 공제를 허용한다는 잘 알려지지 않은 조항이 포함되어 있습니다. 로비스트가 입법 위원회에 출석하거나 제안된 법안에 대한 각종 성명서를 제출할 때 발생하는 비용을 세금 공제할 수 있다는 의미입니다. 구체적으로 설명하면, 화학업계가 향후 훨씬 더 적은 비용으로 각종 규제 저지에 나설 수 있다는 뜻입니다.

그렇다면 가든 클럽이나 오듀본 협회 등 세금 혜택을 받는 비영리 조직은 어떨까요? 이런 단체의 상황은 바뀌지 않았습니다. 기존 법률에 따르면, 이들이 입법에 영향을 미치기 위해 '상당한' 정도의 활동을 하면 면세 자격을 상실합니다. 여기서 '상당한'이라는 단어를 제대로 정의해야 합니다. 실제로, 조직 활동의 5퍼센트 미만에 해당하는 노력일지라도 면세 혜택 상실 요건을 충족한다는 판정이 내려지기도 했습니다.

그렇다면 공익이 대규모 상업적 이익과 충돌할 경우 어떻게 될까요? 공익 보호를 주장하는 단체는 존립에 꼭 필요한 면세 혜택을 상실할 위험을 무릅쓴 채 싸우고 있습니다. 아무런 법적 제약 없이 영리를 추구하는 업계는 이제 그 노력에 따라 보조금까지 받게 생겼습니다.

가든 클럽과 기타 비슷한 단체들이 법적 제약 안에서 이런 문제를 해결하기 위해 애써야 하는 상황입니다.

또 다른 성가신 문제도 이야기해야겠습니다. 하나는 전문가 단체와 그 관련 업계, 과학과 그 관련 업계의 관계가 점점 더 공고해지고 있다는 사실입니다. 예를 들어 미국의학협회는 자체 발행하는 신문을 통해 살충제가 인간한테 어떤 영향을 미치는지 묻는 환자에게 답할 때, 살충제산업협회가 제공하는 정보를 참고하라고 의사들에게 권했습니다. 의사들에겐 이 주제와 관련해 정보가 필요합니다. 하지만 그런 정보는 살충제 판매를 홍보하는 업계 단체가 아니라 권위 있는 과학 문헌이나 의학 문헌을 통해 얻어야 합니다.

우리는 과학 학회가 12곳 이상의 거대 기업을 '후원사'로 인정하는 현실을 맞닥뜨리고 있습니다. 과학 관련 단체들이 이야기할 때 우리가 듣는 것은 누구의 목소리일까요? 과학의 목소리입니까? 아니면 관련 업계의 목소리입니까? 누가 목소리를 내고 있는지 명확히 식별할 수 있다면 덜 심각한 상황이겠지만, 대중은 과학계의 목소리를 듣고 있다고 짐작할 것입니다.

또 다른 우려는 업계가 대학에 지급하는 보조금 규모와 건수가 증가하고 있다는 점입니다. 언뜻 교육 관련 지원이니 바람직하다고 여기겠지만, 곰곰이 생각해보면 이런 시도가 편견 없는 연구에 도움이 되지 않으며 진정한 과학 정신을 장려하지도 않는다는 것을 알 수 있습니다. 비용 지출을 관리하는 사람, 그리고 대학에 가장 많은 보조금을 가져오는 사람은 누구도 건드릴 수 없고, 심지어 대학 총장과 이사들조차 이들과 논쟁을 벌이려 하지 않습니다.

하지만 문제를 직시해야 합니다. 일반 대중이 이 문제를 명확히 인식해야 합니다. 그래야만 공공의 이익을 지키기 위해 업계의 힘을 조금이나마 줄일 수 있습니다.

살충제와 관련한 현재의 논란을 들으면서 자문해보시기 바랍니다. 누가 목소리를 내고 있는가? 왜 목소리를 내고 있는가?

환경 위험: 살충제와 기타 화학 독성의 통제[*]

정부운영위원회 조직개편·국제기구소위원회 진술, 1963년 6월 4일, 워싱턴 D.C.

유해물질로 말미암은 환경오염은 현대인이 직면한 주요 문제입니다. 공기와 물과 흙은 수십만 종의 동식물뿐만 아니라 인간의 삶도 지탱합니다. 과거에 우리는 때때로 이 사실을 무시했습니다. 우리가 그동안 벌인 부주의하고 파괴적인 행동이 지구의 광대한 순환에 영향을 주고, 시간이 지나면 다시 우리 자신에게 위해를 가한다는 뼈저린 경고가 등장하고 있습니다.

여러분이 살펴보기로 결정한 이 문제는 이 시대에 해결해야 할 문제입니다. 나는 이번 의회 회기 내에 그런 노력을 시작해야 한다고 확신합니다. 그렇기 때문에 환경오염이라는 거대한 문제 전반을 살피는 청문회를 개최한다는 소식을 듣고 무척이나 기뻤습니다.

---

[*] Typescript, *Beinecke*. (Congressional testimony published in government documents and reprinted elsewhere during Carson's lifetime, with changes to the typescript text.)

다양한 종류의 오염이 물, 토양, 공기, 식물 등 우리를 지탱하는 모든 물리적 환경을 공격하고 있습니다. 심지어 동물과 인간의 몸속으로도 침투했습니다. 원자로·실험실·병원에서 배출되는 방사성 폐기물, 핵폭발 낙진, 도시와 마을에서 흘려보낸 생활 폐수, 공장에서 나오는 산업 폐기물, 가정용과 산업용 세제 등 다양한 곳에서 오염이 발생합니다.

지구와 관련한 인류 역사를 검토할 때면 낙담하지 않을 수 없습니다. 그 역사 대부분이 흙, 숲, 물을 비롯한 지구의 모든 자원에 대한 맹목적이고 근시안적인 약탈로 이루어져 있기 때문입니다. 인간은 한 세대 전에는 꿈도 꾸지 못한 기술력을 갖고 있습니다. 대단한 일을, 그것도 아주 빠르게 해낼 수 있습니다. 해로운 부작용이 명백해진 뒤에 우리가 저지른 일을 되돌리는 것은 이미 너무 늦거나 불가능할 것입니다. 불편한 진실이지만, 현재 위원회가 검토하려는 불안한 상황이 이런 이유로 등장한 것은 확실합니다.

예전에도 지적했지만, 지금 다시 말하려 합니다. 살충제 문제는 유해물질이 환경으로 유입되는 일반적 방식이라는 맥락에서 적절하게 이해할 수 있습니다. 물과 토양, 그리고 우리 몸속에서 이러한 화학물질은 다른 화학물질이나 방사성 물질과 쉽게 섞입니다. 그 상호작용과 총체적 효과에 대한 이해는 거의 없습니다. 예를 들어, 인간의 몸에 축적된 농약 잔류물이 지속적으로 복용하는 약물과 상호작용할 때 어떤 일이 일어날지 완전히 이해하는 사람은 아무도 없습니다. 식수에 때때로 존재하는 세제 성분이 소화기 내벽에 영향을 미쳐 발암성 화학물질의 흡수를 용이하게 만든다는 증거도 있습니다.

살충제의 역할을 평가하는 사람들은 실험실 실험에서처럼 단순하고 쉽게 통제 가능한 환경에 유해물질이 유입되는 거라고 짐작하는 경우가 많습니다. 물론 사실과 거리가 먼 이야기입니다.

환경오염 분야에서 내 연구는 주로 살충제에 국한되어 있었습니다. 의장님과 여러분이 살충제 같은 중요한 이슈를 시작으로 환경 문제를 검토하고 있다니 기쁘게 생각합니다.

지난 세월 축적된 의미 있는 지식을 통해 살충제 화학물질이 원래의 적용 대상을 훨씬 넘어서 광범위하게 뿌려지고 있다는 증거가 차곡차곡 쌓여왔습니다. 이런 오염 확산을 보여주는 몇 가지 사례를 소개하려 합니다.

먼저 소규모 오염으로 이야기를 시작해보겠습니다. 저수지에 의도적으로 유독물질을 살포하지는 않는다고 몇 번이나 강조한 것을 우리는 사실로 받아들입니다. 그러나 지난해 매사추세츠주 어업·수렵관리과가 공공 식수 공급원 역할을 하는 저수지 11곳을 조사한 바에 따르면, 저수지 물고기들이 DDT에 심하게 오염되어 있는 것으로 나타났습니다. 매사추세츠주 동부의 서드베리·어새벳(Assabet)·콩코드 지역의 모든 해역을 조사한 결과, 어류에서 평균 35.4ppm의 DDT가 나왔습니다. 넓은 지역의 식수원 역할을 하는 프레이밍엄 저수지 등 2곳에서는 최고 농도인 96.7ppm이 검출되었습니다. 이는 식품에 대한 DDT 법적 허용치의 거의 14배에 달합니다.

가정용 식수 공급원의 오염 경로를 상상하는 것은 어렵지 않지만, 쉽고 편안한 설명이 불가능한 또 다른 사례가 있습니다. 알래스카 남동부 프린스오브웨일스섬의 상황이 그렇습니다. 어류·야생동물국 소속 생물학자들이 이 섬의 배수 시스템 4곳에 서식하는 물고기 표본을 채취했는데, 그중 2곳에서 대사산물과 함께 DDT가 발견되었습니다. 이 섬에서는 DDT를 사용한 기록이 없습니다. 작은 원주민 마을을 제외하면 가장 가까운 마을조차 배수 시스템에서 80킬로미터 넘게 떨어져 있습니다.

훨씬 더 멀리까지 살펴보겠습니다. 북극권으로부터 그리 멀지 않은 지역에서 어류·야생동물국이 놀라운 데이터를 모아왔습니다. 캐나다 노스웨스트테리토리에 있는 유콘강 상류의 옐로나이프 지역은 인간 거주지에서 멀리 떨어진 중요한 물새 번식지입니다. 수백 마일 이내에서 살충제를 뿌린 적이 없는 것으로 알려져 있습니다. 그러나 수년 동안 이 지역 물새의 알과 새끼에서 DDT 관련 대사산물이 발견되었습니다. 이런 사실만으로도 철새인 물새가 멀리 미국에서 머무르는 동안 유독 물질을 섭취했을 수 있다는 설명이 가능합니다. 유독물질이 알에 전해지면 태어나는 새끼에게도 영향을 미칩니다. 하지만 이 지역 자생 식물에서 유독물질 잔류물이 발견되는 이유에 대해서는 아무런 설명도 할 수 없습니다.

모든 보고 중 가장 충격적인 사실은 먼 바다에 사는 물고기 기름에서도 DDT가 발견되었다는 점입니다. 화학물질은 북아메리카 동부와 서부 해안뿐만 아니라 남아메리카, 유럽, 아시아 등에서 잡힌 어류에서도 나타났습니다. 태평양 깊은 해저에 서식하는 큰넙치와 육지에 가까이 접근하는 일이 거의 없는 외양어인 참치 등에서도 발견되었습니다. 일부 물고기의 기름에는 300ppm을 초과하는 DDT가 들어 있었습니다.

살충제 잔류물이 어떻게 지금 말한 장소에서 발견되는지, 그 과정을 깊이 있고 진지하게 생각해봐야 합니다. 현재로선 어느 누구도 이 질문에 완전한 확신을 갖고 대답할 수 없을 것입니다. 하지만 이 문제와 관련 있는 것으로 알려진 몇 가지 사실에 주의를 환기시키려 합니다.

살충제 잔류물이 멀리까지 이동하는 방법은 기본적으로 세 가지, 즉 대기·물·살아 있는 유기체를 통해서입니다. 유기체의 경우, 먹이사슬이나 직간접적인 체내 순환을 통해 살충물질을 전파합니다.

　미국 농무부는 지난해 전체 해충 방제 중 22퍼센트가 공중 살포로 이뤄졌다고 보고했습니다. 메인 대학교의 조지 우드웰(George Woodwell) 교수가 진행한 연구에 따르면(또한 캐나다 생물학자들이 연구를 통해 확인한 바에 따르면), 삼림 살포에 사용하는 DDT 중 절반에 좀 못 미치는 양이 지표면에 접근하는 것으로 나타났습니다. 비행기에서 뿌린 살충물질 200그램 중 90그램가량이 목표에 도달하고, 나머지는 대기 중에 작은 결정으로 흩날린다는 얘기입니다. 이 미세한 입자는 '표류비산(drift)'이라는 현상을 일으킵니다. 오염물질이 길 건너 이웃집에서 날아오거나 정부의 살포기를 통해 한참 떨어진 곳까지 날아가는 현상입니다. 나는 표류비산의 범위가 얼마나 광대할지 궁금해지기 시작했습니다. 10년 전에는 식생을 손상시키기에 충분한 양의 제초제 2,4-D가 15~20마일(24~32킬로미터)까지 이동한다는 사실이 알려졌습니다. 살충제의 표류비산은 쉽게 관찰되지 않습니다. 그러나 제대로 연구하면 놀라운 사실이 나타날 것입니다. 대기의 흐름에 관한 지식은 이런 문제에는 거의 쓰이지 못합니다. 여러 가지 요인이 기류의 방향과 속도에 영향을 미치는데, 그중 중요한 것으로 대류, 즉 지표 온도가 대기 온도를 넘어설 때 발생하는 공기의 상승 흐름이 있습니다. 이 힘은 매우 미세한 분사물 입자를 강한 수평 바람이 불어오는 높이까지 들어 올려 먼 곳으로 보낼 수 있습니다. 비슷한 일이 다른 물질에서도 일어납니다. 우즈홀 해양연구소 과학자들이 바다 표면에서 대기 중으로 높이 올라간 소금 핵의 움직임을 연구했습니다. 미세 입자가 400마일(650킬로미터)에 이르는 엄청난 거리를 이동했습니다. 대기 상층부에서는 씨앗·꽃가루 포자·작은 거미·곤충 등 생명체 전체가 대기를 타고 흘러 다닐 수 있고, 그러한 이동을 통해 바다 한가운데 있는 섬에 새로운 생물종이 대량 서식하기도 합니다. 대기 상층부에서 여러 가지 화학 입자와 방사성 잔해물뿐 아니라 유해 화학물질이 이동하고, 내가 언급한 것처럼 먼 곳에서 날아온 살충제가 새로운 종류의 낙진을 만들어낼 수 있다는 추측을 확인해볼 필요가 있습니다.

대기 오염을 초래하는 또 다른 위험은 수면에서 증발한 DDT가 대기 중으로 흡수되는 문제입니다. 공중 살포가 대기 중 화학적 오염의 유일한 원인은 아닙니다. 수년에 걸쳐 공중보건국이 진행한 여러 연구는 살충제를 뿌린 땅에 비가 내리면 이 빗물을 타고 문제 성분이 연못, 하천, 강으로 흘러 들어가는 것을 명확하게 입증했습니다. 이런 방식으로 바다와 대기권으로 이동하는 살충제의 양이 상당할 것이라고 짐작할 수 있습니다.

살충제가 먼지를 타고 이동할 가능성은 거의 고려하지 않는 것 같습니다. 소규모이긴 하지만 지난 4월 롱아일랜드 보건 당국이 지적한 사례가 있습니다. 비소와 기타 살충제 잔류물이 감자밭 주변의 먼지를 타고 퍼져나가 공중보건에 위협을 가했습니다. 이 먼지 때문에 환기 시스템이 막혀 공립 학교가 여러 차례 문을 닫아야 했습니다. 조금 더 큰 규모를 살펴보면, 일부 지역에서 대량 살포한 살충제가 적절한 조건을 만나 먼 곳까지 날아갔다고 추측할 만한 사건들이 있습니다. 1930년대의 더스트 볼(Dust Bowl: 미국과 캐나다 대평원의 생태계와 농업에 심각한 문제를 일으킨 먼지 폭풍—옮긴이)은 미세한 토양 입자의 장거리 이동을 보여주는 가장 극적인 사례이긴 하지만, 이는 사실 다양한 강도로 자주 등장하는 현상입니다. 살충제가 짧게는 몇 개월에서 길게는 10년 넘게까지 토양에 남아 있다는 사실을 기억하면 유독물질의 확산 가능성도 높아집니다.

마지막이자 특히 유념할 것은 살아 있는 동물을 통해 직간접적으로 살충 성분이 이동하는 방식입니다. 불개미 방제를 실시한 미국 남부 지역에서 겨울을 보내고 캐나다 해안의 번식지로 날아가는 멧도요 등을 통해 헵타클로르가 수백 마일 떨어진 곳으로 이동할 수 있습니다. 덜 분명하지만 매우 중요한 경로 중 하나입니다. 살아 있는 유기체를 통한 화학물질 운반은 자연계 먹이사슬의 한 고리에서 다른 고리로 이동할 때 발생하며, 일반적으로 이동 단계에 따라 화학물질이 점점 더 농축됩니다. 이와 관련해서는 인상적인 증거가 많이 나오고 있습니다. 그중 몇몇 사례를 캘리포니아 생물학자들이 연구했습니다.

빅베어 호수에 염화탄화수소인 톡사펜을 0.2ppm 정도 투입했습니다. 나중에 확인한 결과, 호수의 미세한 플랑크톤 유기체가 이 물질을 흡수해 73ppm 수준으로 농축한 것이 밝혀졌습니다. 먹이사슬을 통해 지속적인 축적이 진행되어 물고기에서는 200ppm, 물고기를 먹는 새(펠리컨)에서는 1700ppm이 검출되었습니다. 이야기는 여기서 끝나지 않습니다. 호수에서 채집한 플랑크톤 유기체는 부화장 송어의 먹이로 쓰여 다시 물고기를 중독시킵니다. 살충제를 뿌린 지 10개월 후, 호수에 물고기가 다시 살 수 있게 되었습니다. 호수에 송어를 채워 넣었습니다. 그런 다음 송어의 살을 분석한 결과, 톡사펜이 3ppm 함유된 것으로 나타났습니다. 이를 통해 캘리포니아 어업·수렵과는 톡사펜이 일반적 물고기 개체수 조절에는 적합하지 않다는 사실을 확신했을 것입니다. 이 실험은 먹이사슬을 통한 화학물질 전달과 관련해 의미 있는 데이터를 제공합니다. 캘리포니아의 클리어 호수에서도 비슷한 현상이 나타났습니다.

화학물질의 농축 혹은 축적과 관련해 한마디 더 덧붙이고 싶습니다. 플랑크톤의 경우, 초기 농축은 놀라운 일이 아닙니다. 수생생물은 물속의 미네랄 성분과 다른 물질을 추출해 축적하는 뛰어난 능력을 지니고 있기 때문입니다. 특히 해양 생물은 이런 특성이 두드러집니다. 예를 들어, 강물의 실리카(이산화규소) 비율은 바다보다 500배나 높습니다. 해양 규조류가 단단한 껍질을 만들기 위해 바닷속 실리카의 상당량을 흡수하기 때문입니다. 바닷가재와 홍합은 바닷물에서 엄청난 양의 코발트를 흡수하고 다양한 연체동물은 니켈을 흡수하는데, 인간 화학자들은 힘들게 이러한 원소를 되돌려놔야 합니다. 굴에는 주변 물보다 약 17만 배나 많은 아연이 농축되어 있습니다. 그러므로 해양 무척추동물 중 일부가 DDT 같은 화학물질을 흡수해 농축하는 것은 놀라운 일이 아닙니다. 스튜어트 유돌(Stewart Udall) 장관이 최근 보고한 것처럼 일주일간 10억분율 수준의 문제 물질에 노출된 굴의 조직에서 관련 성분 13만 2000ppb가 발견되었습니다. 굴이나 다른 형태의 해양 생물을 즐겨 먹는 인간에게 어떤 영향이 미칠지 분명합니다. 2명의 어류·야생동물국 생물학자가 최근 발행한 간행물에서 이렇게 이야기했습니다. "바다에서는 살충제 화합물이 계속적으로 재활용되고 농축될 가능성이 높다. 인간의 건강에 실질적 위협이 될 때까지 말이다."

모든 증거를 통해 필연적인 결론에 이르게 됩니다. 첫 번째는 필수적인 목표를 달성하는 데 필요한 최소한의 수준으로 살충제 공중 살포를 엄격히 통제하고 줄여가야 한다는 것입니다. 살충제 사용을 줄이는 것과 관련해서는 경제성과 효율성을 이유로 반대에 부딪힐 것입니다. 하지만 지금 하고 있는 일에 감춰진 비용을 고려하고 우리가 얻을 이점과 부작용의 무게를 저울질해야 합니다.

명백해 보이는 두 번째 결론은, 잔류물 문제를 일으키는 살충제의 사용을 줄이고 궁극적으로는 사용 금지를 위해 강력하고 끊임없이 노력해야 한다는 점입니다. 이는 대통령 과학자문위원회가 권고한 사항 중 하나입니다. 나 역시 이 권고에 진심으로 동의하는데, 앞서 설명한 급속한 오염 확산을 통제하려면 이것 말고 다른 방법이 없기 때문입니다.

복잡한 살충제 문제와 관련해 권하고 싶은 몇 가지 내용은 다음과 같습니다.

1. 나는 위원회가 그동안 심각하게 간과해온 문제, 즉 다른 사람이 사용한 독극물의 유입으로부터 안전하게 생활할 권리를 진지하게 고려하길 바랍니다. 법률가가 아닌 생물학자로서, 한 개인으로서 이 권리가 인간의 기본권 중 하나이길 바라고, 또 반드시 그래야 한다고 믿습니다. 하지만 현실에서는 그런 고려가 전혀 이뤄지지 않는 것 같습니다.

나는 이웃집에서 사용한 유독물질이 주거지와 자산을 침범해 사람이 다치거나 반려동물, 귀중한 말 또는 다른 가축을 잃었다는 편지를 셀 수 없이 많이 받았습니다. 버지니아주 노픽 주민들은 지난겨울 주 정부가 통지문을 보내 사유지에 독극물을 사용할 권한이 있으며, 하지만 이로 인해 발생할 수 있는 문제에 대해서는 책임을 지지 않는다고 했다는 사실을 내게 알려주었습니다. 뉴욕주 낙농업자들이 연방 정부의 매미나방 살충제 살포로 토양 오염이 발생해 고생했다는 기록도 남아 있습니다. 이들이 생산한 우유에 불법 살충제 잔류물이 포함되어 주 정부로부터 판매 부적합 판정을 받았다는 것입니다.

이런 상황에서 시민들은 어떤 일을 할 수 있을까요? 살충제 유포가 되풀이되지 않도록 법원의 금지 명령을 받아내려 한 롱아일랜드 주민들에게 미국 항소 법원이 보낸 의견을 떠올려봅시다. 반복 살포 날짜가 정해지지 않았기 때문에 법원은 금지 명령을 내릴 수 없었지만, 기록해 둘 만한 중요한 언급을 했습니다.

……이번 1957년의 살포와 유사하게 불편과 피해를 초래할 수도 있는 광범위한 공중 살포 또는 기타 프로그램에 대한 소송 청구와 관련해, 정부가 이러한 프로그램이 공익상 필요하다고 입증할 경우 지방 법원은 여기서 밝혀진 것처럼 불필요하고 불행한 사고를 최소화할 수 있도록 실행 절차의 방법과 안전 조치를 면밀히 조사하며 그 타당성을 살피는 것이 바람직하다.

나는 뉴욕주 시민들로부터 최근 매미나방 살충제 살포가 사전 통지 없이 이루어졌다는 이야기를 들었습니다. 몇몇 사람은 비행기가 살충제를 뿌리기 2~3일 전 우연히 살포 계획을 알게 되었다고 합니다. 변호사는 제한된 시간 내에 법원에 항소하는 것은 불가능하다고 말했습니다. 따라서 비슷한 사건에서는 위에서 언급한 법원의 의도가 제대로 실현되지 않을 것입니다.

최소한의 방책으로서 나는 모든 지역 사회, 주 또는 연방 차원의 살포 프로그램을 진행할 경우 적절한 사전 통지의 법적 의무화를 요청합니다. 그래야 살포가 이루어지기 전에 모든 이해 당사자들이 충분한 해명이나 상의를 할 수 있습니다. 나아가 이웃의 살포로 말미암아 불편을 겪거나 피해를 입은 민간인이 적절한 보상을 받을 수 있는 체계적 시스템을 제안합니다.

2. 다른 측면으로, 위원회가 살충제 관련 새로운 의학 연구와 교육 프로그램을 지원하길 바랍니다. 몇몇 눈에 띄는 개인을 제외하고는 오랫동안 의료계 전문가들이 환경 보건 위험에 대해 충분한 정보를 확보하지 못했습니다. 대통령 과학자문단이 "의사들은 일반적으로 살충제의 광범위한 유포, 그 독성과 인체 건강에 미치는 영향을 인식하지 못하고 있다"는 말로 내 견해를 확증해주었을 때 정신이 번쩍 들었습니다. 농약 중독 진단법을 개발하는 데 연방 정부로부터 지원을 받는 연구도 턱없이 부족합니다. 살충제 중독이 급성이 아닌 만성 질환의 형태로 나타나는 경우 더욱 그렇습니다. 오늘날 의과대학에서는 가르쳐야 할 과목이 너무 많아 독성학 분야에는 신경을 쓰지 못한다는 이야기를 들었습니다. 예전에는 결코 근접할 수 없던 속도로 독성물질이 급격히 환경에 유입되는 시대에 이런 일이 일어나고 있는 것입니다.

독성물질로 인해 문제를 겪는 사람들은 힘든 상황에 놓여 있습니다. 나는 관련 사건에 대한 편지를 셀 수 없이 받고 있습니다. 일반적으로 이런 사람들은 자신의 문제를 이해하는 의사를 찾을 수 없습니다. 실제로 나는 환자가 말라티온이나 린데인처럼 비교적 흔한 살충제에 노출되었는데도, 의사가 그런 화학물질을 들어본 적도 없고 적절한 치료법도 몰랐던 사례를 의학 문헌을 통해 자주 확인했습니다. 약 10년 전 미국의학협회에 살충제특별위원회가 있었는데, 이 위원회는 화학물질의 독성에 관한 권위 있는 정보를 발표하곤 했습니다. 하지만 지난 몇 년 동안은 보고서를 본 적이 없습니다. 위원회가 아직도 기능하고 있는지 모르겠습니다. 만약 존재한다면 지난가을 의사들에게 환자를 안심시킬 정보를 편견 없는 과학 문헌이 아닌 살충제업계 단체를 통해 구하라고 권한 미국의학협회의 결정을 이해하기 어렵습니다.

많은 의사가 이 분야의 위험성과 연구 필요성을 인식하고 있습니다. 내가 받은 매우 흥미로운 편지 중 일부는 의사들로부터 온 것입니다. 의료 기관 중 이 문제를 처음 인식했다고 볼 수 있는 일리노이 의학협회는 올해 3월 17일 살충제의 영향이 뒤늦게 또 간접적으로 나타나는 것에 주의를 기울이고 그 문제를 철저히 연구할 것을 요구하는 결의안을 발표했습니다. 나는 그 결의안 사본을 이 기록에 포함시키고 싶습니다.

결의안

독성물질의 연구와 평가

현재 독성물질이 환경에 광범위하고 무제한적으로 확산되고 있지만, 인간과 인간이 사용하는 재생 가능한 자원에 미치는 전체적인 결과는 막연하게만 알려져 있을 뿐 일부 영향은 아직 추측조차 할 수 없으므로,

살충제·쥐약·유사한 화학물질 등의 간접적이고 부정적인 영향은 오랫동안 이어지고 추적하기 어려우며 공기·토양·물·섬유·식품·모든 세포 조직 등에 안전한 정도의 최소 축적도 시간이 지남에 따라 유해하거나 심지어 치명적 수준의 문제를 일으킬 수 있으므로,

이러한 독성물질은 원래 박멸 대상이 아닌 동식물에 심각한 잠재적 영향을 미치는 경우가 많으므로,

이러한 독성물질은 지금까지 알려진 매우 강력한 물질 중 하나이며 불완전

하게 평가된 새로운 물질이 매년 개발되고 있으므로,

이러한 치명적 물질을 오용 방지를 위한 적절한 통제 없이 누구나 어디서나 구입할 수 있으므로,

이에 일리노이 의학협회 이사회는 유해물질과 방사선 사용으로 정부 기관·민간 산업·개인 등이 생태학적 균형을 조작하려는 시도를 현명하고 효과적으로 통제하기 위한 성실한 연구가 필요하다는 점을 기록으로 남긴다.

더 나아가 일리노이 의학협회 이사회의 의견으로 현재 지닌 지식을 바탕으로 주의 깊고 치밀하며, 성숙한 판단력과 정치적 안목에 근거한 정책을 요구하기로 결의한다.

또한 일리노이 공중보건국장은 유해물질·독극물통제국(Bureau of Hazardous Substances and Poison Control)을 통해 일리노이주에서 현재 혹은 미래에 판매·사용되는 모든 독성물질을 연구하고, 적절한 유통을 위한 보고서를 준비할 것을 결의한다.

(일리노이 의학협회 이사회 승인, 일리노이주 시카고, 1963년 3월 17일)

3. 적어도 위험을 이해하고 지침을 따를 수 있는 사람들만 살충제를 판매·사용할 수 있게 제한하는 법안을 주 차원에서 제정하길 바랍니다. 문맹자, 심지어 정신적으로 결함 있는 사람이 화학물질을 구입해 사용할 수 있다는 사실은 충격적입니다. 마약 판매에는 훨씬 더 엄격한 제약을 가하고 있습니다. 적어도 마약은 강력한 기계로 마구잡이로 분사

하지는 않습니다! 살충제 사용 때문에 간염에 걸린 것으로 추정되는 남성의 사례를 어떤 분이 편지로 알려주었습니다. 그를 병들게 한 화학물질은 제한 없이 구입할 수 있지만 치료약을 구입하는 데는 처방전이 필요한 상황에서 그에 따른 적절한 고려가 필요합니다.

4. 화학물질 등록을 농무부 단독이 아닌 모든 관련 기관과 연계해 진행하길 바랍니다. 대통령 과학자문위원회 보고에서도 현행법의 허점을 지적했습니다. 방충제, 바닥용 왁스, 가정용 스프레이, 정원 살충제 등 다양한 화학물질은 인간의 건강과 직접적인 관련이 있습니다. 이렇게 많은 곳에서 사용하는 화학물질 등록과 관련한 결정에 보건교육복지부의 참여는 논리적으로도 당연할 뿐만 아니라 반드시 필요합니다. 마찬가지로, 대다수 살충제는 야생동물과 상업용·여가용 어업 자원에 영향을 미칩니다. 그러니 내무부도 화학물질의 규제와 등록에 발언권을 행사할 필요가 있습니다.

이미 여러분의 시간과 인내심이 한계를 넘어선 것 같은데, 두 가지만 더 이야기하겠습니다.

5. 살충제로 쓰는 엄청난 화학물질로 인한 문제가 불필요하게 가중되고 있습니다. 현재 상황으로는 이러한 화학물질이 물리적 환경, 야생동물, 인간 등에게 미치는 영향을 연구하는 속도가 이들 화학물질의 도입과 사용 속도를 따라잡는 것은 거의 불가능합니다. 새로운 화학물질의 엄청난 확산은 실제 수요보다 업계 내 경쟁에 의해 좌우된다는 건 피하기 어려운 결론입니다. 기존 화학물질이나 다른 방제법이 효과를 발휘하지 못하는 경우에만 새로운 살충제 사용을 승인하는 날이 오길 바랍니다.

6. 끝으로, 화학물질을 최소화하거나 아예 사용하지 않는 새로운 해충 방제법 연구에 전폭적인 지원을 부탁드립니다. 여러분은 오빌 L. 프리먼(Orville L. Freeman) 장관으로부터 이 사업이 어떤 것인지 들어보셨을 것입니다. 생물학적 방제의 뛰어난 가치 중 하나가 특정 종이나 종 그룹에만 적용된다는 얘기 말입니다. 해충 방제와 관련한 수많은 문제는 각기 다른 방식으로 나타납니다. 우리는 모든 문제를 해결할 수 있는 하나의 초강력 무기가 아니라, 각각의 임무를 정확하게 고려한 다양한 무기를 갖춰야 합니다. 이 목적을 달성하려면 독창성, 끈기, 헌신이 필요합니다. 하지만 그에 따르는 보상은 엄청날 것입니다.

우리 환경의 오염*

카이저 재단 병원·퍼머넌트 메디컬 그룹 제7차 연례 심포지엄,
'지구에 맞선 인간', 1963년 10월 18일, 샌프란시스코

감사합니다, 클리퍼드 킨(Clifford Keene) 박사님. 오늘 밤 이 자리에 참석해서 정말 기쁘고, 이번 심포지엄에서 개회 강연을 하게 된 것을 특별한 영광으로 생각합니다.

인간이 자기 자신에게 위협을 가할 수 있다는 것은 확실히 이 원자시대(atomic age)에 등장한 생각일 것입니다. 새롭기도 하고 스스로를 돌아보게 만드는 생각입니다. 진보와 발전을 자랑스럽게 이야기하고 여러 가지 문명화한 장치에 자부심을 느끼는 와중에, 인간이 때로 제 이익을 위해 너무나 이상한 행동을 하고 있지는 않은지 의심이 점점 커져가고 있습니다. 사실 이미 불안한 확신이 되었겠지만 말입니다. 인간의 뇌는 놀라운 창의성을 지니고 있습니다. 하지만 진정한 이익이 무엇인지 살피는 지혜와 다음 세대의 행복을 신경 쓰는 책임감을 갖추고 자연의 면모를 바꾸는 능력을 길러야 하지 않나 하는 의문이 들기 시작했습니다.

---

*   Typescript, *Beinecke*.

인간과 환경의 관계는 수년 동안 내게 가장 중요한 주제였습니다. 때때로 인간은 이 세상에 홀로 존재하는 것처럼 행동하지만, 사실은 정반대입니다. 인간은 세상과 떨어져 살지 않습니다. 물리적·화학적·생물학적 힘의 복잡하고 역동적인 상호작용 속에서 살고 있으며, 인간과 환경 사이에는 지속적이고 끝없는 상호작용이 존재합니다. 오늘 밤 내게 주어진 주제, 즉 환경오염에 관해 어떤 유용한 이야기를 할 수 있을지 많은 생각을 했습니다. 불행하게도 할 수 있는 이야기는 너무 많습니다. 태초에 인간은 가장 지저분한 동물이었다는 말은 사실일 것 같습니다. 하지만 초기에는 이런 사실이 덜 중요했을 것입니다. 인간의 수가 상대적으로 적을 때였고, 정착지는 여기저기 흩어져 있었으며, 산업은 아직 발달하지 않았으니까요. 그러나 이제 환경오염은 우리 사회의 중요한 문제가 되었습니다. 오늘 이 자리에서는 우리 땅과 공기와 물을 더럽히는 다양한 종류의 오염을 설명하는 데 시간을 쓰지 않으려 합니다. 여러분은 충분한 지식을 갖춘 교양 있는 청중이고 이런 내용을 이미 잘 알고 있을 테니까요. 대신에 오염에 대한 관점, 즉 위험한 현 상황을 조절할 수 있는 유용하고 필수적인 시작이 될 관점을 제시하고 싶습니다. 환경과 생명체의 관계에 대한 인식이 (이게 전체 심포지엄의 핵심이라고 생각합니다) 내가 말하려는 모든 것의 기저에 깔려 있기에 먼저 지구의 초기 역사를 잠시 이야기하려 합니다.

태양계에서 특별한 사건인 생명의 탄생은 낯설고 적대적인 환경으로 인해 가능했습니다. 물론 이 생각은 추측을 기반으로 한 것입니다. 그럼에도 지질학자, 천문학자, 지구화학자, 생물학자 들 사이에서는 생명체가 등장하기 전 지구가 어떤 상황이었는지 어느 정도 확실한 의견 일치를 이루었습니다. 오늘날과는 아주 많이 달랐을 테지요. 예를 들면,

대기 중에는 산소가 존재하지 않았습니다. 그렇기 때문에 위쪽 대기권에는 오존층 같은 어떤 방어 장치도 없었습니다. 그 결과 태양 자외선의 엄청난 에너지가 바다로 쏟아졌습니다. 바닷속에는 이산화탄소·메탄·암모니아 등 단순한 화합물이 가득했고, 이런 화합물은 복잡한 결합과 합성을 진행할 준비가 되어 있었습니다. 가장 먼저 스스로를 재창조할 수 있는 분자가 등장해 바이러스를 닮은 간단한 유기체가 만들어졌으며, 한참 후에는 엽록소를 함유해 스스로 먹이를 만들어낼 수 있는 유기체가 등장했습니다. 억겁의 시간 동안 일어난 각종 단계를 설명하느라 시간을 쓰지는 않겠습니다. 세부적인 사실을 강조하기보다 두 가지 일반적인 생각을 이야기하려 합니다. (1) 우선 현재 우리 지식에 따르면, 태양계 그 어디에도 앞으로 등장할 생명에 대해 이렇게 친절한 조건을 갖춘 곳은 없습니다. 지구는 더할 나위 없이 적절한 환경을 제공했습니다. 생명은 그런 환경의 산물입니다. (2) 생명체는 등장하자마자 환경에 영향을 미치기 시작했습니다. 바이러스처럼 생긴 초기 유기체는 재빠르게 원시 해양을 떠다니는 영양소를 흡수했습니다. 하지만 더 중요한 것은 식물이 광합성 작용을 시작하면서 일어난 변화입니다. 수백만 년, 수십억 년 시간이 흐르자 대기의 본질이 바뀝니다. 오늘날 풍부한 산소를 함유한, 우리가 숨을 쉬는 대기는 생명체가 만들어낸 것이라고 할 수 있습니다.

산소가 대기 중으로 유입되자마자 저 위쪽에 오존층이 형성되기 시작해 격렬한 자외선의 에너지로부터 지구를 보호해주었고, 새로운 생명을 만드는 데 필요한 에너지를 끌어낼 수 있었습니다.

모든 것을 살펴볼 때, 생명의 여명기부터 물리적 환경과 그 환경 속에서 살아가는 생명체 간의 밀접한 상호의존 관계가 존재했을 것으로 추정됩니다. 이제 막 자리 잡은 초기 지구의 여러 가지 환경이 생명을 만들어냈습니다. 그때 태어난 생명체들이 지구 환경을 다시 바꿔놓았는데, 초기에 일어난 자연 발생이라는 특별한 사건은 이후 이어지지 않았습니다. 이런저런 형태로, 생명체와 주위 환경 사이의 각종 행위와 상호작용은 계속 이어졌습니다.

하지만 지금까지 이야기한 역사적 사실은 학문적 중요성 이상의 의미를 갖고 있습니다. 일단 그 사실을 이해하면, 지금처럼 제멋대로 계속해서 환경을 공격하는 게 왜 문제인지 그 이유를 알게 될 테니까요. 지구 역사를 진지하게 연구하는 사람은 생명체나 그걸 뒷받침하는 물리적 세계가 각자 고립된 작은 구획에 존재하지 않는다는 것을 알고 있습니다. 유기체와 환경이 분리되지 않고 놀라울 만큼 통합되어 있음을 이해하는 것입니다. 이러한 이유로 환경에 방출된 유해물질은 때가 되면 다시 돌아와 인류에게 문제를 일으킨다는 것도 알고 있습니다.

환경과 생명체의 상호 관계를 다루는 과학 분야가 생태학입니다. 나는 오늘날 환경오염 문제를 고려하는 데에서 모두가 생태학자의 관점을 갖길 바랍니다. 문제를 해결하려면, 적어도 문제 자체에 압도당하지 않으려면 오염의 특정 측면에 관심을 갖는 전문가들의 참여가 필요합니다. 하지만 또한 문제를 전체적으로 볼 필요가 있습니다. 오염물질이 환경에 유입되는 즉각적이고 단일한 사건을 넘어, 그로 인해 나타나는 일련의 사건을 추적해야 합니다. 관계의 총체성을 결코 잊어서는 안 됩니다. 살아 있는 유기체만 생각해서는 안 되고, 또 물리적 환경만 별도로 생각해서도 안 됩니다. 이 둘은 함께 존재하며, 서로에게 영향을 주어 생태 복합체 혹은 생태계를 형성합니다.

생태계에 고정적인 것은 없습니다. 무언가 늘 일어나고 있습니다. 에너지와 물질을 받아들이고, 변형하고, 무언가를 새롭게 발생시킵니다. 살아 있는 공동체는 정적인 균형이라기보다 동적인 균형 속에서 스스로를 유지합니다. 우리가 현대 생활에서 만들어낸 수많은 폐기물을 처리할 때 이런 극히 근본적인 이해는 잊히고 맙니다. 과학 지식에 따라 행동하지 않고, 먼지를 깨끗하게 치우는 대신 대충 깔개 밑에 감춰버리는 속담 속 나쁜 가정부처럼 행동합니다. 눈에 보이는 지저분한 것을 치워버리겠다고 모든 폐기물을 하천에 던져버립니다. 한없이 펼쳐진 대기가 어떻게든 모든 문젯거리를 담아내길 바라면서 100만 개의 굴뚝과 불타는 쓰레기 더미에서 나오는 유독 연기를 공기 중으로 배출합니다. 이제 바다마저도 갖가지 쓰레기뿐 아니라 원자력 시대의 유독 쓰레기를 버리는 처리장이 되었습니다. 다시 말하지만 유해물질을 주위 환경에 던져버릴 때의 위험을 깨닫지 못한 채 문제 되는 행동을 계속합니다. 그리하여 복잡한 생태계의 본질을 바꿔버립니다. 너무 늦어버려서 어떻게 조치를 취할 수 없을 때까지 말입니다.

통찰력 부족으로 말미암아 문제는 더 심각해집니다. 나는 지난겨울 워싱턴에서 열린 대기오염회의(Air Pollution Conference)에서 베리 코머너(Barry Commoner)가 한 훌륭한 연설을 기억하고 있습니다. 새로운 과학 기술 프로그램을 시행하기 전에 관련 위험을 평가하는 일이 거의 없다고 지적했습니다. 우리는 새로운 기술이 경제적·정치적 실행에 충분히 스며들 때까지 기다립니다. 일단 그렇게 되면 무언가를 바꾸는 것이 사실상 불가능해집니다.

예를 들어, 세제가 공공 상수원에 유입될 경우 어떤 작용을 일으키고, 파괴되지 않는 그 속성의 문제가 무엇인지 실험실에서 예측하는 건 불가능하지 않습니다. 하지만 모든 식기세척기와 세탁기에 수년 동안 사용하던 세제를 어느 순간 '순한' 제품으로 바꾸려면 오랜 시간과 많은 비용이 들어갑니다.

이렇게 문제에 대한 지금까지의 접근 방식은 온갖 잘못으로 가득 차 있습니다. 우리가 쏟아내는 모든 걸 감당할 만큼 강·대기·바다가 충분히 넓다는 가정, 서부 개척 시대에는 적절했을지 모르지만 더 이상 유효하지 않은 사고방식을 너무 오랫동안 고집해왔습니다. 얼마 전 유능한 과학자이자 농업 관련 기관의 책임자가 "오염의 희석" 운운하며 마치 모든 문제의 해답이라도 되는 양 이 마법의 문구를 반복한 것을 기억합니다. 하지만 몇 가지 이유로 절대 그렇게 되지 않습니다.

브라운 박사님이 오늘 밤 말씀하실 것으로 생각하지만, 그 한 가지 이유는 인구가 너무 늘어났고, 그러다 보니 그 많은 인구가 배출하는 온갖 오염물질이 엄청나게 많아졌다는 것입니다. 또 다른 이유는 오늘날 일어나는 대부분의 오염이 매우 위험한 본질을 갖고 있다는 것입니다. 각종 오염물질은 살아 있는 유기체와 생물학적 반응을 일으킬 가능성이 높습니다. 세 번째는 오염물질이 우리가 놓아둔 곳에 그대로 머무르지 않는 것은 물론, 처음 폐기 상태 그대로 남아 있지도 않는다는 것입니다.

몇 가지 사례를 살펴보겠습니다. 오늘날 합성 살충제와 관련해 가장 심각한 문제는 그것이 오래가고 널리 퍼지는 환경오염물질이라는 사실입니다. 그중 일부는 10년 넘게 토양에 남아 있다가 가장 복잡하고 섬세하게 균형을 이루는 생태계에 스며듭니다. 모든 지표수와 지하수에 흘러 들어가고, 대부분의 주요 하천 시스템뿐만 아니라 많은 지역 사회 식수원에서도 발견됩니다. 살충제가 대기를 오염시키고 있다는 사실도 이제 막 관심을 끌기 시작했습니다. 지난여름 워싱턴주에서 다소 극적인 사례라 할 만한 이상한 사고가 일어났습니다. 대기 중에 분사된 위험한 화학물질이 기온 역전 현상으로 목표 농작물에 제대로 닿지 못하고 떠다니는 구름 속에 몇 시간 동안 머무르게 된 것입니다. 소 몇 마리가 화학물질 중독으로 죽고 30여 명의 사람이 병원에 입원했습니다. 지난겨울 롱아일랜드주에서도 비슷한 일이 일어났습니다. 살충제 성분이 섞인 감자밭의 먼지가 학교 창문을 통해 날아드는 바람에 여러 학교가 문을 닫은 사건입니다.

이보다는 덜 극적이지만 결국에는 훨씬 더 중요한 사실에는 별다른 주목을 하고 있지 않습니다. 공중 살포한 DDT 중 목표 지역이나 의도한 표적에 직접 떨어지는 양이 절반에도 못 미친다는 사실입니다. 나머지는 미세한 결정 상태로 대기 중에 흩뿌려지는 것으로 추정됩니다. 이런 미세한 입자는 방제 범위를 훨씬 넘어서 살충제가 퍼져나가는 '표류비산' 현상의 중요한 요인이 됩니다. 중요한 문제이건만 관련 연구는 거의 이루어지지 않고 있습니다. 표류비산이 어떤 방식으로 어떻게 일어나는지 그 역학을 우리는 알지 못합니다. 반드시 알아내야 할 문제입니다.

몇 달 전, 살충제를 분사하는 곳은 미국 국토 표면의 극히 일부에 지나지 않는다는 홍보 자료가 널리 퍼졌습니다. 맞는 말일 수도 있고 아닐 수도 있는 이런 진술로 논쟁할 생각은 없습니다. 하지만 살충제가 극히 제한된 지역에만 뿌려진다는 해석에 대해서라면 기꺼이 논쟁에 참여하려 합니다. 살충제 유포 지역과 관련해 다양한 보고서가 등장했는데, 그 내용을 보면 홍보 자료가 얼마나 부정확한지 알 수 있습니다. 예를 들어, 미국 내무부는 알려진 농약 살포 지점에서 수백 마일 떨어진 북극 지역의 물새, 물새 알, 식물 들에서 농약 잔류물이 발견되었다는 기록을 갖고 있습니다. 식품의약국은 먼바다에서 잡은 해양 어류, 근해로 가까이 오지 않는 어종의 간유에서 상당한 농약 잔류물을 발견했다고 밝혔습니다. 이런 일들이 어떻게 일어나는지 우리는 알지 못합니다. 그러나 우리가 생물학적 시스템과 환경을 통한 물질의 순환을 다루고 있다는 점만은 기억해야 합니다.

살충제가 자연의 먹이사슬에 개입했을 때 어떤 일이 일어나는지, 최근 발생한 몇 가지 일을 생각해봅시다. 그야말로 격렬한 방식이라고 할 수 있습니다. 캘리포니아주의 툴 호수와 클래머스 국립야생동물보호구역의 사례를 이야기해보겠습니다. 주변 농장에서 보호구역으로 유입되는 물에 살충제 잔류물이 포함되어 있었습니다. 먹이사슬을 통해 유기체의 체내 축적이 일어났고, 몇 년 동안 물고기를 잡아먹는 새들이 떼죽음을 당했습니다.

샌버너디노 카운티의 빅베어 호수에 톡사펜을 0.2ppm 떨어뜨렸을 때 문제가 어떻게 확대되었는지 주목해봅시다. 4개월 뒤 플랑크톤 유기체에 73ppm 수준으로 유독물질이 농축되었습니다. 나중에 물고기에서 검출된 잔류물은 200ppm에 이르렀고, 물고기를 먹는 펠리컨의 경우는 1700ppm이나 되었습니다.

여기서 멀지 않은 클리어 호수에 각다귀 떼가 심각하게 늘어나 골칫거리가 되자 1949년부터 화학물질인 DDD를 아주 낮은 농도로 뿌렸습니다. 이 물질은 플랑크톤에 흡수되었고, 다시 플랑크톤을 먹는 물고기, 그리고 물고기를 먹는 새들에게 흡수되었습니다. 물에 사용한 최대 농도는 0.02ppm에 불과했지만 일부 물고기에서는 2500ppm에 이르렀습니다. 호숫가에 둥지를 틀고 물고기를 잡아먹는 서부논병아리는 거의 멸종했습니다. 논병아리 사체 조직을 분석한 결과, 고농도 화학물질을 함유한 것으로 밝혀졌습니다. 흥미로운 것은 화학물질을 마지막으로 사용하고 5년이 지나 호수의 물 자체에는 유독 성분이 없었는데도 생명체들은 여전히 영향을 받았다는 사실입니다. 호수에 사는 모든 식물과 동물에 화학물질이 남아 있고, 이 성분은 다음 세대로 전해집니다.

오늘날 오염 문제 중 가장 골치 아픈 것은 방사성 폐기물의 해양 투척입니다. 바다는 광대한 데다 육지에서 멀리 떨어져 있기 때문에 핵분열 부산물을 처리해야 하는 사람들의 관심을 끌었습니다. 그리하여 바다는 오염된 쓰레기와 원자력 시대의 여러 가지 저준위 폐기물을 버리는 자연 매장지가 되고 말았습니다. 하지만 그 과정의 안전성에 대한 연구는 투기 이전이 아니라 이후에 이루어졌으며, 폐기물이 어떤 운명을 맞을지 정확하게 알기도 전에 투기 행위가 빠르게 이루어졌습니다.

방사성 폐기물의 해양 투척이 안전하려면 그 폐기물이 버려진 곳에 그대로 남아 있어야 합니다. 아니면 적어도 방사성 물질이 자연 붕괴해 상대적으로 무해한 수준이 될 때까지 그 분포와 이동 경로를 예측할 수 있어야 합니다. 지식이 쌓일수록 바다는 문제의 물질이 수 세기 동안 남아 있을 만큼 잔잔한 곳이 아니라는 사실을 깨닫습니다. 저 바다 깊은 곳은 우리가 생각하는 것보다 훨씬 더 역동적입니다. 세상에 알려진 해수면 아래에서는 각기 다른 속도, 각기 다른 방향, 각기 다른 규모로 바닷물이 흘러갑니다. 대륙 가장자리를 따라서는 강력한 저탁류(底濁流: 해저 사면을 따라 흐르는, 퇴적물의 밀도가 비교적 높은 물의 흐름—옮긴이)가 존재합니다. 깊은 대양저에서도 바닷물이 계속해서 움직이며 침전물에 잔물결 자국을 남기곤 합니다.

여기에 더해, 바다 아래에서 솟아오르는 물과 반대로 해수면에서 아래로 내려가는 물이 만나 거대한 규모로 뒤섞입니다. 그러니 폐기물 투척은 바다의 역동적 시스템에 방사능물질을 합체시키는 것이나 마찬가지입니다. 하지만 바다의 폐기물 이동은 문제의 극히 일부에 지나지 않습니다. 해양 유기체도 방사성 동위원소를 농축하고 널리 퍼트리는 데 중요한 구실을 하기 때문입니다. 우리는 방사성 물질이 낙진 형태로 해양 환경에 유입되는 과정을 더 많이 알아내야 합니다. 하지만 지금까지 이루어진 연구만으로도 해수와 플랑크톤 무리 사이의 이동, 플랑크톤과 먹이사슬 상위 유기체 사이의 이동, 바다와 육지 사이의 이동, 육지에서 바다로의 이동 등 복잡한 상호 관계를 확인할 수 있습니다.

가장 중요한 사실은 해양 유기체가 방사성 오염물질을 수직·수평으로 뚜렷이 퍼뜨린다는 것입니다. 플랑크톤은 낮엔 깊은 물속으로 가라앉고 밤에는 바다 표면으로 올라오면서 규칙적으로 이동하는데, 이때 방사성 동위원소를 흡수하거나 몸에 부착해 함께 움직입니다. 그 결과, 새로운 지역의 다른 유기체들이 오염물질과 접촉합니다. 몸집이 더 크고 활동적인 동물들이 흡수한 오염물질은 더 먼 곳까지 이동합니다. 물고기, 물개, 고래는 방사성 물질을 원래 버려진 곳에서 훨씬 멀리 퍼뜨릴 수 있습니다.

이 모든 사실은 우리에게 중요한 의미를 갖습니다. 오염물질은 버려진 장소에 원래의 농도로 남아 있지 않고 더 격렬한 여러 가지 생물학적 활동에 관여합니다.

우리 시대의 가장 중요한 문제로서 물질의 생물학적 순환을 고려하지 않는다니 놀라운 일입니다! 방사선과 낙진의 실제 위험에 대한 이해가 필요합니다. 우리가 이미 갖고 있는 생태학적 지식을 제대로 사용하지 못한다는 걸 보여주는 상황이 최근 몇 달 동안 뉴스에 등장했습니다. 가장 대표적인 사례를 현재 동반구와 서반구의 북극 지역에서 발견할 수 있습니다. 불과 2~3년 전 알래스카의 에스키모와 스칸디나비아 반도의 라플란드 사람 모두 스트론튬 90과 세슘 137에 심각하게 노출되었다는 보고가 있었습니다. 낙진이 북극 지역에 유독 심하기 때문이 아닙니다. 실제로 극지방은 강우량이 많은 약간 남쪽 지역보다 낙진이 덜한 편입니다. 문제는 원주민들이 독특한 먹이사슬에서 가장 위쪽에 자리하고 있다는 것입니다. 먹이사슬은 북극 툰드라의 지의류와 함께 시작되고 순록이랑 사슴의 뼈와 살을 통해 이어지다 마침내 그 동물들의 고기를 자주 먹는 원주민의 몸속에서 끝납니다. 이른바 '순록이끼'와 그 밖의 지의류는 대기를 통해 직접 영양분을 섭취하기 때문에 방사성 낙진을 다량으로 흡수합니다. 예를 들어, 지의류는 스트론튬 90을 사초(莎草)의 4~18배, 버드나무 잎에 비해 15~66배 많이 함유한 것으로 밝혀졌습니다. 오래 살고 천천히 자라다 보니 방사성 성분을 체내에 오래 간직하고 점점 더 농축하게 되는 것입니다.

세슘 137 또한 북극의 먹이사슬을 통해 인체에 높은 농도로 축적됩니다. 기억하시겠지만, 세슘의 물리적 반감기는 스트론튬 90과 거의 비슷합니다. 하지만 인체에 머무르는 기간은 약 17일로 상대적으로 짧습니다. 그러나 세슘의 방사선은 투과성이 높은 감마선 형태를 취하므로 잠재적으로 유전자에 위험을 초래할 수 있습니다. 1960년경에는 노르웨이인과 핀란드·스웨덴 라플란드인의 세슘 137 체내 축적이 심각한 것으로 나타났습니다. 그러다가 1962년 여름 워싱턴의 핸포드 연구소(Hanford Laboratories) 팀이 북극권 4개 마을에 사는 원주민 약 700명의 방사능 수준을 측정했는데, 그 결과 원주민 몸속 세슘의 평균 수치가 핸포드에서 검사받은 적이 있는 사람의 3~80배라는 사실을 발견했습니다. 순록을 자주 먹는 작은 마을에서 세슘 137의 평균 축적양은

421나노큐리(nanocurie)였고 최대치는 790나노큐리였습니다. 알래스카의 더 넓은 지역으로 대상을 확대한 1963년의 조사 수치는 훨씬 더 높았다고 합니다.

원자폭탄 실험을 시작할 때부터 이런 상황은 존재해왔을 것입니다. 하지만 누구도 이와 관련한 문제를 예상하지 않은 것은 물론 논의하거나 조치를 취한 적도 없습니다. 그나마 스칸디나비아 국가들이 조사에 다소 적극적이었습니다.

최근 몇 달 동안 많은 사람에게 익숙해진 또 다른 사례는 방사성 아이오딘입니다. 낙진과 함께 중요한 문제인데 왜 최근까지 관심을 보이지 않았는지 이해하기 어렵습니다. 아마도 약 8일에 불과한 매우 짧은 반감기와 인간에게 영향을 미치기 전에 자연 분해되어 무해하다는 가정 때문일 것입니다. 하지만 사실은 이와 다릅니다. 방사성 아이오딘은 하층 대기권 낙진의 중요한 성분이기 때문에 기상 조건에 따라 방사능을 대부분 유지한 채 토양에 빠르게 도달합니다. 바람, 비, 기타 기상 조건으로 인해 곳곳에 뿌려져 방사능 농도가 특히 높은 '핫 스폿(hot spot)'을 발생시키기도 합니다.

그러나 땅에 내려앉는 방사성 아이오딘의 양만 중요한 것은 아닙니다. 피부나 심지어 호흡을 통해 상당한 양을 흡수한다고 생각하지는 않으니까요. 이보다 더 중요한 것은 먹이사슬을 통한 유입입니다. 먹이사슬을 타고 인체로 향하는 경로는 빠르고 직접적입니다. 오염된 목초에서 젖소로, 신선한 젖소의 우유에서 인간 소비자까지 일단 우리 몸에 들어온 아이오딘은 자연스레 갑상선을 목표로 삼습니다. 따라서 갑상선이 작고 상대적으로 많은 우유를 섭취하는 어린이들이 성인보다 더 위험합니다.

불과 몇 년 전 한 과학자가 원자력위원회에서 낙진으로 인한 방사성 아이오딘은 인간에게 큰 문제가 되지 않으며 앞으로도 마찬가지일 것이라고 증언한 바 있습니다. 이런 예측이 등장할 당시에는 국가적 차원의 낙진 표집 시스템이 없었습니다. 이후 진행된 표집에는 여러 가지 결함이 있었습니다. 예를 들어, 대도시의 우유 공급 데이터는 거의 의미가 없습니다. 다양한 지역에서 수집한 원유가 혼합된 터라 오염물질이 들어 있다고 해도 밝혀내기가 쉽지 않습니다. 1962년 여름 이전까지는 동일한 장소와 시간에 낙진 데이터와 우유 오염 데이터를 수집하려는 시도가 없었습니다. 게다가 원자력위원회가 보고한 모니터링데이터 대부분은 지상의 감마선 강도 측정이나 지표면 근처 또는 대기 중 베타 방사능 측정으로 모집합니다. 그러나 앞서 살펴보았듯 중요한 것은 신체 외부의 방사성 물질이 아니라 먹이사슬을 통해 인체에 유입되는 방사능입니다.

1962년 여름, 이 문제를 자체 평가하기 시작한 유타주 보건부는 위험한 상황이라고 신속하게 판정했습니다. 1962년 7월, 네바다주에서 실시한 다섯 번의 원폭 실험으로 방사성 아이오딘이 유타주로 유입되었습니다. 문제 물질에 대한 노출이 연간 방사능 안전 가이드를 초과하기 시작하자 주 정부는 보호 조치를 취했습니다. 물론 방사성 아이오딘의 경우는 문제가 간단합니다. 젖소를 옮겨 목초 대신 저장해놓은 사료를 먹이고, 오염된 우유는 적절한 시간이 지난 뒤 사람들이 마실 만큼만 가공 공장으로 보내는 것입니다. 원자력위원회 생물학·의학 분과 소속의 해럴드 A. 냅(Harold A. Knapp)은 유타주에서 우유와 관련해 평균 또는 복합 샘플을 다루는 대신 단일 샘플 검사를 진행했습니다. 이 연구는 특정 지역에서 높은 수준의 방사성 아이오딘이 발생하고 있다는 주장을 뒷받침했습니다. 이는 유타주에서만 특별하게 일어나는 일이 아닐 것입니다. 몇 달 전 원자력정보위원회는 상하원 원자력합동위원회에서 네바다·유타·아이다호 주를 포함해 미국 전역에 흩어져 있는 여러 지역 사회의 주민들이 낙진에 노출되었고, 특히 지역에서 생산한 신선한 우유를 마시는 어린이의 경우 의학적으로 허용할 수 없을 정도의 문제를 겪을 것이라고 증언했습니다. 위원회가 제공한 증거와 최근 발표한 냅 보고서의 증거는 이러한 결론을 뒷받침하는 것으로 보입니다. 그러나 올해 5월까지만 해도 공중보건국은 핵무기 실험으로 발생한 방사능 아이오딘 131이 건강에 과도한 위험을 초래하지 않는다고 밝혔습니다.

이미 잘 알고 있는 사실을 다시 언급하는 것은 우리가 현재 발생하는 문제를 생태학적 관점에서 살필 수 있을 만큼 똑똑하지 않다는 걸 강조하기 위해서입니다. 문제를 연구하는 방법에는 여러 가지가 있습니다. 접근 방식은 다양하며, 내가 제안하는 방식이 반드시 다른 접근 방식을 배제하는 걸 뜻하지는 않습니다. 하지만 생태학적 측면도 고려해야 합니다. 환경을 구성하는 동적 시스템에 유해물이 유입되고 있으며, 단일한 지점에서 오염물질의 유입을 모니터링하는 것만으로는 충분하지 않다는 점을 기억해야 합니다. 의사·생물학자·생태학자 등 모든 관련자가 최선의 지혜로 무장하고 오염물질이 어떤 길을 따라 이동하는지, 물리적·생물학적 시스템을 통해 오염물질이 어떤 경로로 유입되는지 살필 수 있게 준비해야 합니다. 그러려면 지금까지의 어떤 연구보다 더 광범위한 연구, 더욱 포괄적인 모니터링 프로그램, 훨씬 현실적인 평가가 이루어져야 합니다.

그동안 우리는 위험의 가능성이나 실재 여부를 인정하지 않았습니다. 위험한 상황에 대한 대비책 마련에 너무나도 소홀했습니다. 지금은 아닐지 모르지만 미래에는 일어날 수도 있는 일입니다. 실제로 1962년 국가방사능자문위원회가 공중보건국장에게 제출한 보고서에 따르면, 아이오딘 131을 제외하고는 효과적인 대책이 존재하지 않는 것으로 나타났습니다. 그저 잘되고 있다는 반복적 확인이 만들어낸 행복감 속에서, 대중의 관심과 지원은 거의 없으며 수행해야 할 연구의 자금도 없습니다. 오늘날 환경의 위험에 대해 사람들이 진실을 들을 수 있길 기대합니다. 어떤 신중하고 필요한 조치를 취해야 할지 우리가 현명한 결정을 내릴 수 있을 거라고 생각하고 싶습니다.

최근의 실험 금지 조약 덕에 방사선 위험 지역의 낙진이 더 이상 큰 문제가 되지 않을 거라는 생각은 위험합니다. 내 생각에는 진실이 아닙니다. 오래가는 동위원소는 앞으로 몇 년 동안 상층 대기권에 남아 있을 것이며, 우리는 여전히 과거 실험으로 인한 심각한 낙진의 영향 아래 놓여 있을 것입니다. 우려스럽게도 과거 지하에서 실시한 실험이 환기 과정을 통해 대기 오염을 일으키고 있으며, 앞으로도 이런 일이 계속될 것으로 예상합니다.

세 번째, 방사성 물질에 의한 환경오염은 분명히 원자력 시대에 불가피한 부분입니다. 핵무기 시험과 관련한 일일 뿐 아니라 이른바 원자력의 '평화적' 사용에도 동반되는 일입니다. 사고로 인해, 또 폐기물 처리 과정을 통해 방사능 오염은 계속해서 일어날 것입니다.

사람들의 삶에 유입되는 오염물질 관련 모든 문제의 밑바닥에는 도덕적 책임에 대한 질문이 자리하고 있습니다. 지금 세대뿐만 아니라 미래 세대에 대해 책임을 져야 합니다. 우리는 현재 이 순간을 살아가는 세대가 입을 신체적 피해를 걱정합니다. 그러나 태어나지 않은 세대에 대한 위협은 그보다 훨씬 더 큽니다. 오늘 내리는 결정에 그들의 발언

권은 없으므로 우리의 책임이 더 크다고 할 수 있습니다.

최근 허먼 J. 밀러 교수의 연구에서 몇 가지 추정치를 읽었습니다. 널리 퍼진 방사선으로 인해 현 세대가 겪는 신체 손상의 정도는, 지금 세대가 후대에 물려줄 유전적 문제에 비하면 아주 적다는 내용이었습니다. 그는 더 나아가 허용 또는 수용 가능한 방사선 선량 한도를 설정하려면 유전적 손상 여부가 주요 시금석이 되어야 한다고 주장했습니다. 그러나 관련 기준을 만들기 위한 합의가 이루어지기까지는 갈 길이 멀고 알아야 할 것도 많습니다.

나는 특히 유해한 환경 요소로 인한 유전적 손상에 관심이 많습니다. 다른 자리에서 나는 살충제에 쓰이는 화학물질이 인간에게 유전적 손상을 입힐 가능성을 언급하기도 했습니다. 몇몇 사람은 화학물질이 문제를 일으킨다는 증거가 없다며 이의를 제기합니다. 극단적 사례가 등장하고 나서 환경에 유입되는 모든 화학물질의 잠재적인 유전적 영향을 연구해서는 안 된다고 생각합니다. 그러한 사실을 발견한 후에는 화학물질 사용을 근절하기에 너무 늦을 것입니다. 현재 제초제와 살충제로 쓰는 일부 화학물질은 하등 유기체에 돌연변이를 유발합니다. 다른 화학물질은 염색체 손상이나 수의 변화를 일으킬 수 있으며, 아시다시피 이러한 염색체 이상은 정신 지체를 포함해 인간의 다양한 선천적 결함을 불러올 수 있습니다. 빠른 번식이 가능하므로 유전 실험에 적합한 몇몇 생명체를 대상으로 살충제 화학물질을 테스트해야 합니다. 만약 화학물질이 돌연변이를 유발하거나 다양한 시험 유기체의 유전 시스템을 파괴하는 것으로 판명된다면 해당 물질의 사용을 중단해야 합니다. 화학물질이 인간에게는 비슷한 문제를 끼치지 않을 수도 있다는 주장에 나는 별로 공감하지 않습니다. 유전학은 무명의 오스트리아 성직자가 완두콩으로 몇 가지 실험을 수행하며 시작되었습니다. 훗날 그가 발견한 기본 유전 법칙은 식물과 동물 모두에 적용 가능한 것으로 입증되었습니다.

멀러 교수가 곤충 실험을 하는 과정에서 외부 환경의 영향으로 돌연변이가 일어날 수 있다는 사실이 밝혀졌습니다. 비슷한 일이 인간에게도 적용될 수 있는지 의심하는 사람은 거의 없습니다. 실제로 생물학에서 무엇보다 눈에 띄는 특징은 생명체 전체의 유전 체계가 기본적으로 비슷하다는 점입니다. 그런데 이상하게도 환경이 생명에 미치는 영향과 관련해, 즉 오염과 그 오염이 생명에 미치는 영향이라는 주제와 관련해 인간 자신이 피해를 입을 가능성은 인정하지 않습니다. 예를 들어, 강에 유입되는 농약이 물고기 수천 마리를 죽일 수 있다는 사실은 누구나 알고 인정합니다. 그러나 화학물질이 들어간 물을 마시는 사람에게 문제가 생길 수 있다는 사실은 부인합니다. 특정 조류의 멸종 보고서가 인간에게는 아무 상관이 없다고 무시합니다. 이런 견해를 논리적 결론이라고 말한다면, 실험실에서 수백만 마리의 동물을 대상으로 한 모든 정교한 테스트는 의미 없는 조롱거리가 되고 말 것입니다. 그럼에도 불구하고 직접 언급하지는 않더라도 정부가 취하는 관점이나 결정의 암묵적 근거, 또는 무관심의 근거로 이러한 주장이 얼마나 자주 등장하는지 놀라지 않을 수 없습니다. 무책임한 태도가 오늘 밤 우리가 이야기하는 주제와 깊은 관련이 있는 것은 아닌지 궁금합니다. 오래된 과거에 대한 일종의 거부, 즉 인간이 다른 모든 생물과 마찬가지로 광대한 지구 생태계의 일부이며 자연의 힘에 종속되어 있다는 사실을 꺼려하거나 아예 받아들이지 않는 것 같습니다.

역사를 되돌아보면서 나는 유사한 사례를 발견합니다. 찰스 다윈이 진화론을 발표한 뒤 일어난 소란을 떠올려보십시오. 인간의 등장이 기존의 어떤 존재를 통해 가능했다는 개념은 격렬한 거부감을 불러일으켰는데, 진화론에 대한 부정은 일반 대중뿐 아니라 다윈의 과학계 동료들에게서도 나왔습니다. 수년이 지난 뒤에야 《종의 기원》에서 제시한 개념이 확실히 자리 잡을 수 있었습니다. 오늘날 교육받은 사람이라면 진화론을 부정하지 않을 것입니다. 그러나 너무나 많은 사람이 그 당연한 귀결, 인간과 진화론적 관계를 맺고 있는 다른 수천 종의 생명을 통제하는 환경적 영향으로부터 인간도 자유로울 수 없다는 명백한 결과를 부정합니다.

어떤 숨겨놓은 공포 때문에, 어떤 오래되고 잊힌 기억 때문에 인간이제 기원을 부정하고 모든 생명체가 진화하고 공존하는 배경인 환경과의 관계를 부인하는지 궁금합니다. 다윈주의 개념에 충격과 경악을 느꼈던 빅토리아 시대 사람들은 마침내 자신을 움츠러들게 하던 두려움과 미신에서 벗어났습니다. 하루빨리 사람들이 인간과 환경의 진정한 관계를 있는 그대로 받아들이는 날이 오기를 기대합니다. 나는 그러한 지적 자유 속에서만 지금 우리 앞에 놓인 문제를 해결할 수 있다고 믿습니다.

감사합니다.

오듀본 메달 수상 연설[*]

1963년 12월 3일, 뉴욕

나는 오늘 밤 오듀본 메달을 받기 위해 자부심과 겸손이 뒤섞인 마음으로 여러분 앞에 섰습니다. 나보다 먼저 이 메달을 받은 이들의 명단에는 미국 자연보호 역사에서 훌륭하고 확고한 위치를 차지한 많은 사람이 포함되어 있습니다. 나는 이런 분들 대부분의 특징과 업적을 잘 알고 있습니다. 정부 기관에서 일할 때 그중 두 분과 함께하기도 했습니다. 훌륭한 모임에 합류하기에 합당하다는 평가를 받게 되었다니 결코 가볍지 않은 깊은 감사를 전하고 싶습니다. 예언자는 자기 조국에서 존경받지 못한다고 합니다. 그러나 내가 속한 오듀본 협회는 내 조국이라 할 수 있습니다. 다른 수천 명과 마찬가지로 자연보호를 위해 애쓰는 협회의 능력과 헌신을 통해 힘과 영감을 얻곤 합니다.

우리는 모두 공통의 명분으로 단결해 있습니다. 우리의 노력으로 지구가 더 좋아질 거라는 생각으로 열심히 봉사하는 자랑스러운 명분 말

---

[*]   Typescript, *Beinecke*.

입니다. 그것은 끝나지 않을 과제이기도 합니다. "이제 우리의 일은 끝났다"고 말할 수 있는 지점 같은 것은 없습니다. 앞서간 사람들이 만들어놓은 업적을 토대로 지금까지 발전해왔습니다. 그러니 우리가 물러난 다음 이 일을 이어받을 사람들을 위해 튼튼한 기초를 쌓도록 합시다.

최근 나는 미국의 자연보호에 관한 역사를 훌륭하게 요약한 유돌 장관의 저서 《고요한 위기(The Quiet Crisis)》를 읽었습니다. 한편으로는 경악을, 다른 한편으로는 희망을 불러일으키는 내용이었습니다. 산림을 무자비하게 훼손하고, 야생동물을 도살하고, 풍요롭고 아름다운 땅에서 무궁무진하지 않은 자원을 약탈하는 행위에 경악했습니다. 비록 적은 수이긴 하지만, 가장 암울한 시기에도 몇 세기 전 이 대륙이 지닌 위대함을 후손들이 느낄 수 있도록 보호하려 애쓴 사람들이 존재했다는 사실은 희망과 용기를 불러일으켰습니다.

수십 년, 수백 년이 지나면서 장면과 배우는 변했지만, 많은 사람이 누릴 정당한 유산을 빼앗으려는 소수의 탐욕과 근시안적 태도라는 문제는 여전히 남아 있습니다. 금전적으로 이익을 주는 것은 무엇이든 국가와 인류에게 좋다는 잘못된 확신이 이 문제에 도사리고 있습니다. 이러한 확신은 벌목으로 부를 이룬 재벌과 토지 수탈자들의 시대에 존재한 것입니다. 그런데 지금 이 순간에도 비슷한 확신 이야기가 들려옵니다.

지금 우리가 직면한 위기가 금세기 초에 겪은 위기보다 훨씬 더 심각하다면, 이는 우리 시대에 완전히 새로운 요인들이 등장했기 때문입니다. 첫 번째는 경이적인 인구 증가입니다. 환경을 과도하게 훼손해 관련 연구자들을 고민하게 만드는 위협적인 문제입니다. 두 번째 요소는 첫 번째 요소가 가져온 결과입니다. 즉, 인구가 늘고 그들에게 필요한 것이 증가함에 따라 각자 사용하고 즐길 수 있는 지구 자원의 몫이 줄어들고 있습니다. 깨끗한 물, 오염되지 않은 공기가 줄어들었습니다. 숲도 줄고, 때 묻지 않은 야생 지역 역시 줄어들었습니다. 세 번째 이유는 신기술로 인해 독극물과 폐기물이 곳곳에 퍼지면서 토양, 물, 공기, 동식물에 새롭고 위험한 오염물질이 유입된다는 것입니다.

우리는 빠르게 변화하는 시대, 그 변화 대부분을 되돌릴 수 없는 시대를 살고 있습니다. 그렇기 때문에 우리에게 주어진 임무가 그토록 절박한 것입니다. 우리처럼 이런 도전을 받은 세대는 없었습니다. 우리가 해내지 못한다면, 그저 어쩔 수 없어 내버려둔다면 아마도 결코 해결되지 않을 도전입니다.

하지만 자연을 보호하려는 노력이 그 어느 때보다 폭넓게 지지받고 있다는 사실에 용기를 얻습니다. 더 조직적인 노력을 기울이고 있으며, 자연보호 문제를 인식하고 지역 사회나 국가 차원에서 문제를 해결하기 위해 노력하는 개인도 많아졌습니다. 오듀본 협회가 진행하는 교육 프로그램은 이를 실현하는 데 중요한 몫을 했습니다.

그러므로 계속 노력해야만 합니다. 앞으로도 계속 말입니다. 비록 이런 임무가 결코 끝나지 않는 것이라 해도 물러서지 않는 인내심, 장애물을 극복하겠다는 결의, 그토록 대단한 기여를 할 수 있는 것이야말로 우리의 특권이라는 자부심을 갖고 모두가 이 임무를 완수해야만 합니다.

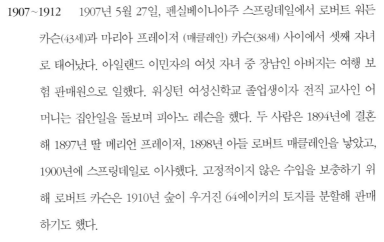

1907~1912　　1907년 5월 27일, 펜실베이니아주 스프링데일에서 로버트 워든 카슨(43세)과 마리아 프레이저 (매클레인) 카슨(38세) 사이에서 셋째 자녀로 태어났다. 아일랜드 이민자의 여섯 자녀 중 장남인 아버지는 여행 보험 판매원으로 일했다. 워싱턴 여성신학교 졸업생이자 전직 교사인 어머니는 집안일을 돌보며 피아노 레슨을 했다. 두 사람은 1894년에 결혼해 1897년 딸 메리언 프레이저, 1898년 아들 로버트 매클레인을 낳았고, 1900년에 스프링데일로 이사했다. 고정적이지 않은 수입을 보충하기 위해 로버트 카슨은 1910년 숲이 우거진 64에이커의 토지를 분할해 판매하기도 했다.

1913~1917　　스프링데일의 스쿨스트리트 학교에 다니는 동안 어머니는 레이첼의 야외 활동과 자연 학습을 격려했다. 비어트릭스 포터(Beatrix Potter), 케네스 그레이엄(Kenneth Grahame), 진 스트래턴포터(Gene Stratton-Porter)의 책을 자주 읽었는데, 그는 훗날 자신을 "야생 조류와 동물을 친구로 삼을 때 가장 행복했던" "고독한 아이"로 묘사했다. 언니 메리언은

1915년에 결혼했는데, 이듬해 남편이 탈영 혐의로 체포되었다. 레이첼은 1917년 체스윅 장로교회의 주일학교 수업에 나갔다. 오빠 로버트가 육군항공부대(미국 공군의 전신―옮긴이)에 입대했다.

1918~1919   오빠가 보낸 편지 중 하나를 바탕으로 〈구름 속의 전투〉라는 이야기를 썼다. 이 글은 어린이 잡지 〈세인트 니컬러스〉 1918년 9월호에 실렸다. 그다음 해 1월, 2월, 8월에 추가로 작품을 투고했다. 프랑스에서 돌아온 오빠는 전기 수리 회사에서 일했다. 언니 메리언이 이혼을 확정했다.

1920~1922   스쿨스트리트 학교에서 고등학교 수업을 들었다. 계속해서 어린이 잡지에 글을 보냈는데, 이와 관련해 투고·승인·거절 등으로 나눠 자세히 기록하기 시작했다. 언니 메리언이 재혼했다.

1923~1924   1925년 펜실베이니아주 파르나서스에 있는 고등학교로 전학했고, 농구와 필드하키를 즐겨 했다. 언니 메리언이 딸 버지니아를 낳고, 오빠 로버트가 결혼했다.

1925   5월에 고등학교를 졸업했는데, 학생이 적은 카슨의 반에서는 첫 졸업생이었다. 피츠버그에 있는 펜실베이니아 여자대학에 합격해 수업료를 면제해주는 주 장학금을 받았다. 가족들이 돈을 빌리고 땅과 도자기를 팔아 카슨의 대학 기숙사비와 식비를 냈다. 9월, 영문학을 전공하며 문학적 열망의 성취를 기대했다. 작문 수업 때 "나는 자연의 모든 아름다움을 사랑하고 야생생물은 나의 가장 중요한 친구다"라고 썼다. 어머니는 주말이면 캠퍼스를 자주 방문해 레이첼을 만났다. 언니 메리언이 둘째 딸 마조리 루이스를 낳고, 오빠 로버트가 딸 프랜시스를 얻었다.

1926   필드하키 팀에서는 골키퍼로, 농구 팀에서는 후보 선수로 활동했다. 학생 신문 〈애로(The Arrow)〉의 문예 부록인 '잉글리코드(The Englicode)'

에 바다와 관련한 이야기 〈배의 조명을 다루는 전문가들(The Master of the Ship's Light)〉을 게재했다. 6월, 우등 신입생으로 뽑혔다. 여름 동안, 오빠와 새언니, 별거 중인 언니, 그리고 어린 조카들이 함께 살기로 하면서 북적이는 집으로 돌아갔다. 9월, 〈애로〉 편집진으로 합류했다. 생물학 교수인 메리 스콧 스킨커(Mary Scott Skinker)가 멘토 역할을 해주었다.

1927 〈고장 난 램프(Broken Lamps)〉로 대학 문학상을 받았다. 영문학 전공에 과학을 부전공으로 추가하기로 결정했다. '잉글리코드'에 많은 글을 썼다.

1928 전공을 생물학으로 바꾸고 석사 학위를 이어가고 싶어 5월에 존스홉킨스 대학교 동물학 대학원 프로그램에 지원해 합격했지만 등록금을 낼 수 없었다. 펜실베이니아 여자대학에서 학사 과정을 마치고 여름 동안 스프링데일에서 고등학생을 가르쳤다. 매사추세츠주 우즈홀 해양생물학연구소에서 일하던 메리 스콧 스킨커와 자주 편지를 주고받았다. 과학클럽을 공동 설립해 조직학, 유전학, 유기화학, 물리학 등을 공부했다. 12월, 다시 존스홉킨스 대학교에 지원했다.

1929 6월, 대학교를 우등으로 졸업했다. 스프링데일에서 한 달을 보내고 스킨커와 함께 셰넌도어계곡을 도보 여행한 뒤, 우즈홀 해양생물학연구소에서 신입 조사관으로 6주를 보냈다. 존스홉킨스 대학교에서 1년 전액 장학금을 받아 10월부터 대학원 과정을 시작했다.

1930 볼티모어에서 통학 가능한 메릴랜드주 스테머스런(Stemmers Run)에 집을 임대하고 부모님, 언니, 조카와 함께 지냈다. 그레이스 리피(Grace Lippy)가 가르치는 존스홉킨스 대학교 학부 생물학 수업의 조교로 여름 동안 일했다. 이후 4년 동안 리피의 조교로 일했다. 인상된 2학년 학비

를 감당할 수 없어 존스홉킨스 위생·공중보건대학 생물학연구소에서 시간제 실험실 기술자로 일하며 공부를 이어갔다.

1931   표본을 얻기가 너무 어렵다는 사실을 확인한 뒤 잠재적 논문 주제이던 아프리카 아노말루루스(*Anomalurus*) 다람쥐에 대한 예비 연구를 포기했다. 라디오 기술자로 일하는 오빠 로버트가 가족과 함께 이사를 왔다. 메기를 주제로 논문 준비를 시작했다. 9월, 메릴랜드주 칼리지파크에 있는 메릴랜드 대학교 치과·약학대학원에서 조교 자격을 얻었다.

1932   〈메기(*Ictalurus punctatus*)의 배아와 초기 유생 어류 기간 중 프로네프로스(前腎)의 발달〉이라는 제목의 논문을 완성하고, 6월에 존스홉킨스 대학교 석사 학위를 취득했다. 여름 동안 조교로 일한 뒤, 우즈홀 해양 생물학연구소에서 6주를 보냈다. 볼티모어로 돌아와 박사 학위를 취득할 생각으로 존스홉킨스에서 뱀장어의 내염성에 대한 실험을 시작했다. 오랫동안 밀린 학자금 대출 상환 문제 때문에 카슨 가족 소유의 스프링데일 토지 저당권을 펜실베이니아 여자대학에 넘겼다.

1933   메릴랜드 대학교에서 계속 생물학을 가르쳤다. 당뇨병에 걸린 언니 메리언이 자신과 자녀들을 부양할 수 없는 처지가 되었고, 아버지의 건강도 나빠졌다.

1934   존스홉킨스 대학교 박사 과정을 공식적으로 그만두고 정규직 생물학 강사로 취직했다. 문학잡지에 시와 단편소설을 투고했지만 실리지 못했다.

1935   하급 기생충학자, 하급 야생생물학자, 하급 수생생물학자를 포함해 다양한 분야와 직책에서 일할 수 있는 연방 공무원 시험에 합격했지만 어떤 자리도 얻지 못했다. 7월 6일, 아버지가 세상을 떠났다. 10월, 어업국의 교육 시리즈 "바닷속 로맨스"의 라디오 대본을 쓰는 시간제 일을 했

다. 과학조사과 책임자 엘머 히긴스(Elmer Higgins)가 카슨을 위해 정규직 자리를 구해주려 애썼다.

1936 어업국 연구를 바탕으로 〈볼티모어 선〉에 기사를 발표했다〔〈이제 곧 청어의 철이 온다(It'll Be Shad-Time Soon)〉, 〈바닷물고기를 세는 것(Numbering the Fish of the Sea)〉〕. 4월, 어업국의 해양 생물 소개 팸플릿을 완성했다. 히긴스가 〈바다라는 세계(The World of Waters)〉를 〈애틀랜틱〉에 투고해보라고 권했다. 7월, 하급 수생생물학자로 고용되어 볼티모어 현장 사무소의 로버트 네스빗(Robert Nesbit) 부국장과 함께 체서피크만의 어류을 연구했다.

1937 1월, 언니 메리언 윌리엄스가 폐렴으로 세상을 떠나 어머니와 함께 조카 버지니아(12세)와 마조리(11세)를 돌보기 시작했다. 7월, 메릴랜드주 실버스프링에 있는 더 큰 집으로 이사했다. 〈볼티모어 선〉 〈찰스턴 뉴스 앤드 쿠리어(Charleston News and Courier)〉 〈리치먼드 타임스 디스패치(Richmond Times Dispatch)〉에 체서피크만의 어류와 어업에 관한 기사를 썼다. 〈바다라는 세계〉의 개정판 〈해저(Undersea)〉가 9월 〈애틀랜틱〉에 게재되었다. 이 에세이를 읽은 사이먼&슈스터 출판사의 편집자 퀸시 하우(Quincy Howe)와 역사가 헨드릭 윌렘 반 룬이 해양 생물에 관한 책을 써보라고 격려했다.

1938 1월, 하우와 반 룬을 코네티컷주 그리니치에 있는 반 룬의 집에서 만나고, 다음 날 사이먼&슈스터에서 하우와 만나 책 출간 계획을 논의했다. 해저 잠수를 경험해보고 싶던 카슨은 반 룬에게 자연주의자이자 해양 탐험가인 윌리엄 비비를 소개해달라고 부탁했다. 볼티모어에서 열린 북미야생동물회의에 참석했다. 〈애틀랜틱〉에 서평을 쓰고 〈볼티모어 선〉에는 계속해서 야생동물과 해양에 관한 글을 기고했다. 7월, 가족과

함께 노스캐롤라이나주 보퍼트를 방문하고, 아우터뱅크스를 탐험했다.

1939   6월, 메릴랜드주 칼리지파크에 있는 현장 사무소로 옮겨 네스빗과 함께 연구를 계속했다. "우리의 식용 수생 동물(Our Aquatic Food Animals)" 시리즈 브로서를 작성했다. 송어 부화장, 찌르레기, 청어에 관한 기사를 〈볼티모어 선〉에 게재했다. 8월, 우즈홀 수산생물학연구소에서 10일을 보냈다. 인근 습지를 방문하고 친구이자 동료 연구원 도로시 해밀턴과 함께 조류를 관찰했다. 실버스프링에서 조금 더 큰 집으로 이사해, 아침·저녁·주말에 글을 썼다. 타이핑을 도와주는 어머니와 함께 큰 소리로 자신이 쓴 글을 읽어보곤 했다.

1940   6월, 출간 계약을 제안한 퀸시 하우에게 책의 개요를 보냈다. 〈볼티모어 선〉의 아티스트 하워드 프레치에게 삽화 작업을 의뢰했다. 9월, 우즈홀 숲으로 돌아가 해밀턴과 함께 매사추세츠주 이스텀에 있는 박물학자 헨리 베스턴(Henry Beston)의 '세상 끝의 집'을 방문했다. 《바닷바람을 맞으며》를 완성해, 마감일인 12월 31일에 사이먼&슈스터에 원고를 보냈다.

1941   11월 1일, 《바닷바람을 맞으며》를 출간했다. 윌리엄 비비, 하워드 재니저(Howard Zahniser) 등이 이 책에 대해 호평을 하고 과학책 클럽의 추천 도서로 선정되었지만, 12월 7일 진주만 공습이 일어나는 바람에 더 이상 사람들의 관심을 끌지 못한 채 판매도 기대에 미치지 못했다.

1942   5월, 보조 수생생물학자로 승진해 워싱턴 D.C.에 있는 내무부 소속 어업국에서 《앞서가는 양어가(Progressive Fish-Culturist)》를 편집하고, 어업국에서 이름을 바꾼 어류·야생동물국을 위해 보도 자료와 각종 팸플릿을 작성했다. 어업국이 다른 전시(戰時) 기관을 위해 사무실 공간을 내주어야 해서 8월에 시카고로 이전했다. 어머니와 함께 일리노이주 에번

스턴으로 이사했다. "바다에서 온 식량(Food From the Sea)" 시리즈 집필을 시작했다.

1943 5월, 워싱턴 D.C.로 돌아와, 어업국 조정관실의 부(副)수생생물학자로 승진했다. 메릴랜드주 타코마파크에 집을 임대했다. 《바다에서 온 식량: 뉴잉글랜드의 어패류(Food from the Sea: Fish and Shellfish of New England)》와 《근해에서 온 식량: 중서부의 어류(Food from Home Waters: Fishes of the Middle West)》를 출간했다.

1944 〈콜리어스(Collier's)〉에 박쥐의 음파 탐지 장치에 관한 글 〈박쥐가 가장 먼저 알지(The Bat Knew It First)〉를 싣고, 박주가리에 대한 특집 기사를 게재했다. 《남대서양과 멕시코만 연안의 어패류(Fish and Shellfish of the South Atlantic and Gulf Coast)》를 발표했다. 《바닷바람을 맞으며》의 몇몇 장이 윌리엄 비비의 선집 《자연주의자들의 책(The Book of Naturalists)》에 포함되었다. 〈리더스 다이제스트〉의 과학 담당 편집자 자리에 응시하려 했지만 자리가 없었다.

1945 맹장 수술을 받고, 다시 실버스프링으로 이사했다. 4월, 플로리다주 메릴랜드의 해양 수족관에 관한 기사를 〈대서양 연안 리뷰(Transatlantic Review)〉에 실었다. 〈리더스 다이제스트〉에 메릴랜드주 패턱센트의 DDT 연구에 대한 기사를 제안했다. 새로운 동료인 아티스트 셜리 브리그스(Shirley Briggs)와 함께 메릴랜드 해안을 방문했다. 훗날 두 사람은 다른 이들과 함께 펜실베이니아에 있는 호크마운틴 보호구역으로 여행을 떠났다. 윌리엄 비비에게 뉴욕 동물학회(New York Zoological Society)의 대중 교육 담당자로 취업할 수 있는지 알아보고, 잡지 〈오듀본〉의 편집자 자리도 문의했다. 〈코로넷(Coronet)〉에 굴뚝칼새의 이주 패턴에 대한 긴 원고를 요약한 〈하늘의 거주자(Sky Dwellers)〉를 게재했다. 《내 창문

에서 바라본 날개들(Wings at My Window)》의 저자인 조류학자 에이다 고반(Ada Govan)과 친근한 서신을 교환했다.

1946   어류·야생동물국에서 펴내는 전미 야생동물보호구역 시스템 관련 소 책자 "보존 활동" 시리즈를 기획했다. 4월, 셜리 브리그스와 함께 버지니 아주 친커티그 근처에 최근 지정된 보호구역을 방문해 첫 소책자에 실 을 내용을 조사했다. 어머니와 함께 메인주 부스베이하버에서 한 달간 여름휴가를 보냈다. 이때 브리그스에게 이런 편지를 썼다. "나의 가장 큰 야망은 여기에 집을 사서 머무르며 많은 시간을 보내는 것입니다. 적어 도 여름에는 말이죠!" 《바닷바람을 맞으며》가 약 2000부 판매 후 절판 되었다. 9월, 두 번째 "보존 활동" 소책자를 위해 디자이너이자 일러스 트레이터인 동료 케이 하우(Kay Howe)와 함께 매사추세츠 북부의 파커 강으로 여행을 떠났다. 매사추세츠주 링컨에 있는 매사추세츠 오듀본 협 회 도서관에서 야생동물보호구역의 역사를 연구했다. 새 책을 고민하다 가 하버드 대학교의 해양생물학자이자 해양학자인 헨리 비글로(Henry Bigelow)를 만났다. 〈보호 서약(Conservation Pledge)〉이란 글로 잡지 〈아 웃도어 라이프〉에서 1000달러의 상금을 받았다. "나는 미국의 비옥한 토양, 거대한 숲과 강, 야생동물과 광물을 보존하고 보호할 것을 서약한 다. 이로 인해 미국의 위대함이 확립되었고, 여기에 미국의 진정한 힘이 자리하기 때문이다."

1947   하우와 함께 "보존 활동" 시리즈 작업을 위해 추가 여행을 했다. 2월 에는 노스캐롤라이나 동부의 매타머스킷 국립야생동물보호구역으로, 9월에는 몬태나와 유타의 보호구역과 오리건의 물고기 부화장을 방 문했다. 여러 지역의 오듀본 협회 야외 활동에 참가했다. 5월, 메릴 랜드주 세네카 근처에서 들새 관찰을 하던 중 《워싱턴의 봄(Spring in

Washington)》의 저자 루이스 홀(Louis Halle)을 만났다. 나중에 홀, 자연 작가 에드윈 틸(Edwin Teale)과 점심을 함께했다.

1948   2월, 〈필드 앤드 스트림(Field and Stream)〉에 〈대적조의 미스터리 (The Great Red Tide Mystery)〉를 게재했다. 친구 찰스 올드리지(Charles Alldredge)가 추천한 문학 에이전트를 만났다. 미스터리 소설가이자 편집자로 뉴욕에 회사를 차린 마리 로델(Marie Rodell)과 함께 일하기로 결정했다. 10월, "보존 활동" 시리즈의 일부인 《야생동물 자원 지키기 (Guarding Our Wildlife Resources)》를 출간했다. 메리 스콧 스킨커를 만나기 위해 시카고를 방문했는데, 12월에 스킨커가 암으로 사망했다. 바다와 관련한 새로운 책의 초안을 완성했다. 워싱턴 D.C. 오듀본 협회 이사로 선출되었다.

1949   4월, 뉴욕으로 여행을 떠나 에드윈 틸, 넬리 틸과 함께 롱아일랜드에서 조류를 관찰하고, 뉴욕 동물학회의 윌리엄 비비를 방문했다. 가제 "바다로 돌아가다(Return to the Sea)"라는 책 작업으로 저술 기금을 받았다. 옥스퍼드 대학교 출판부의 편집자 필립 보드린(Philip Vaudrin)이 원고를 보여달라는 요청해왔고, 워싱턴에서 보드린을 만난 뒤 책 계약에 서명했다. 여름에 두 차례 현장 답사를 갔다. 셜리 브리그스와 함께 플로리다의 에버글레이즈를 여행하고, 잠시 해저 잠수를 시도했다. 마리 로델(Marie Rodell)과 함께 앨버트로스 III호를 타고 대서양 어업 조사에 나서 우즈홀에서 조지뱅크까지 항해했다. 루이스 아가시 퓨어테스(Louis Agassiz Fuertes)의 멕시코 조류 일러스트를 수집해 선집을 내고 서문을 쓰려 했지만 옥스퍼드 출판사가 이 프로젝트를 거절했다. 호튼미플린 출판사의 편집자 폴 브룩스(Paul Brooks)와 상의 끝에 대신 대서양 연안 가이드북을 쓰기로 했다. 10월부터 어류·야생동물국을 휴직했다.

1950   《우리를 둘러싼 바다》라는 제목으로 옥스퍼드 대학 출판부와 새 책
        을 내기로 결정했다. 〔'감당할 수 없는(Out of My Depth)'이나 '바다에 선 카
        슨(Carson at Sea)'을 포함한 다른 제목은 거절당했다.〕 하버드 대학교와 예
        일 대학교의 기후학자, 해양학자를 만났다. 샌디에이고에 있는 스크립스
        해양연구소의 파도 전문가 월터 멍크(Walter Munk)에게 초안을 보내고,
        《콘티키》 저자 토르 헤위에르달에게 초안의 또 다른 장을 보냈다. 케이
        하우를 일러스트레이터로 영입했다. 6월 말, 옥스퍼드 출판부에 원고를
        제출했다. 8월, 윌리엄 숀(William Shawn)이 〈뉴요커〉에 이 책을 3부작
        으로 압축해 소개할 것을 제안했다. 9월, 유방 종양 제거 수술을 받았는
        데, 생검 결과 비악성으로 판명되었다. 노스캐롤라이나의 낵스헤드에서
        일주일 동안 요양했다. 대서양 연안 가이드북 연구를 위해 구겐하임 기
        금에 지원했다. 퓨어테스 책 출간은 그의 딸이 거절해 좌절되었다. 일찍
        이 〈예일 리뷰〉에 게재한 에세이 〈섬의 탄생(The Birth of an Island)〉으
        로 미국예술과학아카데미-웨스팅하우스(American Academy of Arts and
        Sciences-Westinghouse)의 과학저술상을 받게 되어 12월에 클리블랜드를
        여행했다. 《우리를 둘러싼 바다》의 교정쇄가 나왔다.

1951   3월, 구겐하임 기금을 받고 어류·야생동물국 휴직을 연장했다. 숀과
        만나 《우리를 둘러싼 바다》의 〈뉴요커〉 연재를 논의하고 6월 2일, 9일,
        16일에 게재하기로 했다. 옥스퍼드 출판부가 워싱턴 D.C.의 내셔널프레
        스클럽에서 북 파티를 개최했다. 7월 12일 출판된 이 책은 베스트셀러
        에 올랐고, '이달의 책 클럽' 대체 선정작으로 뽑혔다. 메인주에서 마리
        로델, 어류·야생동물국 동료 밥 하인스(Bob Hines)와 함께 시간을 보
        냈다. 밥 하인스는 "대서양 해안의 해변 생활 가이드"라는 제목으로 확
        정된 가이드북의 삽화를 맡기로 동의했다. C. A. 드뷔시(C. A. Debussy)

의 교향시 〈바다(La Mer)〉의 신규 녹음을 위해 앨범 해설지를 작성했다. 10월, 〈뉴욕 헤럴드 트리뷴〉 오찬에서 연설하며 수중 녹음한 새우·물고기·고래의 소리를 들려주었는데, 나중에는 내셔널 심포니 오케스트라의 도움을 받았다. 12월, 《우리를 둘러싼 바다》의 영화 판권을 판매했다. 옥스퍼드 출판부에서 첫 번째 책 《바닷바람을 맞으며》의 새 판본을 출판했다.

1952 필라델피아 지리학회로부터 헨리 그리어 브라이언트(Henry Grier Bryant) 메달을 받고, 뉴욕에서는 내셔널 북 어워드 논픽션 부문을 수상하며 수락 연설을 했다. 조카 마조리가 2월 18일 아들 로저 앨런 크리스티를 낳았다. 4월, 뉴욕에서 존 버로스 메달을 받았다. "바위, 모래, 산호: 비치커머를 위한 대서양 해안 가이드(Rock, Sand, and Coral: A Beachcomber's Guide to the Atlantic Coast)"라는 제목의 새 책 자료 조사를 위해 사우스캐롤라이나주 머틀비치, 조지아주 사이먼섬, 플로리다주 키스를 방문했다. 오벌린 칼리지, 드렉셀 공대, 모교 등에서 명예박사 학위를 받았다. 어류·야생동물국을 공식적으로 그만두었다. 6월, 《바닷바람을 맞으며》 신판이 '이달의 책 클럽' 대체 선정작으로 뽑히고, 〈라이프〉에 연재되었다. 《우리를 둘러싼 바다》가 베스트셀러에 올랐다. 우즈홀 해양생물학연구소에서 7월을 보내고, 같은 연구소 이사회 위원으로 선출되었다. 에드윈 틸, 넬리 틸과 함께 낸터킷섬을 방문했다. 메인주 사우스포트섬의 땅을 매입하고 별장을 짓기 위해 공사 대행업자를 고용했다. 가족 문제와 출간 일정을 이유로 4개월에 이르는 남태평양 연구 탐험 초대를 거절했다. RKO 다큐멘터리로 제작 예정인 《우리를 둘러싼 바다》의 대본을 읽고 '정말 끔찍하다'고 생각했다. 로델과 함께 플로리다의 새니벌과 마르코섬을 방문했다.

1953   1월, 뉴욕 동물학회 골드메달을 수상하는 자리에서 협회의 코니아일
        랜드 수족관 프로젝트를 칭찬했다. 사우스캐롤라이나의 머틀비치에서
        3월 내내 긴 휴가를 보냈다. 스미스 칼리지에서 명예박사 학위를 받았
        다. '실버레지스(Silverledges)'라는 이름을 지은, 사우스포트섬의 새 오두
        막으로 이사했고, 조카 마조리와 종손자 로저가 나중에 합류했다. 7월,
        사우스포트에서 이웃인 도로시 프리먼과 스탠리 프리먼을 만났다. 보스
        턴에서 열린 미국예술과학아카데미 심포지엄에서 〈바다의 가장자리〉 논
        문을 발표했다. RKO 영화 〈우리를 둘러싼 바다〉가 아카데미상 베스트
        다큐멘터리상을 수상했다. 하퍼&브라더스 출판사와 "생명의 기원"이라
        는 제목으로 진화에 관한 책의 출간 계약을 체결했다. 도로시 프리먼에
        게 자주 편지를 쓰고 전화를 했다. 때때로 프리먼 가족에게 보내는 편지
        에 ('애플'이라는 애칭으로 부르던) 도로시에게 보내는 사적이고 친근한 편
        지를 동봉하곤 했다. ("이런 종류의 '열광'은 우리 외에 다른 사람은 좀 이해하
        기 어려울 것입니다." 훗날 카슨은 이렇게 설명했다.)

1954   4월 22일 〈워싱턴 포스트〉에 보낸 편지에서 어류·야생동물국의 앨버
        트 M. 데이(Albert M. Day) 국장 해고는 "보호라는 대의에 어긋나는 불
        길한 위협"이라고 주장했다. 《바다의 가장자리》라는 제목으로 진행 중
        인 책에서 소재를 가져와 미시간주 블룸필드힐스에 있는 크랜브룩 과학
        협회(Cranbrook Institute of Science)에서 강의했다. 이어 오하이오주 콜
        럼버스에서 여성 언론인 모임이 만든 세타 시그마 파이(Theta Sigma Phi)
        의 연례행사 '매트릭스 테이블 디너'에서 강연했다. 도로시 프리먼과 함
        께 메인주 노블버로에 있는 헨리 베스턴과 그의 아내 엘리자베스 코츠
        워스(Elizabeth Coatsworth)의 집을 방문했다. 이후 몇 년 동안 서로의 집
        을 오가며 왕래했다. 〈뉴요커〉로부터 《바다의 가장자리》 중 몇 장을 소

개해달라는 요청을 받았다. 메인주에서 보내는 여름 동안 스탠리 프리먼과 함께 해안 생물체의 사진을 찍었는데, 그해 12월 워싱턴 D.C.의 오듀본 협회 만찬에서 강의하며 이 슬라이드를 사용했다.

1955　호튼미플린 출판사의 폴 브룩스에게 거의 완성한 《바다의 가장자리》 원고를 보낸 뒤 약간의 수정 제안을 받았다. 이 책의 분류학적 부록을 완성하기 위해 친구 도로시 앨자이어(Dorothy Algire)를 고용했다. 도로시 프리먼이 3월 메릴랜드에 도착해 일주일간 머물렀다. 《바다의 가장자리》를 도로시 프리먼과 그의 남편에게 헌정하기로 했다. 보스턴에서 열린 '출판인 판매 영업 콘퍼런스'에서 연설했다. 사우스포트에서 여름을 보냈다. 8월 20일과 27일 〈뉴요커〉에 일부분을 연재한 뒤 10월 26일 《바다의 가장자리》를 출간했다. 뉴욕의 '21 클럽(21 Club)'에서 열린 출간 파티에 참석했다. 보스턴 과학박물관의 명예 연구자로 선출되었다. 구름 관련 텔레비전 프로그램 대본을 써달라는 요청을 받고 뉴욕에서 기상학자와 프로듀서를 만났다.

1956　《바다의 가장자리》가 내셔널 북 어워드 후보에 올랐다. 3월, 구름 이야기를 다룬 텔레비전 프로그램 〈하늘에 관한 어떤 것(Something About the Sky)〉이 방영되었다. 7월, 〈우먼스 홈 컴패니언〉에 〈아이들이 자연의 경이를 느끼도록 도우려면〉이라는 글을 실었다. 마리 로델과 폴 브룩스가 이 내용을 단행본으로 확장하자고 제안했다(나중에 《센스 오브 원더》로 출판되었다—옮긴이). 그에 앞서 4월에는 펜실베이니아주 래드너에 있는 특파원 커티스 복(Curtis Bok)과 그의 아내 넬리 리 복(Nellie Lee Bok)을 방문했다. 나중에 사우스포트 별장 근처에 있는 땅을 매입할 계획을 세울 때 이들에게 조언을 구했다. 워싱턴에서 미국대학여성협회가 주는 공로상을 받았다. 《우리를 둘러싼 바다》의 청소년판 제작을 수락하고,

그 인세를 조카인 마조리에게 양도했다. 사이먼&슈스터 출판사 마리아 레이퍼(Maria Leiper)의 제안으로 자연 선집을 편집하기로 했다. 국제자연보호협회 메인 지부를 조직해 명예회장이 되었다.

1957   조카 마조리가 1월 30일 폐렴으로 사망해 다섯 살인 종손자 로저를 돌보게 되었다. 실버스프링에 더 큰 집을 짓고 7월 내내 거주하며 사우스포트 별장 확장 공사를 진행했다. 부동산 가격이 너무 비싸다는 것을 알게 되어 사우스포트의 땅을 사서 '잃어버린 숲'을 만들려던 계획을 포기했다. 자연 선집의 편집을 연기하고 잡지 〈홀리데이(Holiday)〉에 〈변해가는 해안(Our Ever Change Shore)〉을 기고했다.

1958   2월, 살충제 사용의 위험성을 연구하던 중 잡지 기사를 쓰기로 결심했다. 〈지금 일어나고 있는 끔찍한 사실〉의 메모 초안을 작성했다. E. B. 화이트에게 편지를 보내 농무부의 매미나방 박멸 프로그램에 대해 롱아일랜드 주민이 낸 소송을 〈뉴요커〉에 알리도록 독려했다. 이 소송의 원고 마조리 스폭(Marjorie Spock), 폴리 리처즈(Polly Richards)에게 연락해 재판 기록과 광범위한 연구 자료를 공유받았다. 폴 브룩스와 함께 작업하면서 살충제 문제에 대한 '작고 빨리 읽을 수 있는' 책인 "자연의 균형을 맞추는 방법"을 구상했다. 로델이 〈뉴스위크〉 과학 담당 편집자 에드윈 다이아몬드(Edwin Diamond)를 이 프로젝트의 협력자로 영입했다. 〈뉴요커〉의 윌리엄 숀과 이 주제를 더 자세히 논의하기로 결정했다. 다이아몬드와의 협업을 철회하고 연구 조교 벳 헤이니(Bette Haney)를 고용했다. 당뇨병 합병증으로 입원한 젊은 맹인 여성 베벌리 네쳇(Beverly Knecht)과 여름 동안 친구가 되어 자주 전화하고 편지를 교환했다. 사우스포트에서 스폭과 리처즈를 만나고, 《살충제와 살아 있는 풍경(Pesticides and the Living Landscape)》을 집필 중이던 캘리포니아 대학교

교수 로버트 러드(Robert Rudd)를 방문해 의미 있는 이야기를 나누었다. 이 새로운 주제와 관련해 의사, 유전학자, 농경학자, 조류학자, 곤충학자 등 다양한 사람과 의견을 교환했다. 어머니가 뇌졸중으로 12월 2일 사망했다.

1959   국립암연구소와 국립보건원의 도서관에서 살충제가 건강에 미치는 영향을 연구했다. 《우리를 둘러싼 바다》의 새로운 판본에 서문을 썼다. 뉴욕에서 열린 국립야생동물협회 2월 회의에 참석했는데, 예비 조사 결과를 발표해달라는 제안을 거절했다. 워싱턴 오듀본 협회의 다른 회원들과 함께 에즈라 태프트 벤슨(Ezra Taft Benson) 농무부 장관에게 영화 〈불개미 재판(The Fire Ant on Trial)〉 상영과 불개미 근절 노력에 항의하는 편지를 보냈다. 미국 농무부 소속 곤충학자들과 연락이 차단되었음을 알았다. 1956년에 발간한 회고록 《야생의 북극(Arctic Wild)》 저자이자 새로운 친구 로이스 크라이슬러(Lois Crisler)를 위해 파티를 열었다. 1960년 봄에 출판되길 희망하는 새 책에 "지구에 맞선 인간"이라는 가제를 붙였다. 다른 연구 조교 진 데이비스를 고용했다. 실버스프링에 있는 퀘인트 에이커스 지역협회(Quaint Acres Community Association)의 야외 회의에서 강연하며 살충제 살포 프로그램을 거부하도록 주민들을 설득했다. 10월, 워싱턴 D.C.의 브루킹스 연구소에서 열린 오듀본 연합학회 때 그동안 진행해온 연구를 발표했다. 크랜베리에서 발암물질성 제초제 아미노트라이아졸이 발견된 '크랜베리 공포' 문제로 열린 식품의약국 청문회에 참석했다.

1960   1월, 십이지장궤양 진단을 받았다. 4월, 유방에 혹이 발견되어 근치유방절제술을 받았는데, 악성종양이 아니라는 거짓 이야기를 들었다. 민주당 자문위원회의 자연자원소위원회에 참석해 정권을 인수할 민주당

행정부의 환경 관련 우선순위에 관해 제안했다. 메인에서 여름을 보낸 뒤 뉴프런티어 정책을 위한 여성위원회에서 활동하며, 당시 상원의원이던 존 F. 케네디와 재클린 케네디 부부를 조지타운 자택에서 만났다. 화학 살충제의 생물학적 대안을 조사하기 위해 에드워드 니플링의 미국 농무부 실험실을 여러 번 방문했다. 로델이 책 제목으로《침묵의 봄》을 제안했다. 11월, 수술 부위 근처 갈비뼈에 부종이 생겼다. 초기 방사선 치료를 마치고 추가적인 의학적 소견을 구한 뒤 클리블랜드 클리닉의 조지 크릴에게 다음과 같은 편지를 보냈다. "책임을 다하고 싶습니다. 그런데 더 이상은 어렵겠군요. 아직 쓸 책이 몇 권 남아 있으니 여생을 병원에서 보낼 수는 없습니다." 클리블랜드 여행에서 암이 전이된 것을 확인했다.

1961   케네디 대통령 취임식에 맞춰 국립미술관에서 열린 여성 유명 인사 리셉션에 참석했다. 1월 하순에 방사선 치료를 시작해 3월까지 계속 진행했다. 합병증으로 포도상구균 감염과 화농성관절염을 앓았다. 4월, 건강이 회복되어 마조리 스폭에게 이런 편지를 썼다. "꾸준히 책 원고를 계속 쓰고 있습니다." 6월, 워싱턴에서 브룩스와 만나 책의 각 장을 어떻게 구성할지 논의하고 9월에 뉴욕에서 다시 만났다. 브룩스는 루이스 달링(Louis Darling)과 로이스 달링(Lois Darling)을 일러스트레이터로 고용했다. 메인에서 여름을 보냈는데, 몇몇 방문객 중에 사진작가 찰스 프랫(Charles Pratt)과 앨프리드 아이젠스타트(Alfred Eisenstaedt)가 있었다. 베벌리 네쳇의 사망 소식을 들었다. 11월 고통스러운 홍채염과 시력 상실로 꾸준히 해오던 집필을 중단했다.

1962   1월,《침묵의 봄》전체 17장 중 15장을 로델에게 보냈다. 윌리엄 숀이 전화를 걸어와 칭찬했다("당신은 이 책을 멋진 문학 작품으로 만들었습니다").

나중에 프리먼에게 이렇게 털어놓았다. "갑자기 4년간의 긴장이 풀렸고, 자리에서 일어나 고양이 제피를 안고 눈물을 흘렸습니다." 3월, 방사선 치료를 위해 클리블랜드로 향했다. 나머지 두 장을 끝낸 뒤 참고문헌 작업을 하고 가발을 맞췄다. 5월, 국립공원협회이사회·자연보호 포럼 만찬장에서 대법원 판사 윌리엄 더글러스를 만났다. 그는 훗날 《침묵의 봄》은 《톰 아저씨의 오두막》 이후 가장 혁명적인 책"이라고 평가했다. 6월, 로스앤젤레스로 날아가 스크립스 칼리지에서 졸업 연설을 하고, 로이스 크라이슬러를 만나기 위해 덴버에 들렀다. 6월 16일, 23일, 30일 〈뉴요커〉에 《침묵의 봄》 압축판을 연재해 전례 없는 독자 반응을 불러일으켰다. 〈뉴욕타임스〉는 "'침묵의 봄'은 이제 시끄러운 여름이다('Silent Spring' Is Now Noisy Summer)"라는 기사를 게재했다. 케네디 대통령은 기자 회견에서 '카슨 양의 책'을 언급했다. 9월 27일, 호튼미플린 출판사에서 펴낸 《침묵의 봄》이 10월 '이달의 책 클럽' 선정작에 뽑혔으며, 베스트셀러 목록의 가장 윗자리를 차지했다. 〈라이프〉에서는 이 책을 "조용한 폭풍의 눈(The Gentle Storm Center)"으로 소개했다. 워싱턴 D.C.에서 열린 국립공원협회 연례회의, 전국여성위원회 회의, 전국여성언론인협회 등에서 연설했다. 스튜어트 유돌 내무부 장관의 집에서 열린 비공식 '케네디 세미나'에 참석했다. 〈CBS 리포트〉의 에릭 세버레이드(Eric Sevareid)와 인터뷰했다. 12월 말, 추가 방사선 치료를 위해 병원으로 복귀했다. 로저에게 줄 크리스마스 선물을 쇼핑하던 중 체비 체이스(Chevy Chase) 백화점에서 쓰러졌다.

1963   세상을 떠난 뒤 도로시 프리먼에게 전할 편지를 쓰기 시작했다. 동물복지연구소로부터 알베르트 슈바이처 메달을 수상했다. 대통령 과학자문위원회와 회의를 하고, 그 후속 보고서인 《살충제의 사용(Use of Pesticides)》을 통해 《침묵의 봄》에 실린 자료와 제안을 다시 한번 확인받았다. 방사선 치료 후 통증과 메스꺼움으로 3월 내내 '힘든 날들'을 보냈다. 암의 뼈 전이가 분명해졌다. 대체 요법으로 크레비오젠을 사용할지 조사했다. 한 시간짜리 스페셜 〈레이첼 카슨의 침묵의 봄〉이 4월 3일 〈CBS 리포트〉를 통해 방영되었고, 추정 시청자 수는 1000만~1500만 명에 달했다. 5월 말, 〈투데이 쇼〉에 출연하고, 6월에는 미 의회 청문회에 두 번 출석했다. 전국여성위원회로부터 '양심적인 여성상'을 수상했다. 메인에서 여름을 보낸 뒤 마리 로델과 함께 '지구에 맞선 인간(Man Against Himself)' 심포지엄에서 연설하기 위해 샌프란시스코를 여행했다. 시에라 클럽의 이사 데이비드 브라우어(David Brower)와 함께 휠체어를 타고 뮤어우즈 국립공원을 방문했다. 마리 로델과 함께 자료와 글을 정리했다. 미국지리학회의 만찬에 참석하고 미국예술문학아카데미에 이름을 올렸다.

1964   1월 14일, 심장마비로 사망한 스탠리 프리먼의 코네티컷 장례식에 참석했다. 2월, 새로운 유언장에 서명하고 로저를 위해 신탁을 설정했다. 예일 대학교에 자료를 기증하고, 국제자연보호협회와 시에라 클럽을 비롯한 많은 단체에 유산을 남겼다. 3월과 4월, 클리블랜드 클리닉에서 최종 방사선 치료를 받고 문병 온 도로시 프리먼을 만났다. 4월 14일, 심장마비로 사망했다. 워싱턴 국립대성당에서 열린 대규모 공개 장례식과 워싱턴 D.C.의 올 솔즈 유니테리언 교회(All Souls Unitarian Church)에서 열린 소규모 추도식 뒤, 카슨의 유골을 나누어 절반은 오빠인 로버트가 어머니의 무덤 근처에, 나머지 절반은 도로시가 사우스포트섬에 뿌렸다.

옮긴이의 글

1962년 출간된 이래 세상을 바꿨다고 인정받은 책, 이후 등장할 모든 환경 관련 책들의 시작을 알린 책! 《침묵의 봄》은 분명 '고전'이다. 하지만 과거에 박제된 고전이 아니다. 발행 날짜를 가리고 읽는다면 그냥 지금 이 순간 일어나는 이야기다. 가습기 살균제 사건이 등장했을 때 가장 먼저 《침묵의 봄》을 떠올렸고, 바다에 방사능 폐기물을 쏟아낸다는 이야기에도 이 책이 생각났다. 매일 들이마시는 물과 공기, 우리가 매일 입는 옷, 일상에서 사용하는 온갖 물건. 함부로 뿌려댄 살충제로 인해 수많은 새가 죽어가고 인간과 환경이 심각한 문제를 겪는 책 속 이야기는 대상과 장소를 바꿔 여전히 계속되고 있다. 《침묵의 봄》은 한 번도 구식인 적이 없었다.

　《침묵의 봄》과 책이 전하는 메시지는 널리 알려져 있지만, 저자인 레이첼 카슨은 많이 알려지지 않은 것 같아 늘 아쉽던 차였다. 생물학을 전공한 뒤 정부 기관에서 일하며 쓴 《바닷바람을 맞으며》《우리를 둘러싼 바다》《바다의 가장자리》 등 바다 3부작은 과학자의 눈과 시인의

심장이 조화를 이룬 아름답고 독특한 책이다. 해양생물학자로서 조사와 연구를 이어 나가던 카슨은 자신이 깊이 사랑하고 이해하던 자연이 파괴되어 가는 것을 목격하고 《침묵의 봄》을 썼다. 이 책이 어떤 영향을 미쳤는지, 그 뒤 이야기는 우리가 이미 아는 바다.

한국에서 정식으로 판권 계약을 맺고 처음 《침묵의 봄》을 소개한 것은 책이 출간된 지 40년이 지난 2002년이었다. 이 책이 주는 메시지가 여전히 유효한 까닭에 늦은 출간도 크게 문제되지 않았다. 그리고 다시 2024년 카슨이 세상을 떠난 지 60주기를 맞아 《침묵의 봄》 출간 이후 환경 관련 글과 연보를 더해 새로이 개정증보판을 펴낸다는 소식을 듣고 몹시 반가웠다. 출생에서부터 문학소녀 시절을 지나 문학과 생물학을 전공하고 과학 저술가이자 환경운동가로서, 그리고 끝내 유방암으로 세상을 뜨기까지 56년 일생을 훑어보면서 카슨이 어떤 사람이었는지 간략하게나마 조금 더 알 수 있다. 가족 중 처음으로 대학 교육을 받게 된 카슨을 위해 부모형제가 땅은 물론 온갖 물건을 팔아 학비를 댔다. 카슨은 대학 졸업 후 낮에는 해양생물학 연구원으로 일하고 밤에는 글을 써서 부모님과 언니, 오빠, 조카와 조카의 아들을 부양했다. 출판사와 편집자에게는 자신의 책을 왜 더 적극적으로 홍보하지 않느냐고 쉬지 않고 다그칠 만큼 까다롭고 예민한 작가였는데, 결혼도 하지 않은 채 조카의 아들을 입양할 정도로 가족에게는 헌신적이었다.

평소 목소리를 생생하게 담은 대표적인 연설문을 통해 진실을 더 철저한 증거로 지켜내는 당당한 과학자의 모습을 확인하는 일도 의미 있다. 화제가 되는 책을 냈지만 여성인 데다 박사 학위가 없고 당시로서는 소수 의견인 환경주의적·생태주의적 주장을 펼친 카슨에게 세상이 우호적일 리 없었다. 화학업체, 기업과 손잡은 관료, 경제 논리를 맹목적으로 옹호한 학자 들은 그를 '반기업주의자' '체제 전복자' '공산주의 동조자'라 일컬었고 '박사 학위도 없는 주변부 과학자'라고 공격했으며 '히스테리 심한 노처녀'라는 조롱도 서슴지 않았다. 공식 석상에 나서기 싫어하던 카슨은 인신공격과 선전전에는 담담했지만, 과학적 사실을 왜곡하거나 명백한 거짓에는 강력하고 세련되게 반박했다. 자신을 공격하는 사람들에게 빌미를 줄까봐 암 투병과 관련한 내용을 엄격히 비밀로 지킬 만큼 강한 정신력의 소유자였다.

정부와 기업과 시민이 환경 문제의 심각성을 이해하길 바란 카슨의 소망은 이루어지지 못할 것 같다. 지구가 '따뜻해지는(global warming)' 것을 넘어 '끓어오르고(global boiling)' 있다. 채 매립을 하지 못한 쓰레기가 거대한 산을 이루고 검증되지 않은 화학물질이 매일 새롭게 등장하며 생물종들은 하나둘 사라지고 있다. 그런데도 많은 사람은 "환경 문제의 위험은 부풀려진 경향이 있다"거나 "기후 위기에 대해서는 너무 많이 들어왔다"고 말한다. 살충제로 새들이 죽어 온통 적막한 '침묵의 봄'과는 조금 다른 의미로, 아무도 미래를 심각하게 생각하지 않아 그저 조용한 침묵의 봄이 앞으로도 계속될 것 같은 불안함이 드는 것은 왜일까.

2024년 4월
김은령